中嶋士元也先生還暦記念論集

労働関係法の現代的展開

信 山 社

はしがき

　本書は，中嶋士元也先生が今年おすこやかに還暦を迎えられたことをお祝いし，日頃親しくご指導いただいている後輩が中心となり，先生の研究の主要分野である労働法と民法との交錯領域に関する研究を行った論文集である。

　中嶋先生は，「労働法ないし労働法学はその問題対象からして『特殊的考慮』を加えるべき場面が多々あることは間違いない」が，同時に，「現行の全体的法秩序・法体系下において労働問題にはそもそも市民法ないしは市民法理論の成果を駆使できないということはありえない」（中嶋士元也著『労働関係法の解釈基準（上）』「はしがき」〔信山社，1991年〕）との問題意識から，民法と労働法の交錯領域につき精緻な解釈論を展開してこられた。この分野の法律問題は多岐にわたるが，近年における労働契約紛争の増加を背景に，その研究の重要性は，先生のご指摘どおり，益々増大している。

　本書では，労働契約の開始から終了後までの幅広く，かつ先端的な論点について，先生ご自身にも加わっていただき，先生の研究に触発された各人が，オリジナルな考察を展開した。本書に「労働関係法の現代的展開」とのタイトルを冠した所以である。

　その評価については読者のご批判を待つほかはないが，本書により尊敬する中嶋先生の永年の学恩に少しでも報いることができたとすれば幸甚である。

　なお，先輩の渡辺章先生から，特にご寄稿いただいたことに，謹んで御礼申し上げたい。

　最後に，本書の出版に大変ご尽力下さった信山社の渡辺左近氏に心から謝意を表したい。

　　2004年10月

編集代表
土　田　道　夫
荒　木　尚　志
小　畑　史　子

目　次

憲法 14 条 1 項，民法 1 条の 2，同 90 条，そして労働契約 …………………………………和田　肇…1
1　はじめに ……………………………………………………………………1
2　均等法制定以前の裁判例における「公序」論の形成と発展 ……2
　(1)　女子結婚退職制・若年定年制の裁判例（2）
　(2)　男女差別定年制に関する最高裁判決（4）
　(3)　男女別コース制に関する裁判例（6）
3　90 年代以降の男女別コース制裁判例に見る公序論 ………………7
　(1)　90 年代以降の裁判例（7）
　(2)　裁判例に対する疑問（8）
4　再び民法の公序論について……………………………………………10
　(1)　山本の研究（10）
　(2)　樋口の研究（12）
5　労働法の公序………………………………………………………………13
　(1)　民法 1 条の 2 の意義の再確認（13）
　(2)　男女雇用機会均等法制定の意義（14）
　(3)　公序の機能と公序違反の是正（16）
6　まとめ………………………………………………………………………17

労働立法における努力義務規定の機能
　　——日本型ソフトロー・アプローチ？………荒木尚志…19
1　問題の所在——ソフトローとしての努力義務……………………19

2 努力義務規定の類型………………………………………22
- (1) 訓示的・抽象的努力義務 (23)
- (2) 具体的努力義務規定 (24)

3 努力義務規定の法的効果………………………………25
- (1) 努力義務の私法上の効果 (25)
- (2) 努力義務の公法上の効果 (27)

4 ソフトローからハードローへ…………………………28
- (1) 障害者雇用政策 (28)
- (2) 男女雇用機会均等法 (33)
- (3) 育児介護休業法 (37)
- (4) 高年齢者雇用安定法 (38)

5 労働立法とソフトロー・アプローチ……………………41
- (1) 具体的努力義務規定の過渡的・規制猶予的性格 (41)
- (2) ソフトローからハードローへ (43)
- (3) 差別禁止規制とソフトロー・アプローチ (44)

従属労働者と自営労働者の均衡を求めて
——労働保護法の再構成のための一つの試み
………………………………………………大内伸哉…47

1 はじめに………………………………………………………47
- (1) 問題の所在 (47)
- (2) 「労働者」と「従属性」(49)
- (3) 自営業者の要保護性と保護規制の必要性 (51)

2 自営業者の保護をめぐる議論…………………………54

3 新たな労働保護法のあり方………………………………57
- (1) 労働保護法の規定の分類 (57)
- (2) 労働保護規制の弾力化——個別的適用除外の問題 (60)

4 無償労働の保護………………………………………………65

5 おわりに……………………………………………………………67

中期雇用という雇用概念について …………渡辺　章…71

   1 2003年改正労基法 …………………………………………………71
   2 2003年改正労基法といわゆる規制緩和 …………………………73
   3 中期的雇用労働者層の形成………………………………………75
      (1) 中期雇用の意義（75）
      (2) 有期雇用労働者の現状——雇用期間の中期化（78）
   4 一般有期労働契約の契約期間に関する法的規制 ………………84
      (1) 有期3年の上限規制について（84）
      (2) 有期5年の上限規制について（85）
      (3) 有期1年の上限について（87）
   5 まとめにかえて……………………………………………………91

労働契約における目標条項 ……………………野田　進…97

   1 労働契約における「目標」………………………………………97
      (1) 労働における目標（97）
      (2) 目標条項の意義と存在形式（98）
      (3) 本稿の目的と方法（100）
   2 フランスにおける目標条項 ………………………………………100
      (1) 学説の批判的対応（100）
      (2) 背景的な立法（102）
      (3) 目標条項をめぐるフランス判例の概要（103）
   3 日本における目標条項 ……………………………………………109
      (1) 日本の目標条項の多様性（109）
      (2) 目標制度の要件（110）
      (3) 目標不達成の法的帰結（113）
   4 むすびに代えて……………………………………………………117

企業年金の「受給者減額」 ……………………森戸英幸…119

- 1 問題の所在 …………………………………………………………119
  - (1) 制度存続型（120）
  - (2) 制度終了型（122）
  - (3) なぜ受給者減額なのか（123）
- 2 現行法のルール ……………………………………………………125
  - (1) 制度存続型（125）
  - (2) 制度終了型（130）
- 3 受給者減額の法的論点 ……………………………………………133
  - (1) 法令上の規制の意義（133）
  - (2) 減額の法的根拠（133）
  - (3) 訴訟形態（137）
  - (4) （終了・解散）＞（受給者減額）？（138）
- 4 おわりに ……………………………………………………………139

業務以外の要因により精神疾患に罹患した労働者の自殺に関する使用者の損害賠償責任
…………………………………………………小畑史子…141

- 1 問題提起 ……………………………………………………………141
- 2 三洋電機サービス事件東京高裁判決 ……………………………143
- 3 本判決の分析 ………………………………………………………150
- 4 一般的考察 …………………………………………………………154
- 5 結論 …………………………………………………………………158

労働関係上の付随的権利義務に関する感想的素描
…………………………………………………中嶋士元也…159

はじめに――労働法は「品揃えがよく，しかし客の少ない百貨

店」か……159
1 労働関係上の権利義務設定の必要性と妥当性について………161
　(1) 権利義務が多様になる必然性 (161)
　(2) 債務としての特定性が明確で規範的効果を与えるにふさわしい(163)
　(3) 屋上屋を重ねるべきではない (170)
　(4) 規範効果の不明な付随的権利義務の設定 (172)
2 使用者の付随的義務を実現させる労働者の権利の可否………181
　(1) わが国における論議の契機 (181)
　(2) 履行請求権・労務停止権に関するドイツの議論 (182)
　(3) わが国の学説・判例の現状 (185)
結びに代えて……188

競業避止義務と守秘義務の関係について
—— 労働法と知的財産法の交錯 ……土田道夫…189
1 問題の所在………189
2 不正競争防止法の規制とその強化—— 知的財産法の観点………190
　(1) 意　義 (190)
　(2) 要　件 (191)
　(3) 効　果 (192)
3 在職中の守秘義務・競業避止義務………193
　(1) 守秘義務 (194)
　(2) 競業避止義務 (194)
　(3) まとめ (195)
4 退職後の守秘義務・競業避止義務………196
　(1) 守秘義務 (196)
　(2) 競業避止義務 (199)
　(3) 競業避止義務と守秘義務との関係——裁判例の紹介 (202)
5 競業避止義務と守秘義務の関係について………204

(1) 検　討 (204)
　(2) 競業避止義務の厳格解釈と知的財産権保護 (207)
　(3) 根拠・要件二分論について (208)
　(4) 「公正な競争」論について (210)
　(5) 交渉力論について (212)
6　競業避止義務の解釈 …………………………………………213
　(1) 要　件 (213)
　(2) 効　果 (219)
7　結　語 ……………………………………………………………220

職務発明と職務著作をめぐる諸問題
　　――判例の動向を中心として………………岩出　誠…223

はじめに ………………………………………………………………223
1　知的財産権をめぐる労使間の権利の調整に関する法的規整 …224
　(1) 知的財産権に関する企業と従業員の権利の調整等の必要 (224)
　(2) 特許法，著作権法等による権利の調整と本稿の課題 (224)
2　特許法上の職務発明をめぐる労使間の権利の調整に関する
　　法的規整 …………………………………………………………225
　(1) 職務発明以外の企業の一方的取得予約の禁止 (225)
　(2) 職務発明の要件 (226)
　(3) 職務発明の効果 (228)
　(4) 出向者や派遣労働者の発明 (235)
　(5) 職務発明に関する改正法と判例法理の意義 (235)
3　職務著作をめぐる裁判例の動向 ………………………………237
　(1) 職務著作の要件たる「職務に従事する者」に関する検討課題 (237)
　(2) 職務著作の要件をめぐる従前の裁判例・学説 (237)
　(3) 本判決の意義 (240)

結びに代えて …………………………………………………………244

目　次

職場のセクシュアル・ハラスメントと民事責任
　　──使用者の債務不履行責任を中心に ……奥山明良…247

- 1　考察の対象と範囲 ……………………………………………247
- 2　民事責任をめぐるわが国のこれまでの法的対応 ………………249
  - (1)　均等法によるセクシュアル・ハラスメントの位置づけ (249)
  - (2)　わが国にみる民事責任法理の基本的枠組み (250)
- 3　職場のセクシュアル・ハラスメントと使用者の債務不履行責任
  　……………………………………………………………………253
  - (1)　学説の動向 (253)
  - (2)　裁判例の動向 (256)
  - (3)　小　括──これまでの学説・裁判例を振り返って (261)
- 4　債務不履行構成をめぐる検討課題の考察 ……………………265
  - (1)　職場環境配慮義務の法的根拠をどこに求めるか (265)
  - (2)　職場環境配慮義務の内容をどう考えるか (269)
- 5　職場環境配慮義務の具体的内容──使用者がなすべき具体的措置・
  　対応策について………………………………………………272
  - (1)　事前の措置・対応義務と事後の措置・対応義務 (273)
  - (2)　退職回避義務について (278)
- 6　考察すべき検討課題 …………………………………………279
  - (1)　当事者の主張・立証責任について (279)
  - (2)　職場環境配慮義務の範囲について (281)
  - (3)　使用者の免責事由について (285)
  - (4)　使用者の責任の範囲 (288)
- 7　結　語 …………………………………………………………290

労働契約と就業規制
——不利益変更論を素材として　　……………野川　忍…293

1　問題の所在——労働契約法理から見た就業規則論の課題…………293
2　就業規則法理の現状と課題 ……………………………………296
　(1)　到達点と展望（296）
　(2)　論点の再考（301）
3　就業規則改訂による労働条件不利益変更の判断基準 …………304
　(1)　大法廷判決の基本ルールとその展開（304）
　(2)　労働契約法理としての就業規則法理の可能性（311）
4　結　語——労働契約法と就業規則法理 ……………………………312

労働契約における変更解約告知
——要件事実論からみた覚書……………山川隆一…315

はじめに …………………………………………………………………315
1　変更解約告知をめぐる議論 ……………………………………317
　(1)　変更解約告知の意義（317）
　(2)　変更解約告知の「可否」と要件（318）
　(3)　留保つき承諾の可否（320）
2　変更解約告知の要件事実論的検討 ……………………………324
　(1)　訴　訟　物（324）
　(2)　労働契約関係存在確認請求（325）
　(3)　従前の労働条件の実現にかかる請求（335）
　(4)　変更後の労働条件の実現にかかる請求（337）
3　おわりに ………………………………………………………………340

目　次

「解雇の自由」雑感
――アメリカ法からの眺め……………………中窪裕也…341
1　パブリック・ポリシー法理をめぐる2つの判決……………341
　(1)　ジョアンナの場合（341）
　(2)　カレンの場合（342）
　(3)　パブリック・ポリシー法理の限界（343）
2　他の例外法理と解雇自由原則 ………………………………345
　(1)　ハンドブックの法理（345）
　(2)　黙示的契約の法理（346）
　(3)　誠実・公正義務の法理（347）
3　いくつかの留保 ………………………………………………349
4　労働協約による解雇制限 ……………………………………351
　(1)　ジェームズの場合（351）
　(2)　正当事由条項と仲裁（352）
　(3)　協約範囲の縮小（353）
5　「解雇の自由」の現在――アメリカと日本 …………………354
　(1)　アメリカ法の現状（354）
　(2)　わが国における「解雇の自由」（355）
　(3)　労基法18条の2の意義（356）

社会保障と民法
――社会保障法学の課題についての覚書…岩村正彦…359
1　はじめに ………………………………………………………359
2　発展期の社会保障と社会保障法学 …………………………360
　(1)　社会保障制度の展開（360）
　(2)　形成期の社会保障法学の特徴（365）
3　社会保障制度の変容と社会保障法学 ………………………372

⑴　社会保障制度の急速な変容（372）
　⑵　新課題に直面する社会保障法学（386）
4　お わ り に ……………………………………………………395

〈執筆者一覧〉 （執筆順）

和田　肇（わだ・はじめ）　名古屋大学大学院法学研究科教授
荒木尚志（あらき・たかし）　東京大学大学院法学政治学研究科教授
大内伸哉（おおうち・しんや）　神戸大学大学院法学研究科教授
渡辺　章（わたなべ・あきら）　専修大学法科大学院教授
野田　進（のだ・すすむ）　九州大学大学院法学研究院教授
森戸英幸（もりと・ひでゆき）　成蹊大学法科大学院教授
小畑史子（おばた・ふみこ）　京都大学大学院地球環境学堂助教授
中嶋士元也（なかじま・しげや）　上智大学法学部地球環境法学科教授
土田道夫（つちだ・みちお）　同志社大学法学部・法科大学院教授
岩出　誠（いわで・まこと）　弁護士
奥山明良（おくやま・あきら）　成城大学法学部教授
野川　忍（のがわ・しのぶ）　東京学芸大学教育学部教授
山川隆一（やまかわ・りゅういち）　慶應義塾大学大学院法務研究科教授
中窪裕也（なかくぼ・ひろや）　九州大学大学院法学研究院教授
岩村正彦（いわむら・まさひこ）　東京大学大学院法学政治学研究科教授

憲法14条1項，民法1条の2，同90条， そして労働契約

和田　肇

1　はじめに

　私人間の関係を規律する実定法規が欠けているが，しかし法的正義・契約正義の観点から許容できない法律行為・事実行為の法的判断について，民法90条は重要な機能を営んでいる。憲法14条1項の平等権と労働契約の関係でいえば，次のような裁判例をあげることができる。つまり，疑似パートの賃金差別が，「同一（価値）労働同一賃金の原則の根底にある均等待遇の理念に違反する格差であり，単に妥当性を欠くというにとどまらず公序良俗違反として無効になる」とされる[1]。また，1985年の雇用機会均等法制定以前の男女差別定年制に関する事件においても，民法90条が援用されて就業規則等の規定が無効と判断された[2]。しかし，その一方で，雇用機会均等法制定以前でも，男女別コース制の事例では同条は消極的にしか機能しなかった[3]。裁判例では，この問題は，85年の雇用機会均等法の制定と97年の同法改正によってようやく立法的に解決されたと考えられている[4]。
　ところが，最近再び，雇用機会均等法制定以前に男女別コース制で採用された女性（1997年の同法改正前は女子）が，昇格格差や賃金格差の適法性を争

---

(1)　丸子警報器事件・長野地上田支判平成8・3・15労判690号32頁。
(2)　後掲注(7)，注(8)裁判例参照。
(3)　後掲注(23)裁判例。
(4)　後掲注(24)裁判例。

っている事例で，憲法14条1項や民法90条が果たす機能について争われる裁判例が登場している。そこでは民法90条が消極的にしか機能しない論拠として，使用者の採用の自由が強調され，公序良俗の時代制約性があげられている。

本稿では，性による差別問題を題材にして[5]，憲法14条1項と民法90条を通じて形成される労働法上の公序との関係について検討してみたい。その際に，民法90条の公序論に関する民法学等の最近の理論的深化も踏まえながら，最近の裁判例ではあまり考慮されていない民法1条の2の意義にも注目したい[6]。

2 均等法制定以前の裁判例における「公序」論の形成と展開

(1) 女子結婚退職制・若年定年制の裁判例

憲法14条1項の性による差別の禁止と労働契約との関係については，すでに1960年代から大きな理論的な蓄積がなされていた。労基法3条では，差別禁止リストから憲法14条1項であげられている「性別」が意図的に落とされ，労基法4条では，賃金についてのみ「女子」（現行法では「女性」）であることを理由とした差別が禁止されたにすぎない。この間隙を埋めたのが，公序論に関する判例法理であった。

まず最初に登場したのが，就業規則等における女子結婚退職制の合法性が争われた裁判例である。ここでは，性別を理由とした合理性を欠く差別待遇は，民法90条に違反するとされ，また結婚の自由を合理的な理由なく制限す

---

(5) この問題に関する裁判例の総体的な分析として，浅倉むつ子・今野久子『女性労働判例ガイド』（有斐閣，1997年），林弘子「住友電工地裁判決鑑定意見書」労旬1529号（2002年）30頁以下，中島通子「雇用における性差別——賃金・昇進・昇格差別の判例を中心に」ジュリスト1237号（2003年）89頁以下を参照。

(6) 筆者は，拙稿「平等権と公序に関する新たな理論展開」労旬1558号（2003年）5頁で，住友電気工業事件判決等に触れ，労基法3条，4条に規定されていない労働条件について公序を考える際には時代制約性を免れないと論じたが，本稿はこの私見を大きく修正するものである。

ることは公序良俗違反になるとの理由から，女子のみの結婚退職制が無効とされた[7]。その後，女子についてのみ若年で退職する定めの合理性が争われた事件において，「この差別を正当づける特段の事情のない限り，著しく不合理なものとして，無効になる」とされた[8]。

　これらの裁判例では，労基法3条または4条が罰則を予定した規定であり，厳格に解釈されなければならないとの考え方が示され，そのため差別定年制を違法・無効とする根拠は民法90条に求められている[9]。当時すでに，沼田のように[10]，労基法には刑法的側面のほかに，私的自治を補充する側面があり，労働条件の最低基準たる労基法の規定を私法関係において解するときには，類推によって密度を高める解釈をすべきであり，したがって結婚退職制等は，罰則との関係では労基法3条違反とはいえないが，私法上の効力については，憲法14条1項，労基法3条，4条などを統一的に解して無効とする見解が存在していた。しかし，通説は，裁判例と同様の見解を採っていた[11]。いずれにしても，民法90条を利用する裁判例が減少する傾向にある中で，こうした裁判例によって憲法上の基本権の保護機能が同条に与えられるように

（7）　その嚆矢となったのは，住友セメント事件・東京地判昭和41・12・10労民集17巻6号1407頁である。その後に，豊国産業事件・神戸地判昭和42・9・26労民集18巻5号915頁，山一証券事件・名古屋地判昭和45・8・26労民集21巻4号1205頁，三井造船事件・大阪地判昭和46・12・10労民集22巻6号1163頁等。

（8）　東急機関工業事件・東京地判昭和44・7・1労民集20巻4号715頁，岩手県経済農業協同組合連合会事件・盛岡地判昭和46・3・18労民集22巻2号291頁，名古屋放送事件・名古屋高判昭和49・9・30労民集25巻6号461頁。

（9）　たとえば前掲注（8）東急機関工業事件。

（10）　沼田稲次郎『労働法論上巻』（法律文化社，1960年）231頁以下，272頁。後にこれをさらに展開・精緻化したのが，西谷敏「労働基準法の二面性と解釈の方法」外尾健一先生古稀記念『労働保護法の研究』（有斐閣，1994年）1頁以下である。

（11）　吾妻光俊『労働基準法』（日本評論社，1951年）18頁以下，有泉亨『労働基準法』（有斐閣，1963年）78頁以下，石井照久他『註解労働基準法Ⅰ』（勁草書房，1964年）72頁以下等。なお，最近の立法史研究によれば，労基法3条や4条は，刑罰のみを念頭に置いた厳格解釈を予定していなかったことが明らかにされている（土田道夫「労働基準法とは何だったのか？――労基法の変遷・方向性をその制定過程から考える」学会誌労働法95号（2000年）180頁以下）。

憲法14条１項，民法１条の２，同90条，そして労働契約

なっていった⁽¹²⁾。

　雇用の場における性差別問題を論ずるときに，憲法14条１項だけでなく，民法１条の２がしばしば援用されているのも，これら裁判例の大きな特徴である⁽¹³⁾。雇傭・労働契約も民法の規定する典型契約の一つであるから，民法１条の２がそれにも適用されることはいうまでもない。林は，こうした裁判例の分析から，憲法14条１項の男女平等原理が，民法１条の２の適用を介して民法90条の公序の一部を成すという解釈が確立したという⁽¹⁴⁾。民法90条の公序良俗について，当時の社会意識よりも，民法１条の２という実定法，つまり法的規範が尊重されていたことを，それは意味している。後述する最近のいくつかの裁判例を見るときに，この点を確認しておくことは今更ながら重要である。

　さらに，後の最高裁判決に現れる，定年に関して性別で差を設けることについて合理性が認められない理由は，女子若年定年制の裁判例⁽¹⁵⁾でほぼ出尽くしていた。

(2) 男女差別定年制に関する最高裁判決

　以上の総まとめとなったのが，５歳の格差がある男女別定年制の合法性が争われた日産自動車事件である。同事件の最高裁判決は，高裁判決を受けて，女子従業員の努力と会社の活用策いかんでは貢献度を上げうる職種が多数存在しており，個人の能力等の評価を離れて，女子を貢献度の上がらない従業員と断定できないし，女子についてのみ労働の質が上がらないのに賃金だけが上昇するともいえず，男女を問わず60歳前後までは通常要求される職務遂行の能力を有していると述べる。そして，男女で５歳の格差がある差別定年制を，「性別のみによる不合理な差別を定めたものとして民法90条の規定により無効であると解するのが相当である（憲法14条１項，民法１条の２参照）」

---

(12)　山本敬三『公序良俗違反の再構成』（有斐閣，2000年）148頁以下，154頁。
(13)　前掲注（７）三井造船事件，前掲注（８）名古屋放送事件，後述する５歳差別定年制に関する日産自動車事件・東京高判昭和54・３・12労判315号18頁。
(14)　林・前掲注（５）論文32頁以下，36頁。
(15)　前掲注（８）諸裁判例参照。

と判示する(16)。

　同判決は，それ以前の裁判例の理論的蓄積を再度確認していること以外にも，次のような点で興味を引く。

　第1に，同判決は，企業経営上の観点と社会的見地から，当該企業における男女差別定年制を無効としている。しかし，同判決で述べているような，当該企業での差別定年制の合理性を肯定できるのは，女子労働者の職種が限定され，年齢によってその職務を遂行することができなくなり，かつ配転が難しいようなごく例外的な場合しか考えられない(17)。こと定年に関しては，よほどの合理性を使用者が主張立証しない限り，男女別定年制は公序良俗違反となること，つまり，男女別定年制は原則として公序良俗に違反して無効であり，合理的な理由があるときだけ有効になる，との法理がここで確立したといえる(18)。ただし，同判決の射程距離の問題として，労基法4条の賃金差別と定年差別を除いて，その他の労働条件について性による差別がどのように扱われるかまでの推論はできない。

　第2は，同判決の公序に関する考え方である。調査官解説は，三菱樹脂事件最高裁判決(19)において，憲法の基本権保障規定の私人間適用に関する間接適用説が支持されていると理解し，日産自動車最高裁「判決がかっこ内において憲法14条1項及び民法1条の2の規定を援用しているのは，憲法14条1項の適用に関し，右のように間接適用説によっていることを明らかにしている」と評している(20)。その点には異論がないが，憲法14条1項と民法90条のつながりがよく分からない。民法90条は，憲法14条1項の基本権保障が私人間に間接的に適用されるための法技術的な道具として利用されただけなのか，それとも民法90条の公序を考える際に憲法14条1項が参照されたのか(21)。前者だと限りなく直接適用説に近くなる。

---

(16) 最三小判昭和56・3・24民集35巻2号300頁。高裁判決は前掲注(12)。
(17) 時岡泰・同事件解説・法曹時報36巻8号109頁，127頁。
(18) 星野英一・本件評釈・法学協会雑誌99巻12号1924頁，1931頁。
(19) 最大判昭和48・12・12民集27巻11号1536頁。
(20) 時岡・前掲注(17)論文123頁以下。
(21) こうした問題を指摘するものとして，星野・前掲注(18)評釈1932頁。

憲法14条1項，民法1条の2，同90条，そして労働契約

ある裁判例は，憲法14条1項が「国民に対して男女平等の原理を基本的人権として保障していることは，右原理が法秩序の基礎として確立され，この分野における国民の権利が不当に侵害されないことを国家社会の秩序とすることを宣言したものとみるべきであるから，私人間においても，右権利を合理的な理由なく侵害することは，公序良俗違反の行為にあたり，民法90条によりその法的効力を否認される」，という[22]。ここでは前者の見解が採られているようにも読める。しかし，次のような裁判例を見るとそうは言い切れないところに，問題の複雑さがある。

(3) 男女別コース制に関する裁判例

この問題が顕在化したのが，高卒・大卒男性を基幹職員として採用し，高卒・短大卒・大卒女性をその他の一般事務職として採用し，その結果，担当職務，人事処遇の面で大きく異なる「男女別コース制」の合法性を争う裁判例においてである。ここでは右に論じた判例法理とは異なる論理が展開された。つまり，①「賃金以外の労働条件についても合理的な理由がないのに性別による差別的取扱いをすることは，公序に違反し，そのような取扱いをすることを内容とする法律行為は，民法90条に違反して無効というべきである」。また，②業務の折衝相手の担当者に男性が多いこと，女子の勤続年数が一般的に男子より短いこと，女子には特別な保護規定が存在することを理由に男女別コース制を採用することは，「合理的な理由を欠くのであって，法の下の平等を定め，性別による差別を禁止した憲法14条の趣旨に合致しない」。しかしながら，③労基法3条が労働者の募集や採用に適用されず，昭和60年(1985年)に制定された雇用機会均等法でも募集や採用における差別を禁止しておらず，使用者に広い労働者選択の自由が認められており，本件の原告女子らが採用された昭和44年ないし49年頃には，募集・採用における性による不均等取扱いは公序良俗に違反したとまではいえない，と[23]。

使用者の採用の自由論を主張し，また，憲法14条1項によって形成される

---

(22) 放射線影響研究所事件・広島高判昭和62・6・15判時1236号52頁。
(23) 日本鉄鋼連盟事件・東京地判昭和61・12・4労民集37巻6号512頁。

「私法上の公序」の時代制約性も展開している③の判示は、差別定年制について形成された判例法理と大きく異なる。しかし、ここでは、企業実務における女子労働者の位置づけ、役割分担、社会意識といった論点は、公序の内容を検討する際にそれほど重視されていない。むしろ、これらを男女別コース制を合理化する理由としてあげる使用者側の主張に対して、それらは憲法14条1項に反する合理性のない理由であるとすら論じている。当時すでに、男女の役割分担論や社会意識論を積極的に展開できるような状況ではもはやなくなっていた、と推測することができる。

しかし、時計の針は再び逆回りする。

3　90年代以降の男女別コース制裁判例に見る公序論

(1)　90年代以降の裁判例

90年代に新たに提訴された、雇用機会均等法の制定以前の昭和40年代に男女別コース制で雇用された高卒女性が、その後の処遇格差の違法性を主張している一連の裁判例においても、日本鉄鋼連盟事件判決の論理が繰り返し展開される。たとえば住友電気工業事件[24]では、①高卒男性を本社採用の幹部候補要員としての職種に位置づけ、これに対して高卒女子を非効率を理由に事務所採用の定型的補助的業務に従事する職種に位置づけることは、男女差別で、憲法14条1項の趣旨に反するとしながら、②他方で、こうした男女差別が不合理で公序良俗に違反するかの判断に際しては、使用者に採用の自由が保障されていることも考慮すべきであり、③昭和40年代頃には、まだ男女の役割分担意識が強く、女子に対しては長期雇用を前提にしてコストをかけて教育訓練を行うなどのことは行われておらず、こうしたことが女子を単純労働の要員としてのみ雇用する一因となっており、雇用機会均等法が制定・

---

[24]　住友電気工業事件・大阪地判平成12・7・31労判792号48頁。同旨のものとして他に、住友化学工業事件・大阪地判平成13・3・28労判807号10頁、野村證券事件・東京地判平成14・2・20労判822号13頁、兼松事件・東京地判平成15・11・5労判867号19頁（同事件では、1957年採用から82年採用までを一まとめにして、コース別採用という「当時」の雇用慣行が不合理な性による差別には当らないと判示している）。

改正された今日ならいざ知らず，当時においては，男女別コース制は公序良俗違反とまではいえない，と判示する。

ここでも再び，使用者の採用の自由論と，民法90条によって形成される「公序」の時代制約性があげられている。ただし，役割分担論や統計的差別論が再び大手を振って登場し，公序の時代制約性を裏付ける要因として利用されている点では，日本鉄鋼連盟事件判決と異なっている。

もう一つ注目されるのは，民法90条の公序の内容を検討する際に，民法1条の2はあげられず，むしろ公共の福祉による私権制限に関する民法1条1項が援用されている点である[25]。その理由は判決からは明らかではない。いずれにしても林が剔抉するように[26]，日産自動車最高裁判決までの裁判例で確立された，憲法14条1項と民法90条をつなぐ論理は，このことによって切断されている。

(2) 裁判例に対する疑問

日産自動車事件最高裁判決に見られる男女差別定年制に関して形成された「公序」と，日本鉄鋼連盟事件地裁判決等で示される男女別コース制に関して形成された「公序」とでは，同じく性による差別が争われていながら，どうしてこうした違いが生じるのだろうか。いくつかの論拠について考えてみたい。

まず，女子であることのみを理由に労働条件で差別することは，憲法14条1項に違反すると論ずる点では，両者は同じである。また，合理性がないのに，性別により労働条件について差別的取扱いをすることは，民法90条の公序違反で無効である，とする点でも両者に違いはない。違いが出るとすれば，男女別コース制事例では，使用者の採用の自由と公序の時代制約性があげられている点であろう。

判例によれば[27]，労基法3条は採用については適用されないから，国籍や

---

(25) 前掲注(24)裁判例のうち，住友電気工業事件と住友化学工業事件。
(26) 林・前掲注(5)論文37頁以下，42頁以下。宮地光子「男女賃金差別事件における理論的課題」学会誌労働法100号（2002年）68頁以下も参照。
(27) 前掲注(19)三菱樹脂事件最高裁判決参照。

信条を採用条件に入れることもただちに違法とはならないと解されている。募集・採用における性による差別禁止を定めた実定法規のない段階では，性別についても同じことがいえた。その意味では使用者は広く採用の自由を有しているといえるが，そのことは，男女別定年制という条件を提示して労働契約を締結する場合と，男女別コース制という条件を提示して労働契約を締結する場合とで，どこに違いを生じさせるのか。定年制は労基法3条にいう「労働条件」であるが，男女別コース制，あるいはその内実をなす人事処遇や賃金はこれに当たらないということなのか。

次のような例を考えてみれば，こうした疑問は決して荒唐無稽なものではない。つまり，国立大学法人や私立大学で，その人の語学能力や研究能力を別にしても，国籍を採用条件とすることはただちに違法とはならないが，定年は労働条件であるから，日本人教員と外国人教員とで定年年齢に差を設けることは，労基法3条違反になる。これに対して，日本人教員を任期なしのテニュア・トラックで採用し，外国人教員を任期付きのノンテニュア・トラックで採用することは，労基法3条に違反することにはならないのか。国立大学が不文律によって[28]あるいは慣行的に長い間，外国人を排除してきたり，日本人と異なる処遇を行ってきたことが，右のような取扱いの公序違反性，違法性を阻却するといえるのか。

男女別定年制による女性の早期定年退職と，男女別コース制による異なる人事・賃金処遇とは，労働条件として性格が異なることが，あるいは前者には契約の自由が働かないが，後者には契約の自由が働くことが積極的に論証されない限り，右の疑問は払拭できない。野田は，日本鉄鋼連盟事件判決について，募集・採用における男女の不均等取扱いが公序良俗違反にならない

---

(28) 公務員法の世界では，「公務員に関する当然の法理」として，「公権力の行使又は公の意思の形成への参画に携わる公務員となるためには日本国籍を必要とする」と解され，これを基礎に人事院規則8−18（採用試験）8条は，日本国籍を有しない者に受験資格を認めていない。この例外をなすのが，1982年に制定された「国立又は公立の大学における外国人教員等の任用に関する特別措置法」であり，この時点からようやく外国人教官の任期付きの採用が可能となった。その後の改正で，任期を付することが必要要件ではなくなった。

としても，賃金格差がどうしてそれに起因するといえるのか，多様な労働条件のうち何がそれに起因した格差として合理的といえるのか，同判決からは明確でないことを指摘している(29)。要するに，どうして定年制に差を設けることが公序違反として許されなくて，コース制という名の下に職種，配置，人事処遇に差を設けることは許されるのか。日本鉄鋼連盟事件判決や住友電気工業事件判決等は，これを納得のいくように説明しきれていない。筆者の第1の疑問は，この点にある。

次に，時代制約性の論点であるが，男女別定年制事件も男女別コース制事件も，争われている時期はほぼ同じである。しかし，前者では，勤続年数に応じて女子の貢献度が上がらない，それにもかかわらず賃金のみが上がるとは断定できず，60歳くらいまで男女間で能力に違いがないといっておきながら，後者では，役割分担意識や女子を単純職務にのみ押し込めておく企業の労務管理が，公序良俗に影響を及ぼす要素とは扱われていない。どうして後者にのみ時代制約性が登場するのか(30)。山田や林が指摘する，統計的差別による差別の合理化の誤り(31)，あるいは林が指摘する裁判官の性別役割分担意識とジェンダーバイアス(32)もさることながら，判例法理によって一端克服されたはずの「社会意識」の理解が，どうして数十年経って再び，しかも増幅された形で登場しなければならないのか。筆者の第2の疑問はこの点にある。

4 再び民法の公序論について

(1) 山本の研究

ここ10数年くらいの間に民法学では公序良俗論研究でいくつかの大きな

---

(29) 野田進・日本鉄鋼連盟事件評釈・季労143号（1987年）146頁以下。
(30) 同様の指摘として，林・前掲注(5)論文38頁以下。
(31) 山田省三「住友電気工業男女配置・昇格差別事件大阪地裁平成12年7月31日判決に関する意見書」労旬1509号（2001年）71頁以下，林・前掲注(5)論文41頁以下。
(32) 林・前掲注(5)論文39頁以下。
(33) 代表的な作品として，大村敦志『公序良俗と契約正義』(有斐閣，1995年)，椿寿夫＝伊藤進編『公序良俗違反の研究』(日本評論社，1995年)，山本・前掲注(12)書。いずれも雑誌初出は，それより数年早い。

業績が出されている(33)。それぞれ検討視角は異なっているが，共通して意欲的に比較法研究や裁判例分析が行われている。その中で，本稿との関係で興味を引くのは，憲法の基本権保障と公序の関係を新たな構成で積極的に展開する山本の研究である。必要な限りでごく簡単に要約してみたい。

　山本は，公序良俗の類型化の中で裁判型——基本権保護型を想定し，これを憲法の私人間適用の構成問題ととらえ，司法機関も含む国家の基本権保護義務によってこの問題を説明する。私人であるABの関係で基本権侵害問題が生じたときに，国家の基本権保護義務は二側面で機能する。つまり，Aの基本権が保護されなければならないという要請＝過少保護の禁止と，それが過誤になりBの基本権が侵害されないという要請＝過剰介入の禁止であり，両者の衡量によって問題解決を図るのが，憲法の私人間適用の基本構成となる。右の衡量問題は，さまざまな原理の衡量についての考え方の問題であり，山本は，それを暗黙の共通感覚であるリベラリズム思想に求める(34)。

　こうした構成を採ったときに最も問題となるのは，どのように原理の衡量を行うかである。山本は，ここで過少保護の禁止に関する判断枠組みと，過剰介入の禁止に関する判断枠組みを提示する。前者についてのポイントは，Aの基本権がどの程度制約されるか，それを保護することがどの程度重要かにある。後者についてのポイントは，比例原則の部分原則である適合性の原則，必要性の原則，均衡性の原則である。適合性の原則は，公序良俗規範を適用し，契約を無効とすることが，Aの基本権の保護に適しているという要請である。必要性の原則は，同じく無効とすることが，Aの基本権の保護にとって必要不可欠であることを意味する。この原則からは，一部無効という解決方法も導かれる。そして，均衡性の原則からは，同じく無効とすることによりBの基本権を制約する程度が大きくなれば，それだけ保護されるAの基本権の重要性が強くなければならないことになる。山本は，こうした判断枠組みを使って，芸娼妓契約，競業禁止特約，暴利行為について実際の衡量を行っている(35)。この基本権の衝突の衡量というテーゼは，本稿におけるよ

---

(34)　山本・前掲注(12)書63頁以下，197頁以下。
(35)　山本・前掲注(12)書209頁以下。

憲法14条1項，民法1条の2，同90条，そして労働契約
うな公序論に関する問題を検討する際に重要な示唆を提供しているといえる。

  (2)　樋口の研究

　山本の研究は，公法秩序と私法秩序の分離という伝統的な法常識に対して，前者が後者を支援し，後者が前者を強化するとの構想を打ち立てる大村の研究(36)とともに，憲法と民法との関係を新たにとらえ直そうという，民法学の最近の大きな潮流の中に位置づけられる(37)。ここで共通して見られるのは，伝統的な公法私法二分論ではなく，憲法に代表される公法的価値・秩序を積極的に私法秩序の中に組み込もうとする主張である。そして，その背景にあるのは，私的自治の世界には国家はできるだけ介入しないという古いリベラリズム思想ではなく，私的自治や自己決定，あるいはそれによって形成される生活空間における共生を国家が支えると理解するネオ・リベラリズム思想である(38)。

　憲法学者の樋口は，こうした主張を整理して，憲法規範によって定められていることがらを民法の内容として受容すること，つまり憲法の民法化と，民法規範によって定められていることがらを憲法規範の意味として受容す

---

(36)　大村敦志『生活民法研究Ⅰ・契約法から消費者法へ』（東京大学出版会，1999年）201頁以下。

(37)　この潮流をリードする二人の民法学者の意図するところについては，山本敬三「憲法システムにおける私法の役割」法律時報76巻2号（2004年）59頁以下，大村敦志「大きな公共性から小さな公共性へ──「憲法と民法」から出発して」同誌71頁以下も参照。吉田克己「憲法と民法──問題の位相と構造」同誌50頁以下は，こうした潮流の背景として，一般意思の体現である実定法（ドイツ法でいう単純法律（einfaches Gesetz））と憲法との乖離，規制緩和推進法による民事法（民事特別法）との緊張関係の増大，保護法益としての人格権の前面化，社会的権力による人格侵害の増加等をあげている。広渡清吾「憲法と民法──その関係の多元主義的理解」同誌87頁以下は，憲法と民法の関係に関する山本と大村，そして吉田の理解の相違を描き出している。「憲法と民法」というテーマについてこれら論考に教えられるところが多いが，筆者はこれに「労働法」という座標軸を入れたらどうなるのか，という問題意識を常に抱いている（拙稿「労働法制の変動と憲法原理」法律時報73巻6号（2001年）37頁以下も参照）。

(38)　山本のリベラリズム思想については，大村敦志「山本敬三『公序良俗論の再構成』を味わう」民商法雑誌125巻2号（2001年）273頁以下も参照。

こと，つまり民法の憲法化と表現する。そして，前述の住友電気工業事件判決には，前者の側面について消極的であることがうかがえるという。すなわち，民法90条という枠組みの中で，憲法14条1項の平等権と，憲法22条，29条の財産権の保障に裏付けられた採用の自由という複数の憲法的価値の間で調整をしようとするときに，社会意識という媒介項によって前者に対する後者の優位が引き出されている。実は，民法1条の2という憲法的価値を受容している実定法が1947年以降存在しているにもかかわらずに，である(39)。樋口の指摘を受けて石田も，野村證券事件判決の評釈において，労働法における公序を形成しているのは，労基法3条や4条だけでなく，民法1条の2もこれに含まれるのであり，両性の本質的平等という憲法的価値が民法自体の要求にもなっており，同事件判決はこのことを無視していると批判している(40)。

　山本の研究によって，公序良俗論が基本権の衝突の衡量という問題に帰着することが論じられた。しかしながら樋口の研究によって，裁判例では，複数の憲法的価値の間での調整において，結局は実定法が無視され，社会意識という曖昧な概念によって一方の価値が劣後されていることが明らかにされた。それは，山本のいう過少保護の問題を引き起こしている。とするならば，これを再び憲法的価値の調整の枠組みに取り込まなければならない。その答えは，裁判例や学説ですでに提供されている。

5　労働法の公序

(1)　民法1条の2の意義の再確認

　前述したように，住友電気工業事件判決と住友化学工業事件判決では，公共の福祉による私権の制限に関する民法1条1項が援用されており，野村證券事件判決では同項が援用されないという違いはあるが，いずれの判決でも

---

(39) 樋口陽一「憲法・民法・「社会意識」」栗城壽夫先生古稀記念『日独憲法学の創造力』（信山社，2003年）139頁以下，144頁以下。同「憲法と民法——その「緊張」と「協働補完」の関係」法律時報76巻2号（2004年）91頁以下も参照。

(40) 石田眞・野村事件評釈・判例評論526号（2002年）212頁以下。

両性の本質的平等に関する同法1条の2には何ら言及されていない。繰り返しになるが，雇傭・労働契約も民法の典型契約であり，民法1条の2の適用を当然に受けるのであるから，その適用を否定する者が積極的にその論拠を説明しなければならない。しかし，右の裁判例では，この点についての説明は一切なされていない。おそらく，しようとしてもできないであろう。

樋口がいうように，民法1条の2は，1947年以降実定法であるのだから，民法90条の公序良俗の内容を考える際に，社会意識よりも優先して考慮されなければならない。実定法の特定の条文が明示的に憲法的価値を受容していることを認識することによって，憲法的価値の適切な調整が図られることになるといえる[41]。

民法1条の2は，確かに契約の解釈準則であり，使用者の採用の自由までも制限するものではない。しかし，前述したように，男性労働者を将来の幹部候補要員として採用し，そのように処遇するのに対して，女性労働者を定型的補助的業務に従事させることを予定して採用し，そのように処遇するというコース制は，人事処遇や賃金に関係しているという意味で，まさに労基法3条にいう「労働条件」であり，性別によってコースを分けることは，憲法14条1項および民法1条の2に違反し，同法90条によって無効となる。そのことは，定年が労基法3条にいう「労働条件」で，性によるその差別が憲法14条1項および民法1条の2に反し，同法90条により無効になるのと変わるところはない。換言すれば，人事，教育訓練，賃金等の面で労働者をどのように処遇するかは，労働条件の問題であり，したがって契約内容の問題として，民法90条による法的評価を受けることになる。

(2) 男女雇用機会均等法制定の意義

住友電気工業事件判決等は，募集・採用における性による差別の禁止については，85年の男女雇用機会均等法の制定以前には実定法を欠いており，97年の同法改正で募集・採用における平等取扱いの努力義務から差別禁止規定に変更されたことにより，募集・採用での差別禁止が公序になったと解して

---

(41) 樋口・前掲注(39)論文142頁以下。

いる。しかし，林や中島が当時の立法資料等から明らかにしているように，立法者は，男女雇用機会均等法の制定によって当時すでに判例法理として確立していた公序論が否定されるとは考えていなかった[42]。菅野もまた，85年の同法制定直後に，「努力義務規定は，その違反に対して私法上の効果を格別有するものではない」が，「それらの規定は，憲法および民法上の男女平等原理が公の秩序を構成しているとの男女平等取扱法理……を否定ないし縮減しうる性質のものではないことは当然である」と述べている[43]。民法1条の2による公序を労働立法が労働者に不利に変更できると考えるのは，法常識に反する。

　当時確立していた判例法理における公序論とは，労基法4条で定められている賃金以外の労働条件について，合理的な理由なく女子を差別的に取り扱うことは，憲法14条1項および民法1条の2から公序良俗違反になる，という法理と要約できよう。男女雇用機会均等法（当時の7条）制定の意義は，募集・採用に際して女子を排除しない努力義務を使用者に課したという点に求められる。周知のように，85年法制定の後に，企業実務ではそれまでの男女別コース制に代わって総合職・一般職を自由意思で選択できる新たなコース制が採用された。入り口での規制が新たにできたことにより，多くの企業は，従来と異なり一見「性に中立的な」コース制を導入し，労働者の意思（多くは擬制されたものであるにせよ）によってどちらかを選択させるという方式を採ることを余儀なくされた。一端門戸を開放する以上，労働条件という契約内容の異別取扱いは，契約当事者の同意＝意思を通じてしか正当化できなくなったためである。そして，97年法改正（現行の6条）によって，実際の運用で女性が一方のコースしか選択しないようになっていることも禁止の対象にされている。この間，採用後の労働条件に関して性による差別的取扱いが許されない点には，何も変わりはない。

---

(42)　林・前掲注（5）論文44頁，中島・前掲注（5）論文94頁以下。赤松良子『詳説男女雇用機会均等法及び改正労働基準法』（日本労働協会，1985年）244頁も参照。

(43)　菅野和夫『労働法』（弘文堂，1985年）124頁。

憲法14条1項，民法1条の2，同90条，そして労働契約

(3) 公序の機能と公序違反の是正

男女別コース制が合理性を欠き，民法90条により公序良俗違反として無効になるとしたら，それを前提とした昇格差別や賃金差別は違法となり，使用者は民法709条により損害賠償義務を負う。それとともに，使用者は違法状態の解消，公序違反の是正の義務を信義則上負うと解すべきであろう。職種転換制度を設けるなどして複数のコース制を一本化し，それを前提に女性にも男性と同じ教育訓練や人事配置を行い，場合によっては昇格格差を是正することが，その具体的な内容となる。差別された女性労働者は，場合によっては，労働契約において使用者が信義則上負う平等取扱い義務を根拠に昇格請求をすることも可能となる(44)。

以上は，男女別コース制がすでに雇用機会均等法の制定以前から公序良俗に違反していたという前提に立った議論であるが，住友電気工業事件判決等のように，公序違反を否定した場合，使用者の格差是正義務はどうなるのか。住友電気工業事件判決は，法律行為の公序違反の有無は行為時（契約時）を基準として判断すべきものであり，その後の法改正はこの判断に影響を及ぼすものではないとして，雇用機会均等法の制定や改正にともない格差是正を行う必要はないと判示する。これに対して野村證券事件では，85年の雇用機会均等法制定当時には募集・採用における平等取扱いは努力義務にとどめられたため，当時の男女別コース制はまだ公序良俗に反していたとはいえないが，97年法改正により差別禁止規定となったことにより当該男女別コース制は公序良俗違反となり，使用者にはその是正義務が生じることになったと論じている。

行為時には公序良俗に違反していなかった法律行為が，その後の法改正等により公序良俗違反となった場合に，その有効性を判断する基準は行為時であるとするのが，判例法理である。しかし，それでは契約正義に反する結果

---

(44) 芝信用金庫事件・東京高判平成12・12・22労判796号5頁も参照。同法理については，拙稿「労働契約論の現代的課題・試論」季刊労働者の権利233号（2000年）12頁以下においても論じたところである。

(45) 最二小判平成15・4・11判時1823号55頁。

になることから，法律行為・契約が有効であるとしても，債権者からの履行請求は否定する[45]。このことは，締結時には公序違反ではなかったが，その後に公序違反となった契約について，裁判所は契約を遡及的に違法とすることはしないが，だからといって契約の効果をそのまま認めることもしないという可能性を示唆している。とすると，その後の法改正による違法状態の是正を認めなかった住友電気工業事件判決よりも，これを認めた野村證券事件判決の方が，契約正義を重視する判例法理に沿った妥当な判決といえるだろう。

6　ま　と　め

　以上の検討の結論は，次のように要約できる。
　ある労働者の一群と他の労働者の一群とで，人事処遇や賃金で差を設けるという「コース制」は，使用者の採用の自由や契約の自由に属する専権事項ではなく，労基法3条の「労働条件」に当たる。したがって，国籍や信条等による差別的なコース制は，定年差別と同じように，憲法14条1項，労基法3条，民法90条に違反して無効となる。また，男女別コース制は，男女差別定年制と同じく，憲法14条1項，民法1条の2，民法90条に違反して無効となる。男女雇用機会均等法による募集・採用における平等取扱いの努力義務規定や差別禁止規定は，こうした男女別コース制が公序良俗違反になるという法理を，変更するものでも，あるいはこれに何かを付け加えるものでもない。
　最後に，公序良俗に関する民法90条の機能について若干補足しておきたい。
　民法90条が適用される伝統的な領域では，契約自由の原則の下で公序良俗違反の判断に当たって社会常識が重視され，違法性判断は慎重に行われてきた。しかし，男女別（性による差別）定年制事例における公序違反の判断に際しては，民法90条が積極的に利用され，そこでは社会常識よりも同法1条の2を通じて具現化された憲法14条1項の憲法的価値が重視され，同条には基本権保護機能が与えられた。一般条項としての民法90条には，伝統的な公序

憲法14条1項，民法1条の2，同90条，そして労働契約良俗の内容に拘束されずに，時代が生み出す新たな要請を積極的に取り込む機能が与えられなければならないことを，それは物語っている[46]。労働契約の領域で公序良俗論がどのような時代の要請を取り込むべきかを検討するのが，実定法でカバーしきれない労働法に取り組む学説の大きな課題でもある。

---

(46) 水野紀子「民法90条――男女別定年制」別冊ジュリスト『民法判例百選I総則・別件・第5版』(2001年) 37頁。

労働立法における努力義務規定の機能
―― 日本型ソフトロー・アプローチ？――

荒木尚志

1 問題の所在――ソフトローとしての努力義務

　伝統的労働法は，使用者と労働者の間の労働契約関係を強行的に規律する法規範を設定し，それを公法上は，刑事罰や行政監督によって担保するとともに，私法上は当該規範に違反する法律行為を無効とし，事実行為を違法として不法行為責任を生ぜしめるという手法を採用してきた。このように法的拘束力を持つ規範による規制をハードローと呼ぶことができる。
　しかし，近時の労働立法においては，当事者，とりわけ通常の労働法規制の名宛人である使用者に対して「努めなければならない」とか「努めるものとする」という文言を用いて「努力義務」を課す例が増えてきている。努力義務規定は，これに反する行為を違法・無効とする法的効果を生ぜしめるものではなく，(行政による履行促進措置の点は後に検討することとして）基本的に

※　本稿執筆に際し，藤田友敬東京大学教授および濱口桂一郎東京大学客員教授から有益な示唆を受けた。記して謝意を表したい。
（1）　ソフトロー概念を早くから展開させてきた国際法分野では，一般的に拘束力を欠く国際文書決議，宣言，覚え書き等のほか，ソフトローの性質を有する条約として，予防的（preventive）または先駆的（precursory）条約，自発的もしくは任意的履行に期待する条約等が挙げられている。大内和臣「ソフト・ローとハード・ローの衝突――トランスナショナル・プロセス論」法学新報108巻11-12号15頁（2002年），村瀬信也『国際立法』23頁以下（2002年）参照。

当事者の任意的・自発的履行に期待するものである。この意味で，努力義務規定は，いわゆるソフトロー[1]として位置づけることができる法規則である。

諸外国の労働立法・労働政策においては，拘束力ある規範を設定するハードローに対して，そのような拘束力に欠けるソフトローの使用について議論が高まってきている。例えば，1974年から1989年までのECの社会労働立法は，そのほとんどが法的拘束力のあるハードローであったが，1990年代後半以降は，ソフトローによる措置に重点が置かれるようになっている[2]。ソフトローという概念は，国際法分野で早くから展開されてきたが，その概念自体の当否，有用性については種々議論がある[3]。例えば，拘束力ある規則を示す「law」と拘束力ないことをしめす「soft」の組み合わせ自体が矛盾しているとの批判，ソフトローは必ずハードロー化する訳ではないが，ソフトローという用語はハードロー化を既定事項としている，真に求められるハードローよりも便宜的にソフトローを利用することによる法の実効性の減少という問題をはらむ，といった批判等がある[4]。概念・定義をめぐる議論の当否

---

(2) Catherine Barnard, *EC Employment Law*, 82-83 (2000, 2nd ed.). Bob Hepple はこのようなソフトローへのシフトの原因として，補完性原理（subsidiarity）の下では拘束力ある措置は最後の手段たるべしと解されたこと，より強力な措置を採択する政治的合意が成立していない場合に前段階措置として導入される例が少なくないこと，ソフトローは説得や最良の実務モデルの普及等を通じた目的達成のためのより柔軟な措置を可能とするという肯定的理解の存在を，指摘する。Bob Hepple, "Enforcement: the law and politics of cooperation and compliance", in Bob Hepple (ed.), *Social and Labour Rights in a Global Context*, pp. 242-243 (2002).

(3) 国際法におけるソフトローをめぐる邦語文献としては村瀬・前掲注(1)書・5頁以下，位田隆一「『ソフトロー』とは何か（一）（二）——国際法上の分析概念としての有用性批判」法学論叢117巻5号1頁，117巻6号1頁（1985年），大内・前掲注(1)論文・1頁，宮野洋一「『ソフト・ロー＝ソフトランディング・ロー』論の国際法源論的スケッチ」法学新報109号5-6号419頁（2003年），齋藤民徒「国際法と国際規範——「ソフト・ロー」をめぐる学際研究の現状と課題」社会科学研究54巻5号41頁（2003年）等参照。

(4) 位田・前掲注(3)論文（一）・8頁の紹介するアランジオ・ルイスの批判である。

は別として，国際法の議論において，ソフトロー自体の効力（拘束力）に関する議論と，ソフトローが国際法の拘束的規則形成における役割，すなわちソフトローがハードローつまり拘束的規則へ変化していくプロセスに着目してその効果を把握する議論があることは，労働法分野における努力義務規定を考える上でも示唆的である。

　労働立法で最も議論を呼んだ努力義務規定は，1985年に制定された男女雇用機会均等法（以下「旧均等法」という）の募集・採用・配置・昇進に関するそれであった。旧均等法は，これらに関して，均等な機会を与え，あるいは均等な取扱いをするように「努めなければならない」という努力義務規定による規制を採用した。そして，後述するように努力義務については私法上の違法性は問題とならず，損害賠償責任を生ぜしめるものでもないとされた。差別禁止規定によって直接的強行的に規制すべきであったとする立場からは，こうした努力義務規定は，旧均等法の実効性の欠如を示す典型的な場面として，厳しい批判が寄せられた。しかし，努力義務規定のもとで諸種の行政上の施策による履行確保が図られ，予想以上の効果も指摘された[5]。

　労働立法における努力義務はその履行を確保するために，種々の行政上の措置や経済的インセンティブが用意されることが少なくなく，裁判所における履行確保の有無のみに考察を限定してはその機能を十分に捉えられない。また，旧均等法の努力義務規定は1997年改正によってすべて強行的禁止規定に変更されたように，努力義務規定が一定期間経過後に強行的義務的規定に変更される例が少なくない。そうすると，最近の日本の労働立法において多

---

[5] 日本法研究者フランク・アッパームは，旧均等法の最も特徴的な点として努力義務規定を挙げ，行政救済も強制的なものではないことを指摘し，旧均等法は「法律という言葉に狭い定義を使えば，つまり，国民の間の権利義務を形成し変更することが法律であるという定義を基準とすれば，これは法律にならないほど弱いもの」で，効果がないと思っていたとする。しかし，法施行後の1987年の観察では，4年制大卒女子の就職機会の増加等，同法のインパクトは非常に大きいことがわかり，施行前に自らが下した評価は，「アメリカの法律家の典型的な解釈に過ぎなかった」と述べている。フランク・アッパーム「アメリカの法律家の目から見た日本の雇用機会均等法」日本労働協会雑誌337号46頁（1987年）。

用される努力義務規定の意義を考察するため，当該努力義務規定をスタティックに捉えるのではなく，時間レンジを広くとって立法政策の展開の中でダイナミックに把握することも必要である。

この小論[6]では，努力義務規定の類型とその法的効力，ソフトローとしての努力義務規定のハードロー化，そして努力義務というソフトロー・アプローチの労働法政策における意義と課題について検討する。

2　努力義務規定の類型

「努めなければならない」「努めるものとする」という文言を用いた努力義務規定[7]にも多様な規定がある。これをどう類型化するかは一個の問題であるが[8]，本稿の主たる関心は，法的拘束力のないとされる努力義務規定を労働立法において採用することの機能を分析することにあるので，そのような観点からはおよそ実効性確保が問題とならない訓示的・抽象的努力義務規定

（6）　筆者は同様のテーマについて，簡単な問題の素描（「努力義務規定にはいかなる意義があるのか」日本労働研究雑誌525号70頁（2004年））を行ったことがあるが，そこでは紙面の制約もあり十分に論ずることができなかった。本稿はこれを若干発展させたものである。

（7）　努力義務について分析した文献として安枝英訷「わが国における労働条件と法規制」日本労働法学会編・講座21世紀の労働法第3巻『労働条件の決定と変更』34頁以下（2000年），寺山洋一「労働の分野における努力義務規定から義務規定への移行に関する立法政策について」季刊労働法116頁（2002年）等がある。

（8）　寺山・前掲注(7)論文・131頁（注39）は，努力義務規定を①総論部分におかれる抽象的努力義務規定，②義務規定に隣接する努力義務規定，③責任者選任に関する努力義務規定，④その他の4つに整理している。

（9）　荒木・前掲注6論文・70頁では，法律学以外の読者をも対象とした学際研究雑誌の性格もあり，よりイメージしやすい名称として「純然たる訓示規定としての努力義務規定」「過渡的（規制猶予的）努力義務規定」という用語を用いた。しかし，立法過程における政治的妥協によって努力義務規定に落着した場合，将来の強行規定ないし義務規定化が当然に予定されているわけではない。過渡的（規制猶予的）努力義務であることは，より直接的規制が導入されて事後的に確定する性格のものである。そこで，本稿では，本文のように名称を改めた。

と実効性確保がまさに議論の焦点となる具体的努力義務規定の二つの類型があることを確認しておこう[9]。

(1) 訓示的・抽象的努力義務

まず，努力義務規定の中には，当該立法の基本理念・目的を示し，その方向に沿った当事者の努力を抽象的に促す趣旨の規定で，その性格上，具体的な履行を強行的に規制することを想定していない「訓示的・抽象的努力義務規定」がある。

例えば1947年制定の労働基準法1条2項（「この法律で定める労働条件の基準は最低のものであるから，労働関係の当事者は，この基準を理由として労働条件を低下させてはならないことはもとより，その向上を図るように努めなければならない。」），1946年制定の労働関係調整法2条（「労働関係の当事者は，互に労働関係を適正化するやうに，労働協約中に，常に労働関係の調整を図るための正規の機関の設置及びその運営に関する事項を定めるやうに，且つ労働争議が発生したときは，誠意をもつて自主的にこれを解決するやうに，特に努力しなければならない。」），同3条（「政府は，労働関係に関する主張が一致しない場合に，労働関係の当事者が，これを自主的に調整することに対し助力を与へ，これによつて争議行為をできるだけ防止することに努めなければならない。」）といった努力義務規定は，いずれも当該制定法の趣旨・目的を示しつつ，関係当事者の努力を促す訓示規定にすぎない。したがって，その努力義務の具体的内容を行政が特定して，それを行政上の種々の施策を用いて実施するといったことも特に想定されていない。

こうした努力義務規定は上記の例でも明らかなように戦後直後の労働立法でも規定されており，同様の例は今日でも少なくない。例えば，育児介護休業法4条（関係者の責務），短時間労働者法3条（事業主等の責務），個別労働関係紛争解決促進法2条（紛争の自主的解決），職業安定法5条の2（職業安定機関と職業紹介事業者等の協力），高年齢者雇用安定法2条の2（基本的理念），同2条の3（事業主の責務），均等法11条（苦情の自主的解決）等はこの種の努力義務規定と解される。これらの規定は，国ないし地方公共団体を名宛人とするもの，私人を名宛人とするもの，国・地方公共団体と私人を共に名宛人と

(2) 具体的努力義務規定

これと対置されるべきは、「具体的努力義務規定」である。すなわち、努めるべき義務内容が具体的特定的であり、強行的義務規定ないし禁止規定によって規制することが可能であるにもかかわらず、そのような法規制の立法化の合意が得られなかったために、あるいは、強行的規制が時期尚早で漸進的アプローチが妥当であるとの判断から、努力義務を課すに留められた規定である。この場合、努力義務の対象事項は具体的であり[10]、あるいは、指針等によって義務内容を具体化して当事者による履行が予定されている[11]。名宛人としても強行的・義務的規範化を想定した場合の対象者たる私人、とりわけ使用者を名宛人とすることなる。立法政策として禁止規定ないし義務規定とすべきか努力義務規定に留めるべきか、あるいは努力義務とすることで実効性があるのか等が問題となるのはまさにこのような規定においてである。

こうした「具体的努力義務規定」は、立法過程における強行的規制導入の可否について労使が対立し、妥協の結果、努力義務規制が採用されたという場合が少なくない。このような場合、当該規範への意識の高まり、強行的規制の必要性に関する認識の深化、当事者の対応可能性の増大等に応じて、強行規定化される可能性があり、また労使当事者もそのことを認識していることも少なくないと考えられる。実際、日本の労働立法の展開はソフトローたる努力義務が一定期間の後にハードロー化した多くの事例を提供している。これらについては4で検討することとして、次項では、具体的努力義務規定の法的効果について検討する。

---

(10) 例えば、育児介護休業法24条は3歳から小学校就学時までの子を養育する労働者について育児休業・勤務時間短縮措置の努力義務を課しているが、その内容は同23条の3歳未満の子を養育する労働者に対する義務的なそれに準ずるものであることが明らかである。

(11) 1985年の旧均等法の募集・採用・配置・昇進にかかる努力義務規定については、指針作成権限が定められ、指針によって具体的努力目標が示された。

3　努力義務規定の法的効果

　訓示的・抽象的努力義務規定は，その性格上，具体的な法的効果を発生させない。これに対して，具体的努力義務規定は，強行的規制も可能な事項を対象としており，努力義務としてではあれ，法律上「努めなければならない」との規定がおかれたことが法解釈上何らかの意義を持たないのかが問題となる。

(1)　努力義務の私法上の効果

　努力義務規定は，一般に何らかの私法上の効果をもたらすものとは解されていない[12]。たとえば，旧均等法の努力義務規定については，当初より「努力規定については，もともと私法上違法性が問題となることはなく，私法上直接これを根拠として損害賠償請求権が生ずることはない」と解されていた[13]。ただし，努力義務規定は公序法理の適用を排除するものではないので，「努力規定が設けられた分野における男女異なる取扱いの中に公序良俗に反する不当な取扱いがある場合には，法律行為は民法90条により無効となり，事実行為についても不法行為として損害賠償請求の対象となることが考えられ」る[14]ともされ，学説でも，努力義務を具体化する指針の内容が社会的に定着した場合には，公序の具体的基準として使用されることも考えられるとする指摘[15]があった。

　この点，旧均等法の努力義務規定の効果が争われた裁判例では，私法上の

---

[12]　ちなみに，年休取得労働者に「不利益な取扱いをしないようにしなければならない」として，努力義務規定よりさらに強い文言を用いている労働基準法136条の私法上の効力についても，最高裁（最二小判平成5年6月25日民集47巻6号4585頁）は「努力義務を定めたものであって……不利益取扱いの私法上の効果を否定するまでの効力を有するものとは解されない」としている。

[13]　赤松良子『詳説男女雇用機会均等法及び改正労働基準法』244頁（1985年）。

[14]　赤松・前掲注(13)書・244頁。

[15]　菅野和夫『労働法（初版）』124頁（1985年）。

労働立法における努力義務規定の機能

効力が否定されるのみならず，公序違反を惹起せしめるかという点についても否定的に解されている。例えば，野村證券（男女差別）事件東京地裁判決[16]は，男女別コース制とその後の総合職・一般職のコース別人事管理について，男女のコース別処遇が改められたとはいえないとしつつ，「旧均等法は……男女で差別的取り扱いをしないことを努力義務に止めているのであり，……旧均等法が制定，施行されたからといって，会社の男女のコース別の処遇が公序に反して違法であるとまでいうことはできない。」としている[17]。同事件判決は，逆に，1997年改正均等法が99年4月1日に施行された後は，「男女の差別的取扱い禁止は使用者の法的義務であるから，この時点以降において，会社がそれ以前に会社に入社した社員について，男女のコース別の処遇を維持［することは］，均等法6条に違反するとともに，公序に反して違法である」とし，公序判断においても，努力義務規定と禁止規定とで明確な区別を行っている。

定年制に関する努力義務についても同様である。青森放送事件青森地裁判決[18]では，定年が60歳を下回ることないよう設定すべき努力義務が存する下で55歳定年制が公序違反となるかが争われた。原告らは高年齢者雇用安定法4条は厳格な努力義務であり，その違反は直ちに公序違反となると主張したが，裁判所は，定年引き上げ要請，定年引き上げ計画作成命令，企業名公表等の措置が定められていることに言及した後，「右努力義務は行政措置の対象として位置づけられているに過ぎず，［高年齢者雇用安定法］4条は，事業主と労働者との間に直接私法上の効力ないし規範的効力を及ぼすものではな

---

(16) 野村證券（男女差別）事件・東京地判平成14年2月20日労判822号13頁。

(17) 同様に，努力義務にすぎないことから，男女処遇格差について公序良俗違反の成立を否定した例として，社会保険診療報酬支払基金事件・東京地判平成2年7月4日労判565号7頁がある。なお，旧均等法施行前の男女別コース制の公序違反性が問題となった日本鉄鋼連盟事件東京地判昭和61年12月4日労民集37巻6号512頁は，旧均等法が募集・採用について努力義務を課しているにすぎないことに言及して，公序違反の成立を否定している。

(18) 青森放送事件・青森地判平成5年3月16日労判630号19頁。

(19) アール・エフ・ラジオ日本事件・東京地判平成6年9月26日労判658号13頁。同旨・同控訴審・東京高判・平成8年8月26日労判701号12頁。

いと解するのが相当」とした。同様に、アール・エフ・ラジオ日本事件[19]でも、「高年齢者雇用安定法に定める努力義務を十分に尽く［していないが］、本件55歳定年制が平成2年2月28日の時点における客観的法規範に反するとはいえず」公序良俗に反するとはいえないとされ、別件のアール・エフ・ラジオ日本（定年制）事件[20]でも、会社は「高年齢者雇用安定法上の努力義務を怠ったものであるとの指摘を免れないとしても、本件55［歳］定年制をとらえて、公序良俗に反する違法・無効なもの」との評価を与えることはいまだ困難である、としている。三洋電機（住道工場）事件[21]では、努力義務を強行的規範（60歳未満の定年制を禁止）とする法改正がなされたが、なお施行に到っていない段階でも「強行的に60歳定年制度を保障すべしとの公序がすでに形成されていたとするのもまた困難」とされた。

このように、努力義務規定から具体的な私法上の効果が発生するとは解されておらず、また、公序違反の判断において特に努力義務が有意に考慮されているともいえない。

(2) 努力義務の公法上の効果

しかし、努力義務規定の機能としては、私法上の効果に着目するのみでは不十分で、その公法上の効果を考慮する必要がある。すなわち、1985年の旧均等法の努力義務規定について、行政当局は公法上の効果として「義務規定に違反している場合、又は努力規定の趣旨を満たしていない場合には、労働大臣又は婦人少年室長が助言、指導又は勧告を行うことができ、これによりその是正を求めることとなります。」[22]として、行政指導の発動根拠となることを挙げている。努力義務は、「どのような状態をもって『努めていない』と判断するのかは非常に難しく」[23]、努力義務規定単独では、当該努力義務規定の「趣旨を満たしていない」ことの判定も困難である。そこで、行政は努力

---

(20) アール・エフ・ラジオ日本（定年制）事件・東京地判平成12年7月13日労判790号15頁。
(21) 三洋電機（住道工場）事件・平成9年12月22日労判738号43頁。
(22) 赤松・前掲注(13)書・243頁。
(23) 安枝英訷『労働の法と政策（第2版）』26頁（1998年）。

義務規定に関しては，事業主の講ずべき措置について具体的な指針等を策定し，努力義務規定の実効性を確保することとなる。また，以下に見るとおり，身体障害者雇用に関する努力義務については，雇入れ計画作成命令，職業指導強化，雇用援護措置，さらには雇用率の低い大規模事業所名の公表という措置が，そして高年齢者雇用安定法における60歳定年の努力義務についても，定年引き上げ計画作成命令，勧告，そして最終的には企業名公表に至る，より強力かつ直接的な行政措置発動が予定されていた。このように努力義務規定は行政上の諸種の施策の根拠となり，それらの行政措置を通じて努力義務の実効性を確保することが企図されている。

4 ソフトローからハードローへ

以下では，雇用労働政策において，努力義務規定が活用され，一定の時間的経過の後に強行規定や禁止規定，つまりハードローに展開した代表的な例を確認しておこう[24]。

(1) 障害者雇用政策

障害者雇用政策[25]が本格的に展開するのは，1960（昭和35）年制定の「身体障害者雇用促進法」が，一般雇用主に法定雇用率以上の障害者雇用の努力義務を課す障害者雇用率制度を導入して以降である。同法は，1976（昭和51）年に「障害者雇用促進法」に改正され，障害者雇用率制度は努力義務から強行的義務規定に変更されるに至る。

(A) 1960（昭和35）年身体障害者雇用促進法の制定

1960年身体障害者雇用促進法は，ヨーロッパ諸国で身体障害者の雇用法が制定され，1955年にはILOで『身体障害者の職業更生に関する勧告』が採択

---

[24] このほかにも，短時間労働者法6条の労働条件に関する文書交付の努力義務が1998年労基法改正で一般化された例，1999年労働者派遣法40条の3における派遣先の直接雇用の努力義務を拡充する2003年改正による直接雇用申込義務への展開等，類似の事例があるが割愛する。

[25] 障害者雇用政策の展開については，征矢紀臣『障害者雇用対策の理論と解説』49頁以下（1998年），濱口桂一郎『労働法政策』163頁以下（2004年）等参照。

されたことなどに鑑み,身体障害者雇用率を設定し,障害者の雇用促進を図ることとした。すなわち,国・地方公共団体,三公社,地方公営企業については,努力義務ではなく,政令で定める身体障害者雇用率(非現業機関1.5%,現業機関1.4%)以上の身体障害者を雇用するため,身体障害者採用計画を作成しなければならない(1960年法11条),とされた。これに対して,一般雇用主に対しては,強制雇用とすることの可否や強制しない場合の実効性確保が問題となった。そこで,1960年法は労働者の雇入れにつき「常時使用する身体障害者である労働者の数が,常時使用する労働者の総数に,事業の種類に応じて労働省令で定める身体障害者雇用率を乗じて得た数(……)以上であるように努めなければならない。」(1960年法13条)と努力義務を課し,実効性確保のため,雇用率未達成の場合,公共職業安定所長が,雇用主に対し,身体障害者の雇入れ計画作成を命じることができるとされた(同14条)。民間事業所の雇用率は,施行規則により現場的事業所については1.1%,事務的事業所については1.3%,特殊法人についてはそれぞれ1.3%,1.5%とされた。

その後,1968年には雇用率が引き上げられ,官公庁については現業的機関が1.6%,非現業的機関が1.7%,民間事業所については,現場的,事務所的事業所の区分は明確でないことから廃止統一され,純粋の民間事業所が1.3%,特殊法人が1.6%とされた。

1960年法制定以後,雇用率制度を柱として,職業指導,職業指導の強化,雇用援護措置の拡充等により,身体障害者の雇用は相当に改善された。1968年の法定雇用率引き上げの効果も顕著に表れ,1960年代半ば以降頭打ちとなっていた雇用率が1969年には0.1ポイント以上上昇している(図1参照)。また,雇用率未達成事業所については公共職業安定所長の雇入れ計画作成命令制度が積極活用され,1974年度においては「事業主の身体障害者の雇用についての意欲を喚起することを目的として,常用労働者を300人以上雇用する事業所であって,身体障害者雇用率を達成していないところについては,その事業所名等を新聞等に公表することとされ」,実際,1975年12月25日には,特に雇用率の低い大規模事業所115所についてその事業所名等が公表さ

---

(26) 征矢・前掲注(25)書・69頁。

れた[26]。

　職業指導・紹介については，障害者の求職申込を特別の求職登録票に障害の状況，技能，知識，適性，身体能力，希望職種等を記入し綿密な相談を行い適合する職業紹介を行う「求職登録制度」が実施された。障害者を雇用する事業主に対しては身体障害者等雇用奨励金制度による助成金支給や，障害者のための作業施設整備，モデル工場（心身障害者多数雇用事業所）のための特別融資制度，税制上の優遇措置が用意された。また，障害者自身に対しても職場適応訓練や就職資金貸付け，雇用促進事業団による身元保証等の就職援護措置が講じられた。そのほか，国民一般，事業主の理解を深めるための各種の啓発活動も精力的に実施された。

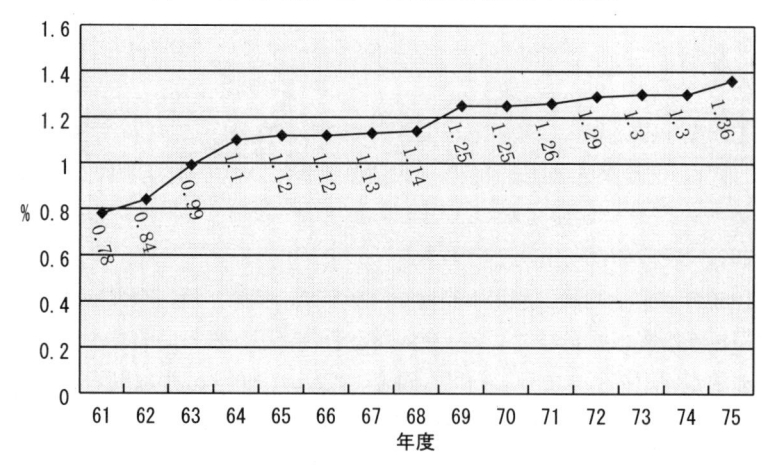

図1：民間事業所における身体障害者雇用率の推移

年度	61	62	63	64	65	66	67	68	69	70	71	72	73	74	75
%	0.78	0.84	0.99	1.1	1.12	1.12	1.13	1.14	1.25	1.25	1.26	1.29	1.3	1.3	1.36

労働省「民間事業所における身体障害者雇用状況調査」

(B)　1976（昭和51）年法改正

　1960年法の下でも障害者雇用は相当に進展したが，1975年時点で全体の約3分の1の事業所が法定雇用率に達しておらず，特に大規模事業所の雇用達成状況が悪いこと，障害者雇用率の改善には高度成長による労働力不足の影

---

(27)　征矢・前掲注(25)書・86頁。

4 ソフトローからハードローへ

響も大きかったと考えられるところ(27)，1973年のオイルショック以降の低成長下での身体障害者雇用の促進には一層の困難があると予想されたことから，1976年には身体障害者雇用促進法について次の二つの大きな法改正が行われた。

第一に，従来の法定雇用率以上の身体障害者雇用を努力義務から，法定雇用率「以上であるようにしなければならない」と改め，法的義務に強化した（76年法14条1項）(28)。この改正は，憲法22条の職業選択の自由や営業の自由との抵触も問題となり，労働省を中心に慎重に検討されたが，刑罰をもって強制するのでなければ問題なしとの一応の結論を得たとされる(29)。なお，同改正では法定雇用率自体も引き上げられた。すなわち，重度障害者を1人雇用すれば2人としてカウント（ダブルカウント）することにより重度障害者雇用促進が図られたことを勘案し，雇用率も0.2ポイント引き上げられ，官公庁では非現業的機関につき1.9％，現業的機関につき1.8％，一般事業主については1.5％，一定の特殊法人については1.8％とされた。そして，身体障害者雇用義務の履行確保のため，身体障害者雇入れ計画を作成した事業主が，正当な理由なく当該計画の変更勧告または適正実施勧告に従わないときは，その旨を公表することができることが法律上明定された（76年法16条）。

第二に，身体障害者雇用納付金制度が新設された。これは，法定雇用率未達成の事業主から身体障害者雇用納付金を徴収し，法定雇用率以上の雇用を達成している事業主に対して身体障害者雇用調整金等の助成金を支給する制度であり，社会連帯責任の理念に立って身体障害者を雇用している事業主と

---

(28) 正確には，雇用率に達していない状態自体が法違反ではなく，「厚生省令で定める雇用関係の変動がある場合」，すなわち，フルタイム常用労働者の雇入れ・解雇（労働者の責めに帰すべき解雇を除く）の際には，雇用率を達成しているようにする義務があるというものである。征矢・前掲注(25)書・433頁以下参照。
(29) 征矢・前掲注(25)書・88頁。なお，同書・437-439頁は，薬事法距離制限違憲判決（最大判昭和50年4月30日民集29巻4号572頁）の立論に照らして，雇用率制度は障害者福祉に多大の寄与をなすものであり，事業主の採用の自由，営業の自由に対する規制は必要かつ最小限のものであり，公共の福祉のため必要かつ合理的な措置として憲法に抵触しないとしている。

そうでない事業主の経済負担を調整することを趣旨とするものである。この納付金制度の性格について，労働省は次のように解説している。すなわち，雇用納付金制度は，身体障害者又は知的障害者の雇用に関する事業主の社会連帯責任の履行を確保するための経済的制度であって，その法的性格は，「負担すべき社会的連帯責任を免れて利益を得ている事業主（雇用率未達成の事業主）からその免れている利益を納付金という形で徴収し，分担すべき社会連帯責任以上の負担をしている事業主（雇用率達成事業主）に対してその超えて負担している金銭に相当する額を調整金の支給により補塡し，もって身体障害者又は知的障害者の雇用に伴う経済的負担の調整・平等化を行おうとする」という性格と，「全事業主があらかじめ平等の負担割合によって失業中の身体障害者又は知的障害者（法定雇用率と現実の平均的雇用率との差に相当する部分）の雇用促進のための経費を拠出し，それを原資として，新たに身体障害者又は知的障害者を雇用する事業主が，作業施設や作業設備の設置改善等について一時的に多額の経済的負担を余儀なくされる場合に，一定額の助成金を支給することにより，身体障害者又は知的障害者の雇用を容易にし，もって［これらの者］の雇用水準を全体として引き上げようとする」「共同拠出金的な性格」を持つとされる。その結果，租税，罰金，社会保険料，雇用保険三事業の雇用保険料のいずれとも異なると説明されている[30]。

こうして，努力義務であった法定雇用率は法的義務とされ，企業名公表という社会的サンクションと身体障害者雇用納付金制度という機能的には経済的サンクションとして作用する制度によって履行確保が図られることとなった。納付金制度は同時に，法定雇用率を超えて雇用する使用者には助成金という経済的インセンティブを付与するものでもある。

その後，法定雇用率は1987年政令285号によりそれぞれ0.1％引き上げられ，官公庁（非現業）2.0％，官公庁（現業）1.9％，民間企業1.6％，特殊法人1.9％とされた。また，1987年改正により身体障害者雇用促進法は知的障害者，精神障害者を含むすべての障害者を対象とすることとなり，法律名も「障害者の雇用の促進等に関する法律（障害者雇用促進法）」に変更された。そ

---

(30) 征矢・前掲注(25)書・454〜464頁。

して，精神薄弱者(31)は身体障害者とみなして法定雇用率の対象にも含められた。その後，身体障害者雇用率は，1997年以降，障害者雇用率に改められ，精神薄弱者は「知的障害者」と呼称され，正面から雇用率の対象としてカウントされることとなり今日に至っている。

(2) 男女雇用機会均等法

男女雇用機会均等法における募集・採用・配置・昇進に関する規制も，努力義務規定がその後に禁止規定に展開した典型的な事例である。

1985年雇用機会均等法（以下「旧均等法」）は，女性の労働市場への進出という国内的背景もあるが，国連における1975年から1985年までの国連婦人の10年に合わせて，1979年採択の女子差別撤廃条約を1985年までに批准するという国際的背景が決定的要因となって立法された(32)。しかし，同法制定に際しては，国論を二分するといわれるほどの意見の対立が生じ，立法担当者自身が最後まで立法の成就を危ぶむ様な状況であった。そして，募集・採用・配置・昇進に関する差別を禁止するか，努力義務に留めるかはもっとも調整の難航した事項であった(33)。最終的に，旧均等法7条は，「事業主は，労働者の募集および採用について，女子に対して男子と均等な機会を与えるように努めなければならない」，同8条は「事業主は，労働者の配置および昇進について，女子労働者に対して男子労働者と均等な取扱いをするよう努めなければならない」という努力義務規定を採用した。

1984年3月26日の婦人少年問題審議会の建議までは配置，昇進，昇格に関しては強行規定によることとされていたが，これらについては，同年4月19

---

(31) 障害者雇用促進法自体は精神薄弱者のほか精神障害者をも対象としているが，雇用率適用上カウントされるのは精神薄弱者（1998年以降は「知的障害者」と呼称）のみである。
(32) 赤松・前掲注(13)書・viは，女子差別撤廃条約なかりせば，また，国連婦人の10年最終年までの批准という目標なくしては1985年に旧均等法が成立していたかどうかには，むしろ否定的に答えざるをえないとする。
(33) 赤松良子『均等法をつくる』103頁以下（2003年）。
(34) 赤松・前掲注(13)書・166頁以下。

労働立法における努力義務規定の機能

日の「雇用の分野における男女の均等および待遇の確保を促進するための関係法律案（仮称）要綱」で努力義務規定とされた[34]。一定の教育訓練・福利厚生，定年・退職・解雇については差別的取扱いを禁止しつつ募集・採用・配置・昇進について努力義務を課すに留めた事情につき，立法担当者は，①法律の制定，改廃は，「将来を見通しつつも現状から遊離したものであってはならない」との婦人少年問題審議会の建議を踏まえ，わが国の社会・経済の現状を勘案したこと，②わが国の企業の雇用管理においては，勤続年数が重要な要素として考慮されており，その平均的な男女差を無視できないこと，③募集，採用，配置，昇進のように将来にわたる勤続年数を念頭において雇用管理が行われている分野については，当面，努力規定とすることが適当であること，などによるとし[35]，あるいは，女子の就業意識，就業実態を無視して禁止規定により規制することとすれば，企業の雇用管理のみならず労働市場にも大きな混乱をもたらしかねず，「現段階においては，男女の機会均等を漸進的に実現することが最も適当と考えて」努力義務を事業主に求めることとしたとする[36]。このような判断について立法担当者はその後，「募集・採用とともに，配置・昇進・昇格まで努力規定となるのは，なんとも残念というほかはなかったが，法案を成立させるためには，やむを得ない妥協と思いあきらめた。」と述懐されている[37]。なお，努力義務規定に至ったことについて，使用者による抵抗以上に，労働側が労基法上の女子保護規定緩和に強硬に反対した点を指摘し，「保護をかなり残す代わりに平等もあまり進めないというのは当時の労使自身の判断だった」という評価もある[38]。

　旧均等法は当該努力義務規定の実効性を高めるために，労働大臣に事業主が講ずるように努めるべき措置についての指針作成権限を付与し，具体的努力目標を明示することとした（旧均等法12条）。また，努力義務規定・差別禁止規定双方について事業主に苦情の自主的解決の努力義務を定め（旧均等法13条），当事者の一方または双方から求められた場合，都道府県婦人少年室長

---

(35) 赤松・前掲注(13)書・245頁以下。
(36) 赤松・前掲注(13)書・263頁，268頁。
(37) 赤松・前掲注(33)書・120頁。
(38) 濱口・前掲注(25)書・385頁。

に紛争解決に必要な助言，指導，勧告権限を付与し（旧均等法 14 条），（7 条の募集・採用は対象外で，また，調停開始には双方の同意が要件とされたが）調停申請があった場合に機会均等調整委員会による調停を用意した（旧均等法 15 条）。

労働大臣は 1986 年に「事業主が講ずるように努めるべき措置についての指針」（昭 61 労告 4 号）を定め，募集・採用については，女子を対象から排除しないこと，女子に対し年齢，婚姻の有無，勤務の状況などについて不利な条件（年齢制限，未婚，自宅通勤）を設定しないこと，配置については，一定職務への配置に当たって女子労働者を対象から排除しないこと，婚姻，年齢を理由に不利益な配置転換をしないこと，昇進については，対象から女子を排除しないこと，女子に対し出勤率・勤続年数等において不利な条件を設定しないこと，昇進試験において女子を不利に取り扱わないこと等を要請した。

旧均等法は，一方で，男女の役割分担を前提とした雇用システム，そしてそれを前提とした男女の就業意識が存するという状況，そして他方で，機会均等理念とは矛盾する労基法の女性保護規定を，女性が事実上多くの家事責任を負っているという現実の前で撤廃し得ないという状況の中で，男女雇用平等を漸進的・実際的に推進しようとするものであった。1990 年代になると，職業と家庭責任の調和をはかるために，1991 年に育児休業法が，さらに 1995 年には育児介護休業法が制定され，家庭責任の負担により職業生活を中途で断念せざるを得ない労働者に対する就業支援策が強化された。日本の雇用平等法制の展開は，諸外国の雇用平等法制とは異なり，男女雇用差別をすべて強行的に禁止するというハードロー・アプローチを採らずに，努力義務を課しつつ，指針とそれに基づく行政指導を駆使して，当事者の意識・雇用慣行の変革を図り，あわせて雇用平等の実現を支援する就業援助措置を充実させる[39]というソフトロー・アプローチを採用したものであったということができる[40]。

---

[39] 育児休業法，育児介護休業法はともに，男女いずれの労働者にも平等に育児休業・介護休業の権利を付与するもので，女性のみを対象とするものではない。しかし，実際に家庭責任を多く負担しているのは圧倒的に女性であり，女性の雇用平等の実質化を進める措置という位置づけが可能である。

その後，1997年に旧均等法が大改正され，懸案事項の多くが立法的に解決された[41]が，最も重要な改正は，募集・採用・配置・昇進に関する努力義務規定が，募集・採用に関して「女性に対して男性と均等な機会を与えなければならない」，配置・昇進に関して「労働者が女性であることを理由として男性と差別的取扱いをしてはならない」と，強行規定・禁止規定とされたことである[42]。

　努力義務と行政指導を中心とするソフトロー・アプローチの実効性については，法的拘束力に欠ける努力義務規定の下でも，男女別の求人広告は姿を消し，大卒女性への門戸開放，初任給の男女同一化，男女別雇用管理の解消等，少なくとも外形的雇用平等は進展し[43]，女性の就業率，勤続年数，進出職場等も伸張拡大したとの評価がある[44]。もとより，このような外形的な女性労働の進展が，直ちに実質的な雇用平等の進展を意味するとは限らず，例えばコース別雇用管理について指摘されるような複雑化した形での問題の伏在を看過すべきではない。しかし，少なくとも国論を二分するほど見解の分かれた1985年の旧均等法制定時と比較したとき，1997年法改正の際に，努力義務規定を強行規定化することに対して反対論が公式に展開されることはな

---

(40)　Takashi Araki, "Equal Employment and Harmonization of Work and Family Life: Japan's Soft-law Approach" 21 Comparative Labor Law & Policy Journal 451 (Spring 2000).

(41)　努力義務の禁止規定化のほかに，次のような点が挙げられる。第一に，勤労婦人福祉法の法改正という経緯をとった旧均等法は雇用機会均等とともに女性の福祉増進を目的とするという複合的性格を持っていたが，97年改正により法律の正式名称から「女子労働者の福祉の増進のための」という文言が削除され，より雇用平等法としての性格が強まった。第二に，旧均等法下の行政解釈が女性のみ募集等の女性優遇措置を許容していたのに対して，ポジティブアクションとして許容される場合を除き，女性優遇措置を原則違法とした。第三に，相手方当事者の同意が必要とされ殆ど活用されなかった機会均等調整委員会による調停を当事者一方の申請で開始可能とし，禁止規定違反に対する勧告に従わない場合に，企業名公表を可能とする等，実効性確保措置を強化した。

(42)　同様に，旧均等法では努力義務を課すに過ぎなかった母性健康管理（旧均等法26条，27条）に関しても，97年改正法は義務規定（22条，23条）としている。

(43)　菅野和夫「雇用機会均等法の1年」ジュリスト881号44頁（1987年）。

(44)　労働省女性局編『増補改正男女雇用機会均等法の解説』2頁（1999年）。

かったという事実は注目される。もちろん，母性保護を除く労基法上の女性保護規定（女性労働者の時間外・休日労働規制，深夜業規制）の撤廃とセットでなされた改正という事情もある。しかし，努力義務のもとで展開された雇用平等促進政策の結果，男女雇用平等について，少なくとも理念のレベルではもはや公式には反対しえない程に人々の意識を変えたと見ることは可能であろう。

(3) 育児介護休業法

育児介護休業法にも同様の規制の展開が見いだされる[45]。

育児休業は，1972年制定の勤労婦人福祉法11条の努力義務規定に淵源があり，旧均等法28条[46]でも努力義務として受け継がれていた。旧均等法立法時には育児休業請求権の法制化も検討されたが，婦人少年問題審議会建議の多数意見は「わが国における普及率も一割強に過ぎないこと等を考慮すると，現段階において全企業に本制度の実施を要請することは困難であり，当面，行政側の積極的な指導，援助等により本制度のなお一層の普及を図ることが先決」として，育児休業の義務化は見送られ，努力義務とされた経緯があった[47]。その後，1992年の育児休業法制定によって育児休業の権利が，旧均等法における努力義務とは異なり，強行的義務とされ，かつ，かかる権利は女性労働者のみならず，男性労働者に対しても付与されることになった[48]。

育児休業法は1995年改正により介護休業の規制を盛り込み，1999年からは育児介護休業法と呼称されるようになるが，95年改正は，介護休業について努力義務の設定を経ずに強行規定化した。しかし，実施は法案成立の4年後の1999年4月とされ，施行までの間，介護休業制度を設ける努力義務が育

---

[45] 育児介護休業規制に関する努力義務から強行的規制への移行については寺山・前掲注(7)論文が詳細な分析を加えている。

[46] 旧均等法28条1項は「事業主は，その雇用する女子労働者について，必要に応じ，育児休業（……）の実施その他の育児に関する便宜の供与を行うように努めなければならない。」とし，同2項は，再雇用特別措置にかかる国の事業主に対する助言，指導との他の援助を行う努力義務に関する25条2項を「前項の育児休業について準用する」としていた。

[47] 赤松・前掲注(13)書・327頁。

児休業法改正法附則第2条で設定された。その意味では事実上努力義務規定を経て強行規定の実施に至ったともいえる(49)。

また，2001年育児介護休業法改正では，小学校就学の始期に達するまでの子の看護のための休暇を与えるための措置を講ずるよう努めなければならないという努力義務規定が設けられた（25条）。そして，2004年通常国会に提出された育児介護休業法改正法案では，努力義務とされていた子の看護休暇につき，小学校就学の始期に達するまでの子を養育する労働者は一の年度において5労働日を限度として，看護休暇を取得することができる，という権利付与規定の創設が盛り込まれており（16条の2），使用者は労働者からのかかる申し出を拒むことはできないとされ（16条の3），強行規定化が予定されていたが継続審議となった。

(4) 高年齢者雇用安定法

高年齢者雇用安定法における高齢者雇用に関する規制(50)，とりわけ，定年

---

(48) なお，旧均等法28条は，育児休業その他の育児に関する便宜の供与の努力義務を定めており，ここにいう「育児」とは，乳児のみならず幼児，すなわち，誕生から小学校就学の始期に達するまでの子を念頭においていた。3歳までの子を養育する労働者が希望する場合，23条によって，育児休業制度に準ずる措置や勤務時間の短縮等の措置を要求できることとされているので，3歳から小学校就学の始期までの子を養育する労働者に対しては，24条で，育児休業・勤務時間短縮等の措置に準じて必要な措置を講ずる努力義務が課された。厚生労働省雇用均等・児童家庭局編『改訂新版詳説育児・介護休業法』572頁（2002年）参照。

(49) 寺山・前掲注(7)論文・120頁。

(50) 高齢者雇用の施策としては，1971年の中高年齢者雇用特別措置法が，中高年齢者（45歳以上）の雇用率制度を定めていたが，これは外部労働市場を前提とした職種別の雇入れの際の雇用率制度であった。その後，同法の1976年改正で，高年齢者（55歳以上）労働者を企業単位で常用労働者の6パーセント以上雇用することが努力義務とされ，内部労働市場に向けた政策へと転換していった。そして，雇用率に関する努力義務の実効を確保するため，求人受理の特例や雇い入れの要請に加えて，雇用率達成計画の作成命令や適正実施勧告の規定等，その後の定年延長の努力義務と同様の手法が採用されていた。しかし，高年齢者雇用率制度は1986年改正で廃止され，1970年代初頭から浮上した定年年齢の引き上げへと政策の焦点が移動していった。これらの高齢者雇用政策の展開については濱口・前掲注(25)書・146頁以下を参照。

延長と定年後の継続雇用に関する規制も，当初は努力義務規定で定められた事項がその後に強行規定による規制へと展開した典型的なケースである[51]。

(A) 定年延長問題

定年延長問題は，男性の平均寿命が70歳を超えるに至った1970年代初頭から政策上の課題となったが，その法制化については組合側は賛成，使用者側は反対で意見が対立し，行政指導ベースの対応が続いた[52]。

しかし，1986年に中高年齢者雇用促進特別措置法を改正して成立した高年齢者雇用安定法は，当時一般的であった55歳定年を60歳に引き上げることを目指して，定年を定める場合「当該定年が60歳を下回らないように努めるものとする」との努力義務を法定した（86年法4条）。そして，60歳以下の定年を定めている事業主に労働大臣が定年引き上げを要請でき（同法4条の2），定年引き上げに関する計画作成の命令，勧告が可能で（同法4条の3），正当理由なく命令・勧告に従わない企業につき，その旨の公表が可能とされた（同法4条の4）[53]。また，同時に60歳以上の高齢者雇用率3％以上の事業主には，「多数雇用報奨金」を支払うという高齢者雇用誘導策もとられた[54]。

政府は1989年の高齢者等職業安定対策基本方針で1993年度の60歳定年完全定着の目標を定めていたが，上述の努力義務の設定と最終的には企業名

---

(51) 森戸英幸「雇用法制と年金法制（一）」法学協会雑誌109巻9号1475頁以下（1992年），岩村正彦「変貌する引退過程」岩村他・現代の法12『職業生活と法』353頁以下（1998年），阿部和光「高齢者就労社会の雇用政策」日本労働法学会編講座21世紀の労働法2『労働市場の機構とルール』176頁以下（2000年），濱口桂一郎「高年齢者雇用政策における内部労働市場と外部労働市場」季刊労働法204号172頁以下（2004年）等参照。

(52) 濱口・前掲注(25)書・149頁以下。

(53) 濱口・前掲注(25)書・153頁はこのような努力義務規定と行政措置による担保を，「義務化を拒む使用者側の意向と，強制的規定を求める労働側の意向をぎりぎりのところで釣り合わせた法的技巧であった。」とする。

(54) 濱口・前掲注(25)書・153頁は，1986年改正において定年引き上げの努力義務規定が法定される一方，雇用率制度は廃止されて助成金制度とされた政策展開を，規制的法政策としては，内部労働市場政策たる定年引き上げ政策に純化し，外部労働市場政策としては，助成的法政策に縮減された，と評している。

公表というサンクションを伴う強力な行政措置による総合的な取り組みにより、60歳定年制は相当の普及を見た。一律60歳以上の定年制企業の全企業に占める割合は、1980年には企業規模[55]計で23.8%であったが、1985年には38.9%、1990年には52.3%、1994年改正直前の93年には67.9%と上昇し、特に、300人以上の企業ではほぼ9割（89.0%）が60歳以上定年を実現していた（図2参照）。

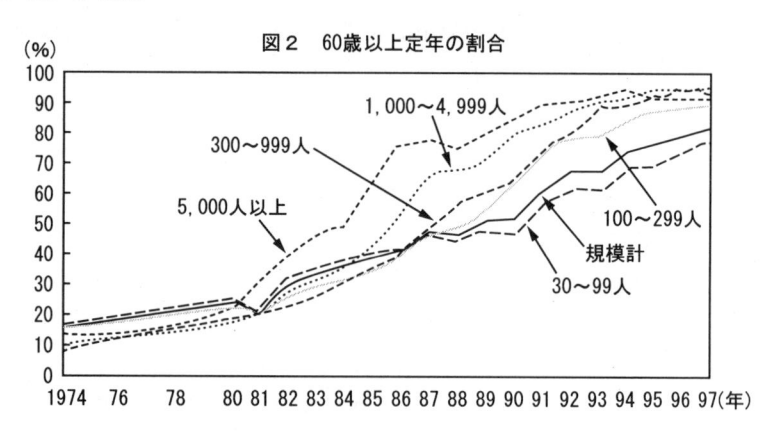

図2　60歳以上定年の割合

資料出所　労働省「雇用管理調査」
（注）1）全企業に占める一律60歳以上定年企業の割合である。
　　　2）1975、77、79年は調査なし。

こうした展開を受けて1994年改正では、60歳以上定年制の努力義務規定が、60歳未満の定年制を禁止する強行規定（定年の定めをする場合、「当該定年は、60歳を下回ることができない。」）へと変更された（94年法4条［現行法8条］。施行は1998年4月1日）。

(B)　65歳までの雇用確保措置

94年改正による60歳以上定年制の義務化[56]によって、高年齢者雇用の焦点は年金支給開始年齢引き上げに対応した65歳までの雇用確保へと移って

---

(55)　ただし30人以上の企業を対象とした統計である。
(56)　ただし、あくまで定年を定める場合、60歳を下回ってはならないという意味で、定年制を設けないことは依然として自由である。

いく。1990年改正で新設された定年後65歳に達するまでの継続雇用の努力義務（90年法4条の5）は，94年改正では4条の2としてほぼそのまま存続した。この努力義務規定を実効あらしめるため諸種の行政措置が予定され（94年法4条の3，4条の4），60歳以降の継続雇用の場合の賃金低下を補塡する高齢者雇用継続給付や60歳以上の高齢者を雇用する事業主に対する継続雇用定着促進助成金（継続雇用制度奨励金・多数継続雇用助成金）等のインセンティブも用意され，さらに，60歳以上の労働者派遣につき99年の派遣法改正に先んじて派遣業務規制を原則自由化（ネガティブリスト方式化）するなど種々の施策が実施された[57]。

その後，2000年改正では，4条の2の継続雇用に「定年の引き上げ」という選択肢が挿入された（2000年法9条）。そして，2004年の高年齢者雇用安定法改正では，65歳未満の定年を定めている事業主は，①定年の引き上げ，②継続雇用制度の導入，③定年の定めの廃止のいずれかの措置を講じなければならないとされた（2004年法9条）。ただし，過半数代表との労使協定の基準に基づく制度を法定の「継続雇用制度」（同法9条1項2号）とみなし（同法9条2項），さらには，法施行後一定期間，過半数代表との協議不調の場合，就業規則の定める基準による制度をも「継続雇用制度」とみなすこととされた（附則5条）。

以上のように高年齢者雇用安定法でも，60歳定年の努力義務規定が一定期間経過後に強行規定化され，さらに，65歳までの継続雇用努力義務も一定の緩和措置を伴いつつも強行規定化された。

5 労働立法とソフトロー・アプローチ

(1) 具体的努力義務規定の過渡的・規制猶予的性格

以上概観した具体的努力義務規定がその後に強行的義務規定・禁止規定に展開した例は，いずれも，その立法過程において拘束力ある規制を望む関係者（通常は労働側）と規制を望まない関係者（通常は経営側）とのせめぎ合いの

---

[57] 詳細については阿部・前掲注(51)論文・182頁以下。

中で，努力義務として立法化することで暫定的妥協が成立したという例が多い。このように見解が対立する背景事情としては，障害者雇用，男女雇用平等の場合のように，国際的な要請ないし背景事情から新たな理念の導入が目指され，それが当時の国内情勢からするとにわかには受容されにくいという事情があったことも指摘できよう。また，定年に関する規制では，その雇用システムに対する甚大な影響が努力義務規定という柔軟な実施を可能とする枠組みを要請したといえよう。いずれにせよ，このようにハードローとソフトローの選択についての対立の中で暫定的に努力義務が立法化されたとしても，それによって政策課題が収束した訳でない。当該規制を取り巻く状況の進展に応じて次のステップが展望される場合が少なくない。その意味で，こうした具体的努力義務規定は立法政策の展開の中では過渡的・規制猶予的な位置づけを与えられることになる。そして，労働立法における両当事者である労働側・使用者側は，努力義務規定のこのような性格を熟知しているといってよい。とりわけ使用者は，努力義務として採択された規範は，それが過渡的・規制猶予的性格のものであると認識すれば，近い将来，ハードロー化されることを予想してその対応を行うことになる。

　もっとも，具体的努力義務規定が過渡的・規制猶予的な性格のものと認識されていても，その認識だけで当事者が任意に履行することはあまり期待しがたい。この点，日本の労働立法における具体的努力義務規定は，私法上は具体的効果をもたらさないが，公法上は行政指導の根拠規定となり，その実効性を担保するために，周到な行政措置が用意されていた。すなわち，努力義務の具体的内容を指針等で示し，当事者にその履行を促し，助言・指導・勧告等の行政指導が行われる。さらには勧告等に従わない場合の企業名の公表が予定されている例もある。また，当該施策を誘導すべく給付金等による経済的インセンティブが用意されることも少なくない。このように，具体的努力義務規定については行政上の施策を総動員して，場合によっては企業名公表という行政的なサンクションも用意して，当該努力義務の履行を促し，当事者の規範意識の定着を図り，制度受容の気運を高める努力がなされる。

　努力義務規定自体は裁判所による法の履行確保が担保されていないという点ではソフトロー・アプローチの典型的なものといえる。しかし，労働行政

における努力義務規定については，数段構えの漸増的なサンクション（gradual escalation of sanctions[58]）と経済的インセンティブ付与による誘導が行われていた。努力義務というソフトロー・アプローチの意義は，こうした政策目的達成のための多様な政策手段を動員することを可能とし，社会的混乱を回避して漸進的に政策目的の実質的実現を図ろうとする点にあろう。そして，この手法が，障害者雇用，男女平等，仕事と家庭の両立，定年等の社会の構成員の価値観に密接に関わる事項の規制手段が問題となった場合に採用されたことが注目される。日本の労働立法は，こうした人々の価値観にかかわる問題について，法によって直接的に介入することを控え，努力義務というソフトロー・アプローチを採って，漸進的に従来の価値観の転換および新たな価値観の定着を図ってきたということもできよう[59]。

(2) ソフトローからハードローへ

漸進的な政策実現を目指した努力義務規定をどの段階で強行規定化する（すべき）かは一個の問題である。一定の規範や制度を強行的に義務づける場合には，その規範・制度の社会における定着状況が重要な判断要素となる。もとより規制対象事項によって一律の基準があるわけではなく[60]，高度の政策判断に委ねられる。労働立法に対するスタンスは国によって異なるが，日本では，強行的規範を設定するからには，立法後に当該規範が社会においておよそ遵守されず空文化するような事態は許されず，当該規範が実際にも遵守される環境が整う必要があるという考え方が一般的であるように思われる。努力義務の多用には，このような労働立法に対する考え方も背景にあろう。

しかし，本当に深刻な問題が生ずるのは，努力義務と行政措置により期待したように規範・制度が定着しなかった場合である。この場合に，ハードローの規制が必要だと考えるのか，あるいは，そのような状況ではハードロー

---

(58) Bob Hepple, supra note (2), 245.
(59) Takashi Araki, "The impact of fundamental social rights on Japanese law" in Bob Hepple (ed.), *Social and Labour Rights in a Global Context*, 215 (2002).
(60) 寺山・前掲注(7)論文・123頁以下では，育児休業制度は普及率17％程度で強行規定化され，60歳以上定年制は普及率80％で強行規定化されたと分析している。

の規制を行うべきではないと考えるのか。努力義務の評価は，この法の役割に関する根源的な問題をどう考えるかにも依存する。

(3) 差別禁止規制とソフトロー・アプローチ

この問題とも関連して，日本の労働立法における努力義務規定の活用を比較法的視点から見ると，これらの事項についてソフトロー・アプローチをとることがそもそも許されるかという問いも発せられ得る。すなわち，本稿でレビューした努力義務規定の対象事項は，諸外国では，障害者差別，男女差別，年齢差別というように人権に関わる差別禁止法制の対象事項である[61]。そうすると，そもそも当該差別状態を法的に違法としないことを認めるソフトロー・アプローチを採ること自体が許容されるのか，端的にハードローで規制すべきなのではないか，が問題となりうる。日本では，均等法における募集・採用・配置・昇進差別の問題は男女差別問題であることが認識されていたが，高年齢者雇用の場面では，定年年齢の漸進的引き上げという純然たる政策的な施策の側面で把握され，差別問題という認識は極めて希薄であった。しかし，高齢者雇用問題を年齢差別として把握する立場からは，定年制自体が許されないという議論も出てき得る。実際，2001年改正により導入された雇用対策法7条は，「事業主は，労働者がその有する能力を有効に発揮するために必要であると認められるときは，労働者の募集及び採用について，その年齢にかかわりなく均等な機会を与えるように努めなければならない。」

---

[61] アメリカではこれらの事項はいずれも，障害を持つアメリカ人法，公民権法第7編，雇用における年齢差別禁止法により，差別禁止という観点から規制されている。EUでも男女差別は男女均等待遇指令等で，そして障害および年齢を理由とする差別も2000年の「雇用及び職業における平等取扱いの一般的枠組を設定する，2000年11月27日の理事会指令2000/78/EC」により差別規制の対象とされた。

[62] この努力義務を具体化するための指針も策定されている（平成13年9月12日厚生労働省告示295号）。もっともこの指針では，非常に広範な雇用政策上の考慮を可能としており，年齢差別規制としての色彩は希薄である。なお，2004年高年齢者雇用安定法は，やむを得ない理由により募集・採用年齢に上限を設定する場合，求職者に対しその理由を示さねばならないこととしている（同法18条の2）。

と規定し，年齢差別に通ずる視点を示すに至っている[62]。また，障害者雇用についても，従来，障害者雇用促進を雇用政策の一環として捉えてきたが，2004年改正の障害者基本法が障害者差別禁止を明定したことから[63]，今後，人権保障の観点からの施策へと転換していく可能性がある。

しかし，雇用政策事項としてソフトロー・アプローチを含む多様な政策選択が可能と考えられてきた従来のアプローチが，今後，これらの事項を人権保障問題と把握すると，当然に一律の差別禁止規制を選択することになるのかは，大いに議論の余地のあるところであろう[64]。これは基本的人権と法政策の関わり[65]をどう理解するかという問題につながる。いずれも，別個の本格的考察を要する事項であり，今後の課題としたい。

［本稿は，「21世紀COEプログラム国家と市場の相互関係におけるソフトロー――ビジネスローの戦略的研究教育拠点形成」の研究成果の一部である。］

---

(63) 障害者基本法の基本理念を規定した3条に，2004年改正で3項「何人も，障害者に対して，障害を理由として，差別することその他の権利利益を侵害する行為をしてはならない。」が新設され，差別禁止が明定され，国・地方公共団体（同4条），国民（同6条）の差別防止の責務も定められた。こうした差別禁止の考え方が障害者雇用法制にも波及することは十分考えられる。

(64) 年齢差別を素材にこの問題に意欲的に取り組んだ近時の業績として櫻庭涼子「年齢差別禁止の差別法理としての特質――比較法的考察から得られるもの」（東京大学大学院法学政治学研究科提出博士論文）がある（法学協会雑誌に掲載予定）。

(65) 比較法分析を通じて，差別問題について人権として把握する立場と雇用政策として把握する立場の存在を指摘した先駆的業績としてKazuo Sugeno, "Discrimination in Employment: Dynamism and the Limits of Harmonization in Law" in Roger Blanpain (ed.), *I. Discrimination in Employment, XV World Congress of Labour Law and Social Security, 22-26 September 1997*, p.5 (1998).

従属労働者と自営労働者の均衡を求めて
―― 労働保護法の再構成のための一つの試み ――(1)

大 内 伸 哉

1 はじめに

(1) 問題の所在

労働者にとって，その個人の望む形態や条件で労働を行うということは，個人の自己実現としてきわめて重要な行為である。このような自己実現を行うためには，どのような業種のどの企業の下で，どのような条件でどのような仕事をするかについて，できるかぎり自由に選択できることが望ましい。このような自由を実現するための法的な基礎となるのが「契約の自由」である。

他方，企業としても，その経済活動を行うために，いかなる労働者を，いかなる条件で雇用するかを自由に決定できるほうがよい。このような自由を

---

(1) 本稿は，「調査研究報告書 No.159 在宅ワーカーの労働者性と事業者性――在宅ワーカーへの対応・支援をめぐって」(日本労働研究機構，2003年)の第5章「今後の労働保護法制のあり方についての一考察――自営的在宅ワークをめぐる法律問題の分析を通して」(大内担当)をベースに，その後の研究成果を加えて，大幅に加筆・訂正を加えたものである。なお，本稿のテーマとの関連で，筆者が執筆したものとして，"Telework in Japan", Japan Labor Bulletin, Vol.39, No.8, 2000, p.7-12，有用労働に関する研究会報告書『ボランティア活動支援事例集⑦ 市民活動を支える社会的有用労働』(財団法人勤労者リフレッシュ事業振興財団 勤労者ボランティアセンター，2002年)の第4章「労働法制からみた社会的有用労働」(大内担当)がある。

法的に支えるのも「契約の自由」である[2]。

　しかしながら，「契約の自由」は，労働契約においては大幅に制約されている。労働保護法[3]は強行的な規制を及ぼしており，いかなる条件で雇用するか，されるかについて決定する当事者の自由は大幅に制限されている。このような法的規制・介入は，労働契約においては，契約当事者間において実質的対等性が欠如しているということから正当化することができるものである。つまり，こうした意味での要保護性があることが，労働保護法の規制根拠と考えられるのである。逆に言えば，要保護性が欠けていれば，労働保護法による規制の必要性はなくなるのであり，もしそのような場合に規制が行われたとすると，「契約の自由」を侵害する過剰な規制ということになる。

　ただ，このような実質的対等性の欠如や要保護性を具体的に判断していくことは容易ではない。そこで，労働保護法は，「労働者」というカテゴリーを設定し，それに該当する者のみを保護の対象範囲としている。すなわち，労働基準法（以下，労基法）上の「職業の種類を問わず，事業又は事務所……に使用される者で，賃金を支払われる者」（9条）という包括的な「労働者」の定義に該当すれば保護の対象となり，これにあてはまらなければ保護の対象から除外される[4]。しかし，後でみるように，この「労働者」概念には，当事者間の実質的対等性の欠如や要保護性が具体的な判断要素として含まれているわけではない。したがって，この包括的な「労働者」概念には，多様な

（2）　三菱樹脂事件・最大判昭和48・12・12民集27巻11号1536頁を参照。
（3）　本稿では，労働保護法という言葉を用いるときは，主として労基法およびその付属法（最低賃金法，労働安全衛生法など）を想定しているが，労働契約に関する判例法理上の法的ルールも視野に入れて議論している場合もある。
（4）　ただし，現行法上，いくつかの例外は存在している。たとえば，家内労働法上，「家内労働者」のカテゴリーに属する就業者については，労基法上の「労働者」には該当しないにもかかわらず，一定の保護規制（最低工賃，委託契約の条件の明示，安全衛生など）が及んでいる。また，労災保険については，一人親方などの自営業者にも特別加入制度が認められている。
（5）　本稿では，就業者とは，広い意味での労働活動に従事している個人を指す概念として用いることとする。そのため，いわゆる雇用労働者だけではなく，自営的に働いている者，さらには，無償で労働活動をしている者も含まれることになる。

就業者[5]が含まれることになり、その要保護性が高くない者も含まれうることになる。他方、当事者間の実質的対等性の欠如や要保護性が判断要素として含まれていないということは、「労働者」とされていない就業者の中にも、実は要保護性のある者が存在する可能性をはらんでいる。

労働保護法上の規制が、要保護性に対応していないということがあると、実務的にも、また理論的にも問題が生じる。過剰な規制は「契約の自由」を侵害するし、保護の欠缺は就業者間の処遇の「公平」性を損なうことになるからである。

(2) 「労働者」と「従属性」

労働保護法は、その沿革からみて、工場労働者の保護を目的とする工場法の系譜をひいている。このような工場労働者は、使用者との間で労働契約関係において対等な立場に立つことができず、まさに経済的な弱者層として保護を必要とするグループであった。つまり、こうした工場労働者には経済的従属性があったのである[6]。同時に、このような工場労働者は、使用者の指揮命令を受けて労働に従事するという点でいわゆる人的従属性も認められた。人的従属性は、労働契約関係の展開過程における事実上の支配従属関係を指すものであり、これも労働者の要保護性を基礎づけることになる。

---

(6) ただし、経済的従属性の内容は、論者により異なる。通説における代表的な論者である片岡教授は、「多かれ少なかれ……人的従属関係に立たざるをえない者の社会的地位に基いて、労働力に対する処分権の継続的譲渡関係の設定、別言すれば使用者の労働力に対する処分的地位の設定に際してあらわれる労使間の従属関係―具体的には労働条件の使用者による一方的決定と労働者によるそれの強制的受容の関係、しばしば契約の附従性とも呼ばれるもの―を意味する」とされる(片岡昇『団結と労働契約の研究』(有斐閣、1969年)224頁)。西谷教授は、「労働法の適用対象たる労働者の少なくとも大部分が、労働条件決定過程において使用者に対して圧倒的に不利な立場にあ」ることを、いわゆる「経済的従属性」とされている(西谷敏『労働法における個人と集団』(有斐閣、1992年)62頁以下)。他方、最近では、経済的従属性を、「自己の計算と危険負担の下に業務を行わないこと」という「非事業者性」ととらえる見解もある(鎌田耕一「契約労働の法的問題」鎌田耕一編著『契約労働の研究――アウトソーシングの労働問題』(多賀出版、2001年)117頁)。

こうして，労働者の要保護性は，労働条件決定過程における経済的従属性と労働契約関係の展開過程における人的従属性により基礎づけることができる[7]。もっとも，労基法上の「労働者」性の判断基準の中心にあったのは人的従属性である[8]。日本の労働保護法は，労働条件の最低基準を強行的に設定するだけでなく，その履行を刑事制裁や行政監督を通して担保しようとするものであり，国家権力による使用者の経済活動の自由の制約という性格を濃厚に有している。そのため，国家権力の発動の限界を画するという意味でも，法による規制の対象は明確にされている必要がある[9]。こうした要請のある規制システムの下では，経済的従属性という基準はあまりにも漠としており，採用することは困難となる。

　ただ歴史的には，人的従属性のある労働者は経済的従属性も具備していたと考えられる。したがって，二つの従属性概念は，実際上はかなりの程度重なり合っていたので，人的従属性を「労働者」概念のメルクマールとしても，要保護性のある者への保護をほぼ過不足なく実現することができた。しかしながら，就業形態が多様化し，人的従属性がないが，経済的従属性が大きいというタイプの者，あるいは逆に，人的従属性はあるが，経済的従属性が小さいというタイプの者が登場することになると，前者には労働保護法を適用

---

(7)　なお，村中教授は，労働法上の制度や法理はすべて人的従属性に還元されるとし，経済的従属性しか認められない関係には労働法の適用はないとされる（村中孝史「労働契約概念について」京都大学法学部創立百周年記念論文集第三巻（有斐閣，1999 年）499 頁）。

(8)　もっとも，判例上は，経済的従属性がまったく考慮されていないというわけではない（東京大学労働法研究会編『注釈労働基準法上巻』（有斐閣，2003 年）147 頁（橋本陽子執筆）などを参照）。

(9)　これは，刑罰の面では，罪刑法定主義（憲法 31 条）に基づく要請でもある。

(10)　吉田教授は，新しい就業形態においては，労務遂行過程での自律性を認めつつも，抽象的な形で労働者を拘束する形態が広がっているため，これまで人的従属性の基礎として把握され，人的従属性を担保していた経済的従属性がそれ自体として重要な意味を持ってきていると指摘される（吉田美喜夫「雇用・就業形態の多様化と労働者概念——労基法上の『労働者』の判断基準を中心として」日本労働法学会誌 68 号（1986 年）48 頁）。吉田教授自身は，「事業組織的従属性」という基準を提唱されている（同 47 頁）。

せず，後者には適用するということがはたして適切であるのか，という疑問が生じることになる[10]。

(3) 自営業者の要保護性と保護規制の必要性

「労働者」でない就業者の多くは，自営業者の範疇に入るものである。自営業者は，自己の裁量とリスクで業務を遂行するので，他人の指揮命令下で労務に従事する「労働者」（つまり，人的従属性のある雇用労働者）とは異なり，保護の必要性がないというというのが，これまでの一般的な考え方であった。しかし現実には，個人の自営業者の中には，企業との間で対等な立場で契約交渉ができず，厳しい契約条件を押しつけられたり，企業からの強いコントロールを受けながら業務に従事したりする者も少なくない。要保護性という観点からみた場合，「労働者」とされる者と変わりがない非「労働者」も少なくないのである。こうした非「労働者」の就労について「契約の自由」の原則を全面的に妥当させて，労働保護法の適用範囲外におくことは，（法的にみて従属的と評価されるかどうかには違いがあるにせよ）同じように労働活動に従事する就業者の間で保護の不均衡をもたらすことになり妥当でないと思われる。

---

[11] 最近の裁判例は，これまでの裁判例の判断基準をほぼ踏襲して，「実際の使用従属関係の有無については，業務遂行上の指揮監督関係の存否・内容，支払われる報酬の性格・額，使用者とされる者と労働者とされる者との間における具体的な仕事の依頼，業務指示等に対する諾否の自由の有無，時間的及び場所的拘束性の有無・程度，労務提供の代替性の有無，業務用機材等機械・器具の負担関係，専属性の程度，使用者の服務規律の適用の有無，公租などの公的負担関係，その他諸般の事情を総合的に考慮して判断するのが相当である」としている（新宿労基署長（映画撮影技師）事件・東京高判平成14年7月11日労判832号13頁。これは，労災保険法の適用が問題となった事件で，結論として，労働者性を肯定している）。なお，最高裁レベルでは，「労働者」性の判断についての一般的な判断基準を明示した判例はないものの，いくつかの注目すべき判決がある（山崎証券事件・最1小判昭和36・5・25民集15巻5号1322頁［証券会社とその外務員との間の契約の労働契約性を否定］，大平製紙事件・最2小判昭和37・5・18民集16巻5号1108頁［塗料製法の指導，塗料の研究に従事する者の労働者性を肯定。ただし，事案は解雇の有効性が争われたケース］，横浜南労基署長事件・最1小判平成8・11・28労判714号14頁［傭車運転手の労働者性を否定］）。

とくに労働保護法上の「労働者」の概念は、前述のように、抽象的かつ包括的なものとなっている。判例によれば、いかなる判断要素に基づいて「労働者」性の判断をすべきかについて、ある程度は明確になっているものの[11]、その中のどの要素が決定的な役割をはたしているか、あるいはどのような具体的な判断の道筋により「労働者」性が決定されるかは、はっきりしない。「労働者」と判断されるのと、非「労働者」と判断されるのとでは、その保護について大きな格差がつくことになるのであり、それが、あいまいな基準により裁判所に一刀両断的に決められるとすると、「労働者」性を否定された当該個人にとっては、不満が残る可能性が高くなるであろう[12]。他方、企業としては、「労働者」かどうかがはっきりせずグレーゾーンにある者については、（事後的に裁判所において「労働者」と判断されるリスクがあるとはいえ）非「労働者」として扱おうとする誘因が存在することになる[13]。グレーゾーンにいる

　　また、1985年に出された労働基準法研究会報告（労働基準法の「労働者」の判断基準）では、労働者性の判断基準について、①「使用従属性」に関する判断基準と②「労働者性」の判断を補強する要素とに区分し、①については、さらに、①(a)「指揮監督下の労働」に関する判断基準と(b)報酬の労務対償性に関する判断基準とに分けて、前者（①(a)）については、仕事の依頼、業務従事の指示等に対する諾否の自由、業務遂行上の指揮監督の有無、拘束性の有無、代替性の有無が判断要素となるとする。②については、②(a)事業者性の有無、②(b)専属性の程度、②(c)その他に分けて、②(a)については、機械・器具の負担関係、報酬の額が判断要素となり、②(b)については、他社の業務への従事に対する制約や報酬における固定給部分の有無が判断要素となり、②(c)では、採用や委託の際の選考過程、報酬から給与所得としての源泉徴収が行われているかどうか、労働保険の適用対象となっているかどうか、服務規律、退職金、福利厚生が適用されているかどうかが判断要素となるとしている（労働省労働基準局監督課編『今後の労働契約等法制のあり方について』（日本労働研究機構、1993年）50頁以下）。

(12)　とりわけ、労災保険の適用については、「労働者」性が否定されると、国民健康保険（ないし、死亡事故の場合には遺族に対して国民年金の遺族年金）の適用となり、労災保険の場合と比べて保障の程度に大きな差がある。

(13)　もちろん、企業側にもリスクはある。たとえば、ある就業者を「労働者」でない者として扱っていながら、裁判所で事後的に「労働者」として評価されることになる可能性は十分にあり、そうなると労働保護法上の保護規定（たとえば、労基法37条による割増賃金の支払い）が時効にかからない範囲で遡って適用されることになる。

就業者の多くは，時間と費用をかけて訴訟を提起しようとはしないであろうから，かりに客観的にみて「労働者」とされる者を非「労働者」として扱っていたとしても，企業としては，その違法状態を問責される可能性は低いからである。こうした状況は，これまで労働契約関係にある従業員に行わせていた仕事を，単にコスト削減のためだけに業務委託契約などの契約形式で採用した者に担当させるというような，労働法の規制の潜脱を目的とする脱法行為をうみだす可能性もある(14)。

また，企業が「労働者」（雇用労働者）を利用して活動できる分野において，労働法の規制を受けない非「労働者」が参入すると，「労働者」の保護水準を引き下げる危険性がある。あるいは，最低賃金の適用を受けない（自営的）労務提供者を抱えるサービス提供会社は，消費者に安い費用でサービスを提供して繁盛するかもしれないが，最低賃金規定を守り，労働保護基準を守って「労働者」を雇用している同業者との関係では，不公正な競争を行っているという面がある。

以上に加えて今後，雇用以外の形態の就業も社会的に重要な価値をもつようになるということも考慮に入れると，自営業的な形態で就労する者にも必要な保護を与えて，就業者がいかなる就業形態を選択しても，最低限の保護は受けることができるようにしておくことが政策的にも望ましいといえるであろう。そして，そのような政策をとることにより，「労働者」と非「労働者」との間を区別する基準の不明確性という問題も深刻なものではなくなるであろう。

---

(14) ドイツでは，これは「仮装自営業者」の問題と呼ばれている（柳屋孝安「自営業と労働者性をめぐる問題」日本労働研究雑誌452号（1998年）17頁以下，橋本陽子「ドイツにおける労働者概念の意義と機能」本郷法政紀要6号（1997年）264頁以下，皆川宏之「ドイツにおける被用者概念と労働契約」日本労働法学会誌102号（2003年）166頁以下などを参照）。日本の現在の裁判例では，「『労働者』に当たるか否かは，雇用，請負等の法形式にかかわらず，その実態が使用従属関係の下における労務の提供と評価するにふさわしいものであるかどうかによって判断すべきもの」であるとされているので（新宿労基署長（映画撮影技師）事件・前掲。通説も同旨），このような立場にたつかぎり，「仮装自営業者」が実態として「労働者」であれば，労働保護法の適用は及ぶことになる。

2 自営業者の保護をめぐる議論

かつて下井教授は，従属性の有無だけで労働法の適用対象を決めるというオール・オア・ナッシング的な手法では不合理な結論がもたらされるとし，労働の従属性は労働法の適用対象たりうることの一般的可能性を示すにとどまり，後は個々の制度・理論の具体的な趣旨・目的などとの関連から判断が下されるべき，と主張された[15]。これは，労働の形態が多様化するなかで，従属性の内容も多様化していることから，労働法の適用対象は，労働法上の個々の制度の趣旨・目的に照らし，当該ケースにおいて妥当な処理を行えばよいとの主張である。このように，労働法上の制度の趣旨や目的に応じて相対的に「労働者」性を考えていこうとする思考法は，非「労働者」の保護のあり方を考える際に参考となる発想である。

その後，西谷教授は，「労基法には，大きく分けて，労働関係の存在を前提として現実の使用従属関係における労働者の人間らしい生活を配慮するための規定（狭義の労働条件保護）と，労働関係の存続そのものを保障することによって失業による生活保障から労働者を守るための規定（解雇制限）とが存在する」とされ，人的従属性と経済的従属性の複合による「労働者」性の判断基準により「労働者」と認められた者には狭義の労働条件保護と解雇制限が適用され，さらに「労働者」でないと判断された者でも，その者と相手方との間に経済的従属性が認められるかぎり，準「労働者」として解雇制限は「労働者」と同様に取り扱われるべき，と主張された[16]。西谷教授の見解は，下井教授の見解と異なり，統一的な「労働者」概念を維持しようとする点で通説的な立場に立つが，労働保護法の規定を二つに分類して，その規定の趣旨を考慮して非「労働者」にも保護を拡張していこうとする発想は，下井教授のとられる相対的なアプローチと通じるところもある。

---

(15) 下井隆史『労働契約法の理論』（有斐閣，1985年）47頁以下（初出は，1971年）。
(16) 西谷敏「労基法上の労働者と使用者」沼田稲次郎編『シンポジューム労働者保護法』（青林書院，1984年）9頁以下。

鎌田教授は,「労働者」概念を相対化する下井教授の見解や,単一の「労働者」概念を前提にしながらも,それを拡大しようとする試みに対して,次のような理由で批判をされる。第1に,日本の立法と裁判例は基本的に人的従属性を「労働者」性の判断基準においており,経済的従属性などの基準により「労働者」概念を拡大することはこれと整合性を欠くこと,第2に,相対的な「労働者」概念については,全国一律の行政監督を運営するうえで適切でないこと,制度の趣旨・目的にしたがって適用範囲を相対的に決定する手法は,その判断にあたって従属性以外の判断基準を設ける必要があること,そのような基準を個々の制度毎に設けるのは現実には困難であること,第3に,就業形態の多様化の進展とともに,基準がますます曖昧となること,第4に,単一の「労働者」概念を維持しながら,「労働者」概念を拡大して自営業者を労働者として位置づけると,当該自営業者に対して労働法上のすべての規制が包括的に適用されることになるが,それは自営業者のニーズに合致するか疑問があること,をあげられる。そのうえで,「ある期間一人のユーザー(個人または企業)のために,ユーザーとの雇用関係に類似する関係の下で通常自ら労務を供給し,かつ,ユーザーとの間に雇用関係の存在しない者」と定義された「契約労働者」という新たな労働者カテゴリーを設定して,報酬に関する保護,社会・労働保険の適用,仕事の継続性保障,団体交渉,男女差別については,この「契約労働者」にも保護を及ぼすべきと提案される[17]。

最近では,島田教授が,フランスのシュピオ教授の提唱する「社会法の四つの同心円」という構想を参考にして,①就業にかかわらず普遍的に保障される権利(最低生活保障),②無償労働に対して保障される権利(労災補償など),③自営も含む有償労働に対して保障される権利(安全衛生など),④従属労働固有の権利に区分して,就業の形態に応じて権利を段階的に保障していく考え方を示される。そして,②の有償・無償労働を問わない労務供給者に共通する保障としては,生命,身体の安全の確保,人格的な自由および平等原則の確保,教育訓練・能力開発などがあり,③の自営業者に関する保障としては,

---

[17] 鎌田・前掲「契約労働の法的問題」120頁以下。

集団的な権利，個別的な契約紛争に関する解決制度，契約締結に対して十分な情報を得ることができるような支援措置があるとされる。そして，自営業者と被用者（労働者）との中間領域に属する従属的就業者については，当面は，立法の趣旨・目的に照らして立法ごとにその適用範囲を定めるという手法をとるのが妥当であるとされる(18)。

以上のように，非「労働者」の保護のあり方を検討する代表的な学説を見ると，結局，問題のポイントは，次の点にあったと思われる。第1に，現行法上，いかなる者が「労働者」として保護されるべきなのか。第2に，現行法上「労働者」とされない者のうち，いかなる者が保護されるべきなのか。第3に，現行法上「労働者」とされない者が保護されることがあるとすると，具体的にどのような事項について保護がなされるべきなのか，である。下井教授の見解は，第1の点について統一的な基準を設けることを否定し，法律の規定の目的や趣旨に応じて解決しようとした見解と位置づけられる。島田教授も基本的には同様のスタンスと考えられるが，第2，第3の点について，純然たる自営業者や無償労働者に対しても一定の保護が及ぶべき場合があることを明らかにした点で，一歩進んだ主張となっている。西谷教授の見解は，第1の点は伝統的な学説にしたがいながら，第2の点については経済的従属性という基準により「準労働者」という概念を提示し，第3の点については，解雇制限（解約制限）についての拡大を行おうとした見解である。鎌田教授の見解は，第2の点について「契約労働者」というカテゴリーを立てるというアイデアを示し，第3の点について「契約労働者」に及ぼされる保護についての具体例を示した見解である。

以上の代表的な学説を概観したところから明らかになったのは，「従属性」概念になおこだわるかどうかには違いがあるとしても，現行法上「労働者」とされない者の中であっても，一定の者については，一定事項について労働法上の保護規定を及ぼす，という方向性である。ただ，いかなる保護をいかなる手段で拡大していくかについては，議論は十分に行われているとはいえ

---

(18) 島田陽一「雇用類似の労務供給契約と労働法に関する覚書」西村健一郎他編集代表『下井隆史先生古稀記念 新時代の労働契約法理論』（信山社，2003年）61頁以下。

ない状況にある。

3 新たな労働保護法のあり方

(1) 労働保護法の規定の分類

前述のように，労働保護法の規制の根拠となる要保護性とは，経済的従属性と人的従属性に求められるのであり，労働保護法の個々の規定や判例法理においても，経済的従属性を根拠とするものと人的従属性を根拠とするもの（あるいは，その両方）が混在していると解される。

これを敷衍すると，労働保護法には，労働契約において契約当事者間の実質的対等性の欠如に着目して契約内容の適正化を直接的な目的としたルール（「労働契約」の規制を主たる目的とする規定や判例法理）と，労務の遂行過程において支配従属関係にある「労働者」の人的保護を目的としたルール，あるいは不適正な契約内容で労務を提供することになる「労働者」の人格的利益の保護を目的としたルール（「労働者」の保護を目的とする規定や判例法理）とがある[19]。両者を截然と区別するのは必ずしも容易ではないが，原理的には，

---

[19] 不適正な契約内容で労務を提供することになる「労働者」自身に着目した法規定が，なぜ必要となるのかは一考の価値がある。労働者が労務を提供する条件面は，労働者に対して事前に十分な情報が与えられていれば，契約によって対処が可能である。たとえば，ある労働が危険な労働環境で行われており，そのことが事前に労働者に知られていれば，そのような危険を回避することを望む労働者は，その会社と労働契約を結ばなければよいし，あるいは危険にともなう損害のリスクを見込んだ高い賃金の提示がある企業とのみ労働契約を締結すればよい。このような情報は現実には労働者のほうに十分に伝わっているわけではないが，法律や判例法理により情報提供義務を使用者に課せば，情報の非対称性は解消されるかもしれない。とはいえ，かりにこのような義務を使用者に課すことが認められれば，いかなる労務供給契約であっても，労働者が情報を十分に得て真に納得したものとして常に法的に有効とされるというわけではないであろう。契約法には，公序良俗に反する契約については効力を認めない規定があり（民法90条），契約自由には法的な限界が画されているのである（たとえば，きわめて危険度が高く自分の生命を賭することになるような業務への従事を高賃金で行うという契約が交わされたとすると，たとえ本人が納得のうえでの同意であったとしても，公序良俗に反すると判断される可能性がある）。

前者は，労働契約の規制に重点があるのに対して，後者は，端的に「労働者」の人格的保護に重点があるところに違いがある。労基法は，労働契約の内容を規制するという面が基本的にはあるが，たとえば労基法5条は，契約内容に対する規制というよりは，同条で定めるような態様での強制労働をさせること自体を労働者に対する人権侵害として禁止しようとした規定とみることができる。

　このような方法で，労働保護法の内容を区別すると，たとえば，「労働契約」の規制を主たる目的とするルールとしては，労基法の第2章の規定[20]や最低賃金法などがそれに該当する。また，私見では，労働契約締結過程や変更過程における，使用者からの情報提供・説明義務も解釈上認められるべきと解するので，そのような解釈ルールも，この範疇に含まれることになる。他方，「労働者」の保護を主たる目的とするルールは，労働安全衛生，災害補償，年少者の保護，母性保護などがこれに該当するであろう。さらに，セクシュアル・ハラスメント防止，個人情報やプライバシー保護など広義の人格権保障を目的とするルールも，ここに含まれるであろう。労働時間規制については，元来は，労働者の健康保護を目的とするものであり，「労働者」保護を主たる目的とする規定の中に含まれるべきといえそうであるが，今日では，健康保護は，安全配慮義務などの分野で取り扱われるようになっており，労働時間規制そのものについては，「労働契約」の規制を主たる目的とするルールに含めるのが妥当と思われる。解雇に関する規定は，議論がありうるところであろう。現行労基法のうち産前産後や労働災害による休業期間における解雇制限（労基法19条）は「労働者」保護を目的とする規定と解してよいが，一般的な解雇制限規定（労基法18条の2）は，これを「労働者」の人格的利益に関する規定とみることは妥当ではない[21]ので，「労働契約」の規制を主たる目的とするルールと解すべきであろう（予告期間に関する規定も同様である）。

---

(20)　解雇に関する規定については議論があろうが，私見では，後述のように，19条を除き「労働契約」の規制を主たる目的とするルールに含まれると解している。

(21)　大内伸哉「解雇法制の"pro veritate"（2004）」大竹文雄・大内伸哉・山川隆一編『解雇法制を考える（増補版）』（勁草書房，2004年）245頁以下。

3 新たな労働保護法のあり方

　以上のように労働保護法を分類すると、少なくとも、「労働者」保護を主たる目的とする規定については、他人のためにそのなんらかのコントロールを受けながら労務を提供している者に広く及ぼされるのが適切であろう。たとえば、業務委託（自営的労働）で就労する場合であっても、年少者保護という観点から、最低就業年齢の設定はされるべきであろう。ただし、このような主張には二つの留保がある。第1に、ここでの主張は、たとえば労基法56条をただちに自営的労働にも拡張せよ、というものではない。労基法56条の定める年齢基準（満15歳に達しない労働者の就労の原則的禁止）を自営的労働にそのまま及ぼすこと自体には検討の余地があるのであり[22]、ただ重要なことは、年少者の健全な育成を保護するために、一定年齢以下の者の就業を原則禁止するという同条の趣旨自体は、自営的労働の場合にも拡大されるべきであるということである（なお、民法6条、823条も参照）。第2に、労基法の現行の規制手段についても、見直しが必要であり、したがって、自営的労働への保護規制の適用拡張が、ただちに刑罰や行政監督もセットになって行われるものではない。刑罰などの活用は、必要不可欠の場合に限定する必要がある[23]。

　他方、「労働契約」の規制を主たる目的とするルールは、まさに労働契約関係における経済的従属性に着目したものであり、同種の状況にある労務提供契約（請負なども含む）にも拡大されるべきであろう。ここでも、「労働者」保護を主たる目的とするルールについて述べたのと同様の二つの留保があてはまる。すなわち、保護を拡大する際には、規制内容と規制手法についての再

---

[22] 個々の規定等の本格的な検討は今後の課題としたい。
[23] 私見では、刑事罰を背景とした行政監督は、身体や生命の安全に直結する労働安全衛生の分野などに限定してよい、と考えている（この点は、大内伸哉「労働保護法の展望——その規制の正当性に関する基礎的考察」日本労働研究雑誌470号（1999年）37頁以下も参照）。脱刑罰化論に関するより具体的な検討は、今後の課題としたい。
[24] 逆に言うと、そのような規制の弾力化がなされて（とりわけ行政監督からの解放がなされて）、はじめて、事業場で使用従属関係に立ちながら労務を提供する「労働者」とは異なるタイプの労務提供者にも、保護規制を拡大することが可能になると思われる（この点は、大内伸哉「労働法と消費者契約」ジュリスト1200号(2001年)96頁も参照）。

考が必要であるということである。とくに「労働契約」の規制を主たる目的とするルールは，刑罰や行政監督による規制は原則として正当化されないと解すべきであり，この分野での大胆な脱刑罰化が必要である(24)。

　要するに，「労働者」保護を主たる目的とするルールは，厳密な意味での人的従属性をもって労務を提供する者だけでなく，第三者のためにその何らかの指示やコントロールを受けながら労務を提供する者にも広く及ぼすのが妥当である。というのは，これらの者も，就業する過程における要保護性という観点からは，雇用労働者と質的な違いはないといえるからである。他方，「労働契約」の規制を主たる目的とするルールは，広く労務提供に関係する契約において実質的な非対等性があり，経済的従属性が認められる場合に広く及ぼしていくのが適切である。ただし，経済的従属性の有無の判断基準は実際には明確ではない。どのような就業者に対して，経済的従属性に関係するルールの適用を認めていくかは，次の(2)の中で検討することとする。

(2) 労働保護規制の弾力化——個別的適用除外の問題——

　要保護性に応じた規制という観点からみた場合，労働保護法上の「労働者」とされた者の中には，労働保護法上の規制を及ぼす必要がない者もいる。このような者に対しては，一定の要件の下に法規制の適用を除外するというアプローチが考えられる。

　ところで，労基法は，労働時間関連規定について，管理監督者などに該当する者には適用除外を認めている（41条）。また，一定の事項については，事業場単位の集団的適用除外を認めている。具体的には，過半数代表と使用者との間の書面協定がある場合に，法規制の緩和が認められている（労基法36条，24条など）。しかし，労働者の多様化という観点からは，集団的適用除外ではなく，できるだけ当事者の個別的合意による適用除外を認めておくほうが望ましい。ただ，これまでは，このような個別的な適用除外は許されてこなかった。

　労働保護法は，強行法規であり，法律で定める例外を満たす場合以外に，当事者の意思によりこれを下回る労働条件についての定めをおくことはできないと解されてきた（労基法13条参照）。このことは，「労働者」性の判断にも

関係しており，強行法規である労基法の適用対象者の画定にあたり，契約当事者の主観的な認識や意思を考慮に入れることに学説は否定的であった[25]。もっとも，裁判例の中には，これと異なる趣旨のものもなかったわけではない。その最も代表的なものが，傭車運転手への労災保険の適用が問題となった横浜南労基署長事件の高裁判決である[26]。この判決では，まず「車持ち込み運転手は，これを率直にみる限り，労働者と事業主との中間形態にあると認めざるを得ない」としたうえで，「裁判所としては，……法令に違反していたり，一方ないし双方の当事者（殊に，働く側の者）の真意に沿うと認められない事情がある場合は格別，そうでない限り，これを無理に単純化することなく，できるだけ当事者の意図を尊重する方向で判断するのが相当である」として，結論として「労働者」性を否定した。

また，労働者の自由な意思による同意があれば，労働保護法の規制からの逸脱も認められるという趣旨の判断を行った最高裁判決もある。日新製鋼事件最高裁判決では，労基法24条1項の定める賃金全額払いの原則に違反すると判例上解されている賃金と別債権との相殺について，「労働者がその自由な意思に基づいてされたものであると認めるに足りる合理的な理由が客観的に存在するときは，右同意を得てした相殺は右規定［筆者注：労基法24条1項］に違反するものとはいえないものと解するのが相当である」とし，ただ，この場合には，「全額払の原則の趣旨にかんがみると，右同意が労働者の自由な意思に基づくものとの認定判断は，厳格かつ慎重に行われなければならないことはいうまでもないところである」と判示している[27]。この判決は，法律上，（法令に根拠がある場合を除き）労使協定がある場合にしか例外が認められていない賃金全額払いの原則について，労働者の個人の同意がある場合にすぎなくとも，適用除外が認められることを許容した点で，労働者の意思を労働保護法の適用において考慮に入れたものと評価することができる。

学説上も，最近，注目すべき見解が柳屋教授から主張されている。柳屋教

---

(25) 最近では，たとえば東京大学労働法研究会編・前掲書146頁（橋本陽子執筆）。
(26) 横浜南労基署長事件・東京高判平成6・11・24労判714号16頁。
(27) 日新製鋼事件・最2小判平成2・11・26民集44巻8号1085頁。

授は,「労働者」性の判断において当事者意思を尊重するという考え方をベースにしたうえで,「労働者」性を否定する当事者の意思の形成が,一方当事者の意思のみを反映して,他方当事者（労働者）の自由意思（真意）に基づいていないと客観的に考えられる場合のみ,「契約自由の濫用」として,就業実態による客観的な判断結果を強制してコントロールするという考え方を主張されている。そして,自由意思によるものかどうかについては,①自由意思（真意）が,特定の法規定の適用のみに関わるものではなく,雇用関係法の適用全般に関わるものであることを客観的に示す事情があること,②自由意思（真意）に基づいてされたものであると認めるに足る合理的理由が客観的に存在していること,③自由意思に基づく取扱いが法令違反や法の趣旨に反する脱法的効果をもたないこと,という要件が具体的に充たされる必要があるとされる(28)。

　こうした「労働者」性の判断ないし労働保護法の適用範囲の画定において,当該労働者の意思を重視する発想自体は支持されるべきものと考える。ただし,当事者意思の判断において客観的な合理的理由を考慮に入れるという立場では,結局のところ,労働者の意思を本当の意味で重視したといえなくなるのではないか,という疑問が生じる(29)。

　では,どう考えるべきか。筆者は別稿で述べたように,労働者の意思を過小に評価してきた伝統的な労働法の議論には批判的であり,私的自治の尊重という観点から,立法,司法の介入には消極的である(30)。とはいえ,そこでは最低限の強行法上の保護の枠組みがあるということが,その議論の前提であり,強行的保護を完全に任意規定化することまでは賛成できない。筆者は,

---

(28)　柳屋孝安「雇用関係法における労働者性判断と当事者意思」西村健一郎他編集代表『下井隆史先生古稀記念　新時代の労働契約法理論』（信山社,2003年）19頁,16頁。なお,村中・前掲論文509頁も参照。

(29)　なお,柳屋教授は,傭車運転手の労災保険の適用に関する横浜南労基署長事件の事案では,労働者の自由意思によると認めるに足る合理的理由が客観的に認定できるかに疑問が残るとし,労働者性を否定することに消極的である（柳屋・前掲論文17頁）。

(30)　大内伸哉「労働者保護手段の体系的整序のための一考察――労使自治の機能と立法・司法の介入の正当性」日本労働法学会誌100号（2002年）23頁以下を参照。

3 新たな労働保護法のあり方

現行の労働保護法の中には，公序良俗性によって根拠づけられる規定群があり，そのような規定群は，まさに労働者の同意によっても放棄することのできない完全な強行性をもつものと考える（強行的規定群）。たとえば，「労働者」の人的保護を主たる目的とする規定や判例法理（人的従属性に関連するルール）は，このような規定群に該当すると考えられる。

これに対して，労働保護法の規定の中には，前述のように，適用除外が認められたり，労使協定による例外が認められたりしている事項がある。このような事項については，法律上，完全な強行性が認められているわけではなく，いわば半強行的な規定と見ることができる（半強行的規定群）。このような規定群は，解釈論としても，当事者の真意による同意があれば強行性を解除することは必ずしも不可能とはいえないであろう。さらに，現行労働保護法の中には，封建的労働慣行を前提にして形成されたもので，今日ではむしろ「契約の自由」を制限するというデメリットのほうが大きいと考えられる規定群もあり，このような規定群は立法論としては任意規定と位置づけるべきものと思われる（任意的規定群）[31]。

労働契約における労働者の実質的対等性の欠如に着目したルールは，強行的規定群ではなく，半強行的規定群に該当するものと考えられるべきであり，このような規定群については，労働者の真意による同意があれば法規定からの逸脱を認めるのが妥当であろう。前述のように，実質的対等性の程度は，労働者間に違いがあることからすると，一律に強行的な規制を及ぼすのは適切ではないといえるからである。半強行的規定群については，労働者の真意によるかどうかの認定を厳格に行うことが求められるという点で，任意的規定群との違いがあることになる。

では，半強行的規定群についての労働者の真意とはどのように認定されるべきなのであろうか。前記の日新製鋼事件の最高裁判決は，「労働者がその自

---

[31] 労基法16条などが，その代表例である（大内・前掲「労働法と消費者契約」91頁以下。島田陽一「労働者の個別労働関係法上の権利を放棄または制限する合意は有効か」日本労働研究雑誌501号（2002年）67頁も同旨）。規制の手法の弾力化については，大内・前掲「労働保護法の展望——その規制の正当性に関する基礎的考察」37頁以下を参照。

由な意思に基づいてされたものであると認めるに足りる合理的な理由が客観的に存在するとき」において，合意相殺が賃金全額払いの原則に抵触しないとの判断を示していた。しかし，労働者の「真意」に着目するのは，本来は労働者の（労働保護法の適用を受けるかどうかの）自己決定を重視するという点にあるのであり，それを，裁判官による客観的に合理的な理由の有無の判断にゆだねるのは，かえって自己決定を侵害する危険性がある。さらに，裁判官の事後的な判断にゆだねるということは，事前には当事者において一連の労働保護規定の適用があるかどうかが明確でないという事態を生じさせる点でも問題があると思われる。そのため，労働者の真意に基づく逸脱可能性は，事前の手続的規制で行うことが妥当であると考える。具体的には，①当該個人が任意に加入した労働組合（ユニオン・ショップ協定締結組合の場合には組合員からの明示の授権が必要），もしくは当該個人が任意に代理権を付与した労働組合の立ち会いの下において，または，②所轄の労働基準監督署などの労働行政機関の関与の下において，当該個人が書面による同意を行うという手続がふまれた場合には，真意による同意があったと解すべきである[32]。

　こうした発想は，自営的就業者（個人で自営的に労務を提供している者）に対しても，及ぼされるべきである。すなわち，契約における実質的対等性が欠如していることに関係するルールは，非「労働者」である自営的就業者にも及ぼされるべきであり，それは半強行的規定としたうえで，前記の手続（②の手続）によってのみ個別的適用除外が認められるべきである。自営的就業者は，その経営者（事業者）としての性格を強めるほど，自己の裁量とリスクで労務を提供することを望み，労働保護法の規定の適用除外に同意することになるであろう。

　なお，現行法上，労働時間関連規定について適用除外とされている管理監督者についても，それに該当するかどうかは客観的に判断されるべきものと解されているが，企業にとっては，どの範囲の役職者を適用除外としてよいかを事前に判断するのは困難である。さらに，逆に企業がこのような状況を

---

[32] 契約締結過程での情報提供義務や説明義務は，契約的規制の前提となる義務なので，これ自体は個別的適用除外の対象となると解すべきではないであろう。

奇貨として，コスト削減のために実態としては明らかに非「管理監督者」である者を「管理監督者」にするという脱法への誘因を生じる可能性もある。ここでも，前記の「労働者」性の判断と同様に，労働保護法が適用されるかどうかの判断基準の不明確さに起因する問題が生じている。立法論としては，各企業で労使協定（または労使委員会の決議）において，どの範囲までの役職者を管理監督者とするかを定めることができるようにしておくのが望ましいであろう[33]。

4　無償労働の保護

　要保護性に応じた保護のあり方とは，労働保護法上の規定を，これまで「労働者」とされてきた者にも非「労働者」とされてきた者にも，当該規定の趣旨目的に応じて振り分けて及ぼしていくということである。また規制手法（私法上の効力）としては，強行的に及ぼされる規定と半強行的規定として個別的適用除外を認める規定とに分けていくことも求められるということである。
　ここで想定されていたのは，主として企業との間で有償で取引をする就業者についてである。しかし，現実の社会では，個人が労務を提供して社会に貢献するのは，このような企業相手に行われる有償労働だけではなく，さまざまな無償労働も含まれる。こうした無償労働も，ある組織の中で指揮命令を受けて遂行されることがある場合には，「労働者」の使用従属関係と近い状況が生じる可能性もある。
　たしかに，労働保護法は，有償労働のみをターゲットとしてきた。労基法9条も「賃金を支払われる者」を「労働者」としている（賃金とは労働の対価である。同法11条）。したがって，無償労働は労働保護法の適用対象外となる。しかし，家庭内労働（たとえば，主婦の家事，家族の介護）やボランティア活動を，当然に労働保護法の枠外に放逐してよいのであろうか。たしかに，無償

---

[33]　労基法上の通常の労働時間規制を受けずに，みなし労働時間の適用を受ける企画業務型の裁量労働者の範囲は，労使委員会の決議で決められるし，専門業務型の裁量労働者の範囲は労使協定により決められる（38条の4，38条の3）

労働者には,「労働者」に典型的な経済的従属性や要保護性はないかもしれない。また,経済面で大きな役割をはたしてきたのは,賃労働という有償労働であり,無償労働は個人の友愛や慈善心に基づくもので法的な保護や介入を行うのに適切な領域ではないという考えにもそれなりの理由がある。しかし,成熟社会に入った今日,企業活動だけでなく,NPO やボランティアのもつ社会的重要性が高まっており,個人が特定の形態に限定されずに自己の能力に応じて多様な社会的貢献を行っていくことが求められるようになっている。個人にとっての社会への貢献は,企業で労務を提供し,国の経済的発展に寄与するということだけでなく,むしろさまざまな形態の無償労働で社会的に貢献することこそ貴重なこととなってきている(34)。こうした社会的貢献や社会的有用性という観点からみると,NPO やボランティアでの活動や家庭内労働が,企業の指揮監督下で有償で働く労働と比べて価値的に劣るということはできないであろう。もちろん,無償労働は任意に従事するという場合が多いので,その点では,たとえ労働にともなう要保護性があるとしても,あえて法律で保護の手をさしのべる必要はないという意見もあるかもしれない。しかし,労働保護法には,健全な労働市場の育成という観点があったことをふまえると,国家が政策的に社会的に有用な労働に対して経済的従属性や有償性に関係なく一定の保護を与えるという政策をとることには十分な合理性があるであろう(35)。そして,このような政策をとることにより個人がいかなるタイプの労働に従事することを選択しようが,保護に大きな格差がないものとすることができるのである(36)。

---

(34) たとえば,介護労働も,かつては家庭内で無償で提供される労働であったが,今日では,介護保険の創設などにより,社会的サービスとしての性格をもつようになっている。

(35) テレワークについて「良い市場」を整えるという観点からの法政策のあり方を指摘するものとして,森戸英幸「わが家が一番?——情報化に伴うテレワーク・在宅就労の法的諸問題」日本労働研究雑誌 467 号(1999 年)53 頁。

(36) たとえば,ボランティアであっても災害補償のニーズはあるであろう(この点は,山口浩一郎「NPO 活動のための法的環境整備」日本労働研究雑誌 515 号(2003 年)21 頁)。

5　おわりに

　「労働」を自己実現の手段であると考えると，いかなる形態の労働であっても，基本的には法は平等な態度で臨むことが求められよう。それは，「従属労働」を特別なものとして，労働法上の保護を独占させようとする思考方法に再考を促すものである。具体的には，労働保護法の保護主体，規制対象，規制手法の3つの面から検討することが必要である[37]。

　保護主体の面では，従来の人的従属性に結びつけた「労働者」概念に固執する必要はないということをまず指摘できるであろう。個人で労働を行っている者は，自営であろうとなかろうと，また有償であろうとなかろうと，保護の視野に入れるべきである。今日，個人がその能力を活かしてさまざまな形で社会に参加していくことが求められており，労働は，そのための重要な手段となる。このような社会では，個人が実質的に多様な選択肢をもつことができるようにする必要があるのである。特定の形態の労働のみを保護することは，このような考え方と逆行することになる。また，労働の形態ごとの保護の格差をなくすということは，「労働者」と非「労働者」との間の不公平な取扱をなくすことになるし，法治国家として許容しがたい脱法的な現象（仮装自営業者）をなくすことにもつながる。

　第2に，規制対象については，労働保護法の内容を，「労働契約」の規制を目的とするルールと，「労働者」の保護を目的とするルールとに分けて，前者については，契約の相手方との間で非対等な関係で労務を提供している非「労働者」も広く共通の規制を及ぼすのが妥当ではないかとの試論を提示した。また，別稿で論じたように，非対称契約に関する契約法上の議論も，この問題では参考にすることができる[38]。他方，「労働者」の保護を目的とするルールは，他人に対してその指示やコントロールを受けながら労務を提供すると

---

(37) 労働保護法をこの3つの面から検討したものとして，大内・前掲「労働保護法の展望——その規制の正当性に関する基礎的考察」日本労働研究雑誌470号（1999年）32頁以下。

いう特徴がある限り，共通の規制を及ぼすのが妥当であり，しかもそれは有償労働であるかどうかに関係ない，との試論を提示した。

第3に，規制手法については，労働保護法と刑事罰や行政監督を結びつける規制を見直すという基本的スタンスを前提に，私法上の効力については，「労働者」の保護を目的とするルールについては（非労働者との関係でも）強行性を維持すべきであるが，労働契約における実質的非対等性に着目したルールについては，強行的な規制をかぶせたうえで，労働者（および非労働者）の真意による同意がある場合には，その規制からの個別的適用除外も認めるべきと考える（とくに自営業者については法的保護のニーズが小さい場合が少なくないので，適用除外の手続が頻繁に使われる可能性があろう）。同意の真意性の判断は，客観的な基準によるのではなく，真意性を担保できるような事前の手続により確認するという手法を採るべきである(39)。客観的な基準とは，結局は裁判官の判断にゆだねることになるのであり，当事者の予測可能性という点で問題があるからである。なお，労働保護法の中には（立法論としては）任意規定とすべきものものあると考えられるが，このような規定の拘束力については，前記のような手続的規制なしに，通常の契約法の枠組みで処理すべきと考える。

最後に，残された課題を3点指摘しておく。第1に，本稿は，外国法のさまざまな法制や学説の議論にも着想を得ている。紙数の関係で，本稿ではふれることができなかったが，この問題についての比較法的分析は，別稿で行う予定である。第2に，本稿では，労働保護法に焦点をあてたが，労働団体法の分野においても，同様な問題が出てくる。しかし，自営業者の団体となると，たとえば独禁法の問題などが出てくる余地があり，独自の考察も必要となる(40)。この点についても今後の課題としたい。第3に，本稿では，これ

---

(38) 大内・前掲「労働法と消費者契約」90頁以下。
(39) なお，とくに労災保険について，労働者性を審査・判定する機構を設けるべきとする主張として，浅倉むつ子『労働法とジェンダー』（勁草書房，2004年）119頁（初出2000年）。
(40) 永野秀雄「『契約労働者』の保護の立法的課題」日本労働法学会誌102号（2003年）110頁も参照。

5 おわりに

まで労働法の指導原理とされてきた「従属労働」のもつ歴史的意義などについては検証できていない。実定法上は，抽象的な「従属労働」あるいは「労働の従属性」という概念は，解釈論上はほとんど機能していないと考えられるが，なお労働法のアイデンティティとして中核に据えるべきとする反論も予想される。日本の労働法の理論的な見直し作業は，この「従属労働」概念との直接的な対話と克服ぬきには実現できないはずであり，これが今後の最も大きな課題ということになる。その意味で，本稿の主張は「一試論」の域を超えていない。

（本稿は，科学研究費（基盤研究（C））の助成を受けて行った研究成果の一部である。）

中期雇用という雇用概念について

渡辺 章

1 2003年改正労基法

　2003年改正労基法（平成15年法律104号）[1]は，有期労働契約（労基法14条）に関しいくつかの重要改正を行った。そのひとつに契約期間の上限1年の原則を3年に延長したことがある（同条1項）。有期労働契約の期間中，労使はやむを得ない理由なしに労働契約を解約（解雇または退職）できない（民法628条）。やむを得ない理由のない解雇は法律上の効力を否定され，使用者は損害賠償の責任を負い，労働者もやむを得ない理由なしに退職したときは同様の責任を負う。2003年の改正は，このような制約のある有期労働契約の期間の上限を従来の1年から3年に延長した。

　同改正法は，附則に，政府は改正後の労基法14条の施行状況を勘案しつつ検討を加え必要な措置を講ずると規定した（附則3条）。それまでの間は，民法628条の規定にかかわらず，労働者は1年を経過した日以後において，いつでも退職することができるように経過的規定が定められた（137条）[2]。

　他方，高度の専門的知識，技術または経験（以下，専門的知識等）を有する

---

(1) 2003年3月第156国会に提出され，一部修正の上同年6月27日可決成立，7月4日公布，2004年1月1日から施行されている（「労働基準法の一部を改正する法律の施行期日を定める政令」（平成15・10・22政令458号）。参照，「労働基準法の一部を改正する法律の施行について」平成15・10・22基発1022001号──以下，施行通達という）。

(2) この経過措置規定は，有期労働契約の上限3年の制限を受けない「一定の事業の完了に必要な期間を定めるもの」および有期3年超〜5年の特例が認められる労働契約（労基法14条1項1号・2号）には適用されない。

労働者および満60歳以上の労働者に関しては，1998年の改正により有期3年の特例が認められていたが，これが有期5年に延長された(3)。専門的知識等を有する労働者は，企業の枠を超えて柔軟な働き方を求める労働者とイメージされ，特例の有期5年の労働契約はこのような労働者がその能力や個性を活かすことができる多様な雇用形態や働き方の一つであると観念された。そこで政府は，有期5年の特例の認められる者の具体的範囲を「自らの労働条件を決めるに当たり，交渉上，劣位に立つことのない労働者」であることを踏まえて決めるべきものとされている(4)。

（3） 労基法14条は，もともとは「労働契約は，期間の定めのないものを除き，一定の事業の完了に必要な期間を定めるものの外は，1年を超える期間について締結してはならない。」という簡素で厳格な規制立法であり（罰則120条)，制定後長い間そのまま原型をとどめていた。しかし，1990年代にいわゆる規制緩和の対象事項に取り上げられはじめ（本文で後述)，高度の専門的知識等を有する労働者について，1998年改正で有期3年の特例が新規に導入された（平成10年法律112号)。とはいえ，高度の専門的知識等を有する労働者の範囲は厳格に絞られ，①新しい商品・役務・技術の開発または科学に関し専門的知識等を有する労働者と，②事業の開発・転換・拡大等のいわゆるプロジェクト業務に専門的知識等を有する労働者の2種が数えられた。また，当該労働者が「不足している事業場」において，高度の専門的知識等を必要とする業務に「新たに」就かせる場合にだけ使用することが許された（改正前14条1号・2号。以下，①を「特例1号労働者」，②を「特例2号労働者」という)。加えて，60歳以上の労働者にも定年後の継続雇用を確保しやすいように同様の特例が認められた（以下，「特例3号労働者」という)。特例1号・2号労働者の具体的範囲は厚生労働大臣が告示により定めた（平成10・12・28労働省告示153号。同告示は，その後数次の改正を経て後記の平成15・10・22厚労省告示356号により廃止された)。

　2003年改正労基法は，特例1号・2号の区別をなくし，高度の専門的知識等を有する労働者とひとまとめにくくって上限をさらに2年延ばして5年にした（改正労基法14条1項1号。これにともない特例3号労働者は同条1項2号に変更された)。また，その使用について当該労働者が「不足している事業場……新たに就く者」にかぎるといった1998年改正法の設けた厳格な要件を廃止した。高度の専門的知識等を有する労働者の範囲は，専門的知識，技術および経験等の資格・種類および年収の両面から厚労大臣のいわゆる特例基準に関する告示により具体的範囲が定められている（平成15・10・22厚労省告示356号。参照，前掲注1）の施行通達第1・1（2))。

2　2003年改正労基法といわゆる規制緩和

　労働契約の期間に関する2003年改正労基法の内容は，指摘されているように1990年代以降唱えられたいわゆる規制緩和の路線と相似している[5]。そこで，これまでのいわゆる規制緩和論の軌跡をたどってみると，労働契約の期間に関する法政策論は上にのべた専門的知識等を有する労働者に焦点をあてていたことが明らかである。すなわち，規制緩和の必要性は専門的能力を有する人材を一定年限の契約に基づき雇用する契約社員制度や，一定の期間かぎりで行う研究開発業務のプロジェクト期間に対応して労働契約を締結しようとする経営上のニーズを重視したものであった[6]。

　専門的知識等を有する労働者でない，有期5年の特例の枠外に置かれる一

---

(4)　つぎのものを参照。①1998年改正法の下で，(旧)14条1号・2号の規定に基づき高度の専門的知識等を有する労働者の範囲に関し追加等を行った平成14・2・13付厚労大臣告示21号の適用に関する同日付の行政通達（基発0213002号），②2003年改正労基法のもとになった2002年12月26日付労働政策審議会労働条件分科会「今後の労働条件に係る制度の在り方について（建議）」の前文，および③有期上限5年の特例の適用される対象労働者の範囲に関し衆議院および参議院の厚生労働委員会の附帯決議。政府は，高度の専門的知識等を有する労働者の具体的範囲を定めるにあたり，この附帯決議を踏まえたとしている（2003年改正労基法施行通達（平成15・10・22基発1022001号第1・1（2）ア）を参照）。

(5)　1998年改正に関し島田陽一「労働契約期間の上限規制の緩和」季労183号（1997年9月）49頁以下，今次の改正に関し中島正雄「有期雇用拡大政策と法的問題」西谷敏＝中島正雄＝奥田香子編『転換期労働法の課題』（旬報社，2003年）335～6, 339～40頁，川田知子「有期労働契約法制の改正と法的課題」季労203号（2003年12月）61頁以下など。

(6)　そうした論議の端緒は，1993年5月に公表された労働基準法研究会（労働契約法制部会）報告「今後の労働契約法等法制のあり方について」である。同報告は，特に専門的知識等を有する労働者か否かの区別なく民法の雇傭の期間（626条1項）にならい，期間の上限を5年に延長することが適当としたが，それは明らかに「産業構造の急激な変化に対応するための」企業のニーズに重点を置いた法政策論であった（労働省編『今後の労働契約等法制のあり方について』日本労働研究機構（1993年）28～29頁）。その後，経済審議会がこの問題を取り上げたが，能力，意欲のある労働者に対象を絞った上

般労働者の契約期間の延長は，2003年改正労基法をめぐる論議のなかではじめて重点的に取り上げられたと言ってよく，それ以前の規制緩和論では少なくとも重点として取り上げられることはなかった。したがって，一般労働者に関する有期1年の原則の3年への延長は，これまでの規制緩和論の路線上ではなく，改めてそうすることの目的が意識的に探られなければならない雇用法制上の新規の問題であった。

　2003年の労基法改正を提案した労働政策審議会労働条件分科会の2002年12月26日付「今後の労働条件に係る制度のあり方について（報告）」（以下，「報告」という）は，有期労働契約の期間の上限の1年から3年への延長に関して，「雇用形態の多様化が進んでおり，このような状況の下では，有期労働契約が労使双方にとって良好な雇用形態として活用されるようにしていくことが必要である。」としている。思うに，一般労働者の有期労働契約の上限を延長する法改正の目的はここに表現されている。1年を，では何年まで延長するかに関しては，「有期契約労働者の多くが契約の更新を繰り返すことにより一定期間継続して雇用されている現状を踏まえ（た）」とされ（同報告），3年が妥当ということになった[7]。

　確かに，「報告」は延長の結論のみを示し，一般労働者の有期労働契約を「良好な雇用形態」としていくための理念（たとえば，均衡処遇ないし均等待遇の原

で，「比較的長期のプロジェクトの遂行等をより円滑にするため」といった踏み込んだ経営サイドの目的を示し（1996年12月3日付「建議」），行政改革委員会も①専門的能力をもった労働者の雇用，②外国人研究者の招聘，③定年退職後の高齢者の活用など具体的ターゲットを明らかにして「労働契約の期間の上限を3年ないし5年程度に延長すべきである」とした。近年では，2001年7月24日付総合規制改革会議「重点6分野に関する中間とりまとめ」がやはり，高度の専門的知識等を有する労働者に的を絞った規制緩和を説いてそれまでの規制緩和論の路線を維持した。今次の改正労基法案が国会に提出されている最中の2003年3月28日に閣議決定された「規制改革推進3ヵ年計画（再改定）」は，法案の内容を反映し専門職の労働契約期間を5年するとともに，原則1年の契約期間の上限を3年に延長することを方針に打ち出した。その趣旨は「働き方の選択肢を増やし，雇用機会の拡大を図る」ことだとのべている。

（7）　2003年改正労基法施行通達は，このことを明言している（平成15・10・22基発1022001号第1・1（1））。

則との関係）や政策（たとえば，有期労働契約の締結と終了にかかわる法的ルールの構築）が検討されていないために，法改正の理由づけとして弱さがあることは否定し難い[8]。しかし上限の延長は，短期契約の労働者の多くが実際には継続雇用されている「現状」をそのまま受け容れようとするものでないことは確かであり，有期労働契約を「良好な雇用形態」にしていく契機（社会的条件整備）として認識されていることを軽視すべきではないと思うのである。

3 中期的雇用労働者層の形成

(1) 中期雇用の意義

本稿の「中期雇用」の概念は，前言した2003年の労基法改正に沿って，一応，1回の契約期間を3年ないし5年以内とする有期労働契約を標準とするが，1回の契約期間が1年以上の有期労働契約をも含めておきたい。

「中期雇用」の概念は，すでに労働政策審議会労働条件分科会の委員である荒木尚志教授（公益委員）によってつぎのようにイメージされている（冒頭の括弧内は引用者）。

　（雇用保障の側面について）「現在の日本の雇用システムの1つの問題は，正規従業員には非常に手厚い雇用保障がある。他方で非正規従業員，有期契約労働者は雇用の調整弁として使われて，非常に不安定である。……いまここで出てきている3年とか5年という有期契約労働者は，長期雇用と短期雇用の中間にある『中期雇用』というか，そういう新しい雇用形態として発展していく可能性があります。」

　（労働条件の格差の側面について）「いままで非正規と正規の間で非常に労働条件の格差があった。その中間にあって雇用保障はいらない，その代わり，自分の専門職に特化した働き方をしたい。だから，自由に職務内容を変えられても困るし，転勤もしない。そういった働き方をする人たちが，この中期雇用的な契約を使っていくかもしれない。そういう可能性が秘められているので，これはやはり実際に使ってみて，弊害があるかどうかをチェックする，そういうアプローチもありうるのではないか」[9]。

筆者も同分科会の委員（公益委員）をつとめたのであるが，たまたま労働側

委員の一人がこのテーマが話合われた比較的初期段階の会議での筆者の発言の一部分を要約して記録され公表されていた。大筋には誤りがないのでつぎに引用しておく。「有期雇用の拡大について，W公益委員は『法律が制度として介入して均衡条件を作る。均等待遇を強制するということではなくて，有期雇用者を雇用する企業の方に，その待遇改善をせざるを得ないような環境を作っていくという必要がある』『新しく中期雇用という概念を作って，その中で改善を図るような方向に持っていく必要があると痛感する』と積極論を展開している」(10)。

筆者の発言の真意はおおよそ以下のようである。

短期雇用の労働者の合理的な更新期待権を保護する法理は判例上確立し，雇用保障の現実的役割を一定程度果たしてきた。この点は重要であり今後も変わることはないだろう(11)。しかし合理的期待権保護の判例法理は，勤務の

---

(8) 島田陽一「解雇・有期労働契約法制の改正の意義と問題点」労旬1556号（2003年）9頁，唐津博「2003年労基法改正と解雇・有期契約規制の新たな展開」日本労働研究雑誌523号(2004年1月)9頁，土田道夫＝島田陽一「均等か均衡か——パート政策の針路を探る」Business Labor Trend, 3.2004, p.17(土田発言)にそのような指摘が見られる。

(9) 岩村正彦＝荒木尚志＝塚原英治＝中山滋夫「改正労基法の理論と運用上の留意点」ジュリスト1255号（2003年11月）13頁（荒木発言）。同分科会の委員（公益委員）である岩出誠弁護士の著書『労基法・派遣法の改正点と企業の実務対応』（日本法令，2003年8月）43頁以下にも「新たな中期雇用ともいうべき雇用形態とそれへの対応が求められます。」との指摘がみられる。

(10) 田島恵一（労働政策審議会労働条件分科会委員・全国一般労組書記長）「労基法改正をめぐる労働政策審議会労働条件分科会での議論について」労旬1553号（2003年6月）35頁。同氏は，筆者の発言を紹介後に「はたしてそうなのか……結局は安上がりの低賃金労働者をつくるだけだし，それでは1年雇用労働者が3年になるかといえばそうではなく，期間の定めのない労働者が有期雇用にされていくことになる。」と批判されておられる。

(11) この点に関する近年の有益な文献として，東京大学労働法研究会編『注釈労働基準法（上巻）』（有斐閣，2003年）316～8頁（野田進），小宮文人「有期労働契約——雇止めに関する判例法理を中心として」（上）労旬1555号（2003年7月）6頁，（下）1556号（同年7月）14頁，川口美貴＝古川景一「労働契約終了法理の再構成」季労204号(2004年3月）66頁以下。

継続性（ないし継続性への期待）を保護する問題と別個に，労働者の処遇や賃金（広い意味のそれ）を中心とする労働条件の格差改善問題にどのように作用してきただろうか。この問題側面では，合理的期待権保護の判例法理はその蓄積期をとおして一般的，社会経済的に指摘に値するものはなにも生まなかったし，いまも存在しないのではないだろうか。

　労働者が，短期ではなく中期の期間を定めて雇用される場合は，当該契約期間において教育，研修などによる能力向上の機会の計画的付与や定型的・補助的業務から判断的・指導的・管理的業務への段階的配置の可能性が拓かれることが考えられる。そういう見込みは根拠のないことではないのではないか。長期雇用を前提に期間の定めなく雇用される労働者との諸格差をなくすることはむずかしいが，雇用形態の多様化が進み，定着しかつ不可逆的である以上，その境界を相対化する方向に雇用システムを規整する具体的方策が必要である。均衡処遇の原理なり均等待遇の原則の適用をそれ自体として強調するのも一つの選択肢ではあろう。しかし，それら原理・原則の適用を可能にするためには雇用環境の条件整備が必要であり，中期雇用という政策視点を積極的に打ち出すことが有益である[12]。

　このような筆者の見解と先の荒木尚志教授の描くイメージとのちがいに敢えて触れておくとすれば，「自分の専門職に特化した働き方をしたい」といったemployabilityをすでにある程度備えた有期労働者のみではなく，筆者は大多数の一般有期の労働者（改正後の14条1項1号に該当する，高度の専門的知識等を有する労働者以外の労働者），すなわち経験則上「自らの労働条件を決め

---

[12]　浜村彰「構造改革と労働法制」日本労働法学会誌130号（2004年5月）115頁は，経済変動の加速化や労働者の就労形態・意識の多様化などにより，日本型雇用システムの見直しやバッファーとしての雇用の流動化がある程度避けられないとしても，労働者の「身分格差」の拡大を放置すべきではないとのべておられる。また，不合理な労働条件格差を是認することは，労働者の人格的利益としての職業能力やその実現としての成果を侵害することになる，とものべておられる。しかし，有期契約労働者の問題として，「身分格差」の拡大を食い止め，その「職業能力」を高め，「その実現の成果」を正しく処遇に反映させるためにどのような雇用規整が求められているのか，まさしくその具体的法政策のあり方を構想する課題にわれわれは向き合っているのではないか。

るに当たり，交渉上，劣位に立つ」労働者を対象に考えている。

しかし，「中期雇用」という雇用概念はおそらく日本の雇用社会でも労働法学でもはじめて登場するのであり，いま少しその実態的側面を吟味し，法制度上の意義づけをしておく必要がある。

そこでつぎに，労働政策審議会労働条件分科会「報告」が「有期契約労働者の多くが契約の更新を繰り返すことにより一定期間継続して雇用されている現状を踏まえ（た）」とのべていることに関連して，その「現状」をフォローしておくことにしよう。

(2) 有期雇用労働者の現状──雇用期間の中期化

2003年の労基法改正は，1998年改正（前出注　参照）以降の施行状況について十分な検討を踏まえることなく進められたという批判がある[13]。

労働政策審議会労働条件分科会では，1998年改正後の1999年11月と2001年9月に有期労働契約に関する調査結果をもとに前出の「現状」を把握している（以下，「99年調査」，「01年調査」）[14]。いずれも調査票を送付し回答を求める方法で行われた[15]。調査の規模からみて，一応，有期労働契約の実情を知るに値するものといえよう。

以下に，両年の調査から有期契約労働者の雇用期間の中期化に関連して明らかになった事項をまとめてみたい。

(a) 有期契約労働者の種別　　本調査の有期契約労働者は次頁の表で見る

---

(13) 島田陽一・前掲注（8）10頁。
(14) 「平成11年有期契約労働者に関する調査」および「平成13年有期労働契約に関する調査」の2つの調査である。
(15) 対象産業は，雇用労働者数30人以上の製造業，サービス業，卸売・小売業の3業種（一般に，パートタイマーを多数雇用する「パート3業種」といわれる）のほか，金融・保険，建設，運輸・通信など9業種である（有効回収率は両年調査とも企業3割，労働者2割）。事業規模は両調査とも約半数は100人〜499人規模の中堅である。30〜99人の小規模企業は2割前後（01年調査で21.7パーセント，99年調査で18.1パーセント），残りは500人以上の大企業（25％前後）である（「不明」のものを除く）。

とおり半数がパートタイマーであり，次いで契約社員が多い（99年調査）。パートタイマーは特に1990年代中期以降顕著な増加傾向にあり（その全労働者構成比は，総務省「労働力調査」で1990年が15.0%，2002年が22.9%である），その多くは有期契約者と見てよい[16]。したがって，本調査の「有期パートタイマー」の実態は，日本の有期契約労働者および急増するパートタイム労働者一般にほぼ共通するとみて大過ない。契約社員のうち，高度の専門的知識等を有する労働者に該当するものの数は明かではなく（99年調査），有期契約労働者に占める高度の専門的知識等を有する労働者（改正後の労基法14条1項1号該当）の構成比（5.2%）は，いわゆる一般有期の労働者（91.9%）に比べて未だはなはだ少ない（01年調査）[17]。

　(b)　契約期間・更新・通算勤務年数　　改正前の契約期間上限1年の原則を知っている労働者は3分の1に過ぎず（34%），法令の周知に多大の問題を残している（使用者は企業規模にかかわらず85%強が認知）。契約期間は，相対的に長期（6ヵ月超～1年）の方にシフトし，6ヵ月以下の契約期間を定めるものは有期契約労働者の種別により多少の差はあるが多くない（約25%）。契約期間の決定は，「法制度上の制限に合わせた」（42.6%）が「繁閑や景気変動

---

[16]　総務省「労働力調査」におけるパートタイマーは「週就業時間35時間未満の者」である。1日または1週間の所定労働時間が「一般労働者より短い者」をパートタイマーとしている厚労省「毎月勤労統計」では5～29人規模事業所で1990年が16.5%，2003年が27.0%，同「賃金構造基本統計調査」10～99人規模事業所で1990年が9.9%，2003年が18.7%にそれぞれ急増している。

[17]　「特例1・2号」の労働者を専門性の必要な業務に雇用するにあたっては厳格な法的規制が課せられたことは前注（3）でのべたとおりであり（参照，厚労省労働基準局編『労働基準法（上）』（2003年，労務行政）204頁以下），改正当時法政策としての妥当性を疑問視する声も強かった（たとえば，**安枝英訷**＝平田泰稔＝三宅龍哉「労基法改正と企業の人事」ジュリスト1153号（1999年）18頁以下）。本文に述べたような有期契約労働者の今日の構成比は，改正法施行後の実情を示すものであり，「特例1・2号」は，「あまりに細密な要件設定をしているために，現実に利用され得る場合はごく限定されたものになろう。」との予測がまさしく的中したということができる（下井隆史「1988年労基法改正の意義と問題点」ジュリスト1153号（1999年）23頁）。

中期雇用という雇用概念について

	有期契約労働者の種別*	有期雇用労働者の意義	構成比**
99年調査	有期パートタイマー（長時間）	正規社員と勤務時間が同じかまたはそれ以上の者	11.7(%)
	（短時間）	正規社員より勤務時間が短い者	37.3
	臨時雇	臨時的・季節的業務量増加のための労働者（正規社員と勤務時間が同じ）	6.0
	契約社員	専門的または特定業務に従事させるために雇用している有期契約労働者	41.1
	その他有期	その他アルバイト等有期契約労働者	3.4
	有効回答事業所 1,788 票　　同労働者 5,106 票		
01年調査	一般有期***	特例1・2号労働者以外の者	91.9(%)
	特例1・2号労働者****	高度の専門性が必要な新商品開発、臨時的プロジェクト業務等従事者	5.2
	有効回答事業所 1,967 票　　同労働者 5,087 票		

*　99年調査の「パートタイマー」は女性9割（35～49歳が多数）、臨時雇は男女半々（60歳以上が25％）、「契約社員」は男性6割（60～64歳が3割）、「その他有期」は女性7割（アルバイトを含み20歳代が多数）

**　100％未達分は「不明」

***　01年調査の「一般有期」は女性6割（20歳代19.7％、30歳代24.3％、40歳代28.9％、50歳代20％、60歳超6.8％）・男性4割（60歳超72.3％）。

****　2003年改正前労基法14条1項1号・2号所定の労働者

に応じた人員調整に適当な期間によって決めた」（27.2％）を大幅に上回っている（01年調査）(18)。

　有期労働契約を1回かぎりで更新しない事業所はまったくの例外（一般有期で4.1％、特例1・2号労働者で6.5％）でしかなく、更新回数は平均6.4回（最大11.2回）、通算勤務年数は4.3年（最長9.1年）である（01年調査）。その大部分（87％）は1年を超え、1年を超える者のうちでは3年以下（40％）より3年超（47％）の方が多い（99年調査）。

---

(18)　これに「担当する業務に要する期間」（15.1％）、「労働者の希望する期間」（13.4％）が続く。

これらの事実は，個々の労働契約の形式（期間の定め）と就業実態とが大きく乖離し，1回の契約期間は雇用調整の必要や業務の臨時性を理由とするものもあるが，それらより「法制度上の上限に合わせ」て決めている方が顕著に多く，2003年改正前労基法の立場と有期契約労働者の就業実態とは相当の乖離を生じていたことが明かである。

(c) 雇止めの理由　　雇止めの理由を有期パートタイマーについてみると別表のとおりである（99年調査）。雇止めの実質的理由は労働者の主体的事由（勤務実績，健康状態）と経営の事情とに大別できるが（事業所調査），これを労働者調査と照合すると，使用者は多くの場合，雇止めの実質的理由を表出させることなく形式的理由（契約期間の満了）により処置している傾向が明かであり，契約の有期性は労働契約の展開および終了をめぐる労働紛争の回避機能を果たしていることを推認できる。

	雇止めの理由（複数回答）	事業所	労働者
1	勤務成績・態度不良	57.6(%)	――(%)
2	景気変動など業務量の減少	51.5	26.8
3	傷病など労働不能	37.5	――
4	経営状況の悪化	33.1	28.7
5	予め更新しない契約	10.0	――
6	契約期間の満了	――	45.9
7	担当業務の終了・中止	8.4	18.5

（注）　労働者調査は以前の勤務先における雇止め理由である。

(d) 有期契約労働者の業務　　契約期間が長い労働者ほど「その他」といった業務内容・範囲の不分明な回答をする事業所が少なくなっている[19]。しかし，一般有期労働者は多くが担当業務を「その他」または「不明」としており（42.1％），回答を求めた19種の業務中，比較的集中した「総務」（事務補助職が多い），「製造ライン」（定型作業が多い），「営業」（接客販売業務が多い）と回答した者をさえはるかに上回る（01年調査）[20]。

このことは，職務なり業務の評価や格付けに係る情報の発信が少なく，有

期契約労働者が，更新を繰り返して継続勤務年数を増やしたとしても，自己の就業する職務なり業務の経営組織における位置を対象化し得ていないことを物語るものであり，有期契約労働者を多用する雇用社会のはなはだ原初的状態の一端を示唆しているといえよう。とはいえ，事業所の4分の1弱が正社員と有期パートタイマーとが同じ職務を行っているとしていることは注目に値する。

職務内容に対する認識は，労使間で興味ある対照をなしている。事業所は「より単純」とするものが多く，労働者は「正社員と同じ」とするものが多数である[21]。この認識の落差は，正社員の職務との比較においても次表のように顕著な対照を示す（99年調査）。

（有期パートタイマーの職務内容を正社員と比べてとき）

99年調査	より基幹的	より補助的	同じ
事業所	1.5	71.0	23.2
労働者	8.9	44.2	38.1

　(e) 教育訓練・雇用転換制度　「一般有期」の労働者で正社員と「同じ」教育訓練を受けたとする者は3分の1強（38.1％）おり，「特例1号・2号」の労働者とほぼ同程度である。とはいえ，訓練機会が「ない」（31％），訓練機会が「少ない」（15.9％），「訓練内容が異なる」（9.5％）を合わせると過半数を超える（01年調査）。事業所調査は，「特例1号・2号」の高度専門性を有する労働者および60歳以上の労働者のみに限られ，有期契約労働者の多数を占め

---

(19) 担当業務内容に関し，「その他」と回答したもののうち，契約期間1年以内41.5％，1年超〜3年以内20.3％，3年超18％。調査が回答を求めた担当業務は，経営・管理，新規事業開発・新業態開発，人事・労務，総務，関係会社管理，法務・特許，投資・運用，マーケティング・販売企画，販売促進，営業，製品サービス・技術開発・研究開発，設計・デザイン，システム開発・メンテナンス，制作・編集・取材，製造ラインの19種である。

(20) 回答者のうち，「総務」12.4％，「製造ライン」12％，「営業」8％である（複数回答）。

(21) 「より単純」は事業所が多く（事業所64.4％，労働者38.2％），反対に「正社員と同じ」は労働者が多い（事業所28.4％，労働者45％）。

る「一般有期」に関しては不明である(22)。

　有期契約労働者が正社員と「同じ」教育訓練を受けたといっても、その教育訓練の時期(雇入の際のみか否か)、方法、教育訓練の時間およびその成果の評価と処遇への反映などは明かでなく、ケース・スタデイが必要である。

　有期パートタイマーの正社員への転換制度に関し、「ない」と「ある」との割合はおおむね1対2である(23)。転換基準は、労働者の主体的態度(勤務実績、能力、希望)を基準にするもの(60〜70％超)が多く、これに業務上の必要(50％後半)が続く(99年調査)。

　小括　①一般の有期契約労働者は、これまで有期1年の制限内では長目の契約期間(6ヵ月超)を定めて雇用されており、更新を平均6.4回繰り返し、通算4.3年継続勤務し、おおむね3年を境に2分されている。②契約期間の定めは、就業する業務の性質(臨時性、季節性)より、「法律の制限に合わせた」とするものが大勢であり、法律の制限が延長されれば契約期間もこれまでより長目に約定されることが相当程度見込まれる。③使用者は、更新拒否(雇止め)を労働者の主体的力量・事情(勤務の実績、健康状態など)を重視して行っているといえるが、そのことによる紛争の表出を回避するために契約期間の満了を待つという傾向性をみてとれる。④有期契約労働者の職務なり業務について大抵の使用者は正社員の補助的なものとみており、労働者の認識との間に落差がある。正社員と同じとするものも有意の比率だけ存在するが、「同じもの」が「補助的なもの」の担務変更(能力評価による配置換え)の結果か否か、当初からの職分かどうかは解らない。⑤有期契約労働者に関する教育訓練の実態は、有期1年内の短期雇用体制の下での状況であり、そのほとんどの問題性は今後の雇用規整の課題として残されている。

　以上を要するに、日本の有期契約労働者は、勤務期間において一定の継続

---

(22)　「特例1号・2号」の労働者に関しては、①正社員と同じ教育訓練を実施しているとする事業所が最も多く(37.3％)、②訓練機会が「ない」(16.9％)、③「少ない」(12.7％)、④「訓練内容が異なる」(12.7％)の順になっている。60歳以上の有期契約労働者についても同様の傾向性が認められる。

(23)　「転換した」は37.3％、「転換したことがある」は68.9％である(両方とも転換制度が「ある」ものと「ない」ものとを含めた数値)。

性が認められ，形式的な短期雇用契約を法的基礎にしつつ事実上中期雇用の状態にあるといえる（①，②，③）。しかし，今日までのところその事実上の中期雇用状態は通算雇用期間かぎりの表見的性質にとどまり，そのことが労働能力の向上（有期契約労働の質的改善）を伴う労働条件の向上や処遇システムの改革に資するようには作用していない（④，⑤）。

4 一般有期労働契約の契約期間に関する法的規制

(1) 有期3年の上限規制について

一般有期労働契約の契約期間の上限を1年から3年に延長した2003年改正労基法に対し労働法学者は概して好意的ではない。長期の雇用期間の設定は，労働者の退職の自由の制約機能を持つ可能性があり，また逆に常用代替化を促進して雇用不安定化に繋がる可能性も否定できないといった理由によるが，使用者に一方的に雇用選択肢を付与し非正規労働者の増大に拍車をかけるようなものだという理由や若年定年制に使われやすいといった理由もあげられている[24]。

さらに，有期1年の法的規制の枠内で短期契約を更新することにより雇用を継続する体制は労使双方にとってマイナス面があったことを指摘した上でのことであるが，使用者は3年で自動的に労働契約を終了させることができ，また3年有期の労働契約を実質的に正規雇用への試用期間として活用し得る利益を受け得るとのべるものもある[25]。

他方，労働契約の期間が長くなるのは，労働者にとって拘束期間が長くなるというデメリットよりも，雇用保障期間が長くなるというメリットの方が大きいといえる場合がふえてくる可能性があるという意見もある[26]。

---

(24) 島田陽一・前掲注(8)10頁，川田知子・前注(5)67頁，大山盛義「有期労働契約」日本労働法学会誌103号（2004年5月）128頁，中島正雄・前注(5)347頁。前掲注(9)座談会10頁（塚原英治発言）。

(25) Hiroya Nakakubo, "The 2003 Revision of Labor Standards Law : Fixed-term Contract, Dismissal and Discretionary-work Schemes", Japan Labor Review, Vol.1, Num 2, at pp.9–10, Spring 2004.

(2) 有期5年の上限規制について

民法は，一般有期労働契約の上限を5年（商工業見習者は10年）と定め，この期間を経過したとき当事者は何時でも契約を解除できると定めている（626条）。その趣旨に関して「法典調査会議事速記録」に即しすでに要領を得た検討がなされている[27]。この稿でも，それとの若干の重複を避け難いが，改めて有期5年とした民法の上限規制の意義を法制度的，社会経済的面から考えてみたい。

有期労働契約の規定に関する法典調査会の審議の課題は3点あった[28]。その1は，雇傭の期間の上限を定める必要性いかんである。提案は，「長ク人身ヲ束縛シテ置イテハ悪イ」とのべる一方で，「人身ノ自由ト云フトコロダケ」を問題にするのは「古イ法典」の立場であり，諸外国では「経済上ノ理由」からも期間を制限しているとの知見が披露された[29]。すなわち，期間を制限するのは雇う者と雇われる者双方に「身分ノ有様或ハ本人ノ考ヘ等色々ナ変動ヲ生ジ」るために，余り長く束縛するのはよろしくないというのであり，職業上の地位や本人事情の変動性をも根拠にあげている（三四ノ四三頁）。

その2は，では上限を何年にすべきかである。提案者は，5年は「決シテ依リ所カナイト云フノテハナイ」とのべ，「経済上ノ変更ニ依リマシテ労力ノ価等ニ余程変動ヲ生ズル」が「是位ナラハ労力ノ價ノ変動トカ人ノ思想ノ変動

---

(26) 東京大学労働法研究会編・前掲注(11)上巻補遺（有斐閣，2003年）4頁（大内伸也）。中内哲「有期労働契約」ジュリスト1255号（2003年11月）37〜8頁，唐津博・前掲注（8）11頁もほぼ同趣旨と思われる。

(27) 島田陽一・前掲注（5）51〜3頁参照。

(28) 法典調査会の審議にかけられた旧民法（明治23年施行）の規定は，①「雇傭ノ期間ハ使用人，番頭，手代ニ付テハ五カ年職工其他ノ雇傭人ニ付テハ一カ年ヲ超ユルコトヲ得ス」とされ，労働者については有期1年の原則であった。そして②「此ヨリ長キ時期ヲ約シタルニ於イテハ当事者ノ一方ノ随意ニテ右ノ時期ニ之ヲ短縮ス但更新ヲ為ス権能ヲ妨ケス」（財産取得編261条）というものであった（我妻栄編集代表『旧法令集』（有斐閣，1968年）160頁）。

(29) 現626条の原案となった規定は，「雇傭ノ期間カ五年ヲ超過シ又ハ当事者ノ一方若シクハ第三者ノ終身間継続スヘキトキハ当事者ノ一方ハ五年間ヲ経過シタル後何時ニテモ契約ノ解除ヲ為スコトヲ得但三ヵ月前ニ豫告ヲ為スコトヲ要ス」（633条）であった。

トカ云フヤウナコトハ……大丈夫タラウト云フ位ナコトテアリマス」とのべている。「是位ナラハ」とは，賃金水準の昂下や労使の意識変化について当時の社会的観念を基準にしたことをうかがうことができる（三四帳ノ四八）。

　その3は，最長期間を超える有期雇傭契約の定めにどう対応するかである。提案者は，それを法定期間に縮めるのではなく，最長期間以後は何時でも契約を解除できるとする立場をとった。それは，雇傭契約は「人身ノ自由モ害セヌ又経済上ノ利益モ害サナケレハ続ケテ置イテモ宜シイノデ」あると説明された。他方，「職工杯ハ大概其賃金カ昂低スル非常ニ変動スルカラ早ク之ヲ切ッテ仕舞ウ方カ宜シイト云フ考ヘモアル」と上限規制は職工の利益にもなるとの認識がのべられている（三四帳ノ四五裏）。

　隅谷三喜男によれば，明治中期以降（法典調査会審議の行われた19世紀末期以後）は労働移動がきわめてひんぱんであった。隅谷は，作業量の伸縮に対応するため早くから臨時職工が存在したとし，「工場ニ依テハ技術ノ優等ナル職工ニ対シ特別ノ待遇ヲナスト同時ニ，一定ノ雇傭期間ヲ約束シ特ニ定期職工又ハ常傭職工ノ名義ヲ付シ，通常職工ト区別スル所アリ（以下，略）」と記した『職工事情』（明治30年代）を引用し，企業は優秀な職工を一定期間確実に掌握するため，労働条件をよくし，期間を定めて雇用したとのべている[30]。法典編纂者らは5年の上限規制について「是位ナラハ……大丈夫タラウ」と判断したことは前言したが，その「職工」概念は実はこのように本雇いの職工と区別されながら，「定期職工」（ないし常傭職工）の名称で呼ばれる自発的移動性をもった熟練労働者らであったと思われる。このほか，『職工事情』は繁忙期に12ヵ月ないし数ヵ月の短期雇用の「臨時傭職工」と称する労働者の存在したことを指摘しているが，このことは逆に「定期職工」らは1年を超える期間を定めて使用されていた労働者であることが明かであり，民法の規定する有期労働契約は中期的雇用概念のあてはまるこれら「定期職工」の雇用実態に基礎づけられたものであったと推認できる[31]。

---

(30)　隅谷三喜男『日本の労働問題』（東京大学出版会，1964年）88〜9頁。

(3) 有期1年の上限について

　労働基準法は，有期労働契約に関し上限1年の原則を規定したが（14条），すでに立法史料から明らかなように厚生省労働保護課の法案起草グループは作業が佳境期に入った当初段階まで契約期間の上限を3年としていた。この方針を急転して1年に短縮したのは，ほかでもなくGHQ経済科学局労働課の強い指示があったためである*。

　　*　**労基法14条制定経緯概略**　労働基準法草案の起草作業開始（1945年3月）後から第6次案修正案（同年8月6日）まで有期労働契約の期間の上限は3年の定めであった。GHQ ははじめこの案に対し格別の異見をのべなかったが，政府が国民に「労働基準法案」を公表し（同年8月26日），これが「公聴会」（同年9月4〜14日）にかけられた後の第7次案覚書き（同年10月3日）から上限1年に書き換えられた（渡辺章編集代表『日本立法資料全集51巻・労働基準法（昭和22年）(1)』（1996年，信山社）に所収の各草案規定を参照）。後に，労働基準法案の審議を行った第92帝国議会に審議資料として政府から提出された「労働基準法草案に関する公聴会意見摘録（昭和21年9月）」には，「契約期間」（公聴会当時の12条）について「労働者側一，労働契約の期間は1年に限定すべきである。」と記載されている（同立

---

(31)　熟練の「定期職工」制度は，第1次大戦後の労働市場の条件変化の過程で移動性を失い雇用条件の劣る臨時工として定着し，満州事変（1931年）の軍需景気の一時的昂揚期に「長期据え置き工」として解雇要員に性質転換し，その劣等な処遇をめぐって労働紛争が頻発した。日中戦争（1937年）以後も続けて臨時工は増加した（特に，大正15年勅令153号による改正工場法施行令27条の2所定の14日分の解雇予告手当の不払いや退職手当等福利厚生的給付の適用を除外される問題）。しかし，戦争体制の進行に従い軍需産業における応召兵士の補充要員に充てられて急激に消滅した。以上の点に関し，隅谷三喜男・前注(30)90〜100頁。なお，第2次大戦前の臨時工紛争の裁判例を分析したものとして本多淳亮『総合判例研究叢書・労働法(3)』（有斐閣，1958年）3〜16頁およびそこに引用されている諸文献がある。なおこの点に関し，臨時工問題が「重大な問題となっている」時期（1930年代中頃）において常傭職工，臨時職工に対し工場法規の適用を免れようとする産業界の動向を鋭く批判した色川幸太郎「臨時工に関する法律問題」(1)民商法雑誌2巻4号（昭和10年）18頁以下,(2)同2巻5号41頁以下が特に有益である。

法資料全集53巻（1997年）387頁参照）。したがって，政府提案によれば，公表された草案と議会提出法案とが違ったのは労働者側の意見を採り入れたためということになる。しかし，本稿の執筆にあたり改めて草案作成の中心部で骨を折られた松本岩吉氏の「公聴会メモ」を逐一検証したところ，労働者側でそのような意見をのべた記録は見出されない（同立法資料全集52巻（1998年）549〜601頁，公聴会および松本岩吉氏が公聴会における労使意見を綿密に「松本ノート」として残されたことについては渡辺章「立法史料からみた労働基準法」日本労働法学会誌95号（2000年5月）11・23頁）。

　他方，公聴会開催の直前にGHQと日本政府との間に2つのできごとがあった。

　その1は，米国から来日して活動をはじめた労働諮問委員会（Labor Advisory Committee）の最終報告書が公にされ，労働法制の具体的あり方のひとつとして「労働契約の期間は1年または2年以内に限られるべきである」との「特殊勧告」がなされ，それが日本政府に伝達されたことである（1946年8月22日）（同立法資料全集51巻48頁（渡辺章），史料につき同立法資料全集52巻280頁，法案審議資料として帝国議会に提出されたものにつき53巻305頁）。

　その2は，GHQ経済科学局労働課長（コーエン）の指示文書により第6次案の3年案（12条）に「不可」のサインがされ，「労働契約は原則として1年以内に限定し，専門的な契約あるいは高度の技能を要する契約について，特別の例外を設けるべきである。」との指示がなされたことである（同月29日）。このような具体的指示を受けて，草案起草グループの中心にいた松本岩吉はコーエンから渡された指示文書について「雇傭契約の3年は長すぎる。」とのメモを残した。さらに別の文書によれば，GHQ（労働課）内部でも3年案に否定的な見解が強かった。この指示の場に同席した労働課スタッフのスタンチフィールドの見解はつぎのようなものであった。「本条および13条（現行15条と同様の労働条件明示の原則に関する規定・引用者）に関して，労働者が労働契約に拘束され，契約期間の満了前は特定の条件によってしか解約が許されないという日本的考え方は，再検討を要する。自

由な労働市場の見地からいえば，使用者に要求される予告期間と同じだけの予告期間をおく限り，労働者は自由に契約を解約しうると解すべきである。」(同立法資料全集 52 巻 52 頁 (中窪裕也)，史料につき同巻 364 頁)。かくして，その後の労働基準法草案は有期労働契約の期間の上限 1 年の立場を一貫した。

以上のべた経緯からみると，政府は国民に公表した有期上限 3 年の案を公聴会の際の「労働者側」の意見を取り入れたかたちにして有期上限 1 年に短縮した法案を作成したのであるが，実質的には GHQ の強い指示に対応したものであると推認できるのである[32]。とはいえ，「専門的な契約あるいは高度の技能を要する契約について，特別の例外を設けるべきである。」との GHQ 労働課スタッフの見解について日本側の草案起草者が何の反応も示さなかった理由は不明である。

では，GHQ はなぜ有期労働契約の期間の上限の定めにこれほど強力な介入を行ったのであろうか。思うに，その根は第 2 次大戦よりずっと以前から日本の産業界に存在し，特に戦時生産に深く関与した労働者供給事業[33]への強烈な嫌悪にある (仮説)。前言した米国労働諮問委員会最終報告書は，日本

---

(32) したがって，渡辺章「労働基準法草案 (第六次案) をめぐる公聴会と労使の意見」(『日本立法資料全集 52 巻労働基準法 (昭和 22 年)』(信山社，1998 年) 122 頁において，「12 条 (契約期間)」に関し，「有期契約の期間の上限を 3 年から 1 年に短縮した。」と記したのは，それが恰も公聴会の意見によってそうしたかのような誤解を招くものであり，帝国議会の審議資料を鵜呑みにしたものであって正確ではなかったことになる。正確には，公聴会ではこの点に関する労使の意見はなかったとすべきであった。この場を借りて訂正したい。
(33) 戦前，人夫供給業，人夫周旋業，労力請負業と呼ばれ，「わが国経済社会の底辺に広く行われ……臨時的な作業，常用労働者でできないような危険な作業または常用労働者がきらうような作業のため，工場事業場等の求めに応じて所属の労働者を供給し，就労せしめることを業としていたもので，とくに土建，荷役，運送，鉱山，雑役等の方面に行われていた。」1946 年 2 月現在労働者供給事業者は 4,421 業者，所属労務者数は 127,818 人と報告されている (その半数は土木建設業であった) (労働省編『労働行政史・戦後の労働行政』(労働法令協会，1969 年) 1204〜6 頁。

の雇用政策の「現状」の筆頭に「労働戦線の遺物は或る職業紹介所と日本の封建主義の遺物たる労働ボスとの関係において尚ほ残存しておる。」と強い調子の警告を発し，「職業紹介所の施設は範囲上及び能率上之を拡大すべく，以て労働ボス，個人的募集代理人及びその他不経済的，旧式的募集方法をして職業紹介上の慣行として不要ならしめるやうにすべきである。」との勧告を行った（本勧告は 1946 年 7 月 27 日公表され，前言したように同年 8 月 22 日日本政府に伝達された）(34)。

　この勧告の趣旨は，直ちに日本政府の雇用施策を現実に左右した。日本政府は，占領軍の指示を受けて進駐軍労務者を短期間に大量調達するにあたり，陋習にならって地方行政組織の「勤労署」（戦前の勤労動員署）をとおし戦時中の労働者供給事業者団体である「労務報國会」（名称だけ財団法人労務協会に変更）を利用した。GHQ はこれに反発し同協会の解散命令を発し（同年 12 月），政府はこれに代えて「日雇勤労署」を全国に設置するにいたった(35)。このような労働ボス（労働者供給事業者）の現実的排除の過程で，人夫（労務者）は供給先事業主の直傭に切替えられ，期間を定めて雇用される臨時工の不可分の構成要素となった(36)。

　この方針は労基法制定（昭和 22・4・7）のすぐ後に制定された職業安定法（昭和 22・11・30 法律 141 号）に実定法上の根拠を得た。すなわち，労働者供給事業は原則として禁止され（同法 44 条），日本政府はその実効性を確保するため「労働者供給に関する件」（昭和 23・2・5 職発 81 号）を発して，①労働者は原則として従来の供給先において常用または臨時の直用労働者とすること，②従来の供給先に直用化できないときは，その労働者を公共職業安定所に登録して，積極的に適職のあっせんを行い，就職を確保することなどを通達した(37)。

　すなわち，占領初期に労働ボスの前時代的支配から供給先事業主の直傭に切替えられた彼ら臨時工たる底辺労働者層こそ，「身分的な隷属関係」や「自

---

(34)　前出日本立法資料全集 52 巻 283〜 4 頁参照。
(35)　労働省編・前掲注(33) 994 頁。
(36)　隅谷三喜男・前掲注(30) 84〜 6 ・102〜 3 頁。
(37)　労働省編・前掲注(33) 1206 頁。

由の不当な拘束」(38)から守られるべき労働者であり，臨時工として締結する有期労働契約の期間の上限は長くても1年を超えてはならないとする定めの，主要な実体的保護対象者だったと考えられる。

5 まとめにかえて

(a) 有期労働契約の期間の法的規制には，元来，いわゆる身分的拘束の問題と経済的拘束の問題の2面があったのであり，両面から妥当な上限が検討されてきた。また，法的規制のあり方も法律の定める上限を超えて契約した部分を無効にするか，あるいは無効にするまでもなく当事者が何時でも解約を申し込めることにするか，どちらかを選択しなければならない。これらは，労基法の制定時にはじめて議論されたのではなく，日本の民法制定時にすでに慎重に議論されてきた（4(2)）。

(b) 労基法は，周知のとおり，「長期の契約労働は身分的隷属関係を生ずる原因になる」との理由(39)で有期1年の原則をかかげ，かつその上限を超える契約の「締結」自体を違法とし刑事罰を定めるという最硬質の立場をとった(14条，罰則120条)。このことは，戦前期日本の労働市場に広範囲にみられた「労働ボス」(労働者供給事業者)を排除し，その支配下にあった「底辺労務者(人夫)」層を供給先事業主の直備臨時工に切替えたこと，またこうした労働市場改革は日本政府自身が進駐軍労務者の調達のため自ら戦前の「労務報國団」を利用するなどした占領初期の状況下で，GHQの強力な介入によりはじめて実現することができた。労基法14条の旧来の法的規制はこのような社会的，経済的，政治的特殊事情を背景にしていた（4(3)）。

(c) したがって，今日，「戦前から残存していた封建的身分拘束や暴力的人身拘束などの悪習」がなくなったと判断することができるとき（もちろん，稀

---

(38) 前出日本立法資料全集53巻140頁（政府が帝国議会での審議に備えた「労働基準法案の解説と質疑応答」），寺本廣作『労働基準法解説』（時事通信社，1948年）183頁，末弘厳太郎「労働基準法解説」法律時報20巻3号（1948年）16頁参照。

(39) 前出日本立法資料全集53巻140頁（第92帝国議会における「労働基準法案解説および質疑応答」）。

少な例外はあろうが)⁽⁴⁰⁾，労基法の有期1年の原則の合理的根拠を改めて問い直し，有期労働契約の期間に関する法的規制のいまひとつの側面である経済的拘束の問題，すなわち使用者における労働力の確保および労働者における雇用の確保の両面から妥当な契約期間の上限の原則的基準を検討すべきことは当然の要請である。労働法制審議会労働条件分科会が「報告」にあたって調査をもとに有期契約労働者の「現状」を把握し，短期契約の平均更新回数や通算勤続年数その他の事情から有期3年の基準を採用したことはすでにのべた（3(2)・小括)。

(d) 有期労働契約の期間の上限規制の問題は，第1に人身拘束排除の問題がほぼ克服され，第2の経済的拘束について3年の基準を見出し得たとして，さらに第3の今日的課題に直面している。それは有期労働関係の質的改善という新規の課題である。「報告」は，有期契約労働者の従事する業務の内容・性質および教育訓練・雇用転換の実情に関して，その質的改善の方向性と相当の隔たりがあるとの調査結果を得ており（3(2)(d)(e))，上限の延長は有期労働契約が労使双方に「良好な雇用形態の一つ」として活用されることを目的にして行われたとしている（2)⁽⁴¹⁾。そして，この点に関する本稿の問題意識の一端はすでにのべた（3(1))。

2003年労基法改正に関する諸見解のなかで特徴的なことの一つは，契約期間の長期化（筆者流にいえば中期雇用化）のメリットに「教育研修等のロスの縮小」や「教育投資の回収機会を拡大する」といった評価がみられることである⁽⁴²⁾。これらは経営サイドの実務家にみられる見方であるが，有期契約の中期雇用化をその質的改善を促す契機と捉える点で本稿の問題関心と共通する。

勤続年数が長くなれば（内部労働力としての組み込みの度合いが増せば)，雇用形態の違いはその分相対化され，平等取扱いへの要求（労働条件格差の縮小への合理的期待の形成）は強まる⁽⁴³⁾。有期労働関係の長期化（中期雇用化）は労

---

(40) このような認識は1993年労働基準法研究会労働契約法制部会「今後の労働契約法制のあり方について（報告)」や1996年行政改革委員会「規制緩和に関する意見（第2次)」のなかに指摘されている。

(41) 参照，土屋喜久（厚労省労働基準局総務課企画官）「改正労働基準法について」経営法曹研究会報44号（2004年3月）118頁。

5 まとめ

働条件格差を業務内容，責任，困難度その他の合理的事情に即し正規従業員と均衡させる有力な条件（土壌）となり得るものと解される。

今日，有期雇用者が多数を占めているパートタイム労働者を能力主義的に処遇する雇用管理が注目されており，職務内容や人事評価に基づいて月例賃金を決定し，賃金の等級別モデル年収を最高で正社員の約9割まで高める事例や昇給制度をこれまで以上に「能力の向上」「経験年数」「仕事の困難度」といった観点で運用し，「同じ地域・職種のパートの賃金水準」といった横並び要素を減少させる事例が増えているとの事例報道もある[44]。

(e) 以上のべたこととの関連において，国会審議の過程で付加された改正労基法137条の経過規定（1）は，有期3年制度の立法意図を減退させるものであり不要であったというほかない。仮に，1年以上3年までの有期労働契約を締結し，労働力確保の中期的見通しの下に人材育成計画をたて教育投資をしようとしても，1年経過後何時でも退職されるのであれば，使用者がそういう好ましいインセンティブを持ちにくいことは明かである[45]。一部の業界（美容師見習，准看護婦養成など）において契約期間が残っていることを理由に，使用者が不当な足留めをしたり，お礼奉公を強いているとの指摘が国会審議のなかでなされたことが背景事情に存在したようであるが[46]，他の法的，行政的手段による排除や啓蒙的指導が十分可能かつ効果的であり，行政監督機関はそのような事実の有無を速やかに監督調査し，137条のような規定をま

---

(42) 渡邉義広（日本経団連労働政策本部労働法制グループ長）「経済界からみた労働基準法の改正の評価と課題」ジュリスト1255号（2003年11月）58頁，荻野勝彦（トヨタ自動車（株）人事部企画室主担当員）「現場からみた労基法改正」日本労働研究雑誌523号（2004年1月）38・44頁，紀陸　孝（日本経済団体連合会常務理事）監修『Q&A改正労働基準法のポイント』（新日本法規，2004年）58頁。

(43) 毛塚勝利「解雇・有期契約法制及び裁量労働等に関する考え方」厚生労働省『今後の労働条件に係る制度のあり方についてのヒアリング結果』（平成13年10月～11月実施）52頁。

(44) 日本経済新聞2004年3月22日（夕刊）

(45) 荒木尚志・前掲注（9）10頁（発言）。なお，川田・前掲注（5）70頁はこの荒木発言を引用して改正の趣旨を善解されるようであるが，3年有期への延長には反対のようであり，主張の趣旨が必ずしも明ではない。

つまでもなく必要な措置を講ずるべきである。

　(f)　有期労働契約に関する法的規制の基本的あり方からみると，有期労働契約が労使にとって良好な雇用形態の一つとして活用されることを目的に有期1年の上限を3年に延長することと，1年未満の短期の労働契約を無規制の状態のままにしておくこととは整合的ではないと解される。非正規労働者によるいわゆる「常用代替」防止の問題は，常用労働者（正規雇用労働者）の視点に立った雇用政策論であってそれ自体のうちに総合性を欠く憾みのある議論といえるが，もともと有期労働契約だけの問題ではない。常用代替化問題は，短時間労働者，派遣労働者，業務委託（請負）形態による就業者，外国人労働者など日本の労働市場における雇用・就業形態の多様化の進展について総合的動向と関連づけて検討されるべき問題である。しかしながら，本稿で検討した「中期雇用という雇用概念」が，実体として，雇用不安定層を増やす方向ではなく，労使にとって雇用の選択肢を拡大し，有期雇用の質的改善を促す政策としてとられたものである以上，これまでと同様の状態で短期雇用者層が排出することを放置すべきではないであろう。私は，1年未満の短期労働契約は，労働者が希望する場合，産前産後・育児・介護等の休業労働者の代替および事業自体・業務自体が1年未満の臨時的な場合など合理的理由のある場合に限るべき時期にきていると考えるものである[47]。

　(g)　有期3年の原則への延長によって，期間の定めのある労働契約が正規従業員としての適格性を評価判定する実質的な試用期間として活用される傾

---

(46)　紀陸孝・前掲注(42)68頁。

(47)　同趣旨の見解として，下井隆史・前掲注(17)24頁，唐津博・前掲注(8)4頁，中島正雄・前掲注(5)347頁。

(48)　神戸弘陵学園事件・最3小判平成2・6・5民集44巻4号668頁は，採用面接の際に契約期間を一応1年と定め，その期間の勤務状態を見て再雇用するか否かを判定するといった説明を受けて雇用された私立学校教員の有期労働契約に関し，「右期間の満了により右雇用契約が当然に終了する旨の明確な合意が当事者間に成立しているなど特段の事情が認められる場合を除き，右期間は契約の存続期間ではなく，試用期間であると解するのが相当である。」と判示している。判決はこのように二者択一的な判断枠組みを示しているが，はじめから契約の存続期間性と試用期間性とを併有させる有期労働契約に関してはこの判断枠組みは適用し得ないであろう。

5 まとめ

向が強まるのではないかという指摘がされており，そうしたことにならないか懸念されている（4・(1)）。これまでのように，労働契約における期間の定めが契約の存続期間か，教育訓練や従業員としての適格性を評価判定する試用期間か，そのいずれにあたるかを当該契約の締結過程その他関連する諸事情を総合判断して決定しなければならない事案も依然なくなりはしないであろう。しかし，これとは別個に，われわれは有期性と試用性とを併有する有期労働契約という新しい法解釈問題を提起されているのであり綿密な検討が必要のように思われる[48]。さしあたって，試見をのべると以下のようである。

第1に，教育訓練や従業員としての適格性の評価判定のための期間を同時に契約の存続期間として定めるような労働契約は，全体としてはいわゆる「本採用」への過渡的な予備契約の性質を有するものということができるように思われる。なかには，予備契約性と有期契約性のどちらに重点があるかは個々のケースに対応して精査する必要のある事案もあろうが，もとから両機能（契約の存続期間性と試用期間性）を併有する有期の予備的労働契約の場合は，「本採用」への合理的期待という面から観察するときは，短期契約者が次期契約の締結（更新）に対して有する合理的期待より一層強い理由で保護されるべきであると解される。

第2に，有期労働契約の，期間の経過により契約関係を自動終了させる機能は，当該期間内における労働者の教育訓練効果を判定し，良好な勤務成績をあげることができたか否かを評価判定する試用的予備的契約機能を比較すると労働者にとって不利益性の強いものである。したがって，両機能を併有させる趣旨，目的で締結される有期労働契約に関しては，労働者の就業する業務の内容，性質との関連において当該契約に存続期間を付す合理性が認められるか否かを判断する必要がある。当該契約に存続期間を付す合理性はその必要性および期間の長さの両面で判断することになろう。もとより，当該契約に存続期間を定めることの合理性を一応肯定できる場合であっても，労働者が従業員として適格性を有するか否かを評価判定する趣旨，目的がより重視されるときは，労働者の利益保護のために期間満了のみを理由に労働契約を終了させることはできないと解される。

労働契約における目標条項

野田　進

1　労働契約における「目標」

(1)　労働における目標

　労働において，目標は不可欠である。人が，何であれ生産的な営みをなそうとするときには，何らかの内発的な達成意欲をもって取り組むものであるから，そこには必ず目標がある。明確な目標があることが，仕事の質を高めることも多い。

　労働契約のもとでは，労働の提供義務は使用者の指揮命令に従って履行しなければならず，その指揮命令は多かれ少なかれ労働者に対して何らかの達成目標を課している。したがって，労働契約では，使用者の設定した目標を達成する義務が，黙示的な内容として含まれている。

　しかし，労働契約における目標は，そのような黙示的に合意された条項ばかりではなく，当事者が合意にもとづき，明示的な条項として挿入することがある[1]。こうした条項が加えられることにより，労働者の労働契約における義務のレベルは，誠実に労務を提供するだけで足りるのではなく，明示された到達目標を達成する義務に高められることになる。このように，労働契約において明示的に合意された目標に関する条項を，本稿では，目標条項

---

(1)　なお，労働契約における目標条項は，労使が合意にもとづき加えるものであるから，ソビエト時代の制度してよく知られる，達成すべき一定時間の労働の基準量であるノルマ（norma）とは異なる。目標条項は，一方的に課せられるものではなく，労働者がそれに同意していることが前提だからである。

(clause d'objectifs) と称することにする。フランスにおける労働契約に関する学説・裁判例で用いられる用語であるが[2]，日本でも，営業職や管理職を中心に，同様のまたは類似する実態がみられることがあるから，わが国の用語法としても適切であると思われる。目標条項の普及とそれに伴う諸問題の発生は，企業における個別契約的処遇および成果主義的処遇の傾向の中で，日本でも今後いっそう重要になるものと予想される。

(2) 目標条項の意義と存在形式

(イ) 目標条項の意義　　目標条項を論じるにあたっては，その意義や概念についてもっと限定をしておく必要があるであろう。

まず，目標条項にいう目標とは，抽象的な努力目標や，組織集団的な達成目標を指すものではなく，具体的かつ現実的に，労働者個人に対して設定された目標であると解しておく。個別労働契約の一条項としての目標を課題とするのであるから，観念的なものや組織的な目標は除外されるべきだからである。

また，目標条項として論じるべきなのは，目標（成果）の不達成があった場合に，何らかの契約責任を追及することが予定されている場合をいうものとしておくべきであろう。具体的には，目標不達成の場合に，当該労働者に対して個別に賃金を減額し，または解雇するなどの不利益である。それがないときには，目標単なる努力目標にすぎず，法的な関心は生じない。なお，目標達成の場合に，労働者に追加的な報酬（例えば業績手当）を与える条項は，それが少数の目標達成者に特別に付与される利益に関するものであるときには目標条項とは言いがたいが，多数の者がその利益を付与されて少数の目標達成者がそれを享受しないときには，相対的に目標条項と同じ機能を果たしているから類似の条項とみるべきであろう。

(ロ) 目的条項の存在形式　　目標条項は，フランスでは個別労働契約に挿

---

(2) フランスでは，目標 (objectifs) の語はもともと軍事用語であり，これが転用されたといわれる。この国ではほかに，成果条項 (clause de résultat) あるいは割当条項 (clause de quotas) と称されることもある。

1 労働契約における「目標」

入された特別条項の一部であるが[3]、日本では労働契約が書面によらない場合が多い。書面によらない目標条項としては、使用者が個別かつ明示的に労働者に目標を課し、労働者がそれをルールとして受け入れている場合などが考えられよう。他方で、目標条項の内容が就業規則の定めによる場合も考えられる。この場合、就業規則の条項は「その規定内容が合理的なものであるかぎりにおいてそれが当該労働契約の内容となっている」という法理が、わが国では定着しているから[4]、就業規則に定められた目標条項は、その規定内容が合理的なものであるかぎりにおいて労働契約の内容となって労働者を拘束する。すなわち、就業規則に定める目標条項は、個別労働契約の目標条項と異なり、労働者を拘束するためには「合理性」という要件が加わる点を留意する必要がある。

(ハ) 目標条項の背景　このように目標条項が注目される背景は、日本の場合も程度の差こそあれフランスと大きく異なるところはない。すなわち、企業活動のグローバル化等による競争の激化にともない、労働者の労働の成果、とりわけ即決的（短期的）成果を重視する必要性が強まる。しかも、それを集団的・組織的な成果によるのではなく、雇用の多様化や労働契約の個別化の傾向に即して、個別目標による労働の成果を追求するのである。

使用者にとっては、個別労働者に適切な目標を割り当てておけば、各目標の達成の総和において最適に近い企業利潤を確保することを期待できるようになる。労働者から見ても、目標の達成が一定の利益の確保に結びついているだけでなく、明確な目標に見合った労務提供さえすれば契約は履行されたことになり、無際限な労務を提供する必要がなくなる。その意味では、目標条項は、労使にとってそれなりの利益をもたらしている[5]。

---

(3) 代表的な特別条項（clauses spéciaux）としては、フランスでも日本と同じように、競業避止条項、守秘義務条項、訓練費用返還条項などがあげられ、近時その機能が重視されている。
(4) 電電公社帯広局事件・最一小判昭和61・3・13労判470号6頁。
(5) この点を強調する論考として、Virginie Renaux-Personnic, De la contractualisation obligatoire à la décontractualisation possible des objectifs, RJS 2/01 chr. p.99.

(3) 本稿の目的と方法

以上を前提に，本稿は，目標条項の労働契約上の位置づけを明らかにするとともに，労働基準法による規制および労働契約の解釈法理により，いかなる範囲で同条項の適法性が容認されるかを検討しようとするものである。その方法として，まず目標条項に関する紛争が1990年代より増加し，判例および学説が理論形成をしてきたフランスの議論を検討し，そこで整理された議論にもとづき，制度背景の違いを前提にしつつ日本で生じる問題の解決の方向を探ることとする。

2 フランスにおける目標条項

(1) 学説の批判的対応

フランスでは，上記のように主として1990年代から，個別労働契約に目標条項を設定し，目標不達成を理由に賃金引き下げや降格，さらには解雇を言い渡すケースが増加し，この問題をめぐる裁判例の数も相当な量にのぼるようになった。学説では，1980年代の終盤から目標条項を論じるものが現れているが，全体としては，同条項普及および目標条項の効力を承認しようとする判例の傾向に批判的なものが多い。その多様な論拠を整理して示しておくと，次のとおりである。

(イ) 労働契約における責任原則　ほんらい仕事における成果の不足は，ただちに解雇理由となしうるものではなく，成果の不足が労働者の活動における能力不足に由来する場合だけ帰責が可能である。ところが，目標条項のもとでは，契約において使用者の絶対的権限を確保すべく，労働者側に帰責可能であるか否かを問わず，「仕事の成果と契約上の願望との隔たり」について責任追及を可能にするものであって，本来の責任原則をゆがめている[6]。同時に，その結果として，解雇の相当性についての立証責任についても，労働者側に一方的に負担をもたらすことになる[7]。

---

(6) Antoine Lyon-Caen, Actualité du droit du travail, bref props, Droit social 1988 p. 542.

(ロ) 経営リスクの転換　ほんらい労働契約においては，使用者が経営上のすべてのリスクを負担すべきものであり，そのことが労働契約における使用者の労務指揮権限および労働者の従属的地位の，実質的な根拠にもなっている。ところが，目標条項は，使用者が負担すべき経営リスクを，労働者に転換させようとするものであり，労働契約の依拠する基盤と合致しない[8]。

(ハ) 手段債務としての労働義務　ほんらい労働契約における労働義務は手段債務であって，特定の結果を債務の内容とする結果債務ではない。目標条項は，労働契約における手段債務を結果債務に転化させようとするものであって，この点でも労働契約の本質に反している[9]。

(二) 解雇規制の潜脱　解雇の諸要件および効果について定める解雇保護立法は，公序として確立した法原則であって，労働契約の当事者によって適用を回避しうるものではない。目標条項が，目標不達成の際には解雇を予定するものである場合，同条項は，公序に反して無効であるか脱法行為であるから，効力は限定的にしか認めるべきでない。

(ホ) 「契約化」の現れ　フランスにおける近時の労働立法の特色として，立法は規制の枠組みのみを設定して，その内容を集団的または個別的な当事者意思に委ねようとする「契約化 (contractualisation)」の傾向が指摘されている。目標条項もまた，「契約化」傾向の現れであり，そのようなものとして自己矛盾を内包している。すなわち，同条項の拘束力の根拠として契約自由の原則を標榜するとしても，その自由は，労働者にとっては「合意による服従」または「プログラムされた自由」をもたらすものにほかならず，合意を媒介にした従属性の誕生という，労働関係における新たなパラドクスの誕生を意味する[10]。かくして，目標条項は，労働契約関係における「個別化」，「契

---

(7) Gérard Couturier, Responsabilité civile et relations individuelles de travail, Droit social, 1988 p.407.

(8) Gérard Couturier, Droit du travail, tome I, Les relations individuelles de travail, 3e éd., 1996, p.361; A. Lyon-Caen, op.cit.

(9) Gérard Couturier, Responsabilité civile et relations individuelles de travail, op. cit.; Jean-Emmanuel Ray, De Germinal à Internet : une nécessaire évolution du critère de travail, Droit social 1995 p.634.

労働契約における目標条項

約化」の傾向を象徴するものとして批判される(11)。

以上のように，目標条項に対する批判は多面的で，かつ相応の説得力を持つものであり，この問題についての判例の動向も，それらを反映したものとなるのである。

(2) 背景的な立法

フランス法において，目標条項に関して定める法規定が存在するわけではない。しかし，フランス労働法典の労働契約に関する諸規定において，解雇の規制についての次の2ヵ条の規定が解釈基準として重要である。こうした立法の存在が，以下にみる目標条項に関する判例の，重要な解釈基準となったといいうるからである。

第1に，「［労働契約の］当事者は，本節［＝期間の定めのない労働契約の解約に関する節］に定める規定を援用する権利を，あらかじめ放棄することはできない。」（労働法典L.122-14-7条第3項）

第2に，「［解雇の］訴訟に際して，使用者の援用した解雇事由の真実かつ重大な性質を評価し，当事者の提出する諸事実および必要に応じて有効とみなす証拠調べにもとづき，確信を形成する［任務］は，……すべて裁判官に属する。」（同L.122-14-3条）

前者の規定によれば，労働契約において，契約に定めた成果の不十分のゆえに自動的に解雇を可能とする旨の条項を定めることは，解雇に関する労働法典上の権利の放棄を意味すると考えられる。目標条項をそのような趣旨でとらえるならば，法律違反の可能性をはらんでいることになる。

後者の規定についていうと，労働契約の目標条項において，目標基準を達

---

(10) Alain Supiot, Un faux dilémme, la loi ou le contrat ?, Droit social 2003 p.59.

フランスにおいて「契約化」という概念は，現在の労働法のトレンドを理解するうえで，カギとなるものである。同論文によれば，労働の法的規制における「契約化」の傾向は，「当事者合意に対する立法的権威の後退」，「当事者間における合意の外在化」，「人の活動の規格化」，「雇用政策の当事者意思への屈服」など，多様な側面でみいだされる。目標条項は，その一環として現れるものであり，労働者の行動を規格化し，客体化する。

(11) Phillipe Waquet, Les objectifs, Dr. soc. 2001 120.

成しないことを解雇の正当事由とみなす旨定めていたとしても，そうした規定の効力は限定的に解釈されることになる。目標条項があるときでも，正当な解雇事由（真実かつ重大な理由）があるか否かを判断するのは，使用者ではなく，もっぱら裁判所であることが要請されているからである。

　これらの法規定は，直接に目標条項を対象にして定められたものではないが，同条項に関する判例法理の進化の中で，直接・間接にくみ入れられたのである[12]。

(3) 目標条項をめぐるフランス判例の概要

　目標条項についての判例の概要および動向を知るために，同条項の適法性の限界，すなわちどのような目標条項であれば適法といいうるかという側面と，同条項の効果，すなわち目標条項を適用した場合にどのような結果が得られるかという側面とを分けて検討するのが適当である。以下では，各々につき判例の動向を概観しよう。

(a) 目標条項の有効性の限界

(イ) 初期判例　　フランスの破毀院判例においては，比較的初期の段階では，目的条項の有効性に制限を加えることなく，その効力を字義通りに承認する傾向が強かった。たとえば，破毀院は，契約に定めた販売割当額からみて成果が不十分であることは，それが使用者側の不当な動機によるものでない限り，解雇の正当事由となりうると判断した。その代表例を掲げておく。

破毀院社会部1986年3月18日判決[13]

【事実の概要】　英語版百科事典の地方販売員であった原告ら3名が，契約に定められた販売割当数を遵守できなかったことを理由に，1979年5月から相次いで解雇された。原告らは，この解雇を不適法であるとして訴えを提起した。これにつき，控訴院は，契約に定められた目標がフランスにおける市場限界を無視したものであり，また使用者が必要な市場調査や宣伝活動を行うことなく，最高時の割当数を維

---

[12] この点を強調する論考として，Virginie Renaux-Personnic, op.cit.
[13] Soc.18 mars 1986, Bull. civ. V, no 90 p.70.　同時期における同趣旨の破毀院判例として，Soc. 20 février 1986, Bull. civ. V, no 86 p.68.

労働契約における目標条項

持したことにより目標を達成できないことになったとして，解雇を不適法と判断した。これに対して，被告使用者側が上告して，控訴院判決の破棄を申し立てた。

【判旨】 原判決破棄。「企業製品を，契約に定められた販売割当数に応じて販売することを負担した労働者の場合，<u>その達成した成果が不十分であることは，使用者側の脱法行為がない限り，解雇の真実かつ重大な理由を構成するものであり，この不十分さが市場の実情によるものであるとか，使用者自らがより有効な販売方法を検討すべき経済状況にあったといった事実に依拠して判断すべきではない。</u>」

かかる判例法理の要点は，結局のところ，目標条項における目標不達成を，労働者の職業能力の不足と同一視することにある。目標不達成による帰責事由が，そのまま能力不足による帰責事由に結びついて，責任追及を可能にすると理解したのである。

ところが，目標条項をめぐる裁判紛争の増加するにしたがい，また上記学説の批判的発言や解雇の解釈方針に関する前記立法を背景にして，ほぼ1990年代の終期から2000年代始めにかけての判例は，目標条項の適法性を多方面から制限する法理を導くようになる。

㈡　目標条項についての裁判所の審査権限　　まず，目標条項における目標の内容および不達成の場合の結果については，使用者は契約自由の原則，あるいは企業経営上の絶対的権限を根拠に，契約に自由に定めうるものと主張する。これに対して破毀院は，特に前掲労働法典L.122-14-3条の規定にもとづき，事実審裁判所は目標条項の適法性を判断することができるのであり，裁判所はその権限をみずから制限してはならないとの判断を下した。

破毀院社会部2000年11月14日判決[14]

【事実の概要】 原告Ders婦人は，被告会社のセールス・エンジニア担当員として1985年に雇用されて勤務していたところ，1988年10月1日に合意した労働契約の追加条項（avenant）において，各四半期または継続する2四半期につき，年次目標の20％以上の目標不達成があるときには，これを会社からの労働契約の解消の事由とみなすという規定が定められた。Ders婦人は，継続する2四半期に目標を達成す

---

(14) Soc. 14 nov. 2000, RSJ 1/01 no. 22, p.19.

ることができず，これを理由に 1994 年 7 月 4 日に解雇された。同婦人が解雇の適法性を争い提訴したところ，控訴院は，要求された売上高に関する目標が達成されず，契約の解消条件が満たされた以上，裁判所としては解雇を適法と判断する法的帰結しか引き出せないと判断。原告が同判決の破棄を求めて上告した。

【判旨】 原判決破棄。「労働契約のいかなる条項も，何らかの状況が解雇の正当事由になりうることを適法に決定することはできない。使用者が解雇通知書で援用した事実が解雇の真実かつ重大な理由となるかを評価するのは，……裁判所のみである。

目標が，それが契約に明定されていると否とにかかわらず，現実的なものであるか，および労働者がそれに到達できないことにつき有責であったかについて，評価すべきは，事実審裁判所であり，控訴審はその権限を見失い，法規定に違背したものである。」

(ハ) 目標内容についての使用者の決定権限 次に，目標条項における目標の内容は，労働者の明確な同意によるものでなければならない。言い換えると，労働者が目標条項の存在そのものに同意していなければならないことはもちろん，同条項にもとづく目標内容についても，労働者の明確な同意が必要である。判例は，この点に関して明確な立場を堅持している。次の判決は，その代表的な一例である。

破毀院社会部 2000 年 4 月 18 日[15]

【事実】 原告 Gastinger 氏は，被告出版社に 1987 年に雇用され，専属代理人の資格において，週刊誌《Le Marin》誌の顧客開拓と宣伝広告販売の任務を負っていたところ，1990 年 10 月 4 日に解雇された。原告の労働契約では，目標条項が定められており，1987 年については 1,500,000 フランの売り上げ，「同年以降の目標については，以後 4 年間における雑誌の普及レベルを考慮して，毎年度に再検討する」と定められていたところ，原告はこのように目標が毎年使用者により定められることについて異議を述べることなく労働契約を締結していた。原告に対する解雇の理由は，1990 年度の最初の 8 カ月には，申告された成果が極度に減少し，正当な説明な

---

[15] Soc. 18 avril 2000, Bull.civ. no. 138, p.107.

く目標が達成されなかったというものであった。控訴院は，不適法な解雇であることを理由とする賠償金の請求を棄却した。

【判旨】　原判決破棄。「<u>目標の決定は，当事者の合意の結果によらなければならないところ，本件の目標は使用者により一方的に定められたものであり，したがって目標が達成されなかったとしてもそれは解雇事由を構成しないことになるのであるから</u>，控訴院はL.122-14-3条について判断を誤ったものである。」

　このように，目標内容について労働者の明確な同意が必要であることの根拠として，ある見解は次のように述べる。目標条項の目的は，労働者の労働義務のレベルを，同条項に定められた水準にまで引き上げることであり，また目標達成を報酬額や雇用維持の条件とするものである。その意味では，目標条項における目標額の設定や変更は一種の労働契約の変更，しかも経済的事由による労働契約の変更にほかならず，労働者の同意が基本的な要件となるのである(16)。したがって，新条項が目標内容を労働者に有利な方向に変更する場合も，労働者の同意によらないと変更することができないとする判決もみられる(17)。

　㈡　目標達成の可能性　　目標は，たしかに労働者の労働契約における労働者の義務を高めるものであるが，きわめて実現困難なものや，労働者が実現のための努力の余地のない場合には，およそ責任追及はなしえない。目標条項がある場合も，過失責任主義の責任原則は否定されるわけではないからである。

破毀院社会部1999年2月3日判決

【事実】　原告Gresy氏は，1990年11月17日に被告Dilux社に商店支配人として雇用されていたが，1992年2月11日に，契約で定められた目標と比較して成果不足を理由に解雇された。控訴院は，この解雇には正当事由がないと判断したことから，被告は，①原告が共通合意によって定められた目標に到達しなかったこと，②控訴院はこの目標が実現不可能なものであるとの判断もしていないこと等を主張

---

(16)　Virginie Renaux-Personnic, op.cit.
(17)　Soc. 28 janvier 1998, Bull. civ. no 40 p.30.

した。

【判旨】　上告棄却。「定められた目標との比較で成果が不十分であることは，裁判所から解雇の正当事由の存在についての評価権限を奪うような，解雇の理由を構成するわけではない。本件において，控訴院は，商店の経営条件や原告労働者の裁量範囲が狭いことを考慮して，設定された目標がきわめて達成困難であることを明らかにしたのであり，労働法典で定められた解雇に関する評価権限を行使したものである。」

　(b)　目標不達成の場合の効果の制限
　(イ)　〈目標不達成は必然的に解雇理由になるわけではない。〉　すでに，前掲破毀院社会部1999年2月3日判決で示されたように，目標条項で定められた目標を達成できない場合でも，ただちに正当な解雇理由ありと判断されるわけではない。同判決は，それまでの判例法理に変更をもたらしたものであり，同判決以後はこれと同種の判断が，いくつもの判決で繰り返されるようになった。例えば，次の判決がある。

破毀院社会部1999年3月30日判決[18]
【事実】　原告Evrard氏は，被告Samsung情報システム社に1991年4月1日に雇用され，販売責任者として勤務していたが，目標不達成を理由に1992年1月8日に解雇された。原告が解雇の正当性を争い賠償手当を請求したのに対して，控訴院は，契約に了解のうえ署名された目標が達成されておらず，そうである以上，目標がもっぱら報酬の決定のためのものであるとの主張も有用でないと判断した。原告がこの判決の破棄を求めて上告。

【判旨】　原判決破棄。「成果の不十分さは，それだけで解雇の正当事由を構成するものではない。
　控訴院は，本契約において成果が四半期ごとの手当の決定だけのために考慮されるものであるか，また，設定された目標が合理的なものであり，市場の実態と両立できる（compatible）かを確証することなく判断を導いたものであり，その判断に法的基礎を与えていない。」

---

[18]　Soc. 30 mars 1999, Bull.civ. no. 143, p.103.

こうして，目標条項の適用のもとで目標不達成の場合といえども，その効果としてただちに解雇相当となるのではなく，その解雇が相当であるかは，(a)で見たように，目標条項における目標内容がどのようなものであるかを，さらに吟味しなければならないのである。

㋺ 〈いかなる契約条項も，解雇の正当事由を定めておくことはできない。〉

そして，以上の判断の延長上に，前掲の 2000 年 11 月 14 日判決が出現する。すなわち，上記引用のように，「労働契約のいかなる条項も，何らかの状況が解雇の正当事由になりうることを適法に定めておくことはできない。」この判決によれば，使用者は労働契約において，何らかの状況が生じれば自動的に解雇の正当事由になりうる旨の定めを置くことができないのであり，その結果として，目標条項のもつ中核的な効力，すなわち自動的な解雇正当化条項としての効力は，失われたことになる。

また，この判決文言の一般性からして，目標条項だけでなく，いかなる種類の条項に関しても，解雇の正当事由をあらかじめ定めておく条項（自動解雇条項）を認めない趣旨であることも留意すべきである。かかる判断は，解雇における公序の要請が，使用者の解雇権限に浸透し，これを支配したものと見ることができよう。また，この判断の基調には，「当事者はあらかじめ，解雇に関する規制を援用する権利を放棄することができない」とする，前掲の労働法典 L.122-14-7 条第 3 項の規定の影響があったことは紛れもないところである[19]。

(c) 若干のまとめ

以上に示したように，フランス判例における目標条項に関する法理は，初期の段階では，目標不達成を理由とする不利益取扱いは，それが使用者側の脱法的な動機によるものでない限り，解雇の正当事由となりうるとするものであった。したがって，目標条項が定められた場合，労働者の契約上の義務は目標達成のレベルに引き上げられることとされた。しかし，かかる判例は，学説の批判的な応酬や労働契約における解釈原理に関する立法の展開を背景

---

(19) Virginie Renaux-Personnic, op.cit.

に，修正されることとなり，①目標条項の妥当性について裁判所が判断を及ぼしうること，②目標内容は明確に定められなければならないこと，③目標内容は一方的に定められてはならないこと，④目標内容は著しく達成困難なものであってはならないこと，⑤目標の不達成は直ちに解雇を正当化しないこと，⑥労働契約で解雇の正当事由を合意することはできないこと，等の法理が次次と形成されてきた。そして，これらの目標条項に関する解釈ルールを通じて，判例は目標条項だけでなく，労働契約の解釈一般について，労働法規制における「契約化」に対抗する解釈ルールを形成してきたことが窺われるのである。

3 日本における目標条項

(1) 日本の目標条項の多様性

日本では，フランスの場合と異なり，目標条項は個別労働契約に挿入された1条項というシンプルな形態で登場することは比較的少ない[20]。多くの企業では，仕事の目標は，しばしば次のような態様で表現される。すなわち，①個別労働者の目標を定めるよりは，特定集団（店舗，販売グループなど）の目標として位置づけられることが多い。②したがって目標の内容も，合意に

---

[20] もっとも，筆者は，福岡県地方労働委員会の不当労働行為審査事件において，次の事件に関与した（住友不動産事件・福岡県地労委平成15年（不）1号）。全国規模の大手の不動産販売会社が，不動産の外交販売員を採用するにあたり，労働契約の1条項として，当該労働者の不動産販売の成約による粗利益が月平均で一定金額を下回るときは，解雇する旨の条項を規定していた。同不当労働行為事件の申立人労働者は，この労働契約を締結して外交販売員として雇用され勤務していたが，成約による粗利益がこの目標額に達成しないために，一定期間の猶予の後に解雇されるに至った。しかし，申立人は同事件審査手続において，販売員の業務は会社側から支給される顧客カードに基づきセールスを展開するものであったところ，自分に支給された顧客カードが成約見込みの少ない不良のカードが多く，そのために目標を達成しなかったと主張し，本件解雇が組合加入の準備行為ゆえの差別的取扱いである旨主張した。しかし，数回の審問の経過後に，同事件は，同地労委において，関与和解により解決するに至った（平成15年福岡県地方労働委員会年報68頁を参照）。

より設定するというよりは使用者側からの一方的設定というケースが多い。③労働者の個別目標の設定を求めることがあるとすれば，いわゆる目標管理制度が利用される場合であり，目標と成果との相関で賃金その他が決定されることが多い。④目標不達成の場合にもストレートなかたちで解雇するのではなく，さしあたりは解雇以外の不利益を課すなどして，段階的に不利益な処遇を実施していくことが多い。

　これらの特色に鑑みるならば，日本では，フランスで得られた個別労働契約の目標条項の解決方法を，そのまま参考にすることはできない。ただ，これらの相違にもかかわらず，第1に，いかなる態様の目標の設定であるならば不達成を理由に労働者に不利益を与えうるか（目標設定の要件）の問題と，第2に，目標不達成を理由に労働者を解雇することができるか（目標不達成の効果）の問題とに分けて考えるならば，それぞれについてフランスで得られた法理を参考にすることができるように思われる。以下では，上記のうち①〜③に示した要件論における特色，および④における効果論の特性を意識しながら，日本における問題解決のあり方を考察しよう。

(2) 目標制度の要件

　上に述べたように，いかなる目標設定であるならば，不達成を理由に不利益な取扱いをすることができるかが，ここでの検討課題である。これについては，フランスにおける判例法理の上記発展をふまえて，3つの角度から問題を押さえておきたい。目標内容の明確性，労働者の同意，および目標レベルの合理性の問題である。

　(イ) 目標内容の明確性・個別性　　日本では，上述のように，店舗ごとの総売上高や，特定の製造部門での品質改善など，集団的な営業目標または生産計画として目標を設定し，これに取り組むことが多い。こうした集団的な営業目標は，これを労働契約に投影するには，明確性を欠いているというしかなく，契約内容の一部となって個別労働者を拘束しうるとはとうてい考えがたい。労働者個人に対して，個別的で明確な目標を課すのでなければ，労働者を拘束することはない。

　ただし，当該の店舗や部署の長となって，集団的な目標について会社に対

して責任を負う地位にある者は，その労働契約上の義務として営業成績の向上を課せられることがある。そのような地位にある労働者に対して，営業成績が劣るがゆえに営業所長としての能力が劣るとして，降格に処するとしても，使用者の人事権の裁量の範囲内にあるといえよう[21]。その意味では，集団的な目標も当該目標の達成責任者にとっては労働契約上の拘束力を有することになる。これに対して，集団的な営業目標を達成できないとしても，その集団に属する個別労働者に直ちに不利益を及ぼすことは，上記の理由から原則として認められない。

  (ロ) 労働者の目標への同意　労働者の同意要件については，フランスの法理を踏まえて考えると，2つに分ける必要がある。第1に，目標制度の導入についての，労働者の同意ないし承諾であり，第2に，目標内容についての労働者の同意または承諾の問題である。前者については，目標制度を個別労働者を規制する制度として取り入れる場合，就業規則の変更または業務命令として導入するのが一般である。したがって，判例法理に従うならば，その就業規則そのものや業務命令の根拠となった就業規則の「規定内容が合理的なものであるかぎりにおいて」それが当該労働契約の内容となる。かかる法理を展開したのが，シーエーアイ事件[22]であり，平成12年の東京地裁判決は，新賃金規則の導入による成果主義の導入について就業規則の変更法理に依拠して判断しており，「成果の上がった従業員についてその成果に応じた給与を支給することにより従業員の勤労意欲を高め，顧客の要求に即応した製品開発を実現できるように賃金制度を成果主義にもとづくものにすべく，就

---

[21] 営業所の成績不振を理由とする営業所長から営業社員への降格につき，使用者が裁量権を逸脱したとはいえないと判断した事例として，エクイタブル生命保険事件・東京地決平成2・4・27労判565号79頁を参照。

[22] シーエーアイ事件・東京地判平成12・2・8労判787号58頁。ソフト開発のベンチャー企業である被告会社が，賃金規則を変更して，業績給（当月の成果いかんで職能給額の0～50％を支給）を含む賃金体系に変更したが，原告がその適用を拒否し，面接も拒否して退職し，未払い賃金および損害賠償の請求をなした事件である。同判決は，原告は1年の有期労働契約であったため，期間の途中で一方的な変更はできないと判断して，未払賃金請求を容認した。

業規則及び賃金規則を変更する必要性」があったことを強調して，変更の合理性をほぼ認めている。

　後者の目標内容についても，使用者の一方的な決定を押しつける設定の場合は，労働者を拘束することはできない。また，目標についての労働者の承諾や同意は，その不達成が労働者に不利益をもたらしうるものである以上，原則として明示的なものである必要があるといえよう。したがって，使用者の設定した目標値について労働者が異議を述べなかったとしても，安易に黙示の同意または承諾があったと解釈すべきではない。ただ，就業規則において目標条項の内容を規定することがあるとすれば，目標内容の合理性いかんで法的規範性（拘束力）が左右されることになり，拘束力を認めうる場合には，個別同意の必要はないことになる。

　(ハ)　目標内容のレベル・合理性　　フランスの判例法理から明らかなように，目標内容は，それが一般的な相場や市場の実態からみて著しく達成困難である場合，あるいは労働者が目標達成の努力をなし得るような裁量が与えられていない場合などには，労働者を拘束することはできない。目標条項がある場合といえども，不達成を理由に責任追及をするためにはなお労働者に帰責事由（faute）がなければならないとの理解からであった。

　この観点から想起される日本の裁判例は，平成12年の名古屋地裁判決である，山昌事件[23]である。反訴被告労働者Yが反訴原告会社Xと「トラック購入経費償却方式」の労働契約を締結した。これは，Yが同契約にもとづきトラックを買い受けて，専属的にXの運送業務に従事することとし，毎月の運賃収入から，車両価格等の月賦返済分，車両保険料・ガソリン代等の経費，事務経費，および運賃収入比例分10％を差し引いた分をYの収入とするが，その額が40万円を下回ったときにも，X会社が同金額を最低保障給として支払い，収入との差額は新たな貸付金として処理する方式をいうものである。Yが差し引き運賃収入40万円以上という成果を維持しなければ借入金の増加という不利益を課されるという意味で，一種の目標条項といいうるものであった。ところが，結果としてYの借入金は目標不達成によりふくらみ，Y

---

(23)　山昌事件・名古屋地判平成14・5・29労判835号67頁。

が退職を申し入れたときには，未払い額と差額累積による貸付金が952万円余にのぼったため，X会社がその支払いを請求した事件である。

同判決によれば，このような償却方式は，「本来Xが負担すべき運賃収入減少の危険や車両代金，経費等を直接Yに負わせるもの」であり，これは「労働者が使用者の指揮監督という制限の下で当該事業のために労働力を提供し，これに対して当該事業の運営主体たる使用者が報酬を支払うという労働契約の本質的内容と相容れないものである。なぜなら，労働契約においては，労働者が当該事業の運営に参画することはそもそも予定されていない以上，当該事業の運営上の危険や，運営のために要する経費を直接負担することもまた予定されていないというべきであるからである。」この理論は，フランスで論じられた，目標条項に対する「経営リスクの転換」に関する批判（2(1)(ロ)）と一致している。

次に同判決は，上記「償却方式」の「仕組みの下ではYが受け取るべき給与の額は極めて不安定になる上，稼動すればするほど清算金債務が累積するような事態となる危険を内在することとなっているのであって，このような仕組みの労働契約は労働者の生活保障のために賃金に関するさまざまな規制をなしている労基法の趣旨に反するものであることは明らかである」と判断した。しかし，この論理では，「労基法の趣旨」が何を意味するのか明確でない点で憾みが残る。労基法は，最低の労働条件を保障することを趣旨としているが，労働者が不利な労働契約を締結することを制限または禁止する趣旨を有しているとはいえないからである。

もっとも，この償却方式も，たとえば運賃収入からの差し引き額がもっと低く，あるいは最低保障給が低水準であれば，維持可能であったかもしれない。つまり，この方式では，目標条項における目標内容が常識的な水準よりも著しく高かったことに問題があったとみるべきであろう。判決は，「労基法の趣旨」よりも，この点を問題にすべきであった。

(3) 目標不達成の法的帰結
(イ) 解雇権濫用法理の適用　目的不達成の場合に，ただちに労働者を解雇し，または労働契約を終了させることが許されるか。フランスの判例法は，

労働契約における目標条項

上述のように「目標不達成は必然的に解雇理由になるわけではない」との法理を確立し，改めて裁判所が解雇の適法性を判断する法理が導かれたのである。

ところで，日本では平成15年の労基法の改正により同法18条の2が新設され，所定の要件を満たす解雇に解雇権濫用法理を適用することが一種の法定基準として確認された。この規定は労基法の定める強行規定であり，当事者が合意により同規定の適用を排除することはできないと解すべきであろう。とすれば，フランスで議論されたように，目標条項において当該労働者が目標不達成を理由に解雇する旨の条項を有していても，それにより解雇権濫用法理の適用が排除されることはないはずである。同条の適用により，目標条項にもとづき解雇することが「客観的に合理的な理由を欠き，社会通念上相当であると認められ」るかが検討されなければならず，その際には，(2)で述べた目標条項の要件，すなわち目標内容の明確性，労働者の同意，および目標内容のレベルの問題が重要な検証事項となろう。

(ロ) 解雇以外の不利益取扱い　問題は，目標不達成を理由とする不利益が解雇以外の不利益取扱いであった場合である[24]。例えば，降格，賃金・手当の大幅な減額の場合がそれであり，日本の雇用風土としては，こうした取扱いが一般的であるかもしれない。この点につき，議論を喚起したのが，第一生命事件の東京地裁判決[25]（平成12年）である。

被告Y保険会社における営業職員の取扱いでは，試用期間の段階では委任契約を締結したものとし，本採用後は労働契約に移行するが，その後も営業職員として一定の成績基準を満たさない者については，外部嘱託としての委任契約に変更し，6か月間勤務させてその間の成績に応じて同契約を解約しまたは労働契約に復帰させるという雇用形態を採用している。原告Xも最初は委任契約で勤務し，その後営業職員として労働契約により約15年間勤務し

---

[24] なお，就業規則等の規定でしばしば見られる，「辞職するものとする」，「退職するものとする」との扱いは，労働者が辞職届を提出するなどして辞職しなければ使用者が解雇することになるから，解雇と同じ考え方で足りるであろう。

[25] 第一生命事件・東京地判平成12・2・25労判783号64頁。

ていたが，成績基準を満たさなかったとして委任契約に変更され，さらにその6か月後に「解嘱」された。以上を前提に，Xが「職員たる権利」の確認等を求めたのが本件である。一定の営業成績を目標基準として設定し，これに到達しなかった場合に，直接解雇するのではなくまず委任契約に移行させ，その後に同契約を解約するという点が，本事案の独特の方式である。

　同判決は，本件契約を次のように解釈して，Xの請求を棄却した。すなわち，本件の各契約は，それぞれが無関係に位置しているのではなく，「より大きな，全体としての契約の一部として理解することが実体に合致する」。そして，労働契約をいきなり解約するのにくらべれば，委任契約に変更するほうが労働者にとって有利であるし，使用者が一方的に労働契約を委任契約に移行させることはできないが，合意にもとづき委任契約に移行させることは許される，というのである。なお，このような解約方式は「労基法の立法趣旨」に反するとの主張に対しては，「個々の条文を離れ原告が主張する同法の立法趣旨というような抽象的なもので，本来自由である当事者間の契約が当然に無効になると解することはできない」と応じており，ちょうど前掲山昌事件とは逆の立場であって興味深い。

　しかし同判決の立場は，そもそも契約の性質決定（qualification）の方法に関する判断方法が疑問である。ある契約関係が労働契約であるかそれ以外の契約であるかは，その契約関係の実態により客観的に決定されるものであり，当事者の合意のみに左右されるわけではない。また，労働契約という性質決定は，労基法をはじめとする強行法規や解雇法理の適用をもたらすものである以上，当事者の合意のみで決定されてはならない。営業職員としての勤務実態がまったく異ならないのに，目標を達成したか否かで契約の性質が変動するという合意は，強行的規制として存立する労働契約の本質に背馳する解釈といわざるをえない。

　のみならず，同判決の立場は，労基法18条の2の施行の後にはさらに維持しがたい。同条により，解雇に対する解雇権濫用法理の適用は，これまでのような判例による法理上の要請にとどまるのではなく，上記のように労基法の要請する最低基準として確立することとなった。このことの意味は，実は意外に大きいのである。客観的に労働契約の実態を有する契約関係の解約に

つき，当事者の合意により，これを労働契約でないとして同条の規定を免れようとするならば，それは労基法違反か同法の脱法行為の疑いを免れないであろう。

なお，目標に達しない労働者の降格や賃金の大幅な減額などは，労働契約（労働条件）の不利益変更といいうる。このような場合，フランスでは労働者が変更を拒否すれば解雇として取り扱われ，解雇の諸規整のもとで解決されるが[26]，日本ではこのような理論や法整備がない。かといって，そのような不利益変更は，一般に就業規則の規定に基づくものである以上，当該規定の合理性を否定することは困難である。就業規則の変更法理に依拠することも適当でない。加えて，このような成績査定については，使用者の大幅な裁量権限を認めるのが一般的な解釈であることからすれば[27]，裁量判断を逸脱するなど人事権の濫用を構成する要素[28]が明らかでない限り，その救済の法理は決め手を欠くといわざるをえない。

　(イ)　基準の客観性　　一般に労働能力の劣る者を解雇しうるとした場合，そこでは常に評価基準の客観性の問題が生じる。たとえば，平成11年のセガ・エンタープライゼズ事件判決[29]は，その困難に直面したケースである。すなわち，人事考課の評点が下位にある者に退職勧告することにし，56名の対象者に対して勧告をしたところ，Xのみがこれに応じなかったため，「労働能率力劣り向上の見込みがない」という解雇事由に該当するものとして解雇した。これについて，同判決は，次のように判示した。Xの人事考課の結果は下位10％未満の効果順位であったが，人事評価は，「絶対的評価ではないことからすると，そのことから直ちに労働能率が著しく劣り，向上の見込みがないとまでいうことはできない。」就業規則にいう「労働能率力劣り向上の見込みがない」というのは，「相対評価を前提とするものと解するのは相当でない」のであり，「右解雇事由は極めて限定的に解されなければならないのであって，

---

(26)　詳細には，野田進『労働契約の変更と解雇——フランスと日本』（信山社，1998）を参照。
(27)　前掲・エクイタブル生命保険事件判決などを参照。
(28)　上州屋事件・東京地判平成11・10・29労判774号12頁を参照。
(29)　セガ・エンタープライゼズ事件（東京地決平成11・10・15労判770号34頁）

常に相対的に効果順位の低い者の解雇を許容するものと解することはできない」。

このように，解雇を正当化する能力評価は，絶対的評価であるべきであるとするのが同判決の基本的立場であり，この立場は基本的には支持されるべきであろう。解雇権濫用法理は，能力欠如の故に実質的に雇用の維持が困難な場合にのみ解雇が許されるとするものであり，相対的に能力が低位にあるからといってそのような場合にあたるとは限らないからである。

この立場からすると，労働契約に目標条項が定められ，その条項が上記の要件を満たした客観的で明確な基準であり，かつ合理的なレベルであるときには，どのように説明されるべきだろうか。思うに，目標条項が定められているときには，絶対的評価の要請は，その目標水準に達しないことで満たされるといえよう。いいかえると，使用者は，労働者の労働能力の低さを，種々の事実をあげて立証する必要はなく，設定された目標に当該労働者が到達していない事実を主張すれば足りる。それは，目標基準がある場合の評価方法としてこのうえなく絶対的であり，上記の要件を満たしていれば，客観的で明確かつ合理的でもある。

目標条項を設定しても解雇権濫用法理の審査にさらされるのではあるが，このように能力の低さの立証が容易になるという点で，同条項は使用者にとって有利な結果をもたらす。この一点において，目標条項の本質的な意義があるといえよう。

4　むすびに代えて

わが国では，労働契約は書面を交わされることが少なく，またその内容も定型的なものが多い。このため，労働契約の法理では，契約の内容を補完するために，これまでは信義則などの一般的な解釈原則を動員して，付随的な黙示的規定を解釈により補うことに，努力が傾注されて生きた。しかし，わが国においても，雇用形態の多様化とともに，労働契約の個別化・多様化が

---

(30)　その典型例が，最近増加してきた，研修費用の償還に関する訴訟であろう。

進展してくるならば，労働契約の明示条項の解釈という課題がクローズ・アップしてくるのであり，すでにそのような兆候も現れている[30]。

特別条項として定められた明示条項の解釈は，それが当事者意思の明示的な表れであるがゆえに，一般的には，字義通りの結論と異なる解釈をもたらすことは困難である。その解釈を試みるためには，一般的な文言解釈に頼るだけでは十分でなく，当事者意思の解釈，立法規定の類推適用，判例法理の類推適用など，考え得る解釈技術を総動員した理論操作の必要に迫られる。それだけに，高度な法解釈技術を要請される領域であるといえよう。

目標条項はその典型例であり，労働契約の明示条項ではあるが，その結果をそのまま妥当させることは，しばしば不均衡な結果を生じさせる。それは特に，目標達成という人間活動にとって本能的な願望を巧みに利用することで，明示的な契約条項として取り入れられるものである。とすれば，上記の契約技術を駆使して不当な結果を避けるのは，労働法学の貢献すべき重要な課題であるといえよう。

企業年金の「受給者減額」

森戸英幸

　ある日突然，昔の恋人から手紙が舞い込んだとしよう。時代的にはやはり電子メールで届いたりなんかするのだろう。ドキドキしながら開封してみると，なんと「実は今生活が苦しいんです，昔のよしみでお金貸して下さい」と書いてあるではないか。

　さてこれにどう対応するか。昔のよしみも何も，もうなんの関係もないのにどういうつもりだ！　と手紙を丸めてゴミ箱にポイ，なのか。それとも，今でも頼りにしてくれるなんて嬉しいなあ，とニヤニヤしながら銀行の残高を調べ始めてしまうのか。

　そんな昔の恋人自体そもそも存在しないよ，とにかく仕事が忙しかったからねー，まあ強いて言えば会社が恋人だったかな——そんな元モーレツ社員に届いた，昔の恋人からの，ではなく，愛する「わが社」からの手紙こそが，ここでのテーマ。文面は——「実は今会社が苦しいんです，昔のよしみで今払っている年金をちょっと減額させて下さい」である。

＊　　＊　　＊

1　問題の所在

　「受給者減額」とは，退職後に年金の形で[1]企業年金を受給している者（元従業員）の給付を減額することである。すでに年金の支給が開始されている者の給付額が減らされるという点で，将来の潜在的年金受給者である現役従業員の給付減額——労働法学での伝統的な用語を用いるならば，労働条件の不利益変更——とは異なる。

企業年金の「受給者減額」

　近年，運用利回りの低迷，積立不足の表面化，新会計基準の導入，そして何よりも母体企業の経営不振という「逆風」に耐えかねた事業主が，これまである種の「聖域」とされてきた年金受給者の給付にも手をつけるようになった。本稿では，労働法及び民法の観点から，この受給者減額の法的考察を試みる。
　受給者減額は，制度存続型と制度終了型とに分類できる。

(1) 制度存続型
　制度の財政状況の悪化や母体企業の経営不振などの場合に，制度の存続を前提として受給者の給付額を減らすパターンである。運用環境の悪化を背景に，しばしば「予定利率[2]の引下げ」がその理由あるいはきっかけとされる。
　予定利率とは，年金原資の予定運用利回りである。退職金を年金でもらうか一時金でもらうか，退職時に従業員がどちらかを選択できる制度を例にとって考えてみるとわかりやすい。たとえば，一時金を選択すると60歳での退職時に2,000万円もらえるとしよう。これを60歳から80歳まで年金に分割して受け取るとしたらどうなるか。単純に20で割ると1年間で100万円だが，実際にはこれに運用収益相当額が加わるのでそれよりも多くなる。60歳から80歳までの20年確定年金[3]で，60歳支給開始，期始・年払い，という

---

(1) 言うまでもないことであるが，「受給者減額」は企業年金が年金の形で支給される場合に起こる。これを裏返せば，企業「年金」であっても実際に「年金」の形で支給されるとは限らないということである。適格「年金」，厚生「年金」基金，確定給付企業「年金」，企業型確定拠出「年金」——これらのすべての「年金」制度の給付は，年金ではなく一時金でも支給されうる（法税令附則16条1項1号カッコ内，厚年保130条3項，確定給付38条2項，確定拠出35条2項参照）。退職者自身が一時金と年金どちらで受け取るかを選択できる場合もある。なお「企業年金」の定義については森戸英幸『企業年金の法と政策』(2003年)18頁以下を参照。
(2) 支給利率，年金換算率などと呼ばれることもある。
(3) 確定年金とは，受給者の死亡・生存に関係なくとにかく一定の期間（本文の例では20年間）年金が支払われるものである（受給者の死亡後は遺族に支払われる）。なお受給者の生存を条件にしている制度の場合は，死亡した受給者の分が生存者に分配されることになるので，計算はさらに複雑になる。

前提で計算してみよう(4)。

2,000万円の退職金を年金化すると？：パターンA

予 定 利 率	年 金 額
8.0%	1,886,152 円
5.5%	1,586,338 円
2.0%	1,199,151 円

また，現在の厚生年金業務で使用されている第19回生命表に従い，20年保証つき終身年金，60歳支給開始，年6回・期末払い（事務費なし），という前提で計算してみた場合には次のような数字となる(5)。

2,000万円の退職金を年金化すると？：パターンB

予 定 利 率	年 金 額
8.0%	1,840,348 円
5.5%	1,479,061 円
2.0%	1,023,253 円

当然のことであるが，予定利率が高ければ高いほど年金額も高くなる。言い換えれば，年金原資が同じ金額でも，予定利率をいくつに設定するかで実際に年金としてもらえる額には大きな開きが生じる。

バブル崩壊前までは，多くの制度が5.5パーセントあるいはそれ以上の予定利率を設定していたが，それでもなんの問題もなかった——素人でも10パーセントくらいの運用益は簡単にあげることができた時代であったから。しかし今ではそうはいかない。運用のプロでも5パーセントの収益をあげるのは非常に難しい。ひとつ間違えれば利益どころか損が出てしまう。ところが年金の予定利率は退職時を基準に設定されているので5.5パーセントあるいは8パーセントのまま。受給者側からすれば現在の市場では絶対不可能な利

（4）　計算してみよう，などと偉そうに書いたが，完全に文系の頭しか持たない一介の法学者にそんな芸当ができるはずもない。実際の計算はパターンA・Bともに指定年金数理人である大同生命保険の谷口充洋さんにお願いした。ここで改めて謝意を表したい。
（5）　パターンAとBの年金額にはあまり大きな差が生じていない。これは80歳以降の終身年金のコストが非常に低い（すなわち，80歳を超えて長生きするのは例外的なケースである）ことを示す。

率で会社が資産運用してくれるのだからこんなにオイシイ話はない。しかし企業側からすれば，市場利率との差がそのまま「持ち出し」ということになる。これは大変なことになる，経営環境も苦しいし，(会社側からみた)「適正な」利率まで予定利率を下げさせてもらえないだろうか——これが典型的なパターンである[6]。

(2) 制度終了型

企業倒産等の理由により年金制度自体が終了し，結果として受給者減額が行われるというパターン[7]である。一般に，事案の性質上，減額幅は制度存続型の場合よりも大きくなる。積立金を持たない自社年金制度の場合，会社が倒産すれば受給権者は会社に対する債権者となる。その後の倒産処理手続の中で実際にどのくらいもらえることになるのかはケースバイケースだが，確実に給付は従前よりも減額されるであろう。最悪の場合，すなわち会社に資産が1円も残っていないという極端なケースでは，分配額ゼロの可能性も

---

(6) 本文中の説明からすれば，「予定利率を8パーセントから2パーセントに下げて受給者減額します」という場合，年金支給額は年188万円から119万円に下がることになりそうである。しかし話はそう簡単ではない。60歳から80歳までの有期年金で65歳に受給者減額がなされたと仮定しよう。できるだけ数理的に正しい計算をしようとする場合には，たとえば，65歳までは2,000万円を8パーセントで運用できたものと仮定し，そこから65歳までにすでに支給された金額を控除し，一応65歳時点での年金原資額を算定する，そして65歳以降は2パーセントで運用されるとみなす……というような再計算が必要である。掛金のことを全く考慮しなくてもこれだけの計算が想定される。しかしこれではあまりに話が複雑になり過ぎる。というわけで，実際には「給付額を5パーセント削減」「10パーセント削減」などというわかりやすい形の減額になることも少なくない。また「予定利率引下げによる受給者減額」と銘打っていても，実際にどういう数字を使ってどういう計算をしたのか，十分に精査する必要がある。

(7) 厳密に言えばこれは受給者減額には該当しないとも言える。より正確には，制度終了によって現受給者に分配された年金資産額が従前の給付額に比べて少なくなってしまう，という問題である。ただし受給者側からすればもらえるはずであった給付がもらえなくなることには代わりがない。そのような観点から，本稿では「制度終了型」も検討の対象とすることとした。

1 問題の所在

ある[8]。

　適格年金，厚生年金基金，そして確定給付企業年金など，外部に積立金を取り分けている制度の場合には，各法令が制度終了の要件及びその際の残余財産の分配方法について一定の規制を行っている。理論的には，積立金に十分余裕のある状態で制度が終了し，受給者の給付が全く減額されないということもありうる[9]。しかし積立金に余裕があれば制度を終了させる必要はないはずである。というわけで，ほとんどの制度終了は年金資産が積立不足の状態のときに実施される。ただし後述するように，最終的な残余財産の分配方法は制度の規約が定めることになっている。したがって，積立不足状態で制度が終了したからと言って常に受給者の給付額に影響があるとは限らない。

(3) なぜ受給者減額なのか

　年金給付の額が減額されるとなれば，受給者の反発は必至である。それなのに，なぜ受給者減額は実施されるのか。制度終了型の場合は，要するに母体企業の倒産によって制度を終了せざるを得なくなったということであろう[10]。では制度存続型の場合はどうか。

　年金給付を減額しなければ企業が立ち行かなくなってしまう，受給者減額を行うことで企業を存続させなければ——事業主側としてはこのような説明をしたいところであろう。しかし話はそう単純ではない。すでに述べたよう

---

(8) ただし，その自社年金の給付が労働基準法上の「賃金」に該当する場合には，賃金の支払の確保等に関する法律（賃確法）による賃金立替払い制度（同法7条）の適用がありうる。
(9) ただし制度自体は終了してしまうので，一時金で清算するしかない。その際に清算額をどのように算定するか，つまり一時金額を決定するための予定利率をどう設定するかは非常に重要かつ厄介な問題となる。またそもそも，制度が終了すれば，たとえ一時金で分配金を十分もらえるとしても，もはや「年金」としてもらうことができなくなる以上やはり一定の不利益はあるのではないか，という考え方もありえよう。
(10) 制度終了型受給者減額が企業倒産時に典型的に生じることは間違いないが，しかしそうでないケースももちろんある。たとえば企業組織再編（合併・営業譲渡・会社分割）に伴う場合，あるいは総合型厚生年金基金からの脱退に伴う場合などが考えられる。

に，制度存続型の受給者減額の場合，制度終了型ほどドラスティックな減額は実施されない。給付の5パーセントあるいは10パーセント切下げなどというパターンである。しかし，年金額をたかだか10パーセントカットしただけで本当に会社の業績が上向きになるだろうか。もちろん大企業で年金受給者の数が多ければそれだけ受給者減額の財政上の効果は大きい。たとえ受給者1人につき年10万円でも，受給者が1,000人いればそれだけで1億円が助かることになる。ただ，大企業の予算規模からすれば1億円などというのは大した金額ではない。もし本当に苦しい状況ならもっとカットしなければダメなはずだし，逆にそのくらいの減額で済むのであれば実はそんなには苦しくないのかもしれない。つまり減額しなくても会社はやっていけるはずだ。

　さらには，後で述べるように，受給者減額によって10パーセントのコスト削減になるとしても，そこに至るまでには様々な別のコストがかかる。たとえば，受給者に対する説明会の開催。全国規模の会社であれば担当者は日本中を駆け回らなければならない羽目になるだろう。もちろん法務部門や弁護士に法的観点からのチェックをしてもらう必要もある。そして何よりも覚悟が必要なのが，まさに本稿のテーマである，減額によって不利益を被った受給者から訴訟を提起されるリスクである。これらのリスクとコストがあることを十分に認識しているにもかかわらず，なぜ企業は受給者減額を断行するのか？

　この問いに対する答えを考えるキーワードは，「世代間対立」そして「三方一両損」である。世代間対立といえば公的年金の保険料負担者である現役世代と給付受給者である高齢者世代との対立が思い浮かぶ。しかし実は同じような図式は企業年金の世界にもある——現在の企業を支える現役従業員と，かつての繁栄を支えた元従業員，すなわち年金受給者との，企業内世代間対立である。

　受給者側からすれば，年金の形で引退後に受け取っているとはいえ，それはまさに退職するまでの労働の対価である。何の落ち度もないのに，ちょっと会社が苦しくなったという理由だけで年金を減らされてはたまらない。しかし他方で現役の従業員側にしてみれば，会社の財政状況が悪化し，自分たちはリストラや賃下げでアップアップしているというのに，悠々自適のOB・

OGだけがいつまでも「古き良き時代」の手厚い年金給付をもらい続けているなんておかしい，という気持ちにもなる。そして事業主側も，現役従業員に労働条件の引き下げについて納得してもらうために，いわば「三方一両損」のような形で，受給者の給付にも少しは手をつけざるを得ないという結論に至るのである。要するに，「企業の存続のための受給者減額」というお題目はウソやごまかしではないのだが，ただそれは年金支給費用を10パーセント削減することで企業の倒産が回避できる，という意味ではないのだ。OB・OGにも泣いてもらったのか，それならまあしょうがないかな，と現役従業員に納得してもらい，彼ら・彼女らのモラール（勤労意欲）と企業の活力を維持し，そして企業の存続を図る——そのための受給者減額なのである。

2 現行法のルール

では受給者減額に関する現行法上のルールはどうなっているのだろうか。制度存続型と制度終了型のそれぞれについて，外部にそのための積立金を持たずに，言い換えれば税制上の優遇を受けずに実施されるいわゆる自社年金制度の場合と，外部に積立金を取り分けて実施される外部積立型制度（厚生年金基金，適格年金，規約型及び基金型確定給付企業年金）の場合とに分けて考えてみよう。

(1) 制度存続型
(a) 自社年金

自社年金の受給者減額を直接規制する法令は存在しない。したがって減額の是非は，就業規則や退職年金規定などの解釈，すなわち契約の解釈によって決まることになる。著名な幸福銀行（年金減額）事件・大阪地判平成10・4・13労判744号54頁[11]では，バブル崩壊後銀行の業績が急速に悪化，退職年金の支給額が経営環境を徐々に圧迫，という状況の下で行われた，年金額を

---

(11) 詳細は，森戸英幸「退職年金の減額——幸福銀行事件」別冊ジュリスト165号〔労働判例百選第7版〕（2002年）102頁を参照。

企業年金の「受給者減額」

平均して3分の1程度にまで縮減する受給者減額の是非が争点となった。ただしこの事件で争われたのは，規定額以上になされていた上積支給を廃止し，規定どおりの金額に戻すことの是非であった。

大阪地裁は，①受給者と会社との間には上積支給分を含めた金額の退職年金を支給する旨の合意ないしは労使慣行が存在したと認められる，②しかしその合意あるいは労使慣行においては，退職年金支給開始後に，会社がその額を減額できることが当然の前提とされていた，③本件の減額措置は会社が自らに留保されたその権限を行使したものであり，その権限の行使には一定の合理性ないし必要性が認められる，④したがって本件減額措置は有効である，という判断を下した。

会社側の減額権限の根拠とされたのは，年金の支給開始時に交付された「年金通知書」と題する書面であった。この書面の表面には上積みされた支給額が記載され，年金は終身支給である旨が明記されていた。また裏面には「年金は経済情勢及び社会保障制度などに著しい変動，又は銀行の都合により之を改訂することがあります。」（原文ママ）との不動文字が印刷されていた（訂正変更条項）。このような通知書が，少なくとも昭和50年頃以降は退職年金を受給するすべての退職者に交付されていた。

この事件の場合，就業規則上に根拠規定のない上積支給分の減額であったことが結論に大きく影響したのは確かであろう。本判決の示した基準を過度に一般化すべきではない。むしろ注目すべきなのは，判旨が以下のように述べている点である。

　もっとも，被告会社においては約20年近く上積支給が行われ，退職者の期待も大きかった。被告会社の都合で年金額を自由に改訂できると解すべきではない。「退職年金の減額は，年金通知書に経済情勢及び社会保障制度などに著しい変動があった場合が例示されていることに鑑み，これらの事情又はこれに準ずるような一定の合理性及び必要性が認められる場合にのみ許されると解すべきであり，そのような合理性及び必要性がないにもかかわらず恣意的に行った減額は，権利の濫用として，無効となる」

そして裁判所は，被告会社の経営がバブル崩壊後著しく悪化していたこと，退職年金の支払総額が急増して経営を圧迫することが確実視されたことを指摘した上で，次のように結論づけた。

　このような事情を考慮するならば，「Yによる本件減額措置には，一定の合理性及び必要性が認められ，また，退職年金の受給権者578名中566名が右減額措置に対し異議を述べていないことをも考慮すると，右減額措置が権利の濫用に当たるとはいえない」

年金減額の必要性や他の年金受給者の対応などを考慮した上での合理性判断──このような判断の手法は，変更の必要性と不利益の程度の比較衡量を中心に，代替的労働条件の改善，他の従業員の反応，社会的相当性などの事情を総合考慮して行われる，就業規則の不利益変更に関する判例法理の枠組みと非常によく似ている。このような判断枠組みの是非については後にさらなる検討を行う。

(b)　厚生年金基金

厚生年金基金の受給者減額は，規約の変更によって実施される。規約の変更については，代議員会の議決を経た上で，厚生労働大臣の認可を得なければならない（厚年保118条1項1号・115条2項）。さらに，受給者減額を内容とする規約変更の場合には，厚生労働省年金局長の通知として出されている厚生年金基金設立認可基準（以下「認可基準」とする）の定める以下の要件が充足されなければ認可がなされない。

（認可基準3-7(5)）
　給付設計の変更日における受給者及び受給待期脱退者[12]（以下「受給者等」という。）の変更後の年金額が変更前より下回っていないこと。
　ただし，基金の存続のため受給者等の年金の引下げが真にやむを得ない

---

[12]　すでに退職して年金の受給資格を得ているが，年金支給開始年齢に到達していない者。

と認められる場合であって，事業主，加入員及び受給者等の三者による協議の場を設けるなど受給者等の意向を十分に反映させる措置が講じられた上で，次のア～ウの要件をすべて満たしている場合には，この限りでないこと。

　ア　全受給者等に対し，事前に，給付設計の変更に関する十分な説明と意向確認を行っていること。

　イ　給付設計の変更について，全受給者等の3分の2以上の同意を得ていること。

　ウ　受給者等のうち，希望する者は，当該者に係る最低積立基準額に相当する額（個々人の年金額が代行部分相当額を超えるため，代行部分相当額に一定の額を加えた年金額に相当する最低積立基準額に相当する額を除く。）を一時金として受け取ることができること。

　最低積立基準額とは，簡単に言えば将来もらえるであろう年金額の現在価額である（代行部分は除く）。最低限この金額を一時金で清算することを保証しなければならない。では一時金清算は果たして受給者にとって得なのか損なのか？　実は，年金制度が用いている予定利率と最低積立基準額の計算に用いる予定利率とが異なっているため，一時金清算を選択した方が受給者にとって有利——しかも場合によっては不相当なくらい圧倒的に，という奇妙な状況が生じている。

　退職金の移行として年金を実施している場合，多くの制度は予定利率年5.5パーセントで一時金を年金化している。一方最低積立基準額は，基本的には国債の利回りを基準にして決定されることになっており，年5.5パーセントよりもずっと低い利率（2パーセント台）を割引率[13]として採用している。このため，仮に年金支給開始後すぐに受給者減額がなされ，受給者が一時金清算を希望すると，なんと定年退職時の一時金額よりも多くなってしまう可能性もある[14]。それはあまりにおかしな話だということで，実務にはこの基

---

(13)　将来の年金額を現在の一時金額に計算し直す（割戻し計算）場合に用いる利率。割引率が高いほど現在価値としての一時金額は小さくなる。

準を変更して欲しいという声も根強くあるようである。結局受給者の給付には手をつけない方が無難だということであろうか。

(c) 適格年金

適格年金の受給者減額については，法令にも，また実務上重要なガイドラインである適格退職年金契約の審査要領（以下「審査要領」とする）にも特に言及がない。実際には一時金支給が多いためあまり問題にならないのであろう。しかし年金を支給する制度が存在しないわけではない。実務上は，受給者について不利益変更を実施したい場合には厚生年金基金の受給者減額の基準と手続に従うよう「指導」がなされているようである。

(d) 確定給付企業年金

受給者減額を行うために必要な「理由」と「手続」が法令上に定められている。基本的には厚生年金基金の受給者減額の場合と同様の基準である[15]。また，やはり厚生年金基金の場合と同様に，これらは受給者減額を内容とする規約の変更が承認または認可を得るための要件である。

受給者減額を内容とする規約変更の承認または認可の申請は，その規約変更をしなければ確定給付企業年金の事業の継続が困難となることその他厚生労働省令で定める理由がある場合において，厚生労働省令で定める手続を経て行われなければならない（確定給付5条1項5号・12条1項7号，確定給付令

---

(14) たとえば定年退職し2000万円の退職金を年金化して受け取る権利（予定利率が年5.5パーセントであれば年間約200万円を15年間）を得た者が，支給開始後1ヶ月で「年金額を減額します」と告げられ，一時金清算を選択すると，約15年分の年金を2パーセント前後の割引率で一時金に換算した額を受け取ることになる。そしてなんとこの金額は2000万円を超えることになる。割引率を2パーセントとすると約2600万円——退職金規定で約束した一時金額を大幅に超過してしまうではないか！

なお，このようなことが起こりうるというご指摘は，みずほ年金研究所の小野正昭さん（指定年金数理人）から頂いたものである。

(15) したがって(b)で触れた最低積立基準額算定に際しての問題点もそのまま確定給付企業年金の問題となる。もっとも確定給付企業年金の場合は制度発足後まだ間もないため，受給者減額という切羽詰まった状況が生じることはほとんどないはずである。厚生年金基金が代行返上によって基金型確定給付企業年金となり，直後に受給者減額，というケースが出てくる可能性がないとは言えないが……

4条2号・7条)。厚生労働省令の定める「理由」及び「手続」は以下のとおりである（確定給付則5条・6条・12条・13条）。

(理由)
① 実施事業所の経営の状況が悪化したことにより、給付の額を減額することがやむを得ないこと。
② 給付の額を減額しなければ、掛金の額が大幅に上昇し、事業主が掛金を拠出することが困難になると見込まれるため、給付の額を減額することがやむを得ないこと。

(手続)
① 給付の額の減額について、受給権者等[16]の3分の2以上の同意を得ること。
② 受給権者等のうち希望する者に対し、給付の額の減額に係る規約の変更が効力を有することとなる日を事業年度の末日とみなし、かつ、当該規約の変更による給付の額の減額がないものとして算定した当該受給権者等に係る最低積立基準額[17]を一時金として支給することその他の当該最低積立基準額が確保される措置を講じていること。

(2) 制度終了型
(a) 自社年金
金融再生法絡みのやや特殊な事件であるが、幸福銀行（年金打切り）事件・

---

(16) 加入者である受給権者、及び加入者であった者をいう（確定給付則5条）。
(17) 最低積立基準額とは、加入者等の当該事業年度の末日までの加入者期間に係る給付として政令で定める基準に従い規約で定めるものに要する費用の額の予想額を計算し、これらの予想額の合計額の現価として厚生労働省令で定めるところにより算定した額である（確定給付60条3項）。受給者については、基本的にはその年金給付の額が「費用の額の予想額」となり（確定給付令37条1号)、「予想額の合計額の現価」を算定するために用いる割引率は、当該事業年度の末日の属する年前5年間に発行された20年物国債の利回りを参考に厚生労働大臣が定める率である（確定給付則55条1項1号）。ちなみに平成15年度は2.23パーセントであった。なお厚生年金基金の場合（前掲(b)参照）も同様の数字が用いられている。

大阪地判平成 12・12・20 労判 801 号 21 頁[18]では，金融再生法の適用対象となった事業主が，3 か月分相当の一時金を支払った上で退職年金の支給を打ち切ったことが違法・無効と判断された。退職年金は就業規則を根拠としており，恩恵的なものではない，事業主に解約権・改訂権が留保されているとはいえない，事情変更の原則の適用もできない，というのがその判断の根拠であった。この事件では，減額ではなく完全な支給打ち切りであったこと，しかも上積み支給ではなく就業規則に根拠を持つ給付の打ち切りであったことに留意すべきであろう。

(b) 厚生年金基金

厚生年金基金は，代議員の 4 分の 3 以上の決議がなされた場合，母体企業の事業が廃止されたため設立事業所が消滅し基金の事業が存続不可能になった場合，あるいは厚生労働大臣の解散命令が発せられた場合に解散する（厚年保 145 条 1 項）。基金は，解散に際し最低責任準備金相当額を厚生年金基金連合会に納付しなければならない（厚年保 162 条の 3 第 1 項）。最低責任準備金相当額とは，代行部分の給付を行うために必要な金額である（厚年保 85 条の 2）。

厚生年金基金が最低責任準備金相当額を厚生年金基金連合会に納付し，一般の債務を弁済し，さらに残余財産がある場合には加入者，受給者，受給待期者の間でその分配が行われる（厚年保 147 条 4 項）。事業主には一切返還されない（認可基準 7-3）。これは要するにプラス・アルファ部分の分配である。

具体的な分配方法は規約に定められる。分配方法は，受給者・加入員・待期者の間で公平な分配を行うものである必要がある（認可基準 7-1）。残余財産がプラス・アルファ部分相当の最低積立基準額以上である場合には，プラス・アルファ部分相当の最低積立基準額を分配し，残りを規約で定める公平かつ合理的な基準により分配しなければならない（厚生年金基金設立認可基準取扱要領（以下「取扱要領」とする）5-1 ア）。この場合基本的には受給者減額という事態は生じない。しかし残余財産がプラス・アルファ部分相当の最低積立基準額を下回る場合には，各加入員，受給者，待期者のプラス・アルファ部

---

[18] 詳細は，森戸英幸「退職者に対する退職年金の支給打切りが無効とされた事例——幸福銀行（年金打切り）事件」ジュリスト 1212 号（2001 年）128 頁を参照。

分相当の最低積立基準額の割合に応じて按分される（取扱要領5-1 イ）。この場合基本的には受給者の給付額が減ることになる。なお分配された残余財産は、一時金で受け取るか、あるいは厚生年金基金連合会に移換して将来連合会から年金で受け取るか、いずれかを選択できる（認可基準7-2）。

(c) 適格年金

適格退職年金契約の解除については法令上特に要件が定められていない。適格退職年金契約が解除された場合は、他の制度に移行するケースなどを除き、要留保額[19]は受益者等に帰属する（法税令附則16条1項9号）。つまり、剰余金がある状態で契約を解除しないかぎり、積立金は事業主には返還されず、加入者や受給者に分配されることになる。

実際には年金規程上で、制度が廃止された場合の資産分配の方法が定められることになる（審査要領㉚）。しかし具体的な分配方法についての規制は特になされていない。受給者減額となるかならないか、なるとすればどの程度かは、残余財産の額と年金規程の中身によって変わってくる。ただし特定の者に差別的な分配方法は許されない（法税令附則16条1項12号）。

(d) 確定給付企業年金

規約型の場合は、労使合意による終了、企業倒産などによる終了、規約承認取消による終了がありうる（確定給付83条1項・102条3項）。基金型の場合は、厚生年金基金と同様に、代議員の4分の3以上の議決による解散、事業継続不可能による解散、厚生労働大臣の解散命令による解散がある（確定給付83条2項2号・102条6項）。終了・解散時には事業主が最低積立基準額の不足分を一括拠出するのが原則である[20]（確定給付87条）。

残余財産は、受給者・加入者・待期者の間で分配される（確定給付89条6項）。事業主には返還されない（確定給付89条7項）。残余財産が最低積立基準額以

---

(19) 適格年金における要留保額とは、将来の給付費用予想額の現在価額と将来の掛金収入予想額の現在価額との差額である。

(20) ちなみに厚生年金基金の解散についても同じ規定が定められている（厚年保138条6項、基金令33条の3）が、経過措置により積立不足を埋めなくても解散が可能になっている（基金令附則8条）。考えようによっては、この経過措置こそが厚生年金基金の受給者減額の元凶である。

上である場合には，まず各人に最低積立基準額相当額が分配され，それを超える部分は規約の定めに従い公平かつ合理的な方法で分配されることになる（確定給付令57条1項1号，確定給付則99条）。残余財産が最低積立基準額を下回る場合には，規約の定めに従って，厚生年金基金の場合と同様に各人の最低積立基準額に応じて按分する方法，あるいは受給者と受給待期者から優先的に充当していく方法のうちいずれかが用いられる[21]（確定給付令57条1項2号）。

3 受給者減額の法的論点

(1) 法令上の規制の意義

厚生年金保険法や確定給付企業年金法が定める受給者減額の要件（2(1)(b)(d)）は法的にはどのような意味を持つか。実務では，受給者減額を定める規約変更の承認あるいは認可を得ればそれだけで受給者減額を合法的に実施できると考えられているフシもある。しかし，承認・認可は税制上の優遇を受けるための要件に過ぎない。つまり承認・認可を受けた規約が当然に受給者を拘束するわけではない。受給者に減額を受忍すべき法的義務があるかどうかは，契約の中身，すなわち規約の定めとその解釈によって決まることになる。とすれば結局，外部積立型の制度の場合も，自社年金と同様の観点からの検討が必要となる。

(2) 減額の法的根拠

減額の可否が契約の解釈で決まる問題であるとすれば，まず就業規則や年金規程に受給者減額の根拠となる規定があるかどうかがポイントとなろう。「場合によっては減額もありえます」というような一般的な文言の改訂条項の場合には，その合理的限定解釈がなされるべきである。

(a) 労働法的アプローチ

---

[21] なぜ確定給付企業年金の場合だけ受給者優先の分配方法が認められることになっているのか，その理由は定かではない。

企業年金の「受給者減額」

　すでに述べたように（2(1)(a)），平成10年の幸福銀行事件判決は，受給者減額の是非を就業規則の不利益変更に関する法理に類似した枠組みを用いて判断した。確かに年金受給者も元は労働者であり，年金の受給権も過去の労働に対する報酬・対価として得られたものである。したがって受給者減額についても労働法の「合理性」ルールの枠内に取り込んでいく，という考え方もあながち的はずれではないのかもしれない。また学説の中にも，就業規則は従業員団体だけでなく「退職者団体」に対する規範ともなるので，退職年金額の変更も，就業規則の不利益変更に関する判断と同様，変更の必要性，不利益の大小などを総合考慮して，合理性があれば有効と解することができるという見解もある[22]。

　しかしやはり年金受給者の世界と労働法の世界は全く同じではない。就業規則の不利益変更が合理的な範囲内で認められるのは，長期雇用慣行の下で労働条件変更に反対する労働者を簡単に解雇できないことのいわば代償措置であるというのが一般的な説明である[23]。ところが年金受給者については，労働条件切り下げと引き換えに守ってもらえる利益――すなわち，雇用――がもはや存在しない。にも関わらず，退職者についても同じ考え方を貫けるのか。疑問は残る。

　(b)　民法的アプローチ
　(ア)　事情変更の原則
　受給者減額の可否を判断する基準として参考となりうる民法のルールとして，事情変更の原則がある。契約締結時の事情が大きく変化し，その契約内容のまま履行させるのが公平に反する場合には，事情変更の原則の適用により契約の解除や改訂が認められる可能性がある。事情変更法理適用の要件は，①契約締結時の当事者が予見しえない事情変更であること，②当事者の責めに帰すべからざる事由に基づくこと，③契約どおりの履行を強制することが信義則に反すること，であるとされる[24]。

---

[22]　小西國友『労働法の基本問題〔第2版〕』（2000年）142頁以下。
[23]　菅野和夫『労働法〔第6版〕』（2003年）121頁など。
[24]　内田貴『民法Ⅱ　債権各論』（1997年）75頁，最3小判平成9・7・1民集51巻6号2452頁。

受給者減額をめぐる争いの場合，バブル崩壊で①と②の要件は満たされそうである。しかし③の要件，すなわち減額を認めないことが信義則違反になるかどうかは微妙である。契約当事者間の「公平」だけでなく，現役従業員と受給者との「公平」をも視野に入れるかどうかで結論は変わってくるであろう。

　平成12年の幸福銀行事件判決は，年金規程の見直しをせず年金の原資を払底させたのは会社の責任であり，金融再生法の下での破綻処理における「費用最小化の要請」も事情変更とまでは言えない，と判断した。基本的には妥当であろう。バブル崩壊で資金が払底したことは，確かに予測不可能であったかもしれないが，規程の見直しはもっと前にできたように思われる。

　もっとも，金融再生法の適用を受けた，つまりつぶれずに済んだという点は，当事者が予測しえなかった事情変更といえるかもしれない。この会社は，仮に一般企業であったならば間違いなく倒産していたであろう。退職年金もほとんど支払われなかったに違いない。ところが金融機関であったため，公的資金が投入され，金融再生法による破綻処理が行われることになった。つぶれたら年金はもらえない，というのは当事者が予見できたことである。しかし金融再生法により公的資金が注入され，本来は破綻したはずなのに年金がもらえるようになっちゃった，というのは誰も予想できない事情変更ではないだろうか。

　しかしそれにしても，わずか3か月分だけ支払って打ち切りというのはあまりにも酷であったといえる。事情変更の原則は，事情変更があれば当然に契約を解約としていいという法理ではないはずである。契約の履行に全く意味がないという場合は別として，当事者は新しい事情の下で契約内容変更についての再交渉をする義務があると考えられている[25]。しかし本件においてそのような交渉がなされた形跡はない。会社側としては，まずは契約改訂，つまり金額切り下げとか，ある程度の一時金額を提示するとか，そういうことをすべきだったのであろう。

---

(25)　内田・前掲注(24)書76頁。

(イ) 終身定期金契約

　民法の終身定期金契約に関する規定も1つの手がかりになると思われる。終身定期金契約は実際にはほとんど行われておらず，類似の制度は別に根拠法令がありそれによって詳細に規制されているため民法の出る幕はほとんどないと考えられてきた(26)。しかし実は民法の中に，受給者減額のケースに応用できる規定が存在するように思われる。それが民法691条である。

　同条1項は，定期金の元本を受け取っている定期金債務者に定期金債権の不履行などがあった場合に，債権者は催告を要せずに契約を解除して元本の返還を請求しうるという規定である。ただしその場合，債権者は，すでに受け取った定期金の中から元本の利息を控除した残額を債務者に返還しなければならない。解除に際して催告（民541条）を要しないとした点，そして解除の原則からすれば債務者は元本に利息を付して返還，債権者はすでに受け取った定期金に利息を付して返還ということになるが，これをもっと簡単に決済することを認めた点がこの規定の意義であるとされる(27)。

　このような本来の規定の意義から若干離れてしまうので類推適用ということになるが，受給者減額がどこまで許されるのかの目安として民法691条1項を用いることができるのではないだろうか。年金を定期的に支給するという契約を解除しようという場合には，その「元本」相当額での一時期清算によって決済するのが一応の原則である——民法691条1項の趣旨をこのようにとらえれば，それは企業年金の受給者減額のケースにもあてはまるはずである。たとえばある受給者減額の可否が争われており，減額の限界を画する根拠となるような規定や合意がとくに存在しないという場合には，その減額が「元本」相当額を保証するものと評価できるかどうかという観点からチェックをしてみてはどうだろうか。そしてすでに検討したように（**2**(1)(b)(d)），

---

(26)　加藤＝鈴木編『注釈民法(17) 債権(8)』(1969年) 152頁，篠塚＝前田編『新・判例コンメンタール民法8 契約(3)』(1992年) 213頁，我妻＝有泉（清水補訂）『〔新版〕コンメンタール民法Ⅴ 契約法〔第2版〕』(1998年) 388頁。
(27)　加藤＝鈴木編前掲注26書164頁以下，篠塚＝前田編前掲注(26)書218頁，我妻＝有泉前掲注(26)書390頁。

このような「元本」を基準とする考え方は，厚生年金基金や確定給付企業年金の受給者減額を内容とする規約の承認・認可要件にも取り入れられているのである。

もちろん今後さらに詳細な検討は必要である。もっとも肝心な点は，「元本」額をどのように算出するかである。退職一時金か年金かを従業員が選択できるような制度であれば一応の目安となる金額はあるといえるが，幸福銀行事件のように退職金とはまったく別建ての終身年金制度も少なからず存在する。またすでに指摘したように，「元本」額の大きさは予定利率をどう設定するかによって大きく変わってくる。この点も今後詰める必要がありそうである。

(3) 訴訟形態

受給者側が受給者減額の可否を争う方法にはどのようなものがあるだろうか。

(a) 行政訴訟

まず，厚生労働大臣の規約変更認可処分自体を争う行政訴訟という手法が考えられる。厚生年金基金と基金型確定給付企業年の規約変更時には「認可」が必要であり（厚年保113条・115条1項，確定給付13条・16条1項），この認可がなければ規約変更は原則としてその効力を生じない（厚年保115条2項，確定給付16条2項）[28]。認可の要件が未充足であったことを受給者側が立証できれば，認可処分が取り消され規約変更は効力を生じなくなる。訴訟を提起した者だけでなく，すべての受給者についてその効果が及ぶことになる。

受給者の3分の2の同意が本当にあったかどうか，全員に説明と意向確認を行ったかどうか。これらは比較的判断のしやすい要件であるといえる。こ

---

[28] これに対して，規約型確定給付企業年金の規約変更に際して必要なのは「承認」である（確定給付3条1項・6条1項）。適格退職年金契約も国税庁長官の「承認」にかかる（法税令附則16条1項）。認可と異なり，承認は法的効力発生の要件とはされていない。つまり，規約型確定給付企業年金の規約は，厚生労働大臣の承認を受けていなくても，当然にはその効力発生を妨げられない。言い換えれば，未承認の規約であっても事業主と受給者との間の契約内容となる可能性があるということである。したがって受給者が行政訴訟を提起する実益はないといえる。

企業年金の「受給者減額」

れに対し「基金の存続のため受給者等の年金の引下げが真にやむを得ない」かどうか,「給付の額を減額することがやむを得ない」かどうか,これらの要件の具体的な判断基準は必ずしも明確ではない[29]。

　(b)　民事訴訟

　自社年金の場合は当然であるが,外部積立型制度の場合も,すでに述べたように((1))受給権の具体的な中身は規約の定めとその解釈によって決まる。したがっていずれの場合も受給者減額の可否を民事訴訟で争うことは可能である。ただし行政訴訟とは異なり,訴訟の結果が及ぶのは訴訟を提起した者だけいうことになるだろう。

　なお厚生年金基金は厚生年金保険の業務を一部代行しているため,法的には「行政庁」として扱われる。したがってその給付の減額を争う場合には,社会保険審査官,社会保険審査会,そして取消訴訟という行政訴訟の手続きに乗ることになる（厚年保169条）[30]。

(4)　（終了・解散）＞（受給者減額）？

　これまで検討したところから明らかになったことの1つは,受給者減額よりも制度の終了・解散の方がラクにできる,要件が緩い,ということである。受給者の3分の2の同意を取り付けろ,一時金での清算を認めろ——受給者減額を内容とする規約変更を認可・承認してもらうためのハードルは結構高い。ところが制度の終了や基金の解散は,労使合意や代議員会での4分の3以上の賛成があれば実施されうる。そしてその労使合意の労働側代表にも,また代議員会にも,年金受給者は含まれていない（厚年保117条3項,確定給付6条2項・18条3項）。事業主と現役従業員主導で話を進めることが可能なのだ。そして適格年金に至っては事業主がやめると言えばやめられるのだ。

　さらに,すでに述べたように（2(2)(b)(c)）,厚生年金基金も適格年金も,積立不足の状態のままでも基金解散あるいは制度終了が可能である。このよう

---

(29)　認可実務ではそれほど厳しくチェックはされていないようである。

(30)　もっとも,厚生年金保険法169条の「処分」が具体的には何を意味するのか,必ずしも明確でない。

な状況の下では，合理的な事業主であればあるほど制度存続型の受給者減額ではなく制度終了や基金解散を選択するだろう。この状況は妥当ではないのか，それともやむを得ないのか。今後の検討課題の1つである。

4 おわりに

　平成10年の幸福銀行事件においても，また各法令の定める受給者減額の要件においても，多数の受給者が減額に同意したかどうかという点が重視されている。しかしそもそも，年金受給者はなぜ自分の年金が減額されることにわざわざ「同意」するのであろうか。もちろん，かつて勤めていた会社への愛社精神も大きいだろう。会社人間は死ぬまで会社人間，自分が勤め上げた会社に頼まれたらイヤとは言えない。愛する会社と現役の後輩諸君が苦しいならしょうがない，私も年金を少し我慢しよう，という気持ちになったのかもしれない。

　しかしそれだけではなく，合理的な判断の結果減額に同意するということもありえよう。厚生年金基金以外の制度には，いわゆる支払保証制度，つまり企業年金制度が破たんしたり積立不足の状態で終了したりした場合に給付を肩代わりしてくれる制度が存在しない。厚生年金基金連合会の実施する支払保証制度も，保証の度合いは決して高くない。このような状況では，この企業年金制度そして「わが社」が破綻してしまえば給付がもらえなくなるかもしれない，それなら自分の給付を少し犠牲にして年金制度の存続に協力しよう――このような判断にも一定の合理性があることになる[31]。

　全員ではないが，大半の受給者からは減額の同意を取りつけられた。このような状況になった場合，事業主側としては難しい選択を迫られることにな

---

(31)　年金給付支払保証公社（PBGC, Pension Benefit Guaranty Corporation）による支払保証制度が実施されているアメリカでは，受給者の給付減額という問題が論じられることはない。受給者はたとえ制度が破たんしても給付はほぼ全額を手に入れることができる。日本と異なり，受給者は年金制度が存続することに利害関係を有しないのである。

企業年金の「受給者減額」

る。裁判になった場合の金銭的・時間的・社会的コストを考慮するなら、おそらく、同意を与えてくれた者の給付だけを減額し、減額を拒否した者については従来どおりの給付を支給するというのがベストな選択であろう。しかしそれでは「ゴネ得」を許すことになる。減額に同意してくれた「従順な」受給者にしてみれば面白くない話である。事業主側が一切の「ゴネ得」は認めないと約束したからこそ同意を与えたんだ、話が違うぞ、と言い出す者が出てくるかもしれない。そうなると事業主としては、訴訟を提起されるリスクとコストを考えれば割に合わないと十分わかっているにもかかわらず、減額に不同意の者も含めて全員一律に給付をカットせざるを得なくなる。

そうなれば今度は受給者の側も黙ってはいられない。あれほど真面目に尽くした「わが社」に、老後を支える年金の減額などという形で裏切られるとは……絶対に許せない！　というわけでこちらもまたコストをかえりみずに訴訟を提起することになる。そう考えると、受給者減額をめぐる争いは、実は金銭上の紛争ではない。たとえ会社を辞めたあとでも会社の決定に従う、そういう人間で成り立っているのが「わが社」だ、という家族主義的な経営方針を貫こうとする企業のプライドと、オレはあれだけ会社に尽くしてきたのだから胸を張って年金をもらえるはずだ、という受給者側のプライド。この２つのプライドのぶつかり合いこそが受給者減額問題の本質なのかもしれない――決して具体的にどこかの会社をイメージしているわけではない。念のため。

業務以外の要因により精神疾患に罹患した労働者の自殺に関する使用者の損害賠償責任

小 畑 史 子

1　問 題 提 起

わが国では，労働災害のために損害を負った労働者やその遺族が，使用者

（1）　安全配慮義務については中嶋士元也「職業性循環器系疾患死の因果関係論」上智法学論集42巻3・4号（1999）52頁，同「職業性・作業関連疾病と安全配慮義務」『花見忠先生古稀記念論集・労働関係法の国際的潮流』（信山社，2000年）115頁，同「使用者の安全配慮義務とはいかなるものか」保原喜志夫・山口浩一郎・西村健一郎編『労災保険・安全衛生のすべて』（有斐閣，1998年）296頁に詳しい。その他桑原昌宏『労働災害と日本の労働法』（法律文化社，1971年），國井和郎「『安全配慮義務』についての覚書（上）」判例タイムズ357号（1978）14頁，西村健一郎「使用者の安全配慮義務」蓼沼謙一他編『労働法の争点』（有斐閣，1979年）263頁，加藤一郎「労働災害と民事責任」季労113号（1979）4頁，後藤勇「安全配慮義務とその履行補助者」判例タイムズ410号（1980）46頁，同「安全配慮義務による損害賠償請求訴訟の諸問題」判例タイムズ456号（1982）38頁，星野雅紀「安全配慮義務と消滅時効」判例タイムズ495号（1983）25頁，新見育文「『安全配慮義務』の存在意義」ジュリスト823号（1984）99頁，和田肇「雇傭と安全配慮義務」ジュリスト828号（1985）120頁，下森定編『安全配慮義務法理の形成と展開』（日本評論社，1988年），潮見佳男「安全配慮義務の縮減理論」民商法雑誌101巻6号（1990）753頁，岡村親宜『労災補償・賠償の理論と実務』（エイデル研究所，1992年），同「使用者・事業主の民事責任」現代講座12巻290頁，淡路剛久「日本民法の展開(3)判例の法形成－安全配慮義務」広中俊雄・星野英一編『民法の百年Ⅰ』（有斐閣，1998年）451頁，山口浩一郎『労災補償の諸問題』（有斐閣，2000年）等。拙稿「安全配慮義務」林豊・山川隆一編『新裁判実務大系17 労働関係訴訟法Ⅱ』（青林書院，2001年）308頁以下参照。

の労働者に対する雇用契約の付随義務の一つである安全配慮義務の違反や労働者の健康と安全に関する不法行為法上の注意義務の違反と相当因果関係のある損害について、使用者に損害賠償請求を行うことが可能とされてきた[1]。そこで登場した労働災害の多くは、はじめは職場での事故による負傷・死亡か職業病等職務に深く関連した疾病であった。しかし近年、過労死と共に、労働者の自殺に関して遺族が使用者に民事損害賠償請求をなす訴訟が増え、その請求を認容する判決が蓄積されている。

自殺に関しては、長い間、職務上の事故でも職務に関連する疾病でもなく、自分の選択として命を絶つ行為であるから、原則として労働災害とはいえないと考えられてきた[2]。心ならずも負傷疾病を負い又は死亡した場合とは異なり、自分の手で命を絶った場合には、たとえ業務が過重であったり職場のことで悩んでいたとしても、本人の行為が介在している以上、職務と死亡との間に相当因果関係は認められないと受け止められてきたのである。

しかし近年、労働者が精神疾患に罹患した末に自殺したことについての、遺族からの使用者に対する民事損害賠償請求を認容する裁判例が増加し[3]、行政も、業務上の精神障害によって正常の認識、行為選択能力が著しく阻害され又は自殺行為を思いとどまらせる精神的抑制力が著しく阻害されている状態で自殺が行われたと認められる場合には、結果の発生を意図した故意には該当しないとの考え方に立つことを明らかにした[4]。

---

(2) 労働災害の業務上外認定に関しては労災保険法12条の2の2第1項が、労働者の故意による傷病・障害・死亡については保険給付を行わないと規定している。従来は業務による心理的負荷により心因性精神障害を発症した者が精神異常、心神喪失の状態に陥って自殺した場合に限り業務上とされていた。石田眞「作業関連疾患」日本労働法学会編『講座21世紀の労働法7・健康・安全と家庭生活』(有斐閣、2000年) 97頁参照。

(3) 電通事件・東京地判平成8・3・28判例時報1561号3頁、同控訴審・東京高判平成9・9・26判例時報1646号44頁、川崎製鉄水島製鉄所事件・岡山地倉敷支判平10・2・23労判733号13頁、協成建設工業ほか事件・札幌地判平10・7・16労判744号29頁、東加古川幼児園事件・大阪高判平成10・8・27労判744号17頁。

(4) 厚生労働省労働基準局労災補償部補償課編『改訂3版業務上疾病の認定(資料集)』(労働調査会、2003年) 617頁。業務上外認定につき平成11年9月14日基発第544号、第545号参照。

現在では，労働者が，過重な労働等により著しく強度の心理的負荷を受け，他に業務外の発症要因や個体的要因がない（あるいは有力でない）状況で精神疾患を発症し，その末に自殺に至った場合，使用者の損害賠償責任が肯定されると考えられている。「覚悟の自殺」であれば自らの意思による実存的選択であると言えようが[5]，精神疾患に罹患した末の自殺は本人の意思によるものとはいえず，自殺念慮にとりつかれ自己コントロールが困難な状態で行われたものであるから，精神疾患の発症原因となった業務と自殺との間には相当因果関係があると考えられるようになったのである[6]。

　それではその逆に，業務上の過重な負荷等がなく，業務外の要因や個体的要因により精神疾患を発症し，その後自殺に至った場合には，自殺念慮を引き起こした精神疾患発症の業務外の要因あるいは個体的な要因と自殺との相当因果関係が肯定されるが，その場合，発症以降に使用者が当該労働者に特別な配慮を行っていなくても，使用者は民事責任を問われないのであろうか。それとも，精神疾患に罹患している労働者に対しては，それが業務外のあるいは個体的要因によるものであっても，使用者は特別な配慮をする義務を負い，その義務に違反すれば民事責任を問われうるのであろうか。

　本稿はこの問題につき検討を行おうとするものである。

　東京高等裁判所は，近時この問題に関連する注目すべき判決を行った（三洋電機サービス事件）[7]が，本稿ではその判決を分析しつつ考察を進めることとする。

2　三洋電機サービス事件東京高裁判決

　まず事実関係を述べる。

---

(5)　そう言い切れるか否か疑問があるとする近著に高橋祥友『中高年自殺』（ちくま新書，2003年）。
(6)　拙稿「過重労働による自殺と企業の損害賠償責任」『最新労働基準判例解説』（日本労務研究会，2003年）270頁参照。
(7)　東京高判平成14・7・23労働判例852号73頁。

業務以外の要因により精神疾患に罹患した労働者の自殺に関する使用者の損害賠償責任

　X_1，X_2はそれぞれAの妻と子である。AはY$_1$会社の社員で，上司Y$_2$の下で勤務していた。BはAの同僚であり，相談相手となる友人でもあった。

　Aは，平成7年2月8日企画課長に昇進する旨の内示を受けた。X_1は喜んだが，Aは課長としてやっていく自信がないと言い，同月20日ころY$_1$会社に出勤せず，家族に行先も告げずに外泊した。X_1は，留守電に入っていたメッセージから初めてAがY$_1$会社を辞めたいと考えていることを知って驚き，退職後の生活や家のローンのことを考えて，Y$_1$会社のBに電話をかけ，Aが父の入院のため欠勤する旨を連絡した。Aは帰宅後2，3日休暇をとって出勤しなかったが，X_1からAの父親が脳梗塞をわずらっていること等から勤務を続けてほしい旨頼まれ，辞職を思いとどまった。その後もAは会社を辞めたいと口にすることがあり，課長昇進の辞令交付日の同月21日にも勤務を休んだ。Y$_2$は，Aの休暇が長くなっていることから同月27日にAから事情を聞いたが，Aは父親の看病のためであると答えた。

　同年6月2日，5日，6日とAが休暇をとって出勤しなかったため，心配して電話をかけてきたBに，X_1は初めてAが会社を辞めたいといっていることを打ち明けた。同日夕方BはAと会い，話を聞き，さらにX_1の話を聞くため，Aの自宅に行った。X_1はBに対し，Aはもう悩んでいるから仕方がないと答えた。

　同月7日もAが出勤しなかったため，X_1はAに対し，退職の希望を上司であるY$_2$にはっきり伝えるよう助言した。翌日，AはX_1とBの説得によりBを介してY$_2$に面談を求め，課長職が重く，辞めたいと伝えた。Y$_2$は自分の体験談を話し，人間死ぬ気になればがんばれる，自殺できるものならしてみろ等と激励し，Aは泣いていた。

　その後Aは出勤するようになり，同年7月から10月までは愚痴をこぼすこともあまりなく生活し，Y$_1$会社でも従前どおり職責を果たしていた。同年11月20日ころAはX_1に電話をかけ，早退したいのでX_1から父の様子がおかしいと会社に電話をするよう頼んだ。父を見舞う途中，AはX_1に会社に行きたくないと言った。

　Aの父親は平成8年1月5日に死亡した。AとX_1は葬儀やあいさつ回りを済ませた後，3月1日と2日に疲れを癒すため南房総に旅行した。

Aは同年4月15日から17日まで欠勤した。翌18日には出勤するといって自動車で家を出たが，出勤せず，同日夜，車内にガスを引き込み自殺未遂をした。
　翌19日，X_1はBに電話し，同日金曜日と同月22日月曜日に休暇をとらせてほしい旨を伝えた。同月20日にAは退職願を書き，同月21日，X_1はBの自宅を訪ねて相談したが，その際Bは，Aをこのままやめさせてよいのか，X_1や家族の意思が大切であると述べた。
　同月22日，X_1はAにガスを吸った後遺症がないかどうか浦和市立病院で受診させ，その後，戸田市内のレストランでBとY_2と面談した。その席でX_1はY_2にAを退職させたいと希望を述べた。その際Aの降格や配転の話も出たが，最終的にこれまでどおりAが勤務を続けることができる方向での解決策を探ることとなった。
　Y_2は，翌日になってもAが出社しないため，BとともにAの自宅を訪ねた。AはY_2に対し辞めたいと述べ，Y_2の叱責や胸倉をつかんでの説得にも翻意しなかった。Aが懲戒解雇されるかもしれないと心配したX_1がY_2に謝罪し，Aを説得することを約束した。
　AはY_1会社を退職することを断念し，勤務を再開した。同月25日と同年5月1日に浦和市立病院を受診したAは，担当医に仕事上の悩みがあることを相談し，神経科，精神科等を専門とするI・クリニックを紹介された。AとX_1はその足で同医院を受診し，診察に当たったI医師から，うつ傾向にあり会社を休む必要があると診断され，自律神経失調症のため一ヶ月の休養を要するとの診断書（以下，本件診断書という。）の交付を受けた。AとX_1は，自殺未遂を起こしたことについてはI医師に伝えなかった。Aは同月11日，18日，9月21日にI・クリニックを受診し，頭痛薬，睡眠薬，抗不安剤を処方された。
　Aは，同年5月7日，Y_2に対し，本件診断書を提出して一ヶ月の休暇を申し出たが（Y_1会社の就業規則及び労働協約の規定によれば，病気で欠勤するときには所属長に届け出てその許可を受けなければならない，一週間の欠勤を要する病気又は傷害によるときは会社の指定する医師の診断書を添付しなければならないと定められている。），Y_2は，自律神経失調症を理由に休暇をとると精神的な病

気であるとの噂が立つので休暇をとらないほうがいいと述べた上，Ａに主事試験を受けるよう勧めた。Ａはそれ以上強く休暇を申し出ることはせず，本件診断書を持ち帰った。

　Ａはその後は毎日出勤するようになり，主事試験の論文提出（６月10日締め切り）及び面接（同月28日）を通り第一次試験に合格した。Ａは同年12月15日の第二次試験に向けて通信教育を受けたほか，同年８月31日提出期限のレポートの作成に取り掛かっていたが，同月23日金曜日に家を出た後，同月25日日曜日夜まで帰宅しなかった。Ａは翌26日から出勤し，同月30日にレポートを提出した。

　Ａは同年９月２日社内の健康診断を受け，頭痛を訴え，セデスの服用を勧められた。

　同年９月17日，Ｂに対し，大阪本社への転勤が内示された。

　同月19日，Ａは出勤途中で引き返してきて帰宅し，気持ちが悪くて出勤できないとX_1に述べてY_1会社への連絡を依頼した。

　Ａは同月24日出勤するそぶりを見せて自宅を出たまま帰宅せず，同月25日，自動車内に排気ガスを引き込んで自殺しているのが発見された。死亡推定時刻は同月24日午後８時ころであり，死因は一酸化中毒であった。

　なおY_2は，平成８年５月下旬ころまでにはＡが自殺未遂を起こしたことを知っていた。

　Ａの課長昇進後の仕事は，課内の統率，部下に対する指導等の仕事が加わったものの，そのほかは係長時代とほとんど変わらず，格別過剰なものではなく，通常朝８時に出勤し，午後６時30分ころに帰宅していた。

　また，Ａは，平成８年５月21日にX_2のために三洋電機クレジット株式会社との間で車両リース契約を締結した。X_2が心配して，そのようなことをして会社をやめられなくなってもいいのかとＡにたずねた際，Ａは病院に行ってよくなったから大丈夫だと答えた。

　本件は，X_1，X_2が，Ａの自殺に関してY_1会社及びY_2に対し損害賠償を請求し，またX_1が，Ａの死亡は業務上の死亡であるとして，業務上の死亡の場合に支給される退職金及び弔慰金から実際に支払われたＡの退職金及び弔慰金を控除した残額を請求した事案である。

原審判決[8]は、課長昇進後の職務が以前と比べて特段過剰になっていないと認定しつつ、Y_2が、使用者の負う「従業員の業務遂行に伴う疲労や心理的負荷等が過度に蓄積して従業員の心身の健康を損なうことがないように注意する義務」の内容に従って指揮監督権限を行使する義務に違反したと判示した。Y_1、Y_2（以下「Yら」とよぶ。）のAの自殺に対する寄与度については3割とし、さらに自殺者本人を支える家庭の重要性を考慮して、過失相殺類似のものとして5割の減額を行った。

東京高等裁判所は、控訴を一部認容し、一部棄却したが、その判決の内容は以下のようであった。

まず、「予見可能性の有無」に関しては、「……以上の諸事情に照らして考えれば、Aが、自分には嫁入り前の娘がいることや住宅ローンを返済しなければならないような家庭の事情があることを熟知し、一家の支柱であり課長職という立場にあることを自覚しながら、課長職が重荷であるなどと言って出社することを嫌がり、上司であるY_2からの強い説得に対しても涙を流しながら頑なにこれを拒絶するといった場面は通常では考え難いものというべきである上、Aについて医師からも一ヶ月の休養を要する旨の診断書が提出されたのであるから、Y_2としてもAの精神状態が単なる一時的な気分の落ち込みではなく、自分の意志の力では克服できない内的な障害があって、医師の治療によらなければ回復できない病的状態にあること、そして、単にAの訴えがあるだけではなく、医学的見地からもAは相当期間の休養を要する状態であったことを知ることができ、このままAに勤務を継続させた場合にはAの心身にさらに深刻な影響が及び、状況によっては自殺など最悪の事態が生じることもあるものと予見できたものというべきである。そして、Y_2が、Aが自殺未遂事故を起こしたことを知った平成8年5月下旬以降はより一層予見が可能であったということができる。

もっとも、Yらは、自殺する直前の平成8年5月7日から平成8年9月24日までの間（……）Aの勤務状態は極めて安定していたから、YらがAの自殺することは予見できなかった旨主張するが、上記①ないし⑥の事情に照らせ

---

[8] 浦和地判平成13・2・2労働判例800号5頁。

ば、この間Aは理性的な行動を保ち外見上問題のない勤務態度をとるため自己統制のための非常な努力をしていたものと推測できるのであり、Y_2もこの事実を認識することはできたものというべきであるから、上記のような勤務状態が認められたからといって、YらにとってAの自殺企図についての予見可能性がなかったとはいえない。

……確かにX_1が、Aの自殺が確実に起きるとか、差し迫った自殺の危険性があると判断していたならば、どのようにしてでもAを退職させたと考えられるから、X_1にはそれまでの予見はなかったということができる。しかし、だからといって、X_1にAの自殺企図についての予見可能性がなかったとはいえないのであり、X_1にとっては、Aが立ち直り勤務を継続してくれることに勝ることはないのであるから、仮にX_1がそのような期待を抱いたとしてもそのこと自体を直ちに責めることはできず、また、X_1にそのような期待が全くなかったとは断定できないけれども、X_1は、Aが再び自殺の企てなどをしないように精神科の医院を受診させたり、Aの身を案じながらAの様子を見守っていたものというべきであるから、X_1らが主張するような上記の事実は、X_1及びYらにAの自殺についての予見可能性があったことを否定する根拠とはならない。」と述べた。

次に、「注意義務違反の有無」については、「上記1の認定事実によれば、Y_2やBは、自分の個人的な利害や関心からAに対し勤務を継続するよう説得したものではなく（……）、むしろ、真面目で勤務成績も優秀であったAへの期待があり（……）、Aを発憤させることができれば、従前どおりAが勤務を継続することができると軽信して、Aの退職の希望を受け入れず、一ヶ月の休暇申し出を撤回するよう慫慂したものというべきであるが、前示のとおりAの精神状態は既に病的な状態にあって、医師の適切な措置を必要とする状況であり、このことはY_2にも認識することができたものというべきであるから、Y_2には、少なくとも課長職が重荷であると訴えて退職の希望までしていたAが、医師の診断書を提出して一ヶ月の休養を申し出たときには、Y_1会社に代わって部下であるY_1会社の従業員について業務上の事由による心理的負荷のため精神面での健康が損なわれていないかどうかを把握し、適切な措置をとるべき注意義務に従って、Aの心身の状況について医学的見地に立っ

た正確な知識や情報を収集し，Aの休養の要否について慎重な対応をすることが要請されていたものというべきであるから，Y_2にはそのような注意義務に違反した過失があり，また，Y_1会社も同様に従業員の精神面での健康状態についても十分配慮し，使用者として適切な措置を講ずべき義務に違反したものというべきである。」と述べた。

　第三に，「Aがうつ病に罹患していたか否か」については，「……これらの事情によれば，Aは遅くとも自殺未遂事故を起こしたころには心因性うつ病に罹患していたものと認めるのが相当である。」と述べた。

　第四に，「因果関係の有無及び過失相殺」については，「①　……以上の事実が認められ，これらの様々な要因が重なってAは再度の自殺の企てに及んだものと認められるが，Y_2が平成8年5月7日にAから一ヶ月の休暇願いが出された際にこれに対し適切な対応をし，あるいは，Aが自殺を図ったことがあることを知った時点で（前示のとおり……Y_2がAの自殺未遂事故を知ったのは平成8年5月末ころであった……），それまでのAに対する対応の仕方について再考し，Aの精神面での健康状態を調査して改めてAについて休養の必要性について検討していれば，平成8年9月24日にAが自殺により死亡することを防止しうる蓋然性はあったものというべきである。

　したがって，上記（2）のYらの注意義務違反とAの死亡との間には因果関係があるものというべきであるが，上記のとおりAの再度の自殺の企ての原因には様々な事情が競合し，Aの自由な意思が介在している面も否定できず，A自身の性格や素因から来る心因的要因が寄与しているものと認められ，Aの死亡による損害の全部をYらに賠償させるのは公平を失するものというべきであるから，Yらの損害賠償責任の範囲を判断するに当たっては，民法722条を類推適用して，Aの性格や素因から来る心因的要因を斟酌すべきものと考えられる。

②　ところで，前示のとおり，Aの勤務の継続や休暇願の撤回についてはY_2の説得等があったものであるけれども，それでもAやX_1が強く申し出れば，退職することや休暇をとることも可能であったと考えられ，主事試験についても受験するかどうかは本人の任意であるから，どうしても断ることができなかったというものではない。また，…AやX_1がI医師に対し，Aの自

殺未遂の話を打ち明けていれば，同医師はAが将来再度自殺を図る危険性があると判断し，もっと強力に自殺を防止する措置を採ったものと認められる。しかるに，前示のとおりX_1は結果的にはAの退職や休暇についてY_2の説得を受け入れる形になり，また，AやX_1がI医師にAの自殺未遂の話をしなかったのであるから，Aの自殺による死亡という結果が生じたことについて被害者側にも落ち度があったものというべきである。したがって，民法722条により，本件不法行為による損害賠償額を算定するに当たってはこの事情も斟酌すべきである。

③ そして，民法722条の過失相殺及び同条の類推適用により，上記①と②の事情を併せて後記（5）の損害から8割を控除し，残余の2割についてYらに賠償させるのが相当である。」と述べた。

第五に，退職金と弔慰金に関する請求については，「X_1は，Aの死亡は業務上の死亡であるとして，業務上の死亡による退職金について定めたY_1会社の退職金支給細則第7条，第12条に基づいて算定した退職金の額から実際に支払われたAの退職金の額を控除した残額，及び業務上の死亡の場合の慶弔金等を定めた見舞金支払規定第11条1項，第13条に基づいて算定した弔慰金，香典の額から，実際に支払われた弔慰金等の額を控除した残額の支払を請求するけれども，前示のとおり企画課長としての職務内容は格別過剰なものではなかったのであり，Aと同程度の知的能力及び身体的能力を有する者がAのような経歴を経て企画課長に就任した場合，専らその課長の職にあることの心理的負荷が要因となって心身に変調を来しその結果自殺を企図するといった事態が起きることは通常は考えられないから，Aの自殺企図には本人の性格や素因が大きく関与していたものであって，Aの死亡は業務上の死亡には当たらないというべきである。」と述べた。

3 本判決の分析

労働者の自殺に関して遺族が勤務先（及び上司）を相手取り，損害賠償を請求し，その請求が認められた（過失相殺の有無はともかく）近時の事件としては，たとえば，電通事件[9]，みくまの農協事件[10]，川崎市水道局（いじめ自殺）事

3 本判決の分析

件⁽¹¹⁾等がある。これらの事件ではいずれも，使用者が，当該労働者に過重な労働をさせたり，職場でのいじめを放置したり，そもそものマネジメントにおいて誤りを犯していた⁽¹²⁾。

それに対して本件は，使用者が当該労働者に過重な労働をさせたわけでもなく，いじめ等の問題が生じていたわけでもなく，ごく一般的な労働者に対するマネジメントを想定すればそもそものマネジメントの誤りはなかったと判断できるケースである。それにもかかわらず，休暇願が出された際に休養の要否について慎重な対応をしなかったことが，使用者の注意義務違反と評価され，遺族の損害賠償請求が二割の限度ながら認められたことが，本件の大きな特徴である。

以下，判決のポイントにつき指摘を行う。

まず，「予見可能性」については，一家の支柱であり課長職にあるＡが出社を嫌がり，上司の説得に対しても涙を流しながら拒絶したことと，医師からも休養を要する旨の診断書が提出されたことを考えれば，Ａが病的状態にあること，休養を要する状態であったことを知ることができ，このまま勤務を継続させれば状況によっては自殺の結果に至ることも予見できたと判断している。そしてＡが自殺未遂を起こしていたことを知った以降は，より一層予見が可能であったと述べている。

労働者が自殺未遂まで起こしていることを使用者側が知っていれば，病的状態にあり休養が必要で，勤務を継続させれば自殺の可能性もあると予見で

---

(9) 最二小判平成12・3・24民集54巻3号1155頁。
(10) 和歌山地判平成14・2・19労働判例826号67頁。
(11) 横浜地裁川崎支判平成14・6・27労働判例833号61頁，東京高判平成15・3・25労働判例849号87頁。
(12) 労働者の自殺に関して遺族側の損害賠償請求が認められなかった日赤益田赤十字病院事件（広島地判平成15・3・25労働判例850号64頁）は，使用者側のマネジメントに問題はなかったとされ，労働者が検査で犯した自らのミスにつき思い悩んだ末に自殺したと評価されたケースであったが，そもそもうつ病罹患をうかがわせる事情がなかったという事実関係であった。拙稿「検査で患者に膵炎を発症させた医師の自殺に関する病院の損害賠償責任」労働基準653号47頁参照。

きると明言できようが，本判決は，その事実を知る前についても，自殺の予見可能性があったと判断している。休職を思いとどまった後の4ヶ月と2週間の勤務状態が極めて安定していたことについても，Aが外見上問題のない勤務態度をとるため非常な努力をしていたことをY₂も認識できたとして，Aの自殺企図についての予見可能性を肯定している。

次に，「注意義務違反」については，判決は，少なくともAが休養を申し出たときに適切な措置を講じなかった時点では，使用者側に注意義務に違反した過失があると判断している。すなわち本判決は，欠勤が続いた後辞めたい旨を述べたAに対し，Y₂が「自殺できるものならしてみろ」などと勤務を継続するよう叱咤激励した平成7年6月の時点については，注意義務違反を認めず，従前どおり職責を果たしていた四ヶ月と二週間が過ぎた後，Aが再び落ち込んで辞めたい旨を述べた際に，Y₂が胸倉をつかんで大声で説得した平成8年4月の時点についても同義務違反を認めていない。Aが医師の診断書を添えて休職を願い出た際に休養の要否について慎重な対応をしなかった同年5月の時点で明確に義務違反の過失があったと判断しているのである。この点は，判決が述べるところの，会社の「従業員の精神面での健康状態にも十分配慮し，使用者として適切な措置を構ずべき義務」の内容を把握するのに示唆を与えるものである。

なお，判決は，Y₂が「従業員について業務上の事由による心理的負荷のため精神面での健康が損なわれていないかどうかを把握し，適切な措置をとるべき義務」に違反した過失があるという表現をしているが，本件に引きつけて考えれば，ここでいう「業務上の事由による心理的負荷」とは，平均的労働者にとっての過重負荷ではなく，当該労働者を基準として精神面での健康を損なう負荷を指していることになろう。

また，Y₁会社では，一週間欠勤するためには会社の指定する医師の診断書を添付して申し出なければならないと就業規則及び労働協約で定められていた。Aは会社の指定した医師以外の医師の診断書を添付していたが，判決がその点を問題にしていない点も興味深い。

第三に，「因果関係の有無及び過失相殺」については，判決は，Aがもともと精神的な負荷に対する耐性に弱い面があったこと，男手一つで自分を養育

3 本判決の分析

してくれた父が病を得て徘徊するようになりX₁にも苦労をかけて心労が重なっていたこと，そしてその父が亡くなったこと，心の支えだった友人が大阪に転勤になったこと，Aが悩みを発散させることが苦手であったことから，「これらの様々な要因が重なってAが再度の自殺の企てに及んだものと認められる」と判断している。そして，Y₂がAから休職願が出された際に適切な対応をし，あるいはAが自殺を図ったことがあることを知った時点で休養の必要性を検討していれば，Aの自殺を防止しうる蓋然性があったとしながらも，「Aの再度の自殺の企ての原因には様々な事情が競合し，Aの自由な意思が介在している面も否定できず，A自身の性格や素因から来る心因的要因が寄与しているものと認められ，Aの死亡による損害の全部をYらに賠償させるのは公平を失する」として，Yらの損害賠償責任の範囲を判断するに当たり，民法722条を類推適用して，Aの性格や素因から来る心因的要因を斟酌すべきであると判断した。

本件は，過重な労働をさせるなど使用者が不適切な管理により精神的健康の悪化の原因を作り出したのではなく，業務外のショックやA自身の心因的要因も自殺に寄与していると考えられ，Aの自由な意思が介在している面を否定できないという事情であるにもかかわらず，使用者の注意義務違反と労働者の自殺との相当因果関係が認められたことは，特筆に価する。

また，勤務の継続や休職願の撤回，主事試験の受験，医師に自殺未遂の事実を告げなかったことを被害者側の落ち度と考えて，これも損害賠償額の算定に当たり斟酌すべき事情としたことも注目される。

最後に，「退職金と弔慰金に関する取扱い」については，Y₁会社には，退職金支給細則と見舞金支払規定に，業務上の死亡の場合により高額の金を支給する旨の規定があったが，判決は「企画課長としての職務内容は格別過剰なものではなかったのであり，Aと同程度の知的能力及び身体的能力を有する者がAのような経歴を経て企画課長に就任した場合，専らその課長の職にあることの心理的負荷が要因となって心身に変調を来しその結果自殺を企図するといった事態が起きることは通常は考えられないから，Aの自殺企図には本人の性格や素因が大きく関与していたものであって，Aの死亡は業務上の死亡には当たらないというべきで」あると判断している。

業務以外の要因により精神疾患に罹患した労働者の自殺に関する使用者の損害賠償責任

本件は，使用者が労働者に過重な労働をさせるなどして労働者の精神的健康を害した事件ではなく，精神的健康を害した労働者に対する使用者側の適切な措置を講じる義務の違反が問題となった事例であった。判決はその点を重視して，社内的な規則上の取扱いにつきこのような判断を行ったものと考えられる。

4 一般的考察

業務以外の要因による傷病すなわち私傷病につき，使用者が何らかの措置を取るべき義務を負うか否かについては，過労死の増加が社会問題となって以降，注目が集まるようになった。

過労死が問題となる以前は，私傷病はプライベートな自己管理の領域で，労働者とその家族がイニシアティブを取るべきであり，使用者は自ら労働者の健康状態を把握して適切な措置を取る義務までは負わないという考えが強かった。しかし，過労死対策の必要性が論じられるようになった後には，労働者個人が管理を行うべき私傷病についても，使用者の命ずる業務命令によ

---

(13) 安西愈「健康管理とメンタルヘルス」萩澤清彦・花見忠・山口浩一郎・中嶋士元也編『労使関係の法律相談（第3版）』（有斐閣，1999年）281頁。
(14) 「健康診断結果に基づき事業者が講ずべき措置に関する指針」平成8・10・1健康診断結果措置指針第1号。
(15) 裁判例の中にも「使用者は，労働者を雇用して自らの管理下に置き，その労働力を利用して企業活動を行っているものであるから，その過程において労働者の生命，健康が損なわれることのないよう安全を確保するための措置を講ずべき雇用契約に付随する義務（安全配慮義務）を負っており，したがって，労働者が現に健康を害し，そのため当該業務にそのまま従事するときには，健康を保持する上で問題があり，もしくは健康を悪化させるおそれがあると認められるとき」には適切な措置を講ずべき義務を負うと述べるものが見られる（石川島興業事件・神戸地姫路支判平成7・7・31労働判例688号59頁）。ただし事案としては，帰宅時に工場出入口に通ずる一般通路に止まっていたフォークリフトに原動機付自転車で衝突した労働者が完全に回復しないままに復職し，その1カ月と20日あまり後に急性心不全で死亡したという事実関係の下，遺族が使用者に対し損害賠償を請求したというものであった。

ってそれが悪化し，重篤な健康障害に至るおそれのある場合には，使用者は労務管理上の配慮を行うべき義務を負うという説が有力となった(13)。これには，労働省（当時）の指針が，労働者の自己責任のみを強調するのは妥当でなく，労使が一体となって労働者の健康保持を考えなければ過労死がなくならないとの考えから，健康診断で高血圧等の診断を受けた労働者等に対し，たとえそれが業務以外の要因で引き起こされているとしても，使用者が産業医の助言する措置を取らなければならないとの考え方をとった(14)ことが，影響を及ぼしていると考えられる(15)(16)。

このような，私傷病についても，使用者の命ずる業務命令によってそれが悪化し重篤な健康障害に至るおそれのある場合には，使用者は労務管理上の配慮を行うべき義務を負うという考え方を，精神疾患とそれによる自殺にも及ぼすとすれば，業務外の原因や個体的要因により精神疾患に罹患していると見受けられる労働者についても，業務軽減等の措置を取るべきであると考えることも可能である。それでは果たしてそのように考えることは妥当であ

---

(16) また，基礎疾患たる本態性高血圧を有する労働者が過重業務により高血圧を増悪させ，脳出血を発症して過労死したことに関する損害賠償請求事件であるシステム・コンサルタント事件（東京高判平成11・7・28労働判例770号58頁）では，使用者の損害賠償責任が肯定されたものの賠償すべき金額については五割の減額が行われたが，使用者が定期健康診断の結果を知らせ精密検査を受けるよう述べるのみで，特段の負担軽減措置をとることなく過重な業務を行わせ続けたことを安全配慮義務違反と判断していた。業務が過重であったケースではあるが，被災者が自らの健康について何ら配慮を行っておらず，基礎的要因もその後の血圧上昇に対し何らかの影響を与えていたとされた事例において，使用者が精密検査を受けるよう述べるのみではなく，負担軽減措置をとることを安全配慮義務の内容と判断した点は，注目に値する。拙稿「労働者の脳出血死と使用者の安全配慮義務違反」『最新労働基準判例解説』258頁参照。なお，公務災害の後遺障害等により膝の具合が悪かったにもかかわらず膝への負担の大きい部署に配属され，入院を余儀なくされた刑務所職員からの安全配慮義務違反に基づく損害賠償請求を一部認容した宮崎刑務所職員（損害賠償）事件（宮崎地判平成14・4・18労働判例840号79頁）では，「公務員が何らかの疾患を有するときは，国は，当該公務員の疾患が増悪し，その生命及び身体を危険にさらすことがないようにして，当該公務員を当該疾患に関して有害な要因のある業務に従事させてはならない注意義務を負担」するとしている。

ろうか。
　　まず，精神疾患については，直接には健康診断項目に入っていないため，使用者が健康診断結果を見て罹患を把握するのが困難であるという問題がある[17]。そのため，別の方法で診断結果を知る必要があるが，職場で明らかな異常が見られても，本人やその家族が精神疾患罹患者に対する社会的偏見をおそれ，精神科にかかることに抵抗を覚えて受診を拒むことがある。その場合，使用者は長期にわたり専門家による医学的知見を得ることができない。わが国においてはプライバシーや人権等への配慮から，本人が受診を拒んだ場合，家族のみが本人を精神科に連れて行き受診させることを認められている。上司や同僚が言動から異常を感じても，産業医との面談すら業務命令として命じることができるとは必ずしも考えられていない[18]。自己決定権の問題を視野に入れれば，問題は更に複雑である[19]。療養を受けるか否か，またいかなる療養を受けるかにつき自己決定権があるとすれば，使用者側がイニシアティブをとるのは難しい。医学的裏付けなしに使用者が適当と信じる措置を取ることは，かえって疾患を悪化させる危険があり，また恣意的な措置と評価される可能性もある。
　　このように医師等の専門家のアドバイスを得ることの困難な状況の中で，使用者に何らかの措置を取る義務があるということは妥当であろうか。三洋電機サービス事件の判決のいう「従業員について業務上の事由による心理的負荷のため精神面での健康が損なわれていないかどうかを把握し，適切な措置をとるべき義務」が，当該判決の文脈を超えて，そうした内容も含んでい

---

(17)　一般的な問診では把握するのが困難であろう。
(18)　安西・前掲注(10)論文283頁。
(19)　精神障害者のすべてが自己決定権を有していないと考えることが誤りであることにつき，高井裕之「ハンディキャップによる差別からの自由」『岩波講座・現代の法14 自己決定権と法』（岩波書店，1998年）203頁参照。
(20)　岩出誠「従業員の健康管理をめぐる諸問題——業務軽減措置の内容とその履行上の問題および健康配慮義務とプライバシー秘匿権の二面性」日本労働研究雑誌441号（1997）12頁，拙稿「労働安全衛生法の課題」日本労働法学会編『講座21世紀の労働法7 健康・安全と家庭生活』（有斐閣，2000年）17頁参照。

ると解釈されるとすれば，使用者に不可能を強いることになる可能性がある。

またそうした義務の名の下に使用者が労働者の私生活まで管理を及ぼし，プライバシーを脅かす事態が生じかねないことも考慮すべきであろう[20]。

業務外の要因により精神疾患に罹患したと見受けられる労働者がいた場合，使用者が何をすべきかについて，行為規範をたてることは，現在のところ困難が伴う[21]。少なくとも言えることは，三洋電機サービス事件のように，家族が本人を医者に連れて行き，医師の診断書を取って使用者側に休職願を提出したようなケースでは，たとえその医師が使用者の指定した医師でなくとも，使用者が休職の要否につき慎重な対応をすべきであるということであろう。精神疾患の場合は特に，患者との相性のよい医師を選ぶ必要性が高く，どの医師のものであれ診断が出た時点で休職の指示を重く受け止める必要があると考える。専門家の知見が専門家以外の者の想像と異なることはありがちであるが，精神疾患罹患者に対する社会的偏見にさらされぬよう，慎重な検討を経ずに休職を断念させる上司の行為は，部下への好意から出たもので

---

(21) 損害賠償責任との関係では，使用者がどの時点から罹患を知り得たかの問題も重要である。

(22) 医師の指示が「休職までは必要ないが，配置転換による業務軽減が望ましい。」というものであった場合に，使用者は業務軽減をする義務を負うかについては，建設工事の現場監督を行ってきた者が私傷病を理由に事務作業勤務を申し出た事件で，労働契約上職種や業務内容が特定されておらず，同人にも遂行可能な事務作業が存在していたことから，債務の本旨に従った履行の提供であると判断した片山組事件の最高裁判決（最一小判平成10・4・9労働判例736号15頁，同差戻審・東京高判平成11・4・27労働判例759号15頁）が想起される。仮にこの考え方を及ぼすとすれば，労働契約上職種や業務内容が特定されておらず，同人にも遂行可能な事務作業が存在していた場合には，業務軽減をする義務が生ずることとなる。和田肇「労働契約の概念・意義・機能」東京大学労働法研究会編『注釈労働基準法』（有斐閣，2003年）196頁，水町勇一郎「賃金請求権の法的基礎」同研究会編『同』374頁参照。なお，前掲宮崎刑務所職員（損害賠償）事件判決は，国は「疾患を有する公務員がある業務に従事することにより当該疾患が増悪するおそれがある旨が記載された医師作成の診断書が提出された場合については，その診断書の記載内容が一見して不合理であるなど特段の事情がない限り，当該公務員を疾患を増悪するおそれのある業務に従事させる裁量までは与えられていない」とする。

あるとしても，注意義務違反のそしりを免れまい[22]。

5 結 論

　以上の考察から得られた一応の結論を示す。
　現在，脳血管疾患・心疾患に関して，私傷病であっても，使用者の命ずる業務命令によってそれが悪化し，重篤な健康障害に至るおそれのある場合には，使用者は労務管理上の配慮を行うべき義務を負うという説が有力となっている。この考え方を精神疾患とその末の自殺についても及ぼし，業務以外の要因により発症した精神疾患についても，使用者の命ずる業務命令によってそれが悪化し，自殺等重篤な結果に至るおそれのある場合には，使用者は労務管理上の配慮を行うべき義務を負うと考えるべきであろうか。
　業務以外の要因により精神疾患に罹患した労働者の自殺に関する使用者の損害賠償責任につき問題となる使用者の義務に関しては，労働者やその家族が治療のイニシアティブをとり，医者と相談の上，使用者に診断書を添えて休職の措置を願い出ているケースであれば，使用者が休職の要否につき慎重な対応をする義務を負い，それに違反した結果自殺等の結果が生じたのであれば，使用者は一定の損害賠償責任を負う可能性があると考える。
　しかし，労働者側がそのような行動に出ない場合については，精神疾患に関する検査が健康診断項目に入っておらず，使用者が医師等専門家の診察を受けさせることができない等の事情のために困難な判断が必要となる。使用者が医師の診断なしに適当と信じる措置を採ることは医学的には必ずしも妥当でなく，また使用者が先回りをして医師に診断をさせていかなる措置を取るべきかの指示を仰ぎ，その措置を採る義務を負うかという点については，労働者のプライバシーや自己決定権等との関係を検討し，使用者の業務命令権や情報収集権の範囲を明らかにした上で結論を出す必要がある。

労働関係上の付随的権利義務に関する感想的素描

中嶋士元也

はじめに——労働法は「品揃えがよく、しかし客の少ない百貨店」か

(1) ドイツ労働法学の有力な担い手のひとりである、ベルリン自由大学のK.Adomeit教授が「労働法は、スランプ状態」にあり、そして労働法は「最高級の商品を提供し、色彩豊かな品揃えをし、親切なサービスを備えているが、しかしいつもわずかな客しか現れない百貨店のようなものである」と深刻な弁論を展開したのは約20年も前のことである[1]。

このような、Adomeitの労働法に対する悲観的な認識は、煎じ詰めれば、次のようなことであったろう。現今のドイツ労働法は雇用過程の各場面において（色彩豊かに）、被用者＝労働者のみが働いている（arbeiten）という仮説（Hypothese）に囚われて彼に完全な保護規範を用意しようとしている（最高級の商品提供）が、その捉え方は、当該社会関係において片面的過ぎるのではないか、そのため、使いでが悪く、相携えて訪れる客が少ないと。そして、使用者は、労働法の中に入り込むべきだということが道徳的判断の下に置かれるとしても、何か事あるごとに重い責任を負わせられるとすれば、われわれの労働法を常に魅力薄いものにさせているのであると。

Adomeitにいわせれば、使用者は社会的に行動しているのである。使用者は、労働場所を創りだし、おまけにそれらに多くの配慮措置を施す。他方被用者というのは、まずもって社会的にではなく、むしろ利己的に考える。労

---

[1] K.Adomeit, Das Arbeitsrecht und unsere wirtschaftliche Zukunft (1985), Vorwort.

働法であるがゆえに,「使用者を発見」し(それが不可欠な第一歩である),しかも使用者は労働法上重要とされる保護の必要性を伴った人格的存在として発見されなければならない。そこでは労働者のみが働いているわけではないからである。

　Adomeit は,社会において,経済活動(国際競争力含む)と財政の均衡が不可避であるならば,法や政治もそれと不可分なものであって,そのような環境の中で労働法を考えていかなければ,労働法抜きのロボットが最も企業者に重んぜられる結果になるであろう,と主張しているのである。

　Adomeit のこのような主張は,彼自ら,アトランダムな感想であって提言といえるほどのまとまったものではない旨断ってはいるが,われわれにとっては衝撃的なものがある。われわれは,未だに「(首都圏各労働局の所轄下において)労働基準法,労働安全衛生法に違反している事業場割合は,すべての労働局で過去5年のうちで最高となった」(2003年厚生労働省定期監督=2004年7月12日付労働新聞)というような"不良事業主"が跋扈する雇用社会をみている。にわかには,Adomeit のいう社会思想(Sozialgedanken)の転換の主張に肯くわけにはいかない。しかし,私も,使用者が労働法を敵視するならまだしも(税法は誰にとっても歓迎されないのと同様に),使用者から無視されるような労働法理論ではいけない(税法なら誰しも無関心ではなく,必死に対応を学ぶであろう)と思っている。つまり,「始めから勝敗が決まっている労働法」では使用者は目を通さない(学ばない)であろう。労働法によって,使用者に何か適正な対処策を考えさせるような,そして使用者も学習しかつ実践するメリットのある労働法でなければならない(使いでのある労働法)のではないか。私は,このような見地でこれまでも過してきた。

　(2)　本稿の素描は,別に Adomeit の右のような労働法に対する危惧感と関係があるわけではない。ただ,実用法学の先端を行く労働法も,時には初心に立ち返って基礎理論を学ばなければならないのではないかとの感想を述べたかったに過ぎない。

1　労働関係上の権利義務設定の必要性と妥当性について

(1)　権利義務が多様になる必然性
(ア)　行為債務と継続的関係——信義則のフル稼動

　労働法は，由来，実定法上に根拠を有しない事柄が裁判上争われることの非常に多い分野である。しかし実際には，労働契約展開過程および労使関係展開過程において，多くの「権利」や「義務」が描き出され，また現に紛争解決の上で多大な機能を営んでいる。

　法律学の要諦は，「当事者間の適正な権利・義務の画定」ということであるし，労働関係は継続的契約関係であり，同時に人間の行動を規整する「行為債務」が中心の分野でもあるから，人間（労使）の多様な行動に合わせて多様な義務を発生せしめ，それに呼応した多様な権利を画定していくことが，解釈論の中心的課題となるのは必然的な現象であるといえる。しかし，最近の労働法解釈学は，余りにも容易に契約上の「権利」や「義務」を設定しすぎるのではないかというのが私の実感である。

　労働関係法における，明確な実定法規に根拠のない権利義務は，ほとんどの場合契約上の「付随的義務」とそれに対応する「付随的権利」の集積である。そして，その法的根拠は，ほとんどの場合「信義誠実の原則」（民法1条2項）である。

　(a)　信義則は，法律学上における「両刃の剣」であることは，わが国民法が主として学んだドイツ民法典における信義誠実の原則 (Treu und Glauben) が雇用社会において果たしてきた機能をみれば理解できよう。すなわち，ナチズム期への移行過程において，国家の強権的な賃金政策と相呼応して労働組合をして国家の政治的目的の下に隷属せしめ，これを公法的団体とみなすことによって闘争能力を否定しようとする一連の判決が出現する事態に至ったことがある。その際のライヒ裁判所の切り札は「経済平和」や「善良の風俗」と並んで「信義誠実」の原則であった[2]。

　(b)　例えば，信義則の下に労働協約法上の平和義務の協約相対性（相対的平和義務）は大幅に緩和された。その法的メカニズムは次のごとくである。

BGB（ドイツ民法典）157条は「契約は取引上の慣行を顧慮し信義誠実の要求に従い解釈することを要す」と規定し、同242条は「債務者は誠実にかつ取引上の慣行に従い給付をなす義務を負う」と規定する。しかし、「157条は、次第に後退して、一面解釈の堅実な尺度の用をなすと同時に、他面242条の忠実な侍女となった（ヘーデマン）」[3]といわれる。そして、判例法理によって同242条の守備範囲は、債務者にのみ信義則を強いることの不公平が認識されるにつれて権利の行使に際しての行為原則へと拡大されていった。その結果、同242条は「一般条項」（Generalklausel）としての性格を有するに至った。

(ウ) Wie から Was 及び Ob へ

次なる難問は、契約当事者間（権利と義務）において信義則の果たすべき機能の拡大をめぐる課題であった。その際最大の障害となったのが、同条が「債務の履行」についてのみ規定しているため、ドイツにおいて以下のような法思想が普及していたことであった。すなわち、同条は債務ないしは権利義務の存在を前提にして、その履行の仕方（Wie＝給付の仕方）だけに関する規定というべきであって、そもそも権利義務が存在するか、いかなる範囲の給付をすべきか（Ob und Was）の問題を決定すべきものではないと。

しかし、やがて信義則は債権債務関係の全体の内容について、どのように給付すべきか（Wie）ということから、いかなる範囲の給付をすべきか（Was）、そしてそもそも給付自体が基礎づけられるか否か（Ob）をも支配するという学説上の認識が定説化するに至り、やがて判例もこれに従うこととなった。その際、最も戒められるべきは、ナチズム期の裁判所にみられたごとくの、信義則の汎用による国民生活（労働者活動）に対する過度の規制現象、すなわち義務の設定である。

そのため、ドイツ民法学にあっては、第二次大戦後になって、ナチズム期への反省に基づき、Siebert[4]、Esser[5]、Weber[6]等によって、信義則の機能

---

(2)　中嶋士元也『労働関係法の解釈基準（上）』（論文集）（1991）100頁。
(3)　我妻栄「公共の福祉・信義則・権利濫用の相互の関係」末川博古稀記念論文集（1967）54頁。
(4)　W.Siewert,Treu und Glauben (Erläuteurngen zu §242BGB., Sonderdruck aus Soergel=SiebertBGB, 9Aufl., 1959) S. 290.

の分類作業が行われた。つまり、白地条項への"書き込み作業"による解釈基準の設定である。これらにおける論議状況は、好美清光教授によってわが国にも紹介され[7]、同教授はそれらドイツ学説に依りつつ、信義則の果たす機能をわが国財産法との関連で詳細に検討された。そこにおいて、契約上の主たる義務に付随する「従的義務」は、裁判官の「職務的機能」のうちの「債務者に対する『基準的機能』」の中のひとつに数えられている。その際に、同教授によって析出された付随義務としては、契約の展開過程に応じて、注意義務、通知義務、保護義務、競業避止義務、一定の不作為義務等があった。

(ウ) 契約の実現に不可欠な手段的義務

労働関係は、一身専属的な関係において成立する継続的な契約関係であるし、社会法的な関係であることは疑いがないのである（今次の労基法改正による18条の2の設置はそのことを端的に確認したものである）から、当事者の主たる義務（労務提供義務、報酬支払義務）そのものよりも、契約の「存続」確保のための解釈的操作が宿命的に要求される分野である。そのため、労働関係は、他の財産取引行為類型と比較したとき、当事者のあまたの行動規範（社会的規範含む）の複合体として展開していくべきことをより強く念頭に置かざるを得ない。このことは、煎じ詰めていえば信義則機能の広汎な作用を意味し、「明示的に合意された主たる義務等の実現・保護に有用ないし不可欠な手段的義務すなわち付随的義務」は拡大の方向を示すことになろう。

(2) 債務としての特定性が明確で規範的効果を与えるにふさわしい

このような、信義則を基礎とする付随的な義務（権利も同様）にも、わが国解釈学上（判例・学説）多様なものが設定され、なお拡大しつつある。それでは、その際、「債務」「義務」として、法的に認知される要件は、どのようなものであるか。

---

(5)　J.Esser, Schuldrecht, 2Aufl., 1960, SS.99〜100.
(6)　W.Weber, Treu und Glauben (§242., Sonderband aus Staudingers Kommentar, 1961) S.10.
(7)　好美清光「信義則の機能について」一橋論叢47巻2号190頁。

わが国労働法学上付随義務として定着し、判例法理上に上絶大な効能を発揮してきた代表的なものに、例えば平和義務（労働側）ならびに、安全配慮義務（使用者側）があるので、これらを参考にして考えてみよう。

(ア)　例えば平和義務

　平和義務に関する私の主張は以下のごとくである。私見によれば、同義務につき、労働協約の一般的民事契約に対する特異性からこれを導くわが国通説は妥当ではなく、「協約期間中協約所定事項の改廃を求めて争議行為をしない義務」は、一般契約法理から導かれるところの「契約内容の完全な遵守・履行を確保するためにその遵守・履行の前提となる契約の存立を尊重する義務」の一内容である。このような内容を有する"平和義務"は、協約（契約）当事者に課せられる協約規範遵守・履行義務の付随的義務として措定されているというべきである。したがって、私の立場では、"平和義務"が、不作為義務としての付随義務である限りでは、通常の私法的取引においては契約の廃棄に同意するよう契約の相手方に対し実力行使をもって強要することは事実上あり得ないものの、理論上その実力行使（争議行為）を禁止する義務を一般契約法理からは導き出せないということにはならない。しかし、「平和義務」は、かような不作為の義務のみに止まらない。平和義務は「協約締結団体が、自己の構成員が協約違反の行動にでないよう働きかける（作為義務）」をも包含していると理解されている。この作為義務（働きかけの義務）は労働協約法秩序のなかで根拠づけるほかあるまいと思われる。このように、協約の付随義務とはいえ、労使関係秩序の根幹をなす作為、不作為の両義務を「平和義務」と呼んで独立の地位を与え、同義務自体への違反の民刑事責任、同義務の履行請求権の有無、同義務違反の争議行為に対する差止の仮処分の可否等を法的考察の対象とすることはきわめて妥当であり、有意義なものである[8]。すなわち、付随義務としての「平和義務」を措定した法的意義は非常に大きい。

(イ)　例えば安全配慮義務

　一方、使用者の付随義務として措定された安全配慮義務の法的特定性ない

---

(8)　中嶋・前掲書185頁。

1 労働契約上の権利義務設定の必要性と妥当性について

し独自性はどうであろうか。ドイツ民法においては，BGB 618 条の事業場の安全配慮義務に関する規定からの義務，伝統的にドイツにおいて信義則を基礎にして学説・判例上形成されてきた保護義務 (Schutzpflict) ならびに不法行為法上の注意義務（823 条 1 項）の相互関係は相当複雑な様相を呈する[9]。

わが国の場合，この課題を考える上で論ずべき課題は三つに整理できよう。第 1 は，不法行為法上の注意義務規範のほかに，雇用契約法上の当事者（実際は使用者）の付随義務として「安全配慮義務」を措定する法的意義はあるのか。第 2 は，仮に単発的な「災害・事故」に関しては両者の間に差異はなく，したがって安全配慮義務の独自性は認められないとしても，職務遂行過程における「病弊の蓄積・疾病への罹患」を防止し軽減するという積極的措置の側面に関しては，なお「安全配慮義務」措定の独自的意義があるのではないか。第 3 に，従来の安全配慮義務違反問題の照準は，被災労働者の損害賠償請求権（事後救済）の発生要件いかんに当てられていたが，より進んで，同義務に対応する労働者の「安全配慮義務履行請求権」あるいは使用者の同義務に対応した「労務給付拒絶・停止権」といった，いわば労働者側の「予防措置権」（事前措置）をも認めるべきではないのか，といった諸点である（第 3 の課題は，別個に次項で取り扱う）。

　(a)　(i)　上記第 1 の論点は，主として新美育文教授が，平和義務の独自的存在意義を疑問視したことによって提起されたものである[10]。ここでは，特に義務内容の特定・帰責事由・帰責事由の立証責任問題，安全配慮義務の履行補助者の過失と帰責問題，同義務違反による損害賠償請求権の消滅時効問題が俎上に載る。それらの検討を通じて，判例・学説が形成してきた安全配慮義務を債務不履行構成として提示する意義に乏しいという主張がなされる。

このような主張と判例・通説による把握とは，例えば安全配慮義務の内容に関し差異を生ずる。最高裁判決の論理は，①「（勤務者の）職責に不可避的に内在している危険の限界を超える」場合に，国は危害の可能性を排除する

---

(9) 奥田昌道「安全配慮義務」（石田・西原・高木還暦記念論文集，1990）20 頁以下参照。
(10) 代表的な論説として，新美育文「『安全配慮義務』の存在意義再論」法律論叢 60 巻 4・5 号 583 頁以下。

労働関係上の付随的権利義務に関する感想的素描

に足る「(人的・物的)諸条件を整える義務」を負う(陸上自衛隊朝霞駐屯地事件・最3小判昭和61・12・19労働判例487号7頁)。②つぎに,「人的・物的諸条件の整備」とは無関係な義務は安全配慮義務には包含されない(航空自衛隊保安管制気象団・最2小判昭和58・12・9集民140号643頁)。③したがって,自衛隊員の車両運転・航空機操縦上の通常の注意義務違反(過失)は国の安全配慮義務違反を構成しない(陸上自衛隊331会計隊事件・最2小判昭和58・5・27民集37巻4号447頁),というものである。

これに対し,強い反論が二つの視点からなされた。ひとつは,労働契約上の付随義務としての安全配慮義務の存在自体は容認するが,判例法理における同義務の範囲の画定の仕方は誤っているとの趣旨を主張する立場である。使用者の安全配慮義務違反の問責には,安全配慮義務の内容を吟味すれば必要かつ十分である。仮に使用者自ら操縦を行うのであれば当然操縦行為は同義務の内容をなすのであるから,操縦行為に履行補助者を用いた場合でも同断であり,改めて履行補助者の故意・過失の性質を論ずる必要はないと主張するものである(11)。いまひとつは,上記最高裁判決は,使用者責任論(民法715条)からの帰結と整合しないのみならず,妥当ではないとの立場からの批判である。すなわち,使用者責任論によれば,被用者の選任・監督に関し使用者の責任は判例法上事実上の無過失責任とされているのに,安全配慮義務違反を理由として債務不履行責任を追及する場合には問責の範囲が不当に狭められることになり,わざわざ安全配慮義務概念を設定することへの民事救済法上の存在意義を疑問視する見地からの批判である(12)。

(ii) 私は,この問題については迷いに迷い,当初前掲陸自331会計大隊事件判決に関し疑問を呈したが(13),のちに改説し,「おもうに,『為す債務』に関する契約の解釈上,債務につき相手方(債権者)に対する債務を設定し,法律上その債務内容の実現を迫る場合,およそ債務者自身による処理・干渉を

---

(11) 岩村正彦「自衛隊機の同乗者に対する国の安全配慮義務の内容」(労働判例研究)ジュリスト785号136頁以下。林豊「交通事故と安全配慮義務」裁判実務大系8(1987)506頁以下。
(12) 新美・前掲論文596-597頁。

期待しえない事態にまでその『債務』内容を拡大することは不可能ではなかろうか。これを容認するには，特段の合意ないし実定法上の根拠」（例えば，商法590条や民法715条による選任・監督上の無過失の抗弁を封ずる長年の裁判所の操作）を要するはずであり，「運転操縦行為は公務員や被用者の業務遂行中の行為であっても，国や使用者が現実に危険防止措置を施し，干渉行為を行うに適しない（不可能な）事態である」との趣旨を述べたのであった[14]。私のこの主張に対しては，下井隆史教授からは賛意を受けたが[15]，新美教授からは，ここでは事実としての干渉困難性が規範としての干渉必要性をどこまで軽減・干渉できるかが問題であるとの視点及び使用者責任における使用者の選任・監督義務との整合性の観点からの批判を受けることとなった[16]。

(iii) これらを要するに判例法理は，債務履行に履行補助者ないし被用者を用いる場合，不法行為（使用者）責任を求める訴えでは時効は3年だが問責できる範囲は広くなること，債務不履行構成（安全配慮義務違反）によれば時効は10年だが義務内容が制限的になることを十分認識し容認して，いずれを選択するかの自由を提訴人に委ねる構想をもっていることを示している（そのような論調の調査官解説を確かに読んだ記憶があるが，出典を発見できなかった）。ただし，現今，安全配慮義務違反に基づく損害賠償債権も不法行為同様3年の消滅時効に服さしめるべきだとの主張も強まっており[17]，さらには，近時の電通事件（労働者の業務上における心身の過重負荷がうつ病を誘発し自殺に至ったことにつき，使用者の債務不履行あるいは不法行為責任を構成するかどうか争われた事案）に関する最高裁判決（最2小判平12・3・24労働判例779号13頁）においては，「安全配慮義務」なる用語は一切用いられず，「注意義務」なる概念をもって処理した（その意味ついては，中嶋の論説参照）[18]。将来的には相

---

(13) 中嶋「自衛隊幹部の自動車運転行為と国の安全配慮義務の範囲」（労働判例研究）ジュリスト827号90頁以下。
(14) 中嶋・前掲書273頁。
(15) 下井隆史『労働基準法［第3版］』(2001) 396頁。
(16) 新美・前掲論文596頁。
(17) 辻伸行「安全配慮義務違反に基づく損害賠償と消滅時効規範」上智法学論集39巻3号1頁以下。

互の流動性を推測させる事柄かもしれない。ともあれ，平和義務は，現にそれ自体で債務として特定され，法解釈学上に独自の地位と規範性を発揮しつつ今日に至っているということができる。

(b) 奥田昌道教授は，かつて，ドイツ民法における雇用契約上の安全配慮義務 (Fürsorgepflicht) と「特別の社会的接触」を有するに至った当事者の一方または双方に課せらる保護義務 (Schutzpflicht) とはまったく別の過程を経て判例・学説上に登場をしたことを指摘しつつ，一方で物的危険の防止といった場面で機能する保護義務とは異なり，「保護義務の尽き果てたところから使用者の固有の安全配慮義務が始ま（り）」，他方で「使用者には，単に自己の行為によって労働者の人身を侵害することのないよう振る舞う（不法行為規範のもとでの不可侵義務）のみならず労働者の健康管理面で積極的にさまざまの措置をとることが義務づけられる。これは一般的な保護義務の内容あるいは限度を超えたものといわざるを得ないであろう」[19]と説いた。この指摘によれば，「物の危険」に対する生命・身体の保護は一般的保護義務でも相当程度に救済可能であるが，「自己の行為の危険」からの保護の側面においては，保護義務ないし不法行為規範で処理できる場面は限定的であり，その弱点を克服し，雇用関係において「積極的かつ拡大的措置義務」を使用者に講ぜしめるべき機能を果たすのが安全配慮義務の存在意義であるという理解になる。

(c) 私はこの指摘に示唆を受けて，物（材料・器具）の危険からは災害も生じ疾病（粉じん，有毒ガス等に起因する）も生ずるが，「健康管理面での積極的措置の要請」は，一回性の災害よりもむしろ蓄積的な疾病を防止し回避する場合に固有の効能を発揮するのではないかと考え，従来の学説のように主として一回性の災害に関する事案を考察対象として安全配慮義務論の骨格と内容を把握しようとすることは，いささか視野を狭くするのではないかとの思いに駆られた。その思いを契機として，私は「職業性疾病・作業関連疾病と安全配慮義務」(2000年)を発表した[20]。

その際俎上に載った裁判例は，頸肩腕症候群，難聴，振動病，呼吸器疾患，

---

(18) 中嶋「業務上の過重負荷と民事賠償責任」ジュリスト 1197 号 20 頁以下。
(19) 奥田・前掲論文 25 頁。

腰痛，循環器系疾患，有機溶剤中毒，各種ガン，ヒソ中毒，放射線障害，マンガン中毒，消化器障害，CO中毒，うつ病・自殺などに関する事案である。そこでは，「疾病」との係わりにおいて機能する場面としては，第1に疾病の防止段階，第2に増悪の回避段階（罹患後の措置段階）での措置義務（安全配慮義務）が措定されているとみることができた。

（ⅰ）第1の疾病の防止段階における主たる問題は，安全衛生法令を安全配慮義務にどれだけ取り込めるかあるいは取り込めないかということである。そして，判決例にあっては，安衛法22条，23条，59条，60条の2，65条，66条及びそれらの付属政省令によって詳細化された事項のひとつないしはそれらの総体が「安全配慮義務」の内容を形成するものとして捉えられている。

もっとも，公法上の実定的な安全衛生規定がただちに安全配慮義務の内容になりうるかについては争いがある。私は，かつて，「安全衛生関係法令の実行義務は使用者の裁量などの入り込む余地のない明確な基準であれば，それ自体安全配慮義務の中核的部分を構成すると解してさしつかえなかろう。典型的結果債務として捉えられているといってよい」と把握し，そのことを原告（被災者）側の立証責任を軽減させる方向で反映させる見解を示した[21]。

これに対しては，民事訴訟法学の松本博之教授から，「この（中嶋の）見解には次のような疑問がある。〔安全配慮義務の設定につき〕物的設備にせよ人的措置にせよ安全衛生関係法令に定めがあるのとないのとで，どうして決定的な差異が生じるべきなのか」[22]との批判を受けた。たしかに，安衛法令中には，例えば3条，58条，62条等のように，これをそのまま契約当事者間の権利義務として設定させるには余りに漠然としていてそれ自体から私法的効果を導きだすには不適当な規定が少なくない。そこで私は，「使用者の裁量などの入り込む余地のない明確な基準」であることを高度の契約義務として取り入れる要件としたのであったが，そうすると今度は，付属政省令の膨大な措

---

(20) 中嶋「職業性疾病・作業関連疾病と安全配慮義務」（花見忠古稀記念論集、2000）115頁以下。
(21) 中嶋・前掲書（解釈基準（上））270頁。

置内容のすべてをそのまま実現するのでなければ常に安全配慮義務に陥るということになり,それは使用者に不可能を強いるに等しくなる。それらの中には行政的措置を通じて時間をかけて行わざるを得ない類いの事項も少なくないからである。逆に,安衛法令のみを遵守していたのでは使用者の私法上の義務の内容としては足らない場面も多々あろう。

裁判例においては,安全配慮義務を⒜安全衛生法令を遵守すべき義務として措定する立場と,⒝安衛法令上の規定を斟酌して措置する義務を使用者に課する立場とに分かれるが,前述の観点からして⒝の立場を妥当とすべきである[23]。ただし,その場合でも,多数のケースにあっては,安衛法令の内容とおおよそ同一の「趣旨・基準」に基づく公法上の措置義務が,私法上の安全配慮義務としても実質的妥当性を有することに変わりはないであろう。それはまた,立証責任の分配に影響を与えることは確実である。これをもって,松本教授の批判への回答としたい。

(ii) 上記第2の,疾病の増悪回避段階の義務は区々に分かれる[24]。しかし,例えば,「(労働者の)健康に異常の疑いがある場合には早期にその状態を確認する」義務があり,つぎに「異常が発見されたときには医師の指示に従って」措置する義務(京和タクシー事件・京都地判昭和57・10・7労働判例404号72頁)がある場合のように,複数の義務が相互に密接に関連し,あるいは段階的に把握されざるを得ない場合もあるが,この場合でも「債務の特定性ならびに独立性」に欠けることがない。これらは,信義則の機能のうちWasの範囲内で認識できるものであろう。

(3) 屋上屋を重ねるべきではない
(a) 私は,契約上中核的な要素をなす権利義務がすでに明らかである場合,

---

(22) 松本博之「安全配慮義務の現状と課題」(日本私法学会シンポジュウム報告)学会誌私法52号33頁。
(23) 同様の視点から詳細に論じた論説として,小畑史子「労働安全衛生法規の法的性質(1)~(3・完)」法学協会雑誌112巻2号,3号,5号。特に同5号648頁以下を参照すべきである
(24) 中嶋・前掲論文(注(20))127頁以下。

これにフリンジを付けることは解釈学上当然許されるべきであるが，これを別の概念でいい換えて，これにもっぱら実用的な便宜性のみを与えようとしたり，そのことによって好ましくない副作用が生ずる場合には，これを厳に慎しむべきだと考える。

わが国の労働法学において最高裁が示した「企業秩序論」は，このような代表的な一例だと思われる。最高裁は，かねて，労働者の「企業秩序維持義務」（国鉄中国支社事件・最1小判昭和49・2・28民集28巻1号66頁等）を措定し，使用者の「企業秩序定立・維持権限」（富士工業事件・最3小判昭和52・12・13民集31巻7号1037頁）を宣言して，「企業秩序」なるものを，「（企業を）構成する人的要素及びその所有し管理する物的施設の両者を総合し合理的・合目的に配備組織」（国鉄札幌駅事件・最3小判昭和54・10・30民集33巻6号547頁）することであると定義づける。しかし，これは経営学的な概念に過ぎないのであって，法律論的には「企業秩序を維持確保するための債権債務関係である」ことを述べていることになろう。とすれば，「企業秩序を維持確保するための債権債務関係」の発生及び展開は，従来雇用契約の本質的な要素としてすでに容認されているところの，労働関係論の二大支柱たる「労務指揮権」論及び「施設管理権」論ならびにそれに対応する労働者の「服従義務」の解釈操作で十分であるはずである。にもかかわらず，最高裁が展開した企業秩序論は，世上に，最高裁は労働契約外に超然として"企業秩序権"という上位概念が存在しているかのごとくに受け取られた。すなわち，最高裁が，例えば「企業秩序とは，使用者による労務指揮権の行使及び施設管理権の行使に際しての適法性またはそれらに対置される労働者の義務の履行範囲を画定するひとつのしかし主要な判断要素である。そして，労働者による企業秩序違反は，右義務違反の違法性従って右権利行使の適法性を結論づける主要な要因である。そして，企業秩序違反行為（規律違反行為）によって右権利行使を妨害した労働者には，懲戒規定に従って懲戒処分が科せられる」と立論すれば，企業秩序論はこれほど紛糾しなかったと思われる。

(b) ところで，企業秩序維持・定立権の機能する場（内容）は，①服務規定・懲戒規定の設定権限，②労務提供過程での具体的指示・命令権，③施設管理権能，④懲戒権能であり，通常これらの権能によって企業秩序はほぼ全うさ

れる。これらのうち「労務指揮権」の機能ならび契約上の信義則機能（付随的権利の操作）をもってしては対処できない場面は見当たらない。ことさら「企業秩序権」なる，実定法上に何らの根拠のない概念を用いる必要はない。私が，精査した限りでは[25]，裁判例に現われたほとんどすべての事案は，上記①～④の領域内で提起されたものである。「労務指揮権」のほかに「企業秩序権」なる概念を措定しないと解けないかもしれないと一応思わせるのは，「休憩時間を利用したビラ配布」の"企業秩序違反"の事例であった（目黒電報電話局事件・最3小判昭和52・12・13民集31巻7号974頁）。最高裁は「休憩中は労務提供やそれに直接付随する職場規律に基づく制約は受けないが，右以外の企業秩序維持の要請に基づく規律による制約は免れない」と説示した。当該ビラ配布は，昼休みに食堂で平穏に行われたため，施設管理権への実質的侵害は認定できず，また休憩時間であるため労務指揮権の範囲内の問題でもない。そこで「右以外の企業秩序…」という独自の規律権能の領域を設定せざるを得なかった。ただし，就業規則上のビラ配布行動に許可を求める規定違反については，実質的違法性はないとしてこれへの懲戒処分は否定した（この判旨の手法は，その後明治乳業事件・最3小判昭和58・11・1判時1100号151頁等へ受け継がれている）。しかし，ビラ配布行動は，休憩時間中といえども，実質的違法性が顕著であれば，施設管理権能で十分処理できる事柄である。「企業秩序」を持ちださなければ対処できない事態ではない。かくして私は，最高裁の打ち立てた「企業秩序論」は屋上屋を重ねる無用な法的概念と考えている。

(4) 規範効果の不明な付随的権利義務の設定

私が，これまで延々と晦渋な論を展開したのは，労働契約関係を検討する場合，付随的にせよ「権利・義務」を措定する（Was ないし Ob）ことは，それぞれの権利義務の法的位置づけ（特定性）や違反の場合の法的効果（救済方法）を十分意識すべきであって，単に「労働者・使用者を規制するためにないしはそれらに注意を喚起するために必要である」とか実際上有効であるとか

---

[25] 中嶋「最高裁における『企業秩序』論」季刊労働法157号128頁以下。

のみに目を奪われてはいけないのではないかということである。この点につき最近の解釈論の現状をながめてみよう。

(ｱ) 最近の付随的権利・付随的義務の内容

最新の体系書によれば[26]，労働者の付随的権利として，①現実的危害防止措置を要求できる権利（作業環境改善措置要求権，労務停止権），②人格的利益を尊重される権利（一般的人格的利益の保障，労働関係に特殊的な人格的利益の保障），③就労請求権を挙げ，労働者の付随義務としてⓐ企業秩序遵守義務，ⓑ調査協力義務，ⓒ秘密保持義務，ⓓ競業避止義務，ⓔ兼業禁止義務，ⓕ引抜き行為抑止義務を挙げている。これらのうち，①は，労働法思想としては「前進的」であるが，なお「法的」検討を要する（後述2参照）。これに対し，②③に伴う労働者の被侵害法益の特定はさほどには困難ではなく，またⓐ～ⓔは，債務としての独自性・特定性があり，違反の場合の規範的効果はそれぞれに異なるもののそれぞれにおいてほぼ明確にされ得る。問題は，義務違反行為に対する差止め請求である。これに関しても，ⓒについては，不正競争行為についての差止めが法認され（不正競争防止法3条1項），ⓓに関しては「競業行為により現実に利益侵害が生じまたは具体的侵害のおそれ」を要件に，帰趨が決せられる（肯定例としてフォセコ・ジャパン・リミッテッド事件・奈良地判昭和45・10・23判時624号78頁，否定例として東京リーガルマインド事件・東京地決平成7・10・16労働判例690号75頁）。

(ｲ) 付随的義務として疑わしい例

これに対し，債務としての特定性・独自性や違反の場合の法的強制の是非ないし規範的効果が曖昧なままに，使用者の「義務」とされているものがみられる。

(a) 年休取得させる「配慮義務」

(i) いわゆる成田闘争に参加するために年休の時季指定をした職員に対して，当局が勤務割変更を行わないまま（代替勤務希望者の申し出を拒否した），

---

[26] 小西国友＝渡辺章＝中嶋士元也『労働関係法［第4版］』(2004) 150頁，156頁以下（渡辺）。なお，土田道夫『労働法概説Ⅰ［雇用関係法］』(2004) 46頁以下，山川隆一『雇用関係法［第3版］』(2003) 79頁以下の分類もほぼ同様である。

労働関係上の付随的権利義務に関する感想的素描

「事業の正常な運営を妨げる場合」に該当することを理由として行った時季変更権の適法性が争われた有名な弘前電報電話局事件に関する最高裁判決（最2小判昭和62・7・10民集41巻5号1229頁）は、「（労基法の）趣旨は、使用者に対し、できるだけ労働者が指定した時季に休暇を取れるよう状況に応じた配慮をすることを要請している」と説示し、他方「使用者としての通常の配慮をすれば、勤務割を変更して代替勤務者を配置することが客観的に可能な状況であると認められるにもかかわらず、使用者がそのための配慮をしないことにより代替勤務者が配置されないときは、必要人員を欠くものとして事業の正常な運営を妨げる場合に当たるということはできない」と述べた。最高裁独特の持って回ったいい方であったので、この文脈をめぐって学説上の把握の仕方は分かれた。まず、「信義則上の義務としての『年休所得配慮義務』」[27]、「代替要員確保義務」[28]、「状況に応じた配慮をする義務」[29]が措定されたものと積極的に捉える立場があり、反対に「義務」化を明確に否定して「最高裁は「義務」という語は一度も使っていない」と喝破し[30]、同様にこれをより法律論的に把握し、「使用者は年休実現のための配慮『義務』を負うといわれることがあるが、ここでの『配慮義務』とは、私法上の債務ではなく、配慮を尽くしたかどうか時季変更権行使の適法性の判断を左右することを示すものと考えられる」との正当な解析を示すなどの見方[31]があった。その中間にあって、「ここではより積極的な使用者の『配慮（義務？）』を想定しているのではないか」とクイッションマーク付の自信なげな論評をしたのは私であり[32]、同様に「使用者の配慮（義務）」とやはりカッコ付きで整理した学説[33]もある。

　(ⅱ)　これに対し、岩渕正紀調査官は、私（中嶋）の立場につき、最高裁判例が「配慮義務」を設定したと理解している立場として分類し、「しかし、『義務』という用語を、その履行が法的に強制される、又はその不履行に対して

---

(27)　小西「使用者の時季変更権」季刊労働法146号156頁。
(28)　小西＝渡辺＝中嶋・前掲書324頁（渡辺）。
(29)　菅野和夫『労働法［第6版］』(2003) 317, 321頁。
(30)　野川忍「年次有給休暇の使途」ジュリスト・新版労働法の争点247頁。
(31)　山川・前掲書183頁。

不利益な法的効果が加えられるというものとしての本来的な意義において用いているのであれば、右のような理解は正しくない」(34)との批判を加え、その理由として、時季指定の場面においても、時季変更権行使の場面においても、「配慮する」という使用者の行為自体が独自の判断要件として組み込まれることは法文上あり得ないことを指摘した。それは「事業の正常な運営を妨げる場合」か否かの判断過程におけるほんの一視点（アプローチの手段）に過ぎないことを明らかにした。私自身としては「義務なんかになり得るの？」といった意味で付けたクイッションマークであったのだが、岩渕調査官の私見に対する把握の仕方はやむを得ないことであった。「債務＝義務」といっても、その拘束性に強弱・濃淡があり得ることは解釈学上も一概に否定されるべきではないが、仮に当該労働者が「時季変更権の行使としては有効でも、使用者には配慮義務を怠った契約違反があり、自分にはこれこれの財産的損害、これこれの精神的損害が生じた」と訴え出たならば、「配慮義務」説を唱える諸論者は、これを何と処理するであろうか。

かようにして、右のことは、労働者保護の思想の余り、ある場面における、権利行使における濫用判断に際しての「社会的要請」（条理上の要請）を軽々に「義務化」などしてはいけないことを教えてくれている(35)。

(b) 私生活・家庭生活に対する「配慮義務」

最近、わが国で展開される労働契約において、「職業生活領域の論理が過度に私的領域に侵入していると思われる」との危惧の念から、労働者の「私的領域の確保の法理」の確立をめざし、あるいは職業生活（業務命令）と家庭生活との両立のための調和的解釈を試みる有意義な研究がみられる(36)。

(i) 島田陽一教授は、「使用者の私生活配慮義務」の見出しの下で、「労働条件の労使対等決定の原則からすれば、労働者の真意にもとづく自己決定をできる限り尊重すべきであろう。そのために、職業生活における労働者の義

---

(32) 中嶋「最高裁における時季変更権の理論」ジュリスト894号103頁。
(33) 土田・前掲書143頁。
(34) 岩渕正紀・昭和62年度最高裁判所判例解説［民事篇］456頁。
(35) 時季変更権と配慮の問題状況を簡明にかつ適切に分析した好解説として、奥田香子「時季変更権と使用者の配慮」労働判例百選［第7版］124頁以下。

務の設定において，使用者に労働者の私生活への配慮を求めることになる」との基本的視点から出発し，「転勤，単身赴任」ならびに「時間外・休日労働」を具体的な考察の対象とする。

そして，そのうちの「単身赴任」につき，以下のように説く。①人選において「余人をもって替え難い」こと，②単身赴任期間の目途を提示することは，使用者の転勤命令権の発生要件とすべきであり，右2要件を欠く転勤命令は「無効」すべきである。そして③代償措置が考慮されるべきであるが，これを欠いた転勤命令は「無効」ではなく，「私生活配慮義務違反としての損害賠償請求権の発生と考えるべきであろう」。けだし，代償措置は程度問題であって，「いかなる措置が不可欠と言えるかを特定することが困難であるからである」と結論づける。

(ii) このような試みは，職業領域と家庭生活領域の調和という優れて現代的な課題に積極的な提言を行おうとする大きな志に根ざしていると同時に，使用者の労務指揮権の法的処理に関する一連の裁判例に対する，学説側の危惧感に由来するものと思われる。私は，かつて，島田教授も直接的に参照している土田道夫教授による労作「労働契約における労務指揮権の構造(1)～(8)」[37]に関する書評において，この膨大な作品を貫く動機は「近時の通説・判例による使用者の労務指揮権等の機能のさせ方すなわち労務指揮権等の効力発生要件の設定の仕方は緩やかに過ぎる，ないしは広範にわたり過ぎているのではないか，したがって労務指揮権等の機能（権利の発生要件）に対しては一定の『合理的限定解釈』が施されるべきではないか，という認識にある。つまり裁判所がこれまで行ってきたような，右諸権利の行使要件の制約＝権利濫用論の操作だけでは，適正な解釈基準としては不十分であるとの趣旨といえよう」と述べた[38]。

(iii) かような学説の主張が，裁判例にも影響を与え始めたものかどうか，

---

(36) 島田陽一「労働者の私的領域確保の法理」法律時報66巻9号47頁以下，和田肇「業務命令権と労働者の家庭生活」講座21世紀労働法（7）217頁以下。
(37) 土田「労働契約における労務指揮権の意義と構造（1）～（8・完）」法学協会雑誌105巻6号～111巻10号。

育児中の共稼ぎ夫婦の一方に対する単身赴任の転勤命令の有効性に関連して，「このような転勤を命ずるに際しては，信義則上，労働者の不利益を軽減，回避するために社会通念上求められる措置をとるよう配慮する義務がある」と説示する裁判例が確かに現われてきた（帝国臓器製薬事件・東京高判平成8・5・29労判694号29頁）。しかし，実は，ここでいう「配慮する義務」とは，労務指揮権行使の際の"抑制的配慮"（権利濫用判断の要素として重視される）を求めたものに過ぎないと思われ，独立した「債務」として措定されたということではあるまい。

(iv) ところで，島田教授が，単身赴任に際して赴任手当て，別居手当，特別(帰宅)休暇等の付与などの代償措置を欠いた場合には，転勤命令の無効（発生要件の欠如，行使要件の欠如）としてではなく，損害賠償請求権を基礎づけると説いたのはどうであろうか。この場合の私生活配慮義務は，使用者側の配転命令権の行使に伴う信義則上の付随義務として設定されていることの当否がまず問題とされよう。通常付随義務は，主たる給付債務に付随するので，「権利行使に付随する義務」という把握は異例であるが，ただし，私法学上の債務構造論の中ではあり得ないではないことはないと解される(39)。また，債務としての独自性を一応保った形で，しかも規範的効果（損害賠償）をも生みだすこととされているので，島田教授の手法は不可能な法的構成ではない。しかし，この説の致命的欠陥は，予め「債務が特定されていない（むしろ特定できない）」ことにある。そのため，そこでの「債務の本旨」が明らかではない。使用者としては，何と何の措置を講ずれば(何と何の手当をいくら支払えば)違法を免れ帰責事由を免れることになるのか予見が難しく，したがって回避可能性を探ることはきわめて困難である。島田教授自身「代償措置の特定は困難である」ことを自認する。「特定の困難な」債務を理由に損害賠償させるのは無理ではないか。あるいは精神的損害に限っての賠償（慰謝料）を認める

---

(38) 中嶋・書評・雑誌「経営法曹」110号134頁。
(39) 高橋眞『安全配慮義務の研究』(1992) 144頁。また，潮見佳男「債務履行過程における完全性利益の保護構造－安全配慮義務論への架橋（3・完）」民商法雑誌101巻1号89頁も，このような構成を必ずしも否定しない趣旨か。

趣旨なのかも知れないが，いかに労働法であっても，使用者に不可能を強いる法理論が妥当とは思えない。何らかの手当支給の支給がない限り配転命令権は「発生しない」とする構成をとる場合も同断である。

そこで，やはり，裁判例のように，使用者に配転命令権は原則的に発生するが，夫婦の別居を余儀なくさせるような転勤命令権の行使であっても，業務上の必要性の存在とともに，労働者の家庭（私生活）上の事情に対する一定の配慮（住宅の手配，別居手当・赴任手当・帰宅手当など。予め特定せずとも，事案ごとの個別判断でよい）をしているなら，同行使は有効であり，社会通念上その配慮に欠けるなら，権利濫用であって無効であるという構成をとるほかないのではないか。もちろん私も，裁判官は，自分がしょっちゅう転勤して歩いているせいか，配転命令権行使の適法性判断（権利濫用判断）は労働者に厳しすぎるとの批判は抱いている。したがって，「家庭生活への配慮」は，現在の判例法理よりは，今後より強力に要請されるべきであると考える。将来「労働契約法」などが現実化すれば，立法的にある程度解決できるのではないかと期待している。

(c) 人事考課上の「公正査定義務」

(i) 現代労働法学上の最も喫緊の課題の一つは，使用者の人事考課権の適正を保つための法的担保理論の整備であることに何人も異論はあるまい。そして，学説・判例の積み重ねによって着々と成果が上がってきている。一般に，「人事考課権は使用者が，労働契約の範囲内で保有する労務指揮権を法的根拠にしている」[40]。したがって，使用者は，人事考課（成績査定）基準を設定する裁量的権限及び考課を実施する権限の双方を有する。人事考課（査定）を行う目的は，職能資格制度における人事措置（昇格・降格等）ならびに賃金・賞与額の決定・昇給・降給措置（昇給させるか否か，どの程度昇給させるかなど）の実施である。

人事考課をめぐる法的紛争は，おおよそ①当該降格は，職能資格等級規程所定の降格事由に該当せず人事権濫用で無効である，②基本給決定に関する査定は恣意的であり，評定権の濫用である，③賞与額決定は，減額事由や不

---

(40) 小西＝渡辺＝中嶋・前掲書262〜263頁（渡辺）。

支給事由に該当せず評定方法には違法がある、④査定手続きは、上司のひとりのみが行っており、適正手続の要請に違背しているから違法である、などの主張の下に勃発し、その他男女均等待遇の原則違反や不当労働行為該当性等の法令違反が主張される。それらにおける請求の趣旨は、昇格・昇給措置、賞与差額支給、損害賠償・慰謝料、謝罪広告等である。

(ii) これまでの裁判例を総合すると、人事考課権の行使に際しては、「考課内容の公正」と「考課手続の公正」が要請されるとみられる。前者にあっては、㋐評価基準の明確な設定、㋑評価基準の開示、㋒評価が恣意的でないこと、㋓評価結果の開示と十分な説明等が中核的要請であり、後者では㋐査定が数次のレベルで行われていること、㋑合理的な時間がかけられていること、㋒苦情処理制度が整備されていること、などが主な判定要素である（東京交通会館事件・東京地判昭和59・3・29労働判例429号44頁、マナック事件・広島高判平成13・5・23労働判例811号21頁。なお、行訴としての朝日火災海上事件・東京地判平成13・8・30労働判例816号27頁参照）。

(iii) 人事考課権の行使の適法性は、上記の諸要素を斟酌して判定され、裁量権を逸脱している場合には権利濫用として違法・無効とされ、事案に応じた救済措置が講じられることとなる。

しかし、2001年裁判官協議会において、能力給主義への移行に伴う人事考課・査定の法的問題を論議した際、使用者の「公正査定義務」の存在が事実上認知されたと報道され（2001年労働新聞。日付不明）、これに対しては小西國友教授が「『契約上の配慮義務』の一環である」との趣旨のコメントを寄せていた記憶がある。

また、毛塚勝利教授も前掲マナック事件判決に対する解説において、「格付基準や査定基準が比較的明確に定められ、判決自身、人事考課規程の評価期間を無視した査定を裁量権の逸脱としているのであるから、あえて、『大幅な裁量権』や『自由裁量』を説く必要はなく、かえって、かかる基準に基づき適正・公正に労働者の職業能力を評価する義務を負うと解してもよかった」「（同判決によって）適正・公正な評価義務の承認へ一歩近づいた」と論評しつつ、さらに査定基準自体が明確ではない場合についても触れ、「適正・公正査定義務を認めるときには、使用者が低査定を正当化できない危険は、使用者

が負担すべきことになるから，労働者が求める平均昇給率による救済も可能と思われる」と提言した(41)。

(iv) これらにいう「配慮義務」「公正査定義務」「適正査定義務」は，あくまでも使用者の人事考課権の存在を前提とするものであろうから，同時に使用者の給付義務ないし従たる給付義務とはいい難く，信義則上の「付随義務」として措定するほかないであろう。どういう類いの付随義務か。これはやはり，「使用者の裁量権限に付随する抑制義務」と構成するほかないであろう。しかし，難点は，われわれは，通常，「解約権限＝解雇権に伴う抑制義務」とか就業規則上の懲戒事由の限定につき「懲戒権限の行使に伴う抑制義務」とかとはいわず，「権限の適正な行使か逸脱か」という形で考察の対象とするであろう。これらでは，権利行使は適法で有効か濫用で無効かさえ論ずれば足り，そこに付随する「抑制義務」の債務としての特定性・独自性や独立した法的強制力や義務違反自体の規範的効果を論ずる必要がないからである。

それでは「公正査定義務」の場合にはこれを積極的に措定すべき特段の事情があるか。今後，これを独立した付随義務として措定できるかどうかは，かかって「査定義務」の内容や範囲を定型化しうるかどうかにあると思う。この作業に成功しない限り，先へ進むことはなかなかに困難であろう。現に，近時，原告労働者が使用者の「公正査定義務違反＝債務不履行責任」にもとづく損害賠償責任を追及した事案につき，裁判所の判断も，「人事考課（には）……使用者の総合的裁量判断が尊重され，それが社会通念上著しく不合理である場合に限り，労働契約上与えられた評価権限を濫用したものとして無効となるというべきである」と述べるに止まっている（東日本電信電話事件・東京地判平成16・2・23労経速報1871号11頁）。

上記「考課内容の公正」「考課手続の公正」判定の諸要素（㋐〜㋑及び@〜ⓒ）は，存在する就業規則（考課）規程の「適用」の相当性を確保するためには，そのひとつまたは複合体においてかなり類型的かつ予測可能なものであって，独立した「規範」としてはかなり有望である。しかし，公正査定義務の実効化のためには，使用者の「考課規程の公正な作成」規範（権利の成立に係わる）

---

(41) 毛塚勝利「人事考課—マナック事件」労働判例百選［第7版］73頁。

をも同時に「（付随的）義務」として導きだせるのでなければ，あまり意味がない。それによって初めて独立した，独自の法的強制になじむそして独自の規範的効果を生みだす「債務」としての環境が整ったということができよう。ここで私見を提示できる能力はないが，今後の議論の発展に期待したい。また，「労働契約法」実現の暁には，「公正査定義務」の具体的な法的処理がなされることも期待したい。

2 使用者の付随的義務を実現させる労働者の権利の可否

(1) わが国における論議の契機

労働者の生命と身体の安全確保のために労働契約上ないし類似の法律関係上信義則の要請によって措定された措置（安全配慮）義務は，ほとんどの場合，それに違反した使用者の損害賠償責任を導き出すものとして機能してきた。その背景として，わが国の裁判例に現われた初期の事案のほとんどは，自衛隊員の隊務遂行上の災害・事故に典型的にみられるように，損害の塡補すなわち「事後救済」としての損害賠償請求権の発生・行使要件に関するものであり，学説もそれに呼応して論理を展開したに過ぎなかったことが挙げられる。

しかし，その後，第1に実務上の事案が蓄積されるに従い，主としてドイツを研究対象とする民法学者達が，「安全配慮義務」なるものが「債務構造論」の中でいかに位置付けられるべきかにつきドイツ民法学の議論（配慮義務，保護義務，不法行為規範との異同）との対比において強い関心を抱き始め，その一環として同義務の保全的効果すなわち「事前防止」的機能をも探求し始めた（1980年代の初頭より））[42]。第2にわが国裁判例にあっても，「（使用者は）常に局職員の健康，安全のため適切な措置を講じ，職業性及び災害性の疾病の発生ないしその増悪を防止すべき義務を負っているだけでなく，職業性又は災害性の疾病に罹患していることが判明し又はそのことを予見し得べき職員に対しては，疾病の病勢が増悪することのないように疾病の性質，程度に応じ速やかに就業の禁止又は制限等を行うことはもとより，場合によっては勤務又は担当職務の変更を行う等適切な措置を講ずべき注意義務を負ってい

る」(横浜中央郵便局事件・横浜地判昭和58・5・24判時1085号112頁)との判示に代表されるような,「疾病の増悪回避・事前防止についての措置義務」を措定する判決例が続出したため,使用者側の措置義務の拡大(積極的措置)と同時に,それに対応して労働者側の「事前予防の権能」「危険からの離脱の権利」ともいうべき権利ないし法的地位を付与すべきかどうかが現実的な課題となった(もちろん,災害性の事故回避の場合であっても,疾病の防止・増悪回避に関してであっても,原則的に異なる基準に従うわけではない)。

(2) 履行請求権・労務停止権に関するドイツの議論

ここで想定されている使用者側の措置義務に対応する「(労災)事前予防の権能」ないし「危険からの離脱の権利」は,ドイツ民法学において,かねて析出されてきたところであり[43],近時のドイツにおいてもなお盛んに論じられる[44]。概要は次のごとくである。

(ア) 履行請求権

実定的安全衛生法規所定の事項に関しては労働者は当該措置の履行を請求でき,それ以外の場合であっても労働者の生命・健康に対して具体的な危険(konkrete Gefahr)が明白である場合には具体的な措置義務の履行を請求できる(通説)。

(イ) 労務給付拒絶権(労務停止権・労務離脱権)

この規範的効果を認める者は多いが,その根拠については,いろいろに説かれる。

(a) 債権債務関係を司る一般的原則からの基礎づけ—信義則の機能(BGB 242条),BGB 134条(禁止法違反の無効)から導かれる権利阻止の抗弁(業務

---

(42) 宮本健蔵『安全配慮義務と契約責任の拡張』(1993) 117頁以下,高橋・前掲書1頁以下,潮見「債務履行過程における完全性利益の保護構造—安全配慮義務論への架橋」民商法雑誌101巻1号57頁以下,奥田(昌)・前掲論文20頁以下等。労働法学からは,和田肇『労働契約の法理』(1990) 81頁以下等。
(43) 端的には,高橋・前掲書13頁以下,宮本・前掲書125頁以下等。
(44) Nicolai Fabricius, Einstellung der Arbeitsleistung bei gefährlichen und normwidrigen Tätigkeiten, 1997 (C.F. Müller Verlag), S.83ff.

命令を行う権利は成立しているが，その権利行使は許されない），BGB 275 条（給付不能に基づく免責＝給付の義務を免れる）からする権利滅却の抗弁（業務命令を行う権利は存在し得ない）などである。これらの場合，当然に労務給付義務は消滅するが，労働者の反対給請求権は消滅しない。

(b) 留置権（BGB 273 条）による場合——留置権の成立には，当事者の給付相互間に双務契約上の厳格な牽連関係が必要ではないことに着目して，労務給付拒絶権を認める見解である。

(c) 同時履行の抗弁権（BGB 320 条）から導く見解——使用者の安全配慮義務と労働者の労務給付義務とは，なお双務契約上の牽連関係に立つと捉えて，労務給付拒絶権を認める立場。

㊂ 立法化の意義

(a) このような理論状況の下にあって，ドイツでは，1996 年労働保護法（Arbeitsschutzgezetz）が施行された。もともとドイツにおいては，公法的取締法規である「危険物質取締令」（Gefahrstoff-Verordnunng/1986。その後 EC 指令に適応した新規定）21 条が，特定の場合に「労務給付拒絶権」（das Recht, die Arbeit zu verweigern）なる表現を用いたが，きわめて限定された危険遭遇を律したものであって，企業運営においてもめったに生じない稀有の事態に過ぎず，したがって学説判例が取り扱うこともなかった（それでも 2 例ほどあるようだが，危険物質取締令違反は原告によって主張されず，BGB 273 条の留置権が争われた）。

国際社会において，労働者の生命・健康に危険な労務の拒絶（労務からの離脱）は保護されるべきであるとの思想は 1981 年の ILO 155 号条約においてすでにみられ，フランスはいち早くこれに呼応して，労働法典（Art L.231-8-1 Code du Travail/1982）をもって「労働者または労働者の集団が，勤務を継続することによって自らの生命または健康について重大かつ急迫の危険があると合理的に考えられる状況から離脱したときには，それらの労働者に対していかなる制裁や賃金控除も行ってはならない」と規定した。その後，1989 年 EC（EU）指令 391 号が理由ある労務離脱に対する不利益取扱いの禁止につき，各国国内法化（1992 年末までとされた）を義務づけた。ドイツにあっては，EC 指令に適応した「労働保護法案」（1994 年）の成立に失敗し，危険に際して

の労務（職場）離脱権（Entfernungsrecht）は「危険が現実には存在せずまたは現実化しなかったときにも同様（認められること）とする」との文言を削除することによって，つまり効力を最小限とすることによって1996年「労働保護法」を成立・施行させたものである。この間，連邦，州（多くの試案が発表された），ライヒ保険法に基づく各種同業組合（Berufsgenossenschaften. 公法人として独自の事故防止規定を設けている），営業監督署（Gewerbeaufsichtsamt），労使団体等ならびに学説も激しく争った挙句に，労働保護法の施行によって一応のピリオドが打たれたのであった。

　(b)　同法9条3項の規定は，次のごとくである。「使用者は，直接的かつ重大な危険（erhebliche Gefahr）に際し，従業員につき，作業場の即時の退去（Verlassen）によって安全をもたらすことを可能にする措置を講じなければならない。これによって（hierdurch），従業員はいかなる不利益（Nachteile）をも課せられてはならない」。

　(c)　ところで，この条文は，文法的に誤りであることがFabriciusによって指摘されている。なぜなら，使用者に対する義務づけをしたあと，「そのことによって」(hierdurch) 労働者に不利益が課せられてはならないという禁止規範が直ちに出てくるのは論理的に理解に苦しむからである。それはさておき，使用者の措置義務規範の設置が労働者の不利益をもたらさないというだけでは，従前と同じく解釈に幅が生じ，私法的な立法解決としては不十分である。つまり，上記文言からは，それが「労働義務の自動的な解除（Erlöschen）に関するものかどうか，従って異議権（抗弁権）あるいは給付拒絶権（Leistungsverweigerungsrecht）に係わるべきかどうかは明らかではない」[45]のである。本法は，EU指令の趣旨は充足していたとしても，条文上「危険」の特定もなく，給付拒絶（労務離脱）権も明文化されないとなれば，本法の下での労働者の境遇が上記(イ)(a)～(c)のいずれの理由によって権利化されるのかが再び問われかねない状況にある。

---

(45)　Fabricius, a.a.O., S.165.

(3) わが国の学説・判例の現状

わが国においては，前述のように，民法学の研究者達が「債務構造論」（本来的給付義務，従たる給付義務，付随義務，保護義務等の分別とそこから派生する規範的効果の体系的吟味）の中で「安全配慮義務」を論じ，その法的整合性については論議が錯綜し，帰一するところを知らないという状況にある。労働法は，他の分野に類例をみないほどに数多くの「付随義務」を生みだしてきたのであるから，労働法学の今後を担う人々も，その「実用性」や「必要性」ばかりに目を向けずに，このような基礎理論論争にも労働法学の立場から積極的に参加すべきだと思う。

(ｱ) 履行請求権

(a) この問題を直接論じた学説は，多くはない。西村健一郎教授は，安全配慮義務を付随義務としてではなく，給付義務として位置づけることによって履行請求権を肯定する[46]。これは，同義務を「従たる給付義務」として把握することによって訴求可能な履行請求権と解した宮本健蔵教授[47]と同様の立場であろう。その他，肯定説には，労働安全衛生法規は労働契約の内容となることによって，当事者の「合意に基礎」があることになるから「給付義務」を構成し，履行請求権も可能だと説く下森定教授の見解[48]や，労働者に負わせられた競業避止義務については使用者側による競業の差止請求（履行請求）を認める裁判例（例えば，フォセコ・ジャパン・リミッテッド事件・奈良地判昭和45・10・23判時624号78頁等）との均衡からして，安全配慮義務のような「付随義務」であっても，「使用者の給付義務（賃金支払義務）と同程度の価値を有し，かつ義務の内容が特定」されている場合には，履行請求は可能であると説く土田教授の立場がみられる[49]。

しかし，フォセコ・ジャパン・リミッテッドのケースは，当事者間に明確な競業禁止の「特約」が存在した例であり，そのような特約なしに付随的に発生する安全配慮義務と同一には論じられないし，また安全配慮義務によっ

---

[46] 西村健一郎「白ろう病と民事損害賠償」ジュリスト827号51頁。
[47] 宮本・前掲書195頁。
[48] 下森定「国の安全配慮義務」（国家補償法大系2（1987）所収）248頁。

て具体的に発生した措置義務（WieあるいはWasによって画定される）が，常に使用者の「給付義務（賃金支払い義務）」と「同程度の価値」を有するかどうかは疑問である。やはり，そこにはより合理的な限定が必要と思われる。

(b) 他方，履行請求権の存否が争われた裁判例は少ない。否定例は「右配慮義務は，労務の提供義務又は賃金の支払義務等労働契約における本来的履行義務とは異なり，あくまで労働契約に付随する義務であり，予めその内容を具体的に確定することが困難な義務であるから，労使間の合意その他の特段の事情のなき限り，労働者は，裁判上，使用者に対し，直接その義務の履行を請求することはできず，労働者に疾病の発生又はその増悪等の具体的結果が惹起した場合において初めて事後的にその義務の具体的内容及びその違反の有無が問題になるにすぎない」と説示して，眼病による視力の低下を理由に労働安全衛生法66条7項（現66条の5）所定の「就業場所の変更，作業の転換」の履行請求を棄却した（髙島屋工作所事件・大阪地判平成2・11・28労経速報1413号3頁）。これに対し，結論的に履行請求権の行使を肯定した例は見当たらない。ただし，判示の中で履行請求の可否に触れ，これを肯定するがごときの説示をする事例が若干存在する。まず，じん肺への罹患を防止するための作業管理，作業条件管理及び健康管理に関する諸措置を講ずる義務につき「作業環境改善措置を講ずることを要求する権利」を肯認した例（日鉄鉱業松尾採石所事件・東京地判平成2・3・27労働判例563号90頁），職場におけるいわゆる受動喫煙を拒む利益も法的保護に値いするものであって，その利益が違法に侵害された場合には，安全配慮義務違反を理由に（人格権の一種であるともいう）損害賠償に加えて受動喫煙を拒むための措置をとるよう求めることができる旨説いた例（京都簡易保険事務センター事件・京都地判平成15・1・21労働判例852号38頁）などがある。しかし，傍論であるため，直接的に「現実的危害防止措置を要求できる権利」として把握する[50]のはいささか短絡的である。私は，公法的規制としての安全衛生法令は直ちに私法規範となる（安全配慮義務の内容となる）との立場は採らないが[51]，安全配慮義務は安全衛生法令を「斟酌して」措定すべきことは当然であると考えるので，同法令所定

---

(49) 土田「安全配慮義務の最近の動向」経営法曹110号28頁。

の各種制限のうちでも特に物理化学的そして医学的に危険度の高い機械ならびに有害物質が特定されている場合には，公法規制を斟酌しつつ，これと同一の私法上の安全配慮義務を措定し，これに安全配慮義務履行請求権を容認すべきだと思う。例えば，「事業者の講ずべき措置」としての安衛法27条所定事項ならびに「就業制限」に係る同法61条及び付属政省令所定事項である。しかし，これら以外の事項についてはたやすく履行請求権を拡大せずに，次に考察する「労務離脱権・労務拒絶権・労務停止権」等の付与問題として処理すべきものと考える。

(イ) 労務給付拒絶権（労務停止権・労務離脱権））

安全配慮義務の履行請求権は，使用者の「義務内容の実現」をめざすものであるに対し，これら安全配慮義務に対応する労働者側の権利は，むしろ労働者の「免責的地位の容認」をめざすものといってよい。したがって，これらは履行請求権よりは許容要件が緩やかとなろう。すなわち①労務提供義務の免除（千代田丸事件・最3小判昭和43・12・24民集22巻13号3050頁参照），②業務命令・職務専念義務からの解放（姫路商業高校事件・神戸地判昭58・1・31労働判例404号35頁），③債務不履行の違法・帰責事由の否定（賃金の取得。新聞輸送事件・東京地判昭和57・12・24労民集33巻6号1160頁），④懲戒処分からの免責，⑤解約（解雇）の危険からの解放等が主な事項であろう。もちろん「必要かつ相当な防止措置が現実に講じられるまでの間労務の提供を一時停止できる」[52]との指摘にみられるように，「防止措置の実現」は最終的な目標ではあるが，それは労務離脱に関しての法律論としては間接的目的である。

したがって，右課題の処理は，結局は「衡平」ないし「均衡」の原則によるべきである。これらの権利の発生には「直接かつ重大な危険（の可能性）」の存在が極限の要件として課せられるものの，そこまでに至らない場合でも，①〜⑤それぞれの場面に従った救済が行われるべきである。ここにおいて，救済措置の根拠を"労務給付拒絶権"と称することは差し支えない。ただし，

---

(50) 小西＝渡辺＝中嶋・前掲書150〜151頁（渡辺）。
(51) 中嶋・前掲論文（注(20)）126〜127頁。
(52) 小西＝渡辺＝中嶋・前掲書151頁（渡辺）。

この種の事案の場合，それぞれの場合における立証責任の分配いかんによって帰趨が左右される可能性がないとはいえないので，今後はあわせて立証責任論にも気を配りつつ構成されるべきである。

結びに代えて

労働法学を曲がりなりにも 30 年間学んできて，冒頭にも述べたように，「労働法はどこへ行き，行くべきか」が私の最大の関心事である。Adomeit は，「労働法は"被用者の特別法"である」(A.Hueck) というような定義には疑問を呈する。聞くところによると，わが国でも，労働法制が緒についた時代に，「労働法は法律学として成り立つか。それは"労働法規論"に過ぎないのではないか」という声があったそうである。Adomeit の右の疑問と相通じるものがある。Adomeit によれば，「労働法の定義から使用者が忘れ去られている」というのである。そこで彼は，「労働法は，使用者（資本保有者）と労働者（非資本保有者）との共同作業法（Recht der Zusammennarbeit）である」との新定義をいわば試論的に（と私は受け取った）提示する[53]。これによって，何がどう変わるのかはっきりしないが，少なくとも，Adomeit も，「品揃えがよく，繁盛する百貨店」の経営に参画してみたいのではないか。労働法は，何とか，そうなりたいものである。

---

(53) Adomeit, a.a.O., S.40.

競業避止義務と守秘義務の関係について
――労働法と知的財産法の交錯――

土田道夫

1 問題の所在

「雇用の流動化」に伴い，また「知的財産権保護」の潮流に伴い，競業避止義務と守秘義務が重要な論点となっている。紛争の増加により，裁判例は年々増えており，一定の法的ルールが形成されつつある。

ところで，「雇用の流動化」と「知的財産権保護」が背景となることから理解できるように，この問題は，労働法と知的財産法が交錯する先端的論点を意味する。もともと競業避止義務も守秘義務も，企業の営業秘密を保護するために設定されることが多い。企業から見ると，これら義務の帰趨がどのように解されるかは重要な関心事であり，知的財産法の観点からも，営業秘密の保護は基本的要請となる。実際，2002年に制定された知的財産基本法は，営業秘密を明確に「知的財産」に位置づけ（2条1項)，それを受けて2003年に改正された不正競争防止法は，営業秘密保護の政策を格段に強化した。一方，競業避止義務や守秘義務が退職後の労働者に対して設定されると，それは労働者の職業活動や転職活動を萎縮させ，雇用の流動化を阻害する要因となりうる。この意味で，両義務の帰趨は労働法の観点から見ても重要な関心事であり，労働者の職業選択の自由（憲法22条1項）を考慮した解釈が求められる。

こうして，競業避止義務と守秘義務に関しては，労働法上保護されるべき価値（職業選択の自由）と，知的財産法上保護されるべき価値（知的財産たる営

業秘密)を適切に調整して問題の解決を図る必要がある。これらはともに法的保護に値する価値・利益であり，どちらか一方を極端に優先させるような解釈は，法解釈として適切でない。労働法と知的財産法が交錯する領域は少なくないが（職務発明＝特許法35条，職務著作＝著作権法15条など）[1]，競業避止義務務・守秘義務・不正競争防止法のトライアングルは，以上の観点からの検討を要する最重要の論点といいうる。

本稿は，こうした観点をふまえて，競業避止義務と守秘義務の要件・効果を明らかにしつつ，両義務の関係（違い）に重点を置いて検討したいと考える。この点を正しく認識することが，上記課題に応える上で不可欠と考えるからである。私は以前から，この点に関心を抱いて研究を続けてきたが[2]，最近では，上記のような知的財産法の変化が生ずる一方，裁判例上も，両義務の関係や，不正競争防止法と競業避止義務の関係を検討しつつ判断する例が増えている。こうした動向をふまえつつ，今後の方向性を提示したいと考える。

2 不正競争防止法の規制とその強化——知的財産法の観点

(1) 意 義

競業避止義務と守秘義務との関係については，不正競争防止法が重要な意味をもつ。同法は，知的財産法の観点から守秘義務を担保する規制を定め，同時に，競業避止義務・守秘義務に関する規制のあり方を示唆しているからである。

守秘義務とは，使用者の営業秘密をその承諾なく使用・開示してはならない義務をいう。この点，不正競争防止法（以下「不競法」ともいう）は，営業秘密の不正な使用・開示を不正競争と定め，その対象に労働者による使用・

---

(1) 職務発明と労働法との関係に関しては，土田道夫「職務発明と労働法」民商法雑誌128巻4・5号（2003年）524頁参照。
(2) 土田道夫「労働市場の流動化をめぐる法律問題（上）」ジュリスト1040号（1994年）（①論文）53頁以下，同「労働者の転職に伴う諸問題——競業避止義務・秘密保持義務を中心に」樋口美雄編『少子高齢時代の雇用問題』（社会経済生産性本部，2000年）（②論文）87頁参照。

開示を含めている。これは，労働者が在職中・退職後を問わず信義則上の守秘義務を負うことを認める趣旨の規制である。すなわち，同法2条1項7号は，秘密を有する事業者から「その営業秘密を示された場合において，不正の競業その他の不正の利益を得る目的で，またはその保有者に損害を加える目的」で使用・開示する行為を不正競争と定めるが，その中には，労働者が使用者（保有者）から示された営業秘密を使用・開示することも含まれる。この類型の不正競争は，信義則上の守秘義務違反行為と解されており，この結果，従業員は退職後も信義則上当然に守秘義務を負う場合があることになる。ただし注意を要するのは，不競法は不法行為法の特別法に位置し，差止請求等の特別の救済手段の前提として信義則上の義務を認知する趣旨だということである[3]。この結果，同法は労働契約上の守秘義務が信義則によって退職後も残存することを認めたものではない反面，不競法とは別に，契約上の守秘義務によって営業秘密を保護することも可能ということになる。

(2) 要　件

不正競争の成立要件は，①対象となる秘密が「営業秘密」であること（不競法2条4項），②保有者から「示された」秘密であること（2条1項7号），③不正の競業その他の図利加害目的による行為であること(同)，の3点である。

①の「営業秘密」は，「秘密として管理されている生産方法，販売方法その他の事業活動に有用な技術上又は営業上の情報であって，公然と知られていないもの」をいい，秘密管理性，有用性，非公知性を要件とする。このうち中心となる「秘密管理性」は，客観的に認識可能な程度に秘密管理状態を維持していることをいい，秘密の認識可能性（特定・表示），秘密にアクセスできる者の制限（人的管理），アクセスの場所的・物理的制限（物的管理）等を考

---

[3] 通産省知的財産政策室監修『営業秘密──逐条解説不正競争防止法』（有斐閣，1990年）31頁参照。
[4] 典型例として，顧客名簿に「マル秘」の表示があるだけで，他の社内向け文書と大差ない状態で管理されていた場合に秘密管理性を否定した例（コアズオートサービス事件・東京地判平成12・12・7判時1771号111頁）。裁判例の傾向については，田村善之『不正競争法概説（第2版）』（有斐閣，2003年）330頁参照。

慮して判断される。裁判例は，この秘密管理性をかなり厳格に要求する傾向にあるが[4]，不競法が営業秘密について手厚い保護を定めていることを考えると，当然の態度といえよう[5]。

②については，労働者が自ら開発したノウハウ等の使用・開示の「営業秘密」性が問題となるが，職業選択の自由を考慮して，法文どおりに「示された」ことを要件と解し，使用者から示された営業秘密の使用・開示のみを規制の対象と解するのが一般である。

③の不正の競業その他の図利加害目的とは，信義則上の守秘義務に著しく違反することをいい，その有無は，従業員の地位・職務，秘密の価値（重要性，開発に要した時間・コスト），使用・開示禁止の期間・地域，代償の有無，使用・開示の態様（秘密の不正取得・使用の有無，競業の態様の背信性）などの要素を総合して判断される[6]。特に，使用・開示の態様がポイントとなる。ところで，この③に関しては，不競法と競業規制との関係が問題となる。つまり，不競法は営業秘密の不正使用・開示を超えて，その目的にあたる「不正の競業」をも規制する法律なのか否かである。しかし，法文（2条1項7号）が示すとおり，不競法はあくまで営業秘密の使用・開示（信義則上の守秘義務違反）を規制対象とする法律であり，競業避止義務自体を創設する効果をもつ立法ではない。この点は，本稿のテーマと直接関連するので，後に検討する（5(2)）。

(3) 効　果

営業秘密に関する不正競争に対する制裁としては，差止請求（3条1項——不正競争に対する侵害の停止または予防請求），廃棄除却請求（3条2項），損害賠償請求（4条）および信用回復請求（7条）が規定されており，労働者にも適用される。

この点で注目されるのが，2003年の不競法改正であり，民事・刑事の両面

---

(5) 他方，本文の要件を満たせば，高度の技術情報に限られず，顧客名簿や営業マニュアルなどの営業情報であっても「営業秘密」として保護される。
(6) 通産省知的財産政策室・前掲注(3)書90頁。

にわたって営業秘密の保護を強化した。その趣旨は，日本の産業競争力を強化する観点から，営業秘密を競争力の源泉に位置づけて保護の強化を図るという点にある(7)。民事的保護の強化は6点にわたるが，特に，原告の逸失利益の立証を容易にするための損害額算定規定の新設（5条1項），侵害行為の立証を容易化するための文書提出命令の拡充および営業秘密の開示を防ぐためのインカメラ手続の導入（6条1～3項），損害額の立証が困難な場合の裁判所による損害額の認定（6条の3）が重要である。一方，刑事制裁の側面では，同法史上はじめて，営業秘密の刑事的保護が導入された。労働法との関係で特に注目されるのは，役員・従業者不正使用・開示罪（14条6号）である。役員または従業者（直接雇用の労働者のほか派遣労働者を含む）が「不正の競争の目的で，その営業秘密の管理に係る任務に背」いて営業秘密を使用・開示したことを対象とするが，同時に，雇用の流動化への萎縮効果に配慮して，行為主体を現職の従業者に限定し，退職従業者を除外した（法文上は，営業秘密を保有者から示された「その役員……又は従業者」と表現）。営業秘密を保護すると同時に，労働法上の職業選択の自由にも配慮した改正であり，競業避止義務の要件を考える際にも十分考慮する必要がある。

このように，不競法は，営業秘密に関する不法行為法的保護を定める基本法であるが，営業秘密を契約（労働契約）によって保護することも可能である。そのための主要な手段が守秘義務および競業避止義務である。ただし，契約による保護のあり方は，労働者が在職中（労働契約継続中）か退職後（労働契約終了後）か，また守秘義務か競業避止義務かによって大きく異なる。

3　在職中の守秘義務・競業避止義務

在職中の労働者に関しては，守秘義務・競業避止義務ともに，労働契約上の信義則に基づく誠実義務として当然に発生する。

---

(7) 山下隆也ほか「不正競争防止法の一部を改正する法律の概要」NBL 762号（2003年）6頁参照。

(1) 守秘義務

労働者は在職中である限り，明示の特約や就業規則がある場合はもとより，それらがない場合も，信義則上の誠実義務として守秘義務を負う。誠実義務とは，「労働契約上の債務を忠実に履行し，使用者の正当な利益を不当に侵害してはならない義務」をいうが[8]，営業秘密や企業秘密が使用者の正当な利益にあたることは明らかであり，在職中それを保持することは，信義則上当然に生ずる義務（誠実義務）に含まれるからである[9]。

裁判例も同様に解しており，技術者が在職中，会社のノウハウを他社に開示したことにつき，就業規則上の守秘義務規定および誠実義務に基づく守秘義務を認め，債務不履行責任を肯定した例[10]や，労働者が会社における差別的処遇に関する相談に際して，担当弁護士に会社の人事情報・顧客情報を手渡したことにつき，労働者は「労働契約上の義務として，業務上知り得た企業の機密をみだりに開示しない義務」を負い，この義務は就業規則上の秘密保持条項の効力にかかわりなく生ずると判断した例がある[11]。なお，労働契約上の守秘義務の対象が不競法上の営業秘密に限定されないことについては後述する（4(1)）。

(2) 競業避止義務

在職中の労働者については，競業避止義務も信義則上の誠実義務として当然に発生する。競業避止義務は，使用者と競合する企業に就職したり，自ら事業を営まない義務をいい，労働者の職業活動自体を禁止する点で，守秘義務以上に職業選択の自由への制約度が高い。しかし同時に，在職中の労働者が競業他社の運営に積極的に関与することは，企業秘密の漏洩や顧客の奪取をもたらし，使用者の正当な利益を不当に侵害する結果となるため，それを

---

(8) ラクソン事件・東京地判平成3・2・25判時1399号69頁。
(9) 土田道夫『労働法概説Ⅰ　雇用関係法』（弘文堂，2004年）48頁。
(10) 美濃窯業事件・名古屋地判昭和61・9・29判時1224号66頁。
(11) メリルリンチ・インベストメント・マネージャーズ事件・東京地判平成15・9・17労判858号57頁。結論としては，弁護士への秘密開示という特殊事情を考慮して義務違反を否定。

控える義務は，信義則上やはり当然に発生する義務（誠実義務）といいうる。競業他社設立の計画程度であればともかく，競業他社における現実の就労や，競業他社の設立は競業避止義務違反となり，会社に損害を与えた場合は法的責任を免れない[12]。裁判例も同様に解しており，取締役や幹部社員が競業他社を設立し，従業員を大量に引き抜き，会社業務を大混乱に陥れたことにつき，競業避止義務違反として懲戒解雇を有効とした例[13]や，労働者が在職中に別会社を設立し，競合する事業を開始したことにつき，「雇傭契約に付随する競業避止義務に違反する」として損害賠償責任を認めた例がある[14]。

(3) まとめ

以上のように，在職中の労働者に関する限り，守秘義務と競業避止義務との間に基本的な違いはない。義務内容それ自体の違いを除けば，両義務ともに信義則上の誠実義務の一環として当然に発生し，それ以上の根拠や要件を必要としない。もちろん，明示の特約や就業規則で義務を規定することは可能であるし，紛争を防止する上では望ましいが，その役割は義務の確認にとどまるのであり，それら合意・規定によってはじめて義務が創設されるわけではない。

では，在職中の労働者について，守秘義務はもとより，労働者の就労自体を禁止する競業避止義務も広く肯定される理由はどこにあるのか。この点はいうまでもなく，労働者が使用者との間で労働契約を締結しているという点に求められる。在職中の労働者といえども，私生活の自由や職業選択の自由を有するが，それも労働契約上の使用者の正当な利益を不当に侵害しない範

---

[12] 在職中の競業避止義務については，根本渉「労働者の競業避止義務」判タ 719 号 (1990年) 4 頁以下，土田・前掲注(9)書 48 頁参照。

[13] 日本コンベンションサービス事件・大阪高判平成 10・5・29 労判 745 号 42 頁。

[14] 協立物産事件・東京地判平成 11・5・28 判時 1727 号 108 頁。このほか，労働者が業務上知りえた販売価格を競業他社に伝えたり，受注予定であった取引の相手方を競業他社に紹介して発注させるなどして会社に損害を与えたことにつき，雇用契約上の忠実義務違反として損害賠償責任を認めた例もある（エープライ事件・東京地判平成 15・4・25 労判 853 号 22 頁）。

囲に限られるのであり，これが労働法上の規律となる。一方，営業秘密や企業秘密は使用者にとって重要な利益であり，労働契約を継続しながら秘密の漏洩や競業行為に従事することは，知的財産法の観点からも特に悪性の強い行為に属する。要するに，在職中の守秘義務・競業避止義務に関しては，労働法の観点からも，知的財産法の観点からも，使用者の利益（営業の利益，企業秘密の保護，顧客の保護）の優先が原則となるのである。

4 退職後の守秘義務・競業避止義務

以上に対して，退職後の守秘義務・競業避止義務は，法的根拠と要件を在職中のそれよりも厳格に解され，かつ，競業避止義務の要件は守秘義務の要件よりも加重される。まず，従来の一般的解釈を確認するとともに，最近の裁判例をフォローしておこう。

(1) 守秘義務
(a) 法的根拠　退職後の守秘義務については，労働契約上の明確な根拠（秘密管理規程，秘密保持特約）を要すると解されている[15]。学説では，明示の根拠がなくとも，信義則上の守秘義務が成立しうると説く見解があるが[16]，適切でない。前記のとおり，不競法が信義則上の守秘義務を認知した趣旨と解される以上，それとは別に労働契約の余後効として信義則上の義務が残ると解することは整合性を欠く解釈というべきである。また，使用者が営業秘密を契約によって保護したいのであれば，明示の規程や特約によって守秘義務を設ければよいのであり，それが困難とは考えられない。企業としては，当然負担すべきコストといえる。
(b) 要件　退職後の守秘義務の要件については，その対象となる秘密の

---

[15] 小畑史子「営業秘密の保護と雇用関係」日本労働研究雑誌384号（1991年）48頁，土田・前掲注(2)①論文54頁。秘密管理規程，秘密保持特約の実務については，「再点検——営業秘密の管理」労政時報3606号（2003年）2頁以下を参照。
[16] 田村善之『競争法の思考形式』（有斐閣，1999年）65頁など。

範囲が，不競法上の営業秘密と同範囲に限定されるのか，営業秘密より広範に認められるのかが問題となる。この点は，契約上の守秘義務に対する不競法の適用いかんの問題となるが，同法の制定経緯や性格からは否定すべきであろう。したがって，守秘義務の範囲は不競法より広範に及び，同法の「営業秘密」にあたらない秘密・情報（例えば秘密管理性を欠く事項）や，使用者から「示された」のではない秘密・情報（従業員が自ら開発したノウハウ等）を規制することも可能と解される（以下，これら事項と「営業秘密」を合わせて「営業秘密等」と呼ぶ）[17]。また，営業秘密等については，契約内容の明確化や紛争防止（リスク回避）の観点から，秘密管理規程や特約において秘密の内容を特定することが望ましいが，それが守秘義務の不可欠の要件というわけではない[18]。

もっとも，退職後の労働者には職業選択の自由があることから，契約上の守秘義務が無制限に肯定されるわけではない。労働者が業務を通して取得した一般的知識・技能や，もともと秘密性を欠く事項が守秘義務の対象とならないことは当然であるし，労働者の地位・職務が守秘義務を課すのにふさわしいものか否かも重要な要素となる。こうして，守秘義務については，使用者に正当な利益があること（守秘義務設定の必要性の存在）が要件となる。他方，退職後の競業避止義務との関係で見ると，守秘義務が職業選択の自由に及ぼす影響は競業避止義務ほどではないことから，同義務ほどの要件を課すべきではない。すなわち，守秘義務については，競業避止義務について要求され

---

[17] 同旨，升田純「現代型取引をめぐる裁判例（36）」判時1708号（2000年）33頁。
[18] 裁判例は，守秘義務特約の文言が「会社の技術・情報」等の包括的記載である場合も，直ちに無効と解するわけではなく，秘密の特定が主張立証されれば足りると判断している。例えば，誓約書の文言は「重要な機密」と包括的であるが，営業秘密等が多様であることや，誓約書中の「顧客名簿」等の例示によって特定は可能であることから有効と解した例（ダイオーズサービシーズ事件・東京地判平成14・8・30労判838号32頁）や，誓約書の文言は「会社の技術・情報」と包括的であるが，当事者の主張立証に従って「フッ素樹脂シートライニング技術」をノウハウとして特定し，保護すべき営業秘密と解した例（岩城硝子ほか事件・大阪地判平成10・12・22知財例集30巻4号1000頁）がある。

る期間の限定や代償は，必ずしも要件とはならない。この結果，営業秘密等の重要性によっては，無期限の守秘義務であっても有効とされることがある（後述する裁判例を参照）。

さらに，義務違反の態様の面でも，守秘義務は不競法以上に営業秘密等を保護する機能を営む。すなわち，不競法が営業秘密を用いての不正競争のみを禁止する立法であるのに対し，守秘義務は，営業秘密等の使用・開示それ自体を禁止することを内容とする義務である。したがって，労働者が営業秘密等を使用・開示すれば，直ちに守秘義務違反が成立するのであり，使用・開示の態様は問題とならない（もちろん損害の認定や差止請求の要件としては別途，問題となりうる）。この点は，守秘義務が営業秘密等の契約的保護の手段であることの必然的な帰結であり，営業秘密等を保護する上で有用な手段となることを示している。

以上の見地から裁判例を見ると，ロボット製造ノウハウにつき，10年という長期間の，かつ地域的限定のない守秘義務特約を有効と解した例がある[19]。問題となったノウハウの重要性に鑑み，首肯できる判断といえる。また，製品の製造過程や顧客名簿に関して，誓約書により期間の定めのない守秘義務を定めたケースにつき，退職後の守秘義務は，労働者の職業選択の自由や営業の自由を制限する結果となりうるが，営業秘密の重要な価値を考慮すれば，秘密の性質・範囲，価値，当事者の退職前の地位に照らして合理性が認められるときは公序違反とならないとの一般論を展開した上，秘密の重要性・特定性や，退職従業員の地位の高さにてらして有効と判断した例がある（ダイオーズサービシーズ事件[20]）。営業秘密等の保護と職業選択の自由とのバランスを図りつつ，一定の要件の下で守秘義務を認める判断として妥当である。さらに，会社の技術・情報に関する守秘義務を定めた誓約書を提出後，会社を退職して新会社を設立した従業員が新会社に製品の溶接技術を開示したことにつき，同技術を不競法上の営業秘密と認め，開示行為を守秘義務違反と解

---

(19) アイ・シー・エス事件・東京地判昭和62・3・10判時1265号103頁。
(20) 前掲注(18)・東京地判平成14・8・30。
(21) 前掲注(18)・大阪地判平成10・12・22。

した上，その後の顧客収奪行為と併せて不正競争と解し，営業秘密使用の差止請求を認容した例もある（岩城硝子ほか事件[21]）。この裁判例は，競業避止義務については，期間や代償措置の点から逆に無効と解しており，競業避止義務と守秘義務の違いを考える上で参考となる（4(3)参照）。

(2) 競業避止義務

(a) 法的根拠　退職後の競業避止義務については，通説・裁判例は，明確な特約または就業規則を要すると解している[22]。守秘義務と同様，ここでも退職後の労働者が信義則上当然に競業避止義務を負うか否かが問題となるが，契約上の義務は契約終了とともに消滅するのが原則であること，競業避止義務は守秘義務に比べて，職業活動の自由に対してはるかに高い制約度をもつことを考えると，明確な根拠を要すると解すべきである。これには根強い反対説があるほか，裁判例では，競業避止義務が不競法上の営業秘密の保護を目的とするか否かによって根拠を別に考える例がある（5(2)で検討する）。

なお，就業規則を競業避止義務の根拠と解することに対しては，就業規則が使用者によって一方的に作成されることを理由に批判し，これを労使間の個別的合意（特約）に限定する見解も生じている[23]。確かに，就業規則は本来，労働契約存続中の労働条件を対象とする規範であるため，退職後の競業避止義務を対象としえないとの解釈は可能であるし，退職後の権利義務は労使間交渉（合意）に委ねるべきだという考え方は魅力的である。しかし一方，裁判例では，上記解釈の可能性を考慮した上，競業が労働者の職務内容との関係で労働契約と密接に関連する以上，競業避止義務は労働条件に付随し準ずるものとして就業規則の対象となると判断した例がある[24]。周到な判断で

---

(22)　山口敏夫「労働者の競業避止義務」石井追悼論集『労働法の諸問題』（勁草書房，1974年），土田・前掲注(2)①論文57頁，小畑史子「退職した労働者の競業規制」ジュリスト1066号（1995年）26頁。

(23)　片岡昇「企業秘密と労働者の責任」北川善太郎編『知的財産法制——21世紀への展望』（東京布井出版，1996年）。小川美和子「アメリカにおける雇用関係終了後の競業行為の規制」本郷法政紀要5号（1996年）86頁も参照。

(24)　東京リーガルマインド事件・東京地決平成7・10・16労判690号75頁。

あり，私も，競業避止義務に関しては，特約か就業規則かという法形式ではなく，両者に共通する実質的要件を確立し，労使間の利益調整を図る方がよいと考える(25)。

(b) 要件　競業避止義務の特色は，労働者の競業それ自体を禁止する義務であり，労働者が競業に従事すること自体が義務違反を構成するという点にある。このように，競業避止義務は職業選択の自由への制約度が高いことから，通説・裁判例は，義務の要件として以下の4点を掲げてきた(26)。すなわち，①労働者の地位の高さ・職務内容，②使用者の正当な秘密・知識の保護を目的とすること，③対象職種・期間・地域から見て不当に広範にわたらないこと，④代償の存否・内容の4点である。先例としては，期間2年の競業避止特約につき，競業制限期間が2年と短く，その対象も特殊な業種として狭いこと，代償は支払われていないものの，在職中に機密保持手当が支給されていたこと等から合理的な競業避止特約と解し，競業の差止請求を認めた例がある(27)。

近年の裁判例は，こうした傾向を継承しつつ，雇用の流動化という変化を背景に，競業避止義務の要件をより厳格に解する傾向にある(28)。職業選択の自由を考慮して，競業規制が必要最小限度にとどまり，かつ，十分な代償を講じている場合にはじめて競業避止義務が公序違反の評価を免れると解した上，退職後の競業を理由とする退職金不支給措置につき，これら要件を満たしていないとして無効と解した例（東京貨物社事件(29)）が代表的なものであ

---

(25) ただしこの問題は，単なる法形式の問題ではなく，労働者の交渉力によって競業避止義務の根拠・要件を区別すべきか否かという実質的論点とも関連している。後述する5(4)参照。

(26) 山口・前掲注(22)論文417頁以下，土田・前掲(2)①論文57頁，石橋洋「会社間労働移動と競業避止義務」日本労働法学会誌84号（1994年）119頁など。

(27) フォセコ・ジャパン・リミテッド事件・奈良地判昭和45・10・23判時624号78頁。

(28) 一時期の裁判例は，本文の要件に必ずしも拘泥せず，秘密の重要性や競業の態様の背信性（顧客の大量奪取や従業員の引抜き等）を重視して競業避止義務を緩やかに判断していたが（東京学習協力会事件・東京地判平成2・4・17労判581号70頁。土田道夫「東京学習協力会事件判批」ジュリスト955号（1992年）116頁，同・前掲注(2)②論文100頁参照），こうした判断は最近は見られない。

る。また，退職後の競業を理由とする損害賠償請求につき，同様の一般論を前提に，会社に独自のノウハウがないことや，退職金・代償支払が講じられていないことを理由に棄却した例（キヨウシステム事件[30]）や，退職後5年間の競業を禁止する特約につき，期間が長期に過ぎ，制限内容が広範に過ぎることのほか，競業禁止の代償措置がなく，代償として主張された退職金も不十分であるとして無効と解した例もある（前掲岩城硝子ほか事件）。さらに最近では，医薬品等の開発業務の受託機関（CRO）に勤務して医薬品等の治験に従事してきた労働者に対する期間1年の競業避止特約につき，競業避止義務は，使用者の利益，従業員の不利益の内容・程度および代償措置の有無・内容を総合し，必要かつ合理的な範囲を超える場合は公序に反し無効となるところ，会社が主張するノウハウについては守秘義務で規制すれば足り，競業規制の必要性に乏しい反面，退職金その他の代償措置が講じられていないとして無効と判断した例がある（新日本科学事件[31]）。いずれも，競業避止義務に対する裁判所の厳しい態度を示すものであるが，特に後2者の判断は，競業避止義務と守秘義務との関係を考える上で重要な判断であるので，後に考察する（本項(3)）。

一方，競業避止義務の有効例としては，競業避止義務について代償要件を重視しつつ，競業規制の内容が地域を限定し，会社の顧客に対する営業活動のみを禁止するなど限定的であることから，代償が講じられていなくても有効と解した例（前掲ダイオーズサービシーズ事件）がある。ただしこれは，競業避止義務の内容が限定的で，顧客名簿という営業秘密を保護するための顧客勧誘禁止特約を意味することに着目した判断であり（6(1)(d)参照），競業避止義務自体については厳しい態度を示していることに注意すべきである。

(c) 効果　競業避止義務違反の効果としては，損害賠償請求，競業の差止請求のほか，やや特殊な例として退職金の不支給・減額が上げられる。

このうち差止請求の要件に関しては，従来検討が乏しかったが，不競法上

---

[29] 東京地判平成12・12・18労判807号32頁。
[30] 大阪地判平成12・6・19労判791号8頁。
[31] 大阪地判平成15・1・22労判846号39頁。

の差止請求規定（3条1項）を参照して，「当該競業行為により使用者が営業上の利益を現に侵害され，又は侵害される具体的なおそれがある場合に限り許される」との要件を明示する裁判例が登場している[32]。差止請求は，事後的な損害賠償請求と異なり，競業行為それ自体を差し止める点で職業活動への萎縮効果が特に高いので，その要件を右のように限定することは妥当である。一方，退職金の不支給・減額についても，職業選択の自由を考慮して，在職中の勤続の功を抹消・減殺してしまうほどの著しい背信性がある競業のみが対象となるとのルールが確立している。私自身は，退職後の競業を理由とする退職金の不支給・減額を認めること自体に疑問を抱いている（6(2)）。

(3) 競業避止義務と守秘義務との関係——裁判例の紹介

裁判例の傾向は以上のとおりであるが，次に，本稿の問題関心に鑑み，競業避止義務と守秘義務との関係または競業避止義務と不正競争防止法との関係について触れた裁判例を紹介しておこう。

(a) 根拠・要件二分論——東京リーガルマインド事件[33]　　まず，競業避止義務と不競法との関係について，競業避止義務が不競法上の営業秘密の保護を目的とするか否かによって根拠・要件を分けて考える裁判例がある。

事案は，司法試験大手予備校の看板講師であった者と，代表取締役を務めた者が退職後，同種の予備校を設立して営業を開始したため，予備校側が営業の差止めを請求したものであるが，裁判所は，退職後の競業を原則として自由としながら，①労働者の職務内容が使用者の営業秘密（不正競争防止法上の営業秘密）に直接かかわるため，当該競業が不可避的に営業秘密の使用を伴う場合は，守秘義務を担保するものとして同法上の競業避止義務を肯定せざるをえないと解し，これを「実定法上の競業避止義務」と把握する。これは，競業避止義務が不競法上の営業秘密（守秘義務）を保護法益とするものであれば，契約なくして同法から直接発生することを認める趣旨であろう。裁判所は他方では，②競業避止義務が当事者の合意によって創出される場合がある

―――――――――――――――――――
(32) 前掲注(24)・東京リーガルマインド事件。
(33) 前掲注(24)・東京地決平成7・10・16。

ことも認めており，同義務の根拠に関する二分論的構成をとっている。また要件論においても，特に代償要件との関係について，①については，従来の通説・裁判例に従って，代償の有無を総合判断の一要素に位置づける一方，②については，労働者はもともと負担しない競業避止義務を特約によって負担するのであるから，競業禁止の内容が必要最小限にとどまり，かつ，十分な代償措置が要件となると判断し，やはり二分論構成をとる。要するに，競業避止義務の目的ないし保護法益（不競法上の営業秘密の保護を目的とするか否か）に着目する二分論構成であり，競業避止義務と不競法の関連性を重視する立場といえよう。

 (b) 不競法・守秘義務と競業避止義務との峻別論――岩城硝子ほか事件[34]

一方，不競法・守秘義務と競業避止義務を峻別して判断する例もある。前記のとおり，事案は，前使用者が元従業員および同人らが設立した新会社に対し，製品の溶接技術（営業秘密）の使用差止請求と不法行為による損害賠償請求を認容した事例であるが，その根拠として，原告（前使用者）が元従業員らとの守秘義務特約および競業避止特約の双方を主張した点に特色がある。裁判所は，本件溶接技術を不競法上の営業秘密と認め，また「勤務に際して知り得た会社の技術，情報等及び会社が秘密保持義務を負う第三者の技術，情報等を他に漏らさないようにし，……会社を退職した後もこれを厳守すること」との守秘義務特約を有効と解して差止請求を認容した。一方，「会社を退職した後5年間は，会社の営業の部類に属する事業を営む他企業への勤務又は自家営業を行わず，その他会社の技術，情報等を利用して会社に損害を及ぼす行為を一切行わないこと」との競業避止特約については，中枢技術者である元従業員らに競業避止義務を課す必要性は認められるものの，義務内容が広範に過ぎ，期間が5年と不当に長期にわたること，代償措置についても，元従業員らは退職金規程より少ない退職金しか支給されていないし，そもそも在職中の労働の対価である退職金を，退職後の競業避止義務の代償と見ることもできないこと等を理由に公序違反により無効と判断した。企業側から見れば，守秘義務特約も競業避止特約も，ともに営業秘密を保護するた

---

[34] 前掲注(18)・大阪地判平成10・12・22。

めの契約条項を意味するが，裁判所は，両者の要件をはっきり分けて判断したのである。

(c) 競業規制の必要性の視点——新日本科学事件[35]　最近では，伝統的な要件論に加えて，競業避止義務による規制の必要性という視点を打ち出す裁判例も登場している。事案は，医薬品等開発業務の受託機関（CRO）の元従業員が「退職後1年以内に被告会社グループと競業関係にある会社に就職せず，これに違反した場合には損害賠償義務を負う」旨の退職時の競業避止特約に反して競業他社に就職したことに基づく損害賠償債務の不存在確認を請求したものであるが，判旨は，前記の一般論（4(2)(b)）を前提に，被告会社に独自のノウハウを否定した上，仮に会社に保護に値する秘密やノウハウがあったとしても，CRO業界では，各製薬会社の企業秘密がCROおよび従業員の秘密保持義務によって保護されていることから，従業員がCRO間を転職する場合も，「当該従業員が秘密保持義務を負担する限り，他の製薬会社に情報を漏えいする危険性が高いとはいえず，このような競合するCROへ転職を制限する必要性も大きいとはいえない」と述べ，原告に対する代償の欠如と併せて，競業避止特約の無効原因としている。要するに，営業秘密等の保護手段として守秘義務が認められる以上，競業避止義務にはそれ相応の必要性が求められるとの立場であり，やはり守秘義務と競業避止義務を峻別する視点に立つ見解といえる。

5　競業避止義務と守秘義務の関係について

(1)　検　討

(a)　以上のように，日本の裁判例（判例法）は，守秘義務の要件と競業避止義務の要件に関して異なる取扱いをしている。すなわち，守秘義務の場合，営業秘密等の価値・重要性や当該従業員の職務・地位が義務の有効性のポイントとされる反面，規制の期間や代償は要件とされず，より緩やかに解釈される。これに対し，競業避止義務の場合は，合理的期間や十分な代償が要件

---

(35)　前掲注(31)・大阪地判平成15・1・22。

(要素)とされるほか，同義務を課す必要性を考慮する裁判例もあり，厳格に解釈される傾向にある。一方，不競法と競業避止義務との関係については，両者の実質的関連性を強調する裁判例(東京リーガルマインド事件)が存在し，上記傾向に対峙している状況にあるといえよう。

(b)　私は，不競法・守秘義務・競業避止義務の意義をそれぞれ区別して考え，特に，守秘義務と競業避止義務の要件を峻別すべきだと考える。その理由は，守秘義務と競業避止義務の性格の違いにある。以下，知的財産法上の価値と労働法上の価値の調整という観点をふまえて検討しよう[36]。

まず，営業秘密等が知的財産法上保護されるべき価値であることは明らかである。不競法上の営業秘密についていえば，それは明確に「知的財産」に位置づけられる重要な権利であり(知的財産基本法2条1項)，2003年の不競法改正によって法的保護が強化されている。また，営業秘密の要件を満たさない企業秘密についても，その保護が否定されるわけではない。企業における秘密やノウハウは多様であり，その多くは，企業が多くの時間とコストをかけて開発するものであって，重要な営業利益(財産権)として法的保護に値する。それが営業秘密に該当しないということは，不競法の保護を受けないことを意味するにすぎず，他の手段による保護が行われることを妨げるものではない。その意味で，営業秘密等は広義における知的財産法的保護を享受するのである。

問題は，営業秘密等の保護の手段を何に求めるかである。営業秘密限りでは，不競法が第一の保護手段となるが，これは営業秘密の不法行為的保護を意味し，別途，契約上の保護が可能である(2(1))。また，営業秘密以外の秘密・情報については，契約上の保護が主要な保護手段に位置する。こうして，労働契約上の守秘義務が重要となる。一方，守秘義務は，職業選択の自由(憲法22条1項)という労働法上の価値との調整を図る上でも適切な規制である。すなわち守秘義務は，秘密の使用・開示の禁止という一点において職業活動

---

[36]　私見については，土田・前掲注(2)①論文56頁以下，②論文99頁以下，同・前掲注(9)書244頁も参照。

を制約する義務である。守秘義務が規制するのは，従業員が企業に固有の秘密を使用・開示することだけであり，それ以外の方法で同業他社に就職したり，同種業務を営むことを妨げるものではない。以上の点を考えると，守秘義務は，知的財産法上の価値と労働法上の価値とを適切に調整するための手段ということができる。したがってまた，守秘義務について過重な要件を設定しない裁判例の態度は妥当と評価できる。すなわち守秘義務については，代償は必須の要件とはならないし，営業秘密等の重要性によっては，無期限の特約も有効と解すべきである[37]。

　これに対して，競業避止義務は，営業秘密等の保護と職業選択の自由を調整するのに適した手段とはいい難い。すなわち競業避止義務は，労働者の職業活動（競業）それ自体を制約する義務であり，職業選択の自由に対する制約度がきわめて高い。前記のとおり，守秘義務の規制が営業秘密等の使用・開示の一点にとどまるのに対し，競業避止義務は，退職従業員の職業活動自体を禁止する義務であり，従業員の転職活動や市場価値に深刻な影響を及ぼしうる。もちろん，営業秘密等の保護のみに着目すれば，競業避止義務は，従業員の就労自体を禁止する点で，営業秘密を手っ取り早く保護しうる規制として機能する。しかし反面，まさにこの特質ゆえに，競業避止義務は職業活動への制約度が高い規制である。従業員が転職する際，それまでのキャリアを活かして就業しようとすることは自然の成り行きであり，営業秘密等の保護を超えて，そのような職業活動自体を禁止することは本来，バランスを欠く規制（過剰規制）との評価を免れない。のみならず，このような義務を広く認めることは，営業秘密等の独占を排して市場競争の自由を確保し，労働者の技術・知識の提供を広く促進しようという公益の観点からも疑問である[38]。

---

(37)　もともと営業秘密等が法的に保護されるのは，それが秘密である（非公知である）ためであるが，それら秘密がいつ公知となるかは予め予測し難いという点からも，無期限の守秘義務は有効と解される。ただしこのように解すると，無期限の守秘義務特約も，当該秘密が公知となった時点で目的到達により終了すると解すべきことになる。田村・前掲注(16)書74頁参照。

(38)　こうした公益を重視する議論は英米法において盛んであり，日本法においても考慮する必要がある。石橋・前掲注(26)論文120頁，122頁参照。

したがって，競業避止義務を認めるためには，十分な理由と厳格な規制が必要である。

(2) 競業避止義務の厳格解釈と知的財産権保護

このように解することは，営業秘密等の保護に悖り，知的財産権保護の要請に反する結果となるであろうか。しかし，まず営業秘密については，不競法による保護が格段に強化されたことは前記のとおりである。民事的保護の強化は，侵害行為の立証が実際上困難で，賠償額も低いとの批判に応えたものであり，営業秘密の保護に資する改正といえる。また刑事罰（役員・従業員不正使用・開示罪＝14条6号）の導入は，退職後の労働者を除外しているとはいえ，不正競争の自制を促すインセンティブとなり，紛争を事前に防止する上で有意義である。さらに，不競法上の営業秘密か否かにかかわらず，守秘義務の活用が可能であることは上述のとおりである。要するに，使用者が営業秘密等を保護する法的環境は整いつつあり，その分，競業避止義務の必要性は後退しつつある。雇用の流動化時代における退職労働者の職業活動の規制のあり方というマクロの観点から見ると，今後は，競業避止義務ではなく，不競法や守秘義務特約の活用を促し，それらによって営業秘密と職業選択の自由・競争の自由との調整を図るべきである。この観点からも，守秘義務と競業避止義務を峻別し，後者の要件を厳格に解釈する必要がある[(39)]。

以上の観点をふまえて，競業避止義務の基本的要件を整理しよう（詳細は**6**で述べる）。思うに，競業避止義務については，①守秘義務規制を超えて競業

---

(39) このように，競業避止義務と守秘義務を峻別する解釈は，ドイツ法においても採用されている。ドイツでは，競業避止義務に関して，損失補償（代償）を要件と解する解釈が確立される一方，守秘義務に関しては，損失補償の支払いは不要とされている。その理由として判例は，守秘義務は，競業避止義務と異なり，労働者に秘密の開示・使用を禁止するにとどまり，就労自体を制約するものではなく，職業生活の自由な展開を妨げるものではないという点と，営業秘密が不正競争防止法等の法秩序によって保護されている点を挙げている (BAG Urt.v.16.3.1982 AP Nr. 1 zu §611 BGB Betriebsgeheimnis, BAG Urt.v. 3.5. 1994 AP Nr. 65 zu §74 HGB)。両義務の違いを重視した解釈であり，日本法を考察する上でも参考となる。

規制を行うことの必要性が認められること，②義務内容が最小限度にとどまること，および③適正な代償を提供すること，の3点を要すると解すべきである。まず①については，競業規制が必要といえるだけの使用者の正当な利益を要し，守秘義務以上の高度の必要性が求められる。ただし，守秘義務規制が可能であれば，直ちに競業規制の必要性が失われるとまでは考えない。また②については，競業規制の期間を限定することがポイントとなる。③については，競業避止義務は，労働者に職業活動の一部（しかも重要な一部）を放棄させるという強力な効果をもつ義務であり，それを補填するための適正な対価（代償）を要すると解すべきである。すなわち，競業の約定は，労働者の義務（競業避止義務）だけを内容とする片務契約ではなく，競業避止義務と代償支払義務の対価関係を内容とする双務契約と構成される必要がある。したがって，代償を欠き，または著しく低い代償を定める競業の約定は，職業選択の自由が構成する公序（民法90条）に違反して無効と解すべきである[40]。

このように考えると，先に紹介した裁判例（4(3)）のうち，守秘義務と競業避止義務を峻別し，後者の要件を厳格に解する裁判例（岩城硝子ほか事件）は妥当である。また，守秘義務によるノウハウの保護が可能であることを理由に，競業避止義務の必要性を否定する裁判例（新日本科学事件）も妥当と解される。ただし代償については，両裁判例とも，これを競業避止義務の重要な要素と位置づけるにとどまり，その有効要件と解するには至っていない。この点では，代償要件を明確に打ち出した東京貨物社事件（4(2)）が相当と考える。

以上の代償要件論に対しては，学説・裁判例上，これと対立する見解が見られる。次にこれを検討しよう。

(3) 根拠・要件二分論について

まず，東京リーガルマインド事件が説く根拠・要件二分論について考えよ

---

[40] 土田・前掲注(2)①論文58頁。同旨，小畑史子「退職した労働者の競業規制」ジュリスト1066号（1995年）120頁。アメリカ法の検討をふまえて私見に賛成する見解として，金春陽「アメリカにおける退職後の競業避止義務——営業秘密の保護を中心として」同志社法学293号（2003年）493頁。

う。前記のとおり，この立場は，競業避止義務が不競法上の営業秘密の保護を目的とする場合は，契約上の根拠を不要と解し，かつ，要件を緩和する立場であり，両者の関連性を強調する点に特色がある(41)。

しかし，この理解には問題がある。確かに，不競法2条1項7号は「不正の競業」を目的とする営業秘密の使用・開示を不正競争としているが，これはあくまで秘密の使用・開示を対象とする規制であり，競業避止義務それ自体を規制するものではない。もちろん，労働者が営業秘密を用いて不正な競業を営むなど，競業行為と営業秘密の使用・開示が不即不離の関係にある場合は，不競法の規制が不正競争の差止め等を通して競業の規制に及び，代償がなくても競業規制が実現することはありうる。しかし，それはあくまで営業秘密の使用・開示の規制であり，競業規制はその反射的効果にすぎない。また，不競法上の営業秘密が競業避止義務の保護法益となり，その点で同義務の有効性を基礎づける根拠となることも確かであるが，そこから直ちに競業避止義務と不競法を直結させ，根拠・要件自体を二分すること（特に，要件について代償の要否を決すること）には飛躍がある(42)。要するに，競業避止義務の根拠・要件は，不競法とは別の問題として扱うべきであり，当事者の合意または就業規則上の根拠を求める（根拠一元論）とともに，代償を含めた一律かつ厳格な要件を設定すべきである（要件一元論）。

なお，アメリカ法においても，根拠・要件二分論に近い理論として，不可避的開示論（inevitable disclosure doctrine）という理論がある。これは，統一トレード・シークレット法（Uniform Trade Secrets Act＝UTSA）などの営業秘密法が保護する情報（営業秘密）が労働者の技能や経験と不即不離の関係にある場合に，労働者が新雇用者の下で職務を遂行することにより，営業秘密の違法な使用・開示のおそれがある場合は，労働者の就労差止めを請求でき

---

(41) 同旨の学説として，村中孝史「判批」法律時報68巻7号（1996年）92頁。
(42) ここでは，労働者による営業秘密の不正使用・開示の規制を強化した1990年の改正不競法の立法者が，改正法によって競業避止義務に関する従来の議論に変化をもたらすものではないと考えていたこと（通産省知的財産政策室・前掲注(3)書142頁）を想起すべきである。土田「東京リーガルマインド事件判批」ジュリスト1097号（1996年）144頁，土田・前掲注(2)②論文98頁参照。

るという考え方であり，競業避止義務がない状況の下で，労働者の就労禁止を可能とすることから，競業避止義務と同様の機能を営む。しかし，最近の裁判例を見ると，この理論が事後的（after-the-fact）競業避止特約を形成し，競業避止義務に対する法の厳格な規制を潜脱する機能を営むことを理由に，否定的に解する例が増えている(43)。日本における根拠・要件二分論と一元論との対立に相当する議論であり，参考となる。

(4) 「公正な競争」論について

次に，学説の中には，「公正な競争」という観点から代償要件論を批判する見解がある。いわく，①競業が特約なかりせば不法行為と評価されるような不公正な競争（不正な手段を用いての競業）であれば，それを禁止することに問題はなく，代償が必要となる謂われはないし，②逆に，競業行為が公正な競争と評価されるのであれば，代償があるからといって競業避止義務が有効となるものではない，というのである(44)。

しかし，この見解については，営業秘密等の保護・職業選択の自由の保護の双方から見て疑問がある。まず②のように，公正な競争でさえあれば，営業秘密等の重要性にかかわらず，競業避止義務が一律に無効となると解することは，知的財産保護の観点から見て問題がある。使用者は，重要な営業秘密等については，「公正な競争」か否かにかかわらず，競業避止義務による保護を必要とする場合があり，この利益は法的保護に値する。上記見解によれば，公正な競争である限り，こうした保護が一切否定されることになるが，これは行き過ぎであろう(45)。使用者が営業秘密等を保護するため，労働者の職業選択の自由を制限しつつ，その対価として適正な代償を支払う旨の契約を結ぶことは，契約の自由として肯定すべきである(46)。

---

(43) Whyte v. Schage Lock Company, 101 Cal. App. 4th 1443(4th Dist. 2002).ただし，競業避止義務を厳格に解するカリフォルニア州の裁判例であること（後掲注(54)参照）に留意する必要がある。

(44) 早川徹「営業秘密の保護と役員・従業員の守秘義務・競業避止義務」『知的財産の法的保護』（関西大学法学研究所，1997年）192頁以下。

(45) 同旨，田村・前掲注(16)書86頁。

他方，不公正な競争であれば，代償その他の要件を問うことなく競業避止義務の有効性を肯定すること（①）は，逆に労働者の職業選択の自由への配慮を欠くと思われる。競業避止義務が職業選択の自由を著しく制約する義務である以上，その成立要件としては，就労の禁止という労働者の不利益を補塡するための適正な対価（代償）を求めるべきである。確かに，競争（競業）はしばしば不公正な態様で行われるが，それはあくまで競業避止義務違反（債務不履行）の判断に影響する事情にとどまり，義務の成立要件に持ち込むべきものではない（義務の成立段階では，競業が不公正な態様で行われるかどうかはわからない）[47]。また，使用者が代償なくして不公正な競業に対抗したいのであれば，不競法や守秘義務規制を用いることが可能なのであり，競業避止義務の手段を用いる以上，合理的な対価を必須の要件と解すべきである。ただし競業避止義務の中でも，営業秘密等の使用・開示の禁止に実質的に等しく，守秘義務に等しい義務については，例外的に代償不要と解してよいであろう（6

---

[46] これに対しては，職業選択の自由という基本的人権（憲法22条1項）を制約する競業避止義務が，代償という金銭の支払いによって有効となると解することへの批判が生じうる（早川・前掲注(44)論文206頁）。確かに，基本的人権を制約する特約が，金銭支払いによって正当化されると解することを批判する趣旨は理解できる。しかし，競業避止義務によって職業選択の自由が制約される結果，労働者に生ずる最大の不利益は，生活原資たる賃金の喪失である。そうだとすれば，職業活動の制約の対価として代償支払いを求め，かつ，それによって職業選択の自由（直接には公序［民法90条］）侵害の評価が阻却されると解することは，不当な解釈とは思われない。

　　もっとも，競業避止義務が労働者にもたらす不利益は多様であり（職業活動自体の制約，技術・能力の低下等），労働者が賃金喪失以上にこれらの不利益を重視する場合もありうる。この場合，労働者・使用者が例えば技術の供与を代償として合意することはもとより自由であり，それによって競業避止義務は有効となる。すなわち，代償は金銭の支払いに限られるわけではない（後述 **6**(1)(d)参照）。

[47] 競業避止義務は，労働者の競業それ自体を禁止する義務であるため，要件を満たしている限り，労働者が競業に従事すること自体が義務違反となる。しかし，債務不履行責任に関しては，労働者の故意・過失や違法性の判定段階で，競業の態様が考慮されるのであり，「公正な競争」か否かは，まさにこの段階で考慮すべきものであろう（前掲注(28)・東京学習協力会事件は，このような競業の態様を重視して債務不履行責任の有無を決している）。

(1)(d)で後述する)。

(5) 交渉力論について

さらに,当事者間の交渉力という視点に立って代償要件論を批判する見解もある。それによれば,代償の要否は,競業避止義務の設定に関する労働者の交渉力の程度に応じて異なるのであり,労働者が任意・対等に交渉して契約を締結している限り,代償なしに職業活動の自由を放棄することも個人の自由であるとされる[48]。

確かに,労働契約上の権利義務に関して,労使間の交渉力・情報格差を考慮すべきケースは少なくない。しかし,競業避止義務に関しては,代償を含む厳しい要件が課されることの根拠は,労使間の交渉力格差ではなく,義務の特質(職業活動自体の制約)に求めるべきである。職業選択の自由は憲法的・労働法的価値を有しており,それを制限するためには,交渉力格差のいかんにかかわらず,適正な反対給付(代償)を要すると解すべきである。すなわち労働者は,代償もなく職業選択の自由を放棄する自由を有していないと考えるべきである。契約自由のこの限界を画するのが公序(民法90条)である。

ここで注目されるのが,アメリカ法上の約因(consideration)の法理である。周知のとおり,アメリカ契約法においては,契約は当事者の意思の合致のみでは成立せず,加えて約因が必要とされる。これが雇用契約における退職後の競業避止義務にも適用される結果,競業避止義務は当事者の合意のみでは有効に成立せず,約因(対価)が必要と解されている[49]。これに対して日本では,約因法理が存在しないため,契約は意思の合致のみで成立するが,その内在的限界を画するのが公序であり,これが約因に代わる機能を営むと考えられる。上記のような競業避止義務の特質に鑑みれば,公序を根拠に,アメリカ法と同様の対価の存在を要求することは決して無理な解釈ではないと考える[50]。

---

(48) 小川・前掲注(23)論文87頁。
(49) この点については,内藤恵「アメリカ雇用契約における労働者の競業避止義務と約因法理」法学研究65巻12号(1992年)111頁,金・前掲注(40)論文471頁以下参照。

6 競業避止義務の解釈

最後に、以上の考察をふまえて、競業避止義務の要件・効果に関して検討しておこう。

(1) 要　件

前記のとおり、競業避止義務の要件としては、競業規制の必要性（使用者の正当な利益）が認められること、義務内容が最小限度にとどまること、および適正な代償が提供されること、の3点が挙げられる。

(a)　使用者の正当な利益　　この要件については、営業秘密等の重要性と、競業避止義務によって保護すべき必要性という2つの観点から検討する必要がある。具体的な利益としては、①退職労働者の確保の必要性、②不競法上の営業秘密、③営業秘密に該当しない機密情報（本稿にいう「営業秘密等」）、④労働者が業務従事によって取得した一般的知識・技能、⑤顧客確保の必要性が問題となる。

まず①については、労働者が退職の自由を保障される以上、それのみを目的として競業避止義務を設定することが許されないことはいうまでもない[51]。また④も、使用者の固有の秘密ではなく、正当な保護法益とはいえない。

これに対して②・③・⑤は、使用者自身が保有する利益にあたるが、その重要性・規制の必要性には濃淡がある。まず②は、実定法が保護する法益と

---

(50) 同旨、金・前掲注(40)論文492頁。なお交渉力論によれば、競業避止義務の法的根拠に関しても、使用者が一方的に作成する就業規則は、交渉力の対等を欠くがゆえに、義務の根拠たりえないことになる（小川・前掲注(23)論文86頁）これに対し、競業避止義務の厳格解釈の根拠を労使間の交渉力格差ではなく、義務の特質に求める私見によれば、義務の要件が厳しく解釈される代わり、就業規則も法的根拠として肯定され、特約と就業規則に共通する要件が探求されることになる（4(2)(a)参照）。この点は、労働契約の解釈方法にまで遡る難問であるが、本稿では以上のように解しておきたい。

(51) 使用者が退職労働者の育成に多額のコストを投下していたとしても、それ自体は競業制限を正当化する利益とはいい難い。

して使用者の正当な利益となることに疑いはない。したがって，競業避止義務が②の確保を目的に設定された場合は，他の要件の充足を待って有効となると解すべきである。このような形で，不競法を競業避止義務の解釈に反映させることはもとより正当である。

⑤については場合を分けて考える必要がある。まず，使用者が開拓した顧客リストのように，コストを投下して開拓した顧客を確保するために競業避止義務を設定することは，②または③を保護法益とする競業規制として有効と認められる。これに対して，単に顧客の一般的確保を目的に競業避止義務を課すことは，競争相手の排除を目的とすることに帰着し，正当な保護法益を欠くものと解される。退職労働者の競業によって顧客を奪われることは，競争の必然的な帰結であり，自由競争の範囲内として受忍すべきものだからである。労働者が自ら開拓したノウハウや顧客リストについても，使用者自身の秘密といえないことから，正当な利益を欠くと解すべきである。

問題は③であり，不競法上の営業秘密に含まれない秘密やノウハウが正当な利益となるか否かが問題となるが，守秘義務の場合と同様，肯定すべきである。前記のとおり，不競法と競業避止義務が直結しない以上，その範囲は同法上の営業秘密より広範に及ぶと考えるべきだからである。その範囲は，守秘義務と一致するが，具体的には，当該秘密の重要性や秘密(管理)性を勘案して判断せざるをえない[52]。

また③については，競業避止義務によって保護すべき必要性も要件となる。競業避止義務が職業選択の自由に及ぼす制約度の高さを考えると，競業規制の必要性については，守秘義務以上に高いレベルを求めるべきである。すなわち，重要な営業秘密等であっても，守秘義務による保護が可能であれば，競業避止義務は，その必要性を欠くものとして効力を否定されるべきである。この点，主に製薬会社の営業秘密等を保護する目的で受託機関の従業員について設けられた競業避止義務につき，それら秘密に関する守秘義務が確立さ

---

(52) 企業に固有の秘密・ノウハウといえないような作業方法等が保護に値する営業秘密等にあたらないことは当然である（製品の箱詰めや材料の補充等の単純作業につき，前掲注(30)・キヨウシステム事件）。

れていることを理由に，競業避止義務の必要性を否定した裁判例（前掲新日本科学事件）は，基本的に正当な立場と評価できる[53]。

　もっとも，競業避止義務による保護の必要性を過度に厳しく求めることも適切でない。守秘義務がいかに整備されたとしても，退職労働者によるその履行状況を調査すること（モニタリング）が事実上，困難であることを考えると，使用者が守秘義務を担保する目的で競業避止義務を課すことの必要性（正当な利益）を一概に否定することはできないからである。したがって，使用者が，営業秘密等の保護（不競法または守秘義務規制）を確保する上で競業避止義務が有効であることを立証できれば，例外的に競業避止義務による保護の必要性の要件の充足を認めるべきである。その代わり，代償その他の要件を厳格に解し，競業避止義務の濫用をチェックすべきである[54]。

　(b)　義務内容の限定——労働者の地位・職務　　この点については，労働者が使用者の営業秘密等の正当な利益を知りうる地位にあるか，そのような職務に従事していたことを要すると解される。したがって，いかに重要な営業秘密等とはいえ，そのような地位・職務にない労働者に対して一律に競業避止義務を課すことは許されない。もちろん，そうした地位・職務にない労働者による営業秘密等の漏洩から使用者を保護すべき場合はありうるが，これは本来，不競法や守秘義務によって対処すべき事態といえよう。裁判例の

---

(53)　ただし本判決は，訴訟当事者（使用者）である受託機関自身のノウハウの保護方法としての競業避止義務の必要性については検討しておらず，この点では不十分である。

(54)　競業避止義務による保護の必要性という視点を進めると，およそ守秘義務による営業秘密等の保護が可能である限り，競業避止義務の必要性が失われると解することも可能である。事実，外国の立法例では，アメリカ・カリフォルニア州法（California Business Professions Code 16600 条）のように，営業秘密を保護しつつ，競業避止義務については「競争の自由」というパブリックポリシーに反するとして絶対無効とする例も存在する（小川・前掲注(23)論文 73 頁以下参照）。しかし日本では，ここまで極端な立場をとることは困難である。本文に述べたように，使用者が守秘義務を担保する目的で競業避止義務を課す必要性を否定できないし，したがってまた，競業避止義務を設定する契約の自由を否定することも困難だからである。加えて日本では，競業規制の必要性を否定するに足りるだけの法的・理念的根拠（競争の自由）がカリフォルニア州ほどには確立していないと考えられる。

多くも，この点に着目して判断している(55)。

(c) 義務内容の限定――競業規制の期間・地域・対象職種　この点は，一律に論ずることはできず，保護法益の性格や重要性に即して個別具体的に検討する必要があるが，期間の合理的限定は必須の要件と解される。まず期間については，陳腐化の早い技術的ノウハウであれば，期間は短期に設定する必要があるし，逆に普遍性の高い秘密であれば，長期の規制が認められる。ただし，いかに重要な営業秘密等といえども，不当に長期にわたる競業規制は許されない。裁判例では，不競法上の営業秘密の保護を目的とする競業避止義務についてさえ，5年の期間を不当な制約として無効原因の一つとした例があり（前掲岩城硝子ほか事件），期間の合理性は重要なポイントとなる(56)。これに対しては，守秘義務と同様，競業避止義務についても，無期限の義務を認めつつ，ノウハウが公知となった棚期で義務が終了すると定めておけば足りると説く見解があるが(56)，競業避止義務の強力さから見て，期間それ自体の限定を要すると解すべきであろう。

競業規制の地域についても，学習塾の顧客の保護のように地域性が強い事項であれば，地域を限定する必要がある一方，普遍性の高いノウハウ等であれば，地域無限定であっても直ちに無効とされるわけではなく，個々の事案に即した解釈が必要となる(57)。さらに，競業規制は，原則として競争企業における同一職種への就労をもって限度とすべきであり，競争企業における他職種への就労を制限することは必要性を欠く。ただし，この「職種」の範囲も，個々のケースに応じて様々であり，個別具体的に判断するほかない。

(d) 代償要件　私見によれば，競業避止義務は代償を不可欠の要件とす

---

(55) 前掲注(18)・ダイオーズサービシーズ事件，岩城硝子ほか事件は，労働者が営業秘密等を熟知する最前線または中枢的地位にあったことを理由に，その限りでは競業規制の正当性を肯定し，逆に，前掲注(30)・キヨウシステム事件は，労働者の職務内容が単純作業であったことを理由に，競業規制の必要性を否定している。
(56) 田村・前掲注(16)書 75 頁。
(57) 前掲注(18)・ダイオーズサービシーズ事件は，競業避止義務を肯定する理由の一つとして，規制の地域的範囲が，在職時に担当した営業地域（都道府県）およびその隣接地域（都道府県）と限定的であったことを重視している。

るが，代償の具体的な額は，やはり個々の事案に即して判断するほかはない。比較法的には，ドイツ商法が商業使用人（Handlungsgehilfe）の退職後の競業避止義務について，直近の賃金の少なくとも半額の支払義務を使用者に課し（74条2項），これが判例によって全労働者に類推適用されていることが参考となる[58]。退職後の競業避止義務について代償金支払いの慣行が確立されていない日本において，こうした規制を直輸入できないことは当然であるが，それらを参考に，合理的な代償支給慣行の定着を促す解釈を構築すべきである。

次に，代償の形態については，在職中の機密保持手当や退職金が問題となる。思うに，代償が退職後の競業避止義務の対価である以上，退職後の期間に対して支払われることを原則と解すべきである。したがって，在職中の機密保持手当は当然には代償たりえないし，退職金も，本来は在職中の労働の対価である以上，当然には代償たりえない。この点，最近の裁判例は，これら給付の代償性を否定しており（機密保持手当につき前掲新日本科学事件，退職金につき岩城硝子ほか事件），妥当と解される。ただし，これらの給付が適正な額で上積みされるなど，退職後の競業規制の対価としての性格が明確で，か

---

(58) ドイツでは，退職労働者の競業避止義務に関する直接の立法は存在しないが，商法（Handelsgesetzbuch）74条以下が商業使用人の競業避止義務に関する詳細な規制を定めている。連邦労働裁判所（Bundesarbeitsgericht）は1970年代以降，労働者の職業選択の自由尊重の見地から，商法の規制を全労働者に類推適用するようになり，これを基礎とする判例法が形成されている。損失補償（代償）に関しては，商法74条2項が「競業禁止は，営業主が競業禁止の期間中の毎年，商業使用人の最後の契約上の給付額の少なくとも2分の1に達する損失補償（Entschaedigung）を支払わなければ拘束力を有しない」と規定しており，これが全労働者の競業避止義務に共通する要件と解されている（Vgl. Günter Schaub, Arbeitsrechtshandbuch, 10.Aufl., 2002, S. 530ff.）。

(59) 裁判例では，元取締役の競業避止義務の事案であるが，義務内容は包括的であるものの，会社の前身会社の買収時から，同人らに競業避止義務を課すことが重要な条件とされており，同人らが在職中，巨額の株式の対価（合計2億5250万円）および報酬（毎年数十万円から数百万円の上昇を伴う）を得ていたことを理由に，公序違反を否定した例がある（フレンチ・エフ・アンド・ビー・ジャパン事件・東京地決平成5・10・4金融・商事判例929号11頁）。この事案限りでは妥当な判断といいうる。

つ額が適正であれば，代償と解することに妨げはない[59]。

　さらに，代償は金銭給付であることを原則とするが，代償としての実質を有していれば，継続雇用や昇進の保障，技術の供与等の非金銭的対価も含まれると解すべきである[60]。ただし，この点は慎重に判断すべきであろう。

　以上のように，競業避止義務については代償要件が求められるが，競業規制の内容によっては，例外的に否定されることがある。すなわち，競業避止義務と銘打っていても，実質は競業の禁止ではなく，営業秘密等の使用・開示の禁止を意味する場合であれば，法的には守秘義務にあたることから，代償は要件とならない。その典型がいわゆる顧客勧誘禁止特約であり，顧客一般の勧誘ではなく，前使用者が顧客名簿等によって確保する顧客の勧誘を禁止する義務を意味する。この場合，競業避止義務の内容は，実質的には営業秘密等の使用・開示の禁止に等しく，また，労働者は特定の顧客の勧誘・取引を禁止されるだけで，競業（職業活動）の一部を制約されるにとどまるため，代償は不要と解される[61]。この点，前掲ダイオーズサービシーズ事件では，一定の地域で2年間，前使用者の「顧客に対して営業活動を行ったり，代替したりしないこと」という競業避止特約の効力が争われたが，裁判所は，顧客名簿を保護法益とする守秘義務規制を有効とする判断を前提に，競業避止特約についても，競業禁止の内容が会社の顧客収奪行為に限定される（会社の顧客以外の者に対して競業を営むことを禁止していない）ことを理由に，代償がなくても有効と判断している。実質は守秘義務に等しい顧客勧誘禁止特約の

---

(60)　石橋洋「東京リーガルマインド事件判批」判例評論454号（1996年）63頁，小川・前掲注(23)論文89頁参照。注(46)も参照。

(61)　同旨，石橋・前掲注(26)論文120頁，小川・前掲注(23)論文89頁。ただし勧誘禁止の範囲は，前使用者または同社を含む企業グループが顧客名簿によって管理する顧客勧誘の禁止にとどまるべきである。また，このように限定的な義務でも，守秘義務よりは職業選択の自由への制約度が高いため，競業規制の必要性や，期間・地域・対象職種の限定の要件に服することは当然である。

(62)　なお，類似の顧客勧誘禁止特約を競業避止特約と解した上で有効と判断した例として，チェスコム秘書センター事件（東京地判平成5・1・28労判651号161頁）がある（ただし，明示の特約もなく競業避止義務を認めた点では疑問がある。土田道夫「同事件判批」判例評論424号（1994年）192頁参照）。

ケースであるため，妥当な判断と考える[62]。

(2) 効　果

競業避止義務の効果のうち，差止請求については前述した（4(2)(c)）。ここでは，相変わらず競業規制違反の制裁として多用されている退職金の不支給・減額について検討するにとどめる。

この点については当初，退職後の競業を一定期間制限することを不当とはいえず，退職金の功労報償的性格にてらせば，競業規制に違反した労働者に対する減額支給を違法とはなしえないとする最高裁判例が存在した[63]。しかし，その後の裁判例はより厳格な解釈に転じている。つまり，退職金の功労報償的性格にてらせば，退職金の不支給・減額を一律に違法とはいえないが，労働者の職業選択の自由を考慮すると，不支給・減額の対象となるのは，在職中の勤続の功を抹消または減殺してしまうほどの著しい背信性をもつ競業に限られると解し，具体的には，不支給・減額条項の必要性，労働者の退職の経緯・目的，競業によって生じた前使用者の損害などを総合して背信性を判断している[64]。

こうした判例法の態度は，実務上は穏当なものである。しかし，理論的には問題がある。すなわち，代償の支払いは競業避止義務の不可欠の要件であり，他方，退職金はあくまで在職中の労働の対価であって，本来，競業制限に対する代償たりえない性格のものである。そうだとすると，退職金の不支給・減額条項は，そもそも代償を欠く競業避止義務の特約として無効と解すべきであり（民法90条），この点は，競業の背信性の有無を問わないと解される[65]。使用者が不支給・減額条項を多用するのは，競業避止義務違反の立証を要し，損害の認定が厳密に行われる損害賠償請求に比べて，より容易な対抗手段だという点にあるのであろうが，それを理由に不支給・減額を認める

---

(63) 三晃社事件・最判昭和52・8・9労働法律旬報939号51頁。
(64) 中部日本広告社事件・名古屋高判平成2・8・31労判569号37頁，前掲注(13)・日本コンベンションサービス事件。
(65) 土田・前掲注(2)①論文58頁。同旨，田村・前掲(16)書93頁。

と，退職金の賃金後払い（在職中の労働の対価）としての性格を軽視する結果となりかねない。また政策的にも，退職金の不支給・減額という一種「報復」的な方法を認めるより，使用者の退職金支払義務を認めた上，私法上の損害賠償請求を対抗手段とさせる方が健全な方向と考える。

　もっとも，競業の態様がきわめて悪質で，退職金請求権の（一部）喪失を正当化するほどの顕著な背信性が認められる場合は，退職金請求が権利の濫用となることを認めるべきであろう。すなわち，不支給・減額条項は無効と解しつつ，退職金請求権の濫用によって労使の利益調整を図ることが適切である。また前記のとおり，退職金が適正な額で上積みされ，退職後の就業規制の対価としての性格が明確であれば，当該上積み分を代償と解することは可能である。この場合，退職金の不支給・減額条項は，上積み分に関するかぎり，就業規制の対価（代償）の返還義務を定めた特約として有効であり，退職労働者が競業に従事した場合は，使用者は上積み分の不支給または減額支給を行うことができる。

7　結　語

　本稿では，知的財産法上の価値と労働法上の価値の調整という観点に立ちつつ，競業避止義務・守秘義務・不正競争防止法の意義をそれぞれ区別して考え，特に競業避止義務の要件を厳格に解する立場を展開した。そのエッセンスは，競業避止義務が職業選択の自由（憲法22条1項）に及ぼす強力な制約効果に鑑み，明確な合意を根拠として求め，かつ，競業規制の必要性と適正な代償の支払いを要件と解する，というものである。私見の狙いは，競業避止義務を厳格に解することによって，守秘義務や不正競争防止法の活用のインセンティブを高め，それによって営業秘密等と職業選択の自由との調整を図るべきだという点にある。また同様の観点から，競業避止義務違反の効果についても，退職金の不支給・減額ではなく，損害賠償請求という契約法の手段を活用させる方が妥当という議論を展開した。

　一方，本稿では，上記の立場を進めて，守秘義務規制が可能である限り，競業避止義務の必要性を否定するという極端な立場（いわば「競業避止義務撲

滅論」)はとらなかった。あまりに現実離れしており，結果の妥当性を欠くと考えたからである。そこまで極端に考えなくても，上記のような競業避止義務の厳格解釈によって，守秘義務と不正競争防止法の活用の促進という目的は十分達成できるものと考える。

　本稿で述べたように，知的財産法の領域では，営業秘密保護の強化という観点から，不正競争防止法の強化が進んでいる。一方，労働法においても現在，労働契約法制の整備が立法的課題となりつつある。その一環として，競業避止義務に関して何らかの立法規制を検討する場合は，本稿の観点をふまえた立法政策が求められると考える。

　＊本稿は，副題にもあるとおり，労働法と知的財産法との交錯という問題意識をもって執筆したものである。このような発想は，労働法の独自性（市民法との峻別）を強調したかつての労働法学会においてはあまり見られなかったものと思われる。そのような時期において，早くから「現行の全体的法秩序・法体系下において労働問題にはそもそも市民法ないしは市民法理論の成果を駆使できないことはありえない」との問題意識に立ち，精緻な労働法解釈論を展開してこられたのが中嶋士元也先生である（中嶋士元也『労働関係法の解釈基準（上）』「はしがき」（信山社，1991年））。本稿執筆に際しては，常に先生のこのお言葉が念頭にあった。拙い論稿であるが，長年のご指導に感謝しつつ，本稿を中嶋先生に捧げたいと思う。

職務発明と職務著作をめぐる諸問題
——判例の動向を中心として——

岩 出　誠

はじめに

　近年，労使関係においても，企業と従業員間の知的財産権の利害調整をめぐる諸問題への関心が，特に，特許法上の職務発明をめぐる対価請求等をめぐる係争の多発化とその相当対価の高額化の中で，急速に高まっている[1]。しかし，労働者の職務発明・職務著作等の知的財産権をめぐる労使間の権利調整・法規整をめぐる問題は，判例上のみならず学説上でも，正に，IT（情報技術）革命の影響を受け，飛躍的な発展途上にあり[2]，政府自身もいわゆるプロパテント戦略を表明し，平成15年7月8日の知的財産戦略会議「知的財産の創造，保護及び活用に関する推進計画」等において，後述のオリンパス光学最高裁判決（最小判平成15・4・22判時1822号39頁）[3]等をも踏まえ，立

---

(1) 例えば，職発発明をめぐる最近の判例の動向につき，横山久芳「職務発明制度の行方」ジュリ1248号36頁以下，産業構造審議会知的財産政策部会特許制度小委員会平成15年12月「職務発明制度の在り方について」〈以下，報告という〉末尾の「発明対価を巡る主な判決」等参照
(2) 正に「知財バブル」との指摘もある。
(3) 判例研究として，長谷川浩二「時の判例」ジュリ1251号172頁等
(4) 平成14年11月27日「知的財産基本法」が成立し，更に，平成16年5月28日で特許法等の改正〈以下，改正法という〉が成立している。なお，従来の動向・文献・判例紹介につき，拙稿「情報の管理——労働者の守秘義務，職務著作等の知的財産権問題を中心として」『講座21世紀の労働法第4巻』114頁以下等参照。本稿は，同稿の発表後の主な裁判例や新たな論点，立法動向等を補遺したものである。

法的対応に着手している(4)。

1 知的財産権をめぐる労使間の権利の調整に関する法的規整

(1) 知的財産権に関する企業と従業員の権利の調整等の必要

　現在の企業社会においては，主として科学・工業技術に関する特許権，実用新案権，それらの工業デザインに関する意匠権などのいわゆる工業所有権と言われる権利から，コンピューターソフトを含む著作権に至るまでの知的財産権は，個人的な独創によることもあり得るが，多くは，企業内で，企業の資金と事業施設・ノウハウを利用して，従業員や役員等（以下，従業者という）が業務として，またはこれに関連して発明・制作・成立（以下，発明等という）されている。独創による場合を含めて従業者のこれらの発明等を，完全な市場原理の下，労使間の契約の自由に任せれば，労使間の力関係の差の下で，極端な例が，採用前後や業務との関連を問わず，従業者が関与し保有する一切の発明等を，企業が，雇用期間中は勿論，雇用期間終了後まで無償で独占するなど，一方的に企業に有利な処理がなされる危険さえある。

　しかし，そのようなことは実際の発明等に関与した従業者の発明等への権利を不当に制限する危険があるばかりか，それらの従業者の意欲を喪失させ，引いては企業の発展を阻害することにもなりかねない。

(2) 特許法，著作権法等による権利の調整と本稿の課題

　そこで，現行法も，これらの問題に関して，網羅的というまでにはいたっていないが，特許法35条，実用新案権法11条2項，意匠権法15条2項は，各々，職務発明に関する規定をおき（その他，種苗法8条においても同様な職務育成品種に関する規定が置かれている），従業者の権利と企業の権利の調整を図っている(5)。オリンパス事件・最小判平成15・4・22前掲も，「特許法35条は，職務発明について特許を受ける権利及び特許権（以下「特許を受ける権利

（5）　最高裁事務総局監修『知的財産権関係民事・行政裁判例概観』51頁44頁等参照。
（6）　職務発明の網羅的な問題点の整理と比較法的研究については，報告参照

等」という）の帰属及びその利用に関して，使用者等と従業者等のそれぞれの利益を保護するとともに，両者間の利害を調整することを図った規定である」と同旨を判示している。

そこで，以下，本稿では，最近の立法動向をも射程にいれつつ，職務発明・職務著作の帰属と，職務発明の対価に関する判例の動向を中心として，現行法における権利の調整規整とその課題を概観してみる[6]。

2 特許法上の職務発明をめぐる労使間の権利の調整に関する法的規整

(1) 職務発明以外の企業の一方的取得予約の禁止

(a) 従業員のなしたすべての発明をあらかじめ企業所有とする定めの無効

特許法35条2項は，次に説明する職務発明に当たらない限り，あらかじめ従業員の発明（使用者の業務に属さない「自由発明」は勿論，使用者の業務に属するが後記職務発明の要件を満たさない「業務発明」を含む。以下，自由発明等という）を企業のものとする定めを無効としている[7]。会社のものとすることができないとは，あらかじめ，特許を受ける権利や従業者が受けた特許権を企業が承継すること（いわゆる予約承継），企業のために専用実施権（特許法77条）を設定する定めを置くこともできないということである。そして，この規定は強行規定と考えられているので，その定めが，企業と従業者個人との個別の契約であれ，就業規則や労働協約であれ無効となる。但し，就業規則に業務発明全般につき使用者の予約承継が規定される場合，その条項全体を無効とすることなく，職務発明に関する部分のみを有効と解されている[8]。

(b) 従業員のなした発明を事後的に企業所有とすることは可能

また，特許法35条2項が無効としているのは，あらかじめ一切の従業者の発明に関する権利の企業への承継を禁止しているに過ぎない。したがって，企業への入社の前後を問わず，従業者が独自に発明した自由発明等について，

---

(7) 同項は字句の訂正を除き，改正案においても変更はない。
(8) 連続混錬機事件・大阪地判昭和54・5・18取消集昭和54（地）239頁

企業と従業者が個別に出願権や特許権を一部又は全部譲渡したり，専用実施権を設定することは自由とされている。そこから，「入社前に従業員が発明した特許権について会社に求められて共有にした後の勤務先会社のロイヤリティーの不払」のような問題が起こり得る。特に，中高年労働者の採用時の再就職の困難などを背景として，あるいは商品化のレベル・範囲が確定していない状態で，譲渡等の条件を十分に煮詰めないままに譲渡だけが先行するようなことも有り得る。最近，そのような特許出願中の権利譲渡の有無・対価をめぐる三徳事件[9]が現れた。ここでは，譲渡契約自体は有効とされたが対価の合意は否定され，当該発明の職発明性を指摘した上で，職務発明の補償額の算定手法によることとされた。

しかし，かかる職務発明的性格を有しない場合には，適当な対価が支払われるべきは当然であり，かつ，その「対価は当然に，職務発明を使用者が承継した場合の基準（35条4項）に準じ，発明の対価，職務との関連性の度合い等を考慮して定められるべきであるが，その額は，むしろ職務発明の場合を上回るべきであろう」[10]。

なお，対価なき譲渡契約は無効とされることもあり得る[11]。

(2) 職務発明の要件

以上の場合と異なり，職務発明となるものに限っては，あらかじめ，従業者の発明を企業が承継したり，専用実施権を設定するような定めをしておくことができる。職務発明は，前述の通り，従業者の独力でなされたものでなく，企業の援助があって完成されたものという面があるため，次のような要件の下で企業に一定の権利を認めたものである（特許法35条1項）。

なお，実務的には，通常，発明者は出願書に発明者の氏名・住所等が記載され（同36条1項1号），争いにはならないが，そもそも誰が発明者かが問題

---

(9)　大阪地判平成14・5・23最高裁HP掲載。
(10)　吉藤幸朔・熊谷健一補訂『特許法概説』第13版242頁
(11)　タオイアンターナショナル事件・東京地判平成14・4・17労判832号86頁は，対価支払いなき特許権の譲渡は心裡留保等で無効として，発明者に出願人名義変更協力請求を認めた。前掲・三徳事件も傍論であるが，同旨を指摘している。

となることがあるが，この点は(3)(e)で後述する。

(a) 職務発明は，「使用者の業務範囲」に属することが必要

この範囲につき企業の定款を重視する立場もあるが[12]，実務的には，今日の企業活動の多様化等を考慮し，定款記載の目的に拘わらず現実の業務内容及び事業計画として予定されているものも含むものと解される。特許庁も，「使用者等の業務範囲について」，「企業」については，「定款に定める『目的』に記載された事業（業務）を一応の基準とし，又，現実に行われている業務及び近い将来具体的に計画されている事業（業務）がこれに該当する。」として同様な見解に立っている。

日亜化学事件・中間判決・後掲でも，後述の通り，「被告会社は，蛍光体や電子工業製品の部品・素材の製造販売及び研究開発等を目的とする会社であり，原告は，被告会社で半導体発光素子等の研究・開発に従事していたものである。そして，本件発明は，平成2年9月ころ，原告が被告会社の従業員として在職中にしたものであり，窒素化合物半導体結晶膜の成長方法に関する発明である。以上によれば，本件発明は，被告会社の業務範囲に属し，その従業員である原告の職務に属する行為として行われたものである」として業務範囲該当性が認められている。

(b) 職務発明は，その発明に至った行為が「従業者の現在又は過去の職務」に属することが必要

職務の範囲については，特許庁の見解でも，「国公立や企業の研究所において，研究をすることを職務とする者が，テーマを与えられ，又は研究を命ぜられた場合に生じた発明は明らかに職務上の発明となる。（職務に関する分掌規程がある）命令又は支持[13]がない場合であっても，結果からみて発明の過程となり，これを完成するに至った思索的活動が，使用者等との関係で従業者等の義務とされている行為の中に予定され，期待されている場合をも含まれると考えられる。」とされ，学説・判例も同様に，上司の具体的命令に基づく場合にとどまらず，結果からみて発明・考案の過程となりこれを完成するに

---

(12) 吉藤他・前掲注(10) 229頁。

至った思索的活動が，企業との関係で従業者の義務とされる行為の中に予定され期待されて，その創作を容易にするため企業が従業者に対して相当の便宜供与した場合を含む，と解されている（日エゲート事件・神戸地決平成元・12・12 無体集 21 巻 3 号 1002 頁，同事件抗告審・大阪高決平成 2・9・13 無体集 22 巻 3 号 569 頁。その外，職務発明か否かが争われた事例として，東北振興化学事件・最 2 小判昭和 43・12・13 民集 22 巻 13 号 2972 頁，近年の例として，東京地判平成 3・11・25 判時 1434 号 98 頁，象印マホービン事件・大阪地判平成 6・4・28 判時 1542 号 115 頁等参照）。

この点，話題になった日亜化学事件中間判決・東京地判平成 14・9・19 判時 1802 号 30 頁では，企業の明示の停止命令を無視した発明であるところから，職務性が争点となったが，判決は，「原告は，原告の被告会社における勤務時間中に，被告会社の施設内において，被告会社の設備を用い，また，被告会社従業員である補助者の労力等をも用いて，本件発明を発明したのであるから，原告主張のような事情が存在するとしても，本件発明を職務発明に該当するものと認定する妨げとなるものではない。」のように判示して，職務性を認めている。

なお，最近，直接の雇用関係も取締役のような委任関係もない関連会社への特許出願中の権利の譲渡につき，前掲・三徳事件が，この特許法 35 条 3 項の類推適用を認めており注目される。

(3) 職務発明の効果

以上の職務発明とされる限り，企業は，以下の権利を取得することになる。

(a) 法定通常実施権（特許法 35 条 1 項）の取得

この場合は無償での特許の実施が可能である。但し，従業者は，特許権を譲渡したり他の者に実施許諾を与えることができる。又，この場合の企業の通常実施権については，35 条 3 項の反対解釈として従業者への対価の支払は不要とされている。なお，この通常実施権の企業から第三者への再実施許諾の可否については争いがある。

(b) 職務発明規程などによる特許権等の予約承継の可能

(ア) ①合意による予約承継

条文の上からは，前述の職務発明以外の発明への規定の反対解釈として，職務発明規程や個別合意などの約定を定めることにより，あらかじめ，特許を受ける権利や従業者が受けた特許権を企業が承継すること（いわゆる予約承継），企業のために専用実施権（特許法77条）を設定する定めを置くこともできることになる（同法35条2項）。裁判例も同旨を判示している（日亜化学事件・東京地判平成14・9・19前掲等）。

(イ) 明示の規定以外による予約承継の可否

予約承継の前提となる合意につき，通常は前述のような発明規定等の明示の規定により処理されているが，かかる明示の合意以外による予約承継の可否が問題とされた日亜化学事件・東京地判平成14・9・19前掲では，「ここでいう『契約，勤務規則その他の定』は，必ずしも労働契約や就業規則に限定されるものではなく，使用者が定める職務発明規程等もこれに含まれるものであり，そのような社内規程等は従業員の同意を得ないまま使用者等において定めたものであっても，従業員がこれを知り得るような合理的な方法で明示されていれば，足りるものと解される。」と，黙示の合意をも認める旨判示されている。

(c) 相当の対価の支払義務

職務発明規程などによる企業の権利承継の場合，特許法35条3項により，企業には相当の対価の支払義務がある。その対価（補償金）は，発明により企業が受けるべき利益の額及びその発明がされるについての企業の貢献度等を考慮して定めねばならない。

実務においても，補償金の算定や支払方法には色々なものがあるが，近時，とりわけ，前述の日亜化学事件提起以降，研究・開発従事者のインセンティヴとして相当な高額の報奨金等を定める企業が増えてきたと報じられているが[13]，現在においてすら，多くの企業においては実際にはかなり低い名目的な金額となっており（報奨金制度の実態についての紹介としては，鍋田周一「高額

---

[13] 三菱化学が最高2億5000万円，オムロンが1億円程度の特許報償制度を設け，最近では，報奨金の上限を撤廃する企業が増えている。平成16年2月22日付日経新聞等参照。

化する発明報奨金制度」労政時報3559号2頁以下,日本労働研究機構「従業員発明に対する処遇について」労政時報3559号20頁以下等参照),紛争も少なくない。

そして,同規定の法的性格については,通説では,強行規定と解されており,契約,就業規則等に定める報酬額が法の定める相当額に不足している場合には,発明者たる従業員は企業に対して不足額を請求できると解されている(青柳昤子「職務発明(2)――対価請求権」牧野編・前掲294頁以下)。

近時の下級審裁判例に限っても,同様の見解を明示し,不足額約250万円の支払を認めた例(オリンパス事件・東京地判平成11・4・16判時1690号145頁,同控訴審・東京高判平成13・5・22労判812号21頁でも会社の発明への貢献度が95%とされ,補償額は加算されなかった)など多くの事例がある(その他,近時の対価の算定事例として,カネシン事件・東京地判平成4・9・30判時1433号129頁,ゴーセン事件・大阪地判平成5・3・4知的裁集26号2号405頁,象印マホービン事件・大阪地判平成6・4・28判時1542号115頁――約640万円が認容――,ゴーセン控訴事件・大阪高判平成6・5・27判時1532号118頁――約166万円の認容――,前掲・三徳事件――約200万円――,ニッカ電測事件・東京地判平成14・9・10最高裁HP――約52万円――,日立製作所事件・東京地判平成14・11・29判時1807号33頁では,企業の発明への貢献度80%,労働者の貢献度を共同発明者との関係で残り20%の内の70%として,今までの最高額である3474万円の相当対価を認め,日立金属窒素磁石事件・東京地判平成15・8・29判時1835号114頁では,企業の発明への貢献度90%として金1128万円の相当対価を認めている)。そして,相当額の認定は,億単位の世界に突入することとなった[14]。

そして,遂にこの点に関して,次のように判示し,従来の通説・判例を基本的には採用した,オリンパス光学事件(最小判平成15・4・22前掲)が現われた。

---

(14) 先ず,日立製作所事件・東京高判平成16・1・29最高裁HP掲載で1億2810万6300円が,続いて,日亜工業事件・東京地判平成16・1・30最高裁HP掲載では200億円が,味の素事件・東京地判平成16・2・24最高裁HP掲載では1億8935万円が認定されている。なお,末尾の「発明対価を巡る主な判決」の一覧表参照。

> 　勤務規則等に定められた対価は，これが同条3項，4項所定の相当の対価の一部に当たると解し得ることは格別，それが直ちに相当の対価の全部に当たるとみることはできないのであり，その対価の額が同条4項の趣旨・内容に合致して初めて同条3項，4項所定の相当の対価に当たると解することができるのである。したがって，勤務規則等により職務発明について特許を受ける権利等を使用者等に承継させた従業者等は，当該勤務規則等に，使用者等が従業者等に対して支払うべき対価に関する条項がある場合においても，これによる対価の額が同条4項の規定に従って定められる対価の額に満たないときは，同条3項の規定に基づき，その不足する額に相当する対価の支払を求めることができると解するのが相当である。

　なお，企業が約定された補償金を支払わない場合などには，企業への譲渡契約が解除されることもあり得るとされる例と(日本ハードソン工業事件・東京高判昭和63・2・17判時1273号115頁)，単に対価請求権を有するに過ぎないとの例とに分かれている。例えば，後者の立場から，日亜工業事件・前掲は，「職務発明について使用者等が特許を受ける権利ないし特許権を承継することができるのは，契約のみならず勤務規則その他の定めに基づく場合でも認められるものであって，使用者等のこのような地位は特許法35条により使用者等に与えられた法定の権利というべきである。したがって，仮にそれが契約に基づくものであった場合にも，同条の効果としてこれらの権利が使用者等に承継された後においては，もはや発明者たる従業者等は同条3項，4項の規定により相当対価の支払を求めることができるのみであって，債務不履行による契約解除等を理由として権利の承継の効果を覆すことは，特許法の予定しないこととして許されないと解するのが相当である。」としている。しかし，後者の立場でも，自由発明については解除が許されることは当然と解される。

　参考に最高裁で支持された原審・オリンパス光学工業控訴事件・東京高判平13・5・22前掲は，職務発明について使用者に特許を受ける権利を承継させた場合の相当の対価の額の算定につき下記のように判示している。

本件発明が諸隈発明の利用発明であること，各社との交渉では諸隈特許が中心的な交渉の対象となり，本件特許及び前記分割特許には重きが置かれていなかったこと，ソニーは諸隈特許の存続期間満了後は，実施料を支払っていないこと，原判決別紙各社製品目録記載の各社製品について，諸隈発明がすべての製品に用いられていること，本件特許及び前記分割特許（甲第 43 ないし第 46 号証）には無効事由が存在する蓋然性が極めて高いこと，当初出願の発明のままでは，各社のピックアップ装置がこれを実施していると評価することができないこと等の諸点を総合すると，本件発明により一審被告が受けるべき利益額を 5000 万円とした原審の認定には合理性があるというべきである（民事訴訟法 248 条，特許法 105 条の 3 参照）。／本件特許を本件発明について受けた特許でないとすることはできないものの，一審原告の提案内容が，一審被告の特許担当者を中心とした提案で大幅に変更されたものであること，前記のとおり，当初出願の内容では，各社のピックアップ装置がこれを実施しているとはいえず，上記変更の結果各社のピックアップ装置の一部がこれを実施していると評価できる内容になったこと，本件発明が一審原告の担当分野と密接な関係を有するものであること（乙第 23 号証，弁論の全趣旨）等の事情を考慮すると，本件発明がなされるについて一審被告が使用者として貢献した程度は 95 パーセントであるとした原判決の評価には合理性があるというべきである（民事訴訟法 248 条，特許法 105 条の 3 参照）。／以上によれば，本件発明により一審被告が受けるべき利益額 5000 万円から一審被告の貢献度 95 パーセントに相当する金額を控除した，一審原告の受けるべき職務発明の対価を 250 万円とし，同金額から既払分の 21 万 1000 円を控除した残額である，228 万 9000 円を認容額とした原判決は相当である。

　なお，最近の三徳事件・前掲は，職務発明にかかる特許を受ける権利の承継に対する「相当の対価」について，「本件発明が前記のような価値があるといっても，職務発明であることにより日徳工業が無償の法定実施権を有しており，日徳工業や被告三徳が本件発明によって受けた利益は，日徳工業が実

施権を有することによってほぼまかなわれているとも考えられることや，本件発明の権利としての不確実性等を考慮すると，前記7770万円のおおよそ20分の1に当たる400万円をもって，『使用者等が受けるべき利益の額』とするのが相当である。」として，出願中であっても「使用者等が受けるべき利益の額」が認定される，としているが，企業と従業員の発明に関する貢献度割合に関しては，「本件発明の着想及び発明がほぼ完成するまでの実験・考察等はもっぱら原告が独自にしたものであるが，一方，原告は，日徳工業において一貫して技術生産管理の分野を担当し，取締役・工場長の地位にあったもので，本件発明は，原告の職責上担当していた技術分野に属するものであること，原告は日徳工業の実験設備を用いて実験するなどして本件発明の完成に至っていること，本件発明の特許出願に当たっては，被告Bが先行技術である乙2発明等との関係を考慮して明細書を作成していることなどを考慮すると，本件発明がされるについて『使用者等が貢献した程度』は50％とみるのが相当である。」としている。又，ニッカ電測事件・前掲は，「本件発明は，原告が原理を思いついたことによるところが大きいものということができるが，被告は，原告に対して，勤務時間中に基礎実験を行うことを許可して，これを行わせていたのであり，特許の出願手続はすべて被告において行い，拒絶理由通知に対して意見書を提出するなどして，特許が認められたのであるから，これらの事実に本件に現れた他の諸事情を総合考慮すると，被告の貢献度は全体の40パーセント」としている。

いずれにせよ，終身雇用の崩壊による企業への忠誠心の低下と技術革新が企業の命運を左右する時代を迎え，企業としては，今後，裁判例などを参考に妥当な補償金算定方法を確立し，更にストック・オプション等のインセンティブを確立しなければ優秀な従業員の流出は回避できないであろう。

(d) 発明規程等の合意の契機なき権利承継強制の不能

職務発明規程により前述の発明の権利に関する予約承継が可能であるが，そのような規程や合意がない場合に，職務発明であることから特許権等の承継を強制することはできず，権利移転に同意しない労働者を解雇することも認められない（大平製紙事件・最2小判昭和37・5・18民集16巻5号1108頁，中窪外・前掲65頁）。

(e) 発明者人格権・発明者の確定に関する問題

(ア) 発明者人格権に基づく願書補正手続請求権等

特許法35条の規定は,「特許を受ける権利」や「特許権」は原始的に当該従業者である発明者に帰属するという発明者主義をとり,それの使用者への承継に際しては相当の対価(補償金)を承継する権利が従業者にあるという権利主義を基本的理念としている。ここから,最近,三徳事件・前掲は,発明者人格権に基づく出願書の補正手続き請求や,発明者の確認の訴えを認めている。

(イ) 発明者の確定

そこで,実務的には,通常,発明者は出願書に発明者の氏名・住所等が記載され(同36条1項1号),争いにはならないが,上記発明者人格権に基づく願書補正手続請求権の他にも,職務発明の対価請求権者が誰かとも絡んでくるが,そもそも誰が発明者かが問題となることがある。例えば,発明者の確定が問題となったファイザー製薬事件・東京地判平成14・8・27最高裁HPでは,特許権の特許出願に当たり共同発明者として願書に記載された原告が発明者に当たらないとされたが,その判断基準につき下記のように判示している。

> 一般に,発明の成立過程を着想の提供(課題の提供又は課題解決の方向付け)と着想の具体化の2段階に分け,①提供した着想が新しい場合には,着想(提供)者は発明者であり,②新着想を具体化した者は,その具体化が当業者にとって自明程度のことに属しない限り,共同発明者である,とする見解が存在する。上記のような見解については,発明が機械的構成に属するような場合には,一般に,着想の段階で,これを具体化した結果を予測することが可能であり,上記の①により発明者を確定し得る場合も少なくないと思われるが,発明が化学関連の分野や,本件のような分野に属する場合には,一般に,着想を具体化した結果を事前に予想することは困難であり,着想がそのまま発明の成立に結び付き難いことから,上記の①を当てはめて発明者を確定することができる場合は,むしろ少ないと解されるところである。

なお，同事件控訴審判決・東京高判平成15・8・26最高裁HPも，発明者の一般的認定基準につき，「本件発明は，従来からあった技術的課題の着想を前提にして，その解決方法を実現できる条件設定を見いだすために実験を行い，その成果を挙げたところに意義があるということができ，本件における発明者の認定に際しては，この実験に携わって創作的に条件を見いだした者であるかという観点に依拠すべきである」などと補足した上で，地裁判決を支持した。この点で，前掲・三徳事件・前掲も，詳細に発明経過を認定し，発明者を確定している。

(4) 出向者や派遣労働者の発明

出向者の場合，一般には，出向先と出向元との二重労契約関係が成立していると解され，その限りで，特段の除外規定なき場合には，職務発明規程の適用をうけることになろう（吉藤外・前掲230頁は，賃金の支払関係によりいずれかの労働者と確定して職務発明該当性を決定されようとしているが疑問である）。

これに対して派遣労働者は，理論的に，派遣先の労働者ではないから，派遣先での派遣労働者の発明を，職務発明の規定に従って派遣先の発明として予約承継したり通常実施権を自動取得することは困難である。他方，派遣先・元相互の企業間の合意のみで対応するのは困難であり，又，派遣元企業の業務範囲としての発明と言える場合は稀で，少なくとも法理論的には，派遣労働者と派遣元・先企業三者間の予めでない，何らかの発明後の合意によるか，前述(2)の通り，自由発明等についても許容される通常実施権の自動取得条項を加えた個別合意や派遣先発明規程等の就業規則等による相互の権利調整を図る外ないであろう。但し，前述の通り，これは自由発明等の取引であり，相当な対価を伴うことを忘れてはならない（前述(2)(a)参照）。

(5) 職務発明に関する改正法と判例法理の意義

前述の通り，職務発明について，前述の報告を踏まえ，下記のような改正法（下線部分が改正点）が平成16年5月28日成立している[15]。

改正案35条「2　従業者等がした発明については，その発明が職務発明である場合を除き，あらかじめ使用者等に特許を受ける権利若しくは特許権を

承継させ又は使用者等のため専用実施権を設定することを定めた契約、勤務規則その他の定めの条項は、無効とする。／3　従業者等は、契約、勤務規則その他の定めにより、職務発明について使用者等に特許を受ける権利若しくは特許権を承継さついて使用者等に特許を受ける権利若しくは特許権を承継させ、又は使用者等のため専用実施権を設定したときは、相当の、又は使用者等のため専用実施権を設定したときは、相当の対価の支払を受ける権利を有する。／4　契約、勤務規則その他の定めにおいて前項の対価について定める場合には、対価を決定するための基準の策定に際して使用者等と従業者等との間で行われる協議の状況、策定された当該基準の開示の状況、対価の額の算定について行われる従業者等からの意見の聴取の状況等を考慮して、その定めたところにより対価を支払うことが不合理と認められるものであってはならない。／5　前項の対価についての定めがない場合又はその定めたところにより対価を支払うことが同項の規定により不合理と認められる場合には、第三項の対価の額は、その発明により使用者等が受けるべき利益の額、その発明に関連して使用者等が行う負担、貢献及び従業者等の処遇その他の事情を考慮して定めなければならない。」

　改正法の立法趣旨・経緯は、上記の条文や報告に明らかなように、一時議論されたような、現在の制度の廃止を含めた抜本的改革にはなっていない。誤解を恐れずに言うなら、かつて借地法や借家法における判例法上の正当事由の具体的認定基準の大枠を、現行借地借家法において明文化したように、前述の現下の裁判例が掲げる対価の認定基準等を明文化したものにとどまっている。かかる意味で、前述の裁判例の検討は、改正法の下においても、未だ実践的かつ研究対象としての意義を失わないものと解される[16]。

---

(15)　改正案に対する解説としては相澤英孝他「職務発明をめぐって」NBL 780号8頁以下、批判としては、枡永英俊「流れに逆行する特許法35条改正案」NBL 780号4頁等参照

(16)　相澤他・前掲注(16) NBL 780号20頁以下も結論的には同旨と解される。従前、裁判例では必ずしも明確でなかった「その発明に関連して使用者等が行なう負担」が明記されたことは、国際的特許の取得・維持に要する負担を考慮すると企業にとっては一つの改善となろう。

3 職務著作をめぐる裁判例の動向

(1) 職務著作の要件たる「職務に従事する者」に関する検討課題

以上の職務発明に比すれば，研究者やマスコミの関心も低く，余り十分な議論が展開されてきたとは言いがたかった[17]職務著作に関する著作権法15条1項にいう「法人等の業務に従事する者」の意義につき，最高裁としては初めて，一定の判断基準を示した上で，いわゆる観光ビザにより我が国に滞在した外国人でアニメーションの企画等を業とする会社において図画を作成した者がこれに当たらないとした原審の判断に違法があるとして差し戻したのがエーシープロダクション製作スタジオ（著作権使用差止請求）事件・最二小判平成15・4・11（労判849号23頁。以下，本判決という）である。以下，同判決の検討を契機として，従前の職務著作に関する裁判例の動向，派遣労働者や下請・委託契約の場合などへの対応などにつき検討する。

(2) 職務著作の要件をめぐる従前の裁判例・学説
(a) 特許法との利害調整の落差への批判

著作権法15条の職務著作の規定は，特許法上の職務発明の規定（35条）に比すると従業者の権利への配慮が足りない嫌いがあるところから[18]，立法論としての批判や，職務著作を例外的な法人等の著作権の取得と把握し，その成立要件につき厳格な解釈を導く者も少なくない[19]。しかし，一般的には，

---

(17) 従前の議論の整理につき，中嶋士元也「労働判例研究」ジュリ1235号8頁，拙稿・前掲注(4)講座4巻129頁以下，金井他編『著作権法コンメンタール』上巻257頁以下〈小畑明彦執筆部分〉等参照。
(18) 同様に職務上の回路配置の法人等の創作を認めるのが半導体集積回路の回路配置に関する法律5条である。
(19) 中川善之助他編『改訂著作権』実用法律事典10巻99頁以下，清水幸雄編『著作権実務百科』の他，学説の分類・紹介につき金井他・前掲注(18)257頁以下。なお中嶋先生は，この問題に関して，労働法と知財法の相克を前掲ジュリ1235号100頁で指摘されている。

本条項も，特許法等と同様の労使間の相互の権利の調整目的をも有する規定として考えられ(20)，裁判例も，職務著作の要件につき特に例外的に厳格に解する立場を取らないことを明言している(21)。

(b) 職務著作の要件

ここで，職務著作の成立要件につき従前の裁判例・学説を概観しておく。

(ア) 法人その他使用者の発意に基づくものであること——従事者の法的地位の範囲（出向，派遣労働者等）

使用者とは，法人格の有無を問わず，個人も含む。問題なのは，使用者と業務従事者との間に雇用関係を要するか否かであるが，学説は，大きくは，雇用以外でも実質的に雇用と同視できる具体的な使用者の指揮命令関係の有無で決めるべきとする者と(22)，著作権法15条の立法者意思から雇用関係に限定されるとする者に分かれ，この立場からは派遣労働者についても派遣先の職務著作の規定の適用には原則として反対している(23)と使用従属関係論——日米比較法の観点から」労働90号35頁，斎藤博「法人におけるソフトウエアーの開発と権利の帰属」ジュリ増刊『ネットワーク社会と法』62頁，桑原・前掲23頁等。文化庁もこの見解に立つようである。例えば，同庁「コンピュータ・プログラムに係る著作権問題に関する調査研究協力者会議報告書」民商法雑誌107巻4＝5号621頁。双方の学説の紹介につき，金井他・前掲260頁以下参照。

---

(20) 著作権法の職務著作規定の合理性を検証するものとして田村義之「職務著作の要件構造」ジュリ1132号38頁以下，田村善之『著作権法概説』37頁参照。

(21) 新潟鐵工所事件・東京地判昭和60・2・13労判457号67頁，同控訴事件・東京高判昭和60・12・4労判481号82頁。

(22) 中川・前掲注(20)100頁，中山信弘「新潟鐵工一審判例批評」『著作権判例百選』（第1版）41頁，田村・前掲注(21)312頁，金井他・前掲注(18)260頁以下等。

(23) 永野秀雄「職務著作（法人著作）と使用従属関係論——日米比較法の観点から」労働90号35頁，斎藤博「法人におけるソフトウエアーの開発と権利の帰属」ジュリ増刊『ネットワーク社会と法』62頁，桑原・前掲23頁等。文化庁もこの見解に立つようである。例えば，同庁「コンピュータ・プログラムに係る著作権問題に関する調査研究協力者会議報告書」民商法雑誌107巻4＝5号621頁。双方の学説の紹介につき，金井他・前掲注(18)260頁以下参照。

従前の裁判例は、この問題につき明言はしていなかったが、「法人等の業務に従事する」につき単なる雇用関係の有無のみによりこれを判断せず、具体的な使用者の指揮命令関係、従事者の裁量性の有無・内容・程度等を考慮の上、フリーカメラマンや下請け業者の職務著作性を否定しているところからは、前者の立場に近いものと解される[24]。

なお、出向の場合は、原則として、出向労働者は出向先の労働者となるため、出向労働者の出向先での職務上の著作物は、以下の要件を満たす限り、後述の勤務規則等による例外規定を置かない限り、出向先の職務著作となるものと解される。これに対して、兼務的出向のような場合には、いずれの職務上の著作物かなど錯綜した法律関係が生じかねず、出向労働者の著作物に関する紛争の回避のためには、出向元・先企業と出向労働者の三者間に著作権問題を調整する規程・個別合意等が検討されるべきである。

(イ) 法人等の業務に従事する者が職務上作成するものであること

「法人等の業務に従事する者」の範囲に関する問題は、上記(ア)で前述したとおりであるが、次の要件として、「職務上作成するもの」でなければならず、従事者が余暇を利用して職務に関係ない著作物を作成した場合には本条の適用はない。また職務上作成するものであれば勤務時間の内外を問わないから、被用者がその職務に関係して資料を自宅に持ち帰って休暇中に作成したものでも対象となるし[25]、退職後に作成されたものでも、本来、次の(ウ)の通り、法人等の名義で公表されることが前提になっているものか否かで判断される[26]。

(ウ) 法人等が自己の著作名義のもとに公表するものであること

本条項の職務著作の規定の適用を受ける場合、前述の通り、法人等の発意

---

[24] エアービジネス事件・東京地判平成5・1・25判時1508号147頁、三光商事事件・大阪地判平成7・3・28知的裁集27巻1号210頁、東洋測器事件・東京地判平成7・10・30判時1560号24頁等職務責任性を認めたSMAP事件・東京地判平成10・10・29判時1658号166頁、四谷大塚事件・東京高判平成10・2・12判時1645号129頁も同旨と解される。

[25] 中川・前掲注(20)100頁。

[26] 清水・前掲注(20)17頁、田村・前掲注(21)書313頁。

に基づき，その作成経過，性質等から，その内容が法人等の組織の活動である共同作業によって生み出されたような場合には，その法人等の業務に従事する者が会社の名前で公表又は公表を予定しているものであればこの要件を満たすものと解されている(27)。なお，職務上作成するものでも，作成者本人の名義で公表される場合には，本条の適用の余地はないとされるが(28)，法人等の名義での公表については，法人の部署の表示でも足り，その余の職務著作の要件を満たす著作物を公表する権限を有しない被用者が，勝手に著作物に自己の著作者表示をしても，そのことによって，職務著作の要件が喪失されることはない，とされている(29)。なお，プログラムの著作物に関しては，その性質上この要件は不要とされている（著作権15条2項）。

(エ) 作成時における契約，勤務規則その他に別段の定めがないこと

但し，作成当時個別の契約や勤務規則などで従業者に著作権が帰属するなどの定めがあれば別である（同条。本判決の1審判決は，傍論ながら，この点につき，「Yの就業規則中には，著作物の作成者に著作権を留保する旨の別段の定めはなく，かえってその著作権をYに帰属させる趣旨の定めがある」と言及している）。「勤務規則など」とは，就業規則を含むが，これに限らず，社内規程一般を指すものと解される。但し，労使関係において，個別の同意なしに拘束力を有するものは，明文上は，就業規則または労働協約のみであり（労基93条，労組16条)，その余は，いわゆる内規が労使慣行として労働契約等の内容となり拘束力を有する場合などが考えられる(30)。

(3) 本判決の意義
(a) 実質的な指揮命令関係による判断基準の明示

---

(27) 前掲新潟鐵工所事件，前掲同控訴事件。更に，オムニツダ事件・名古屋地判平成7・3・10判時1554号136頁は，公表を予定していない会社の経理事務のためのプログラムについて，公表を予定していない著作物であっても，仮に公表するとすれば法人の名義で公表さるべきものは職務著作に当たるとしている。
(28) 中川・前掲注(20)100頁，田村・前掲注(21)313頁。
(29) ヴェリタス事件・東京地判平成11・10・29最高裁HP掲載。
(30) 労使慣行の法的意義については菅野和夫『労働法（第6版）』89頁以下等参照。

かかる状況下で，本判決は，職務著作に関する著作権法15条1項にいう「法人等の業務に従事する者」の意義につき，その適用要件として，当事者間にて，雇用契約関係の存否が問われた中で，最高裁としては初めて，一定の判断基準を示し，かつ，その要件につき具体的検討を示して高裁の判断を覆した点で，前記の学説上の論議に一応の実務的決着をつけ，今後の実務に与える影響は大きいものがあろう。但し，前述(1)(a)(3)で検討したことを踏まえると，本判決は，従前の裁判例の一般的動向を追認したものとも評しえよう。即ち，「雇用関係の存否が争われた場合には，同項の『法人等の業務に従事する者』に当たるか否かは，法人等と著作物を作成した者との関係を実質的にみたときに，法人等の指揮監督下において労務を提供するという実態にあり，法人等がその者に対して支払う金銭が労務提供の対価であると評価できるかどうかを，業務態様，指揮監督の有無，対価の額及び支払方法等に関する具体的事情を総合的に考慮して，判断すべき」との本判決の判旨からもこのことが看取されよう。その意味では，本件原審（東京高判平成12・11・9労判849号27頁）は，本判決も指摘するように，「Xの在留資格の種別，雇用契約書の存否，雇用保険料，所得税等の控除の有無等といった形式的な事由を主たる根拠として，上記の具体的事情を考慮することなく」職務著作該当性を否定した点では，当然に差戻しを免れないものと解される。

　推察するに，原審判断は，米国著作権法上の「雇用著作物」（従業員がその雇用の範囲内において作成した著作物の著作権等の使用者への帰属）における連邦最高裁判例の掲げる5つの判断基準（①使用者による手段等のコントロール②技能レベル③使用者による他の業務への指示可能性④雇用税・社会保険料の使用者支払い⑤失業保険・労災保険基金への使用者による支払）において，原審と同様に，保険・課税関係等の形式的条件（④⑤）が重視されていることを考慮したのかも知れない[31]。

　しかし，先ずもって，文理上も，わが国の著作権法15条1項では「法人等の業務に従事する者」として，「雇用」との措辞はないことがあげられ，文理

---

(31) 米国判例の紹介につき，ロバート・ゴーマン他編『米国著作権法詳解（第6版）』上巻〈内藤篤訳〉276頁以下，特に，290頁参照

上も、より実質的判断が求められていると評しえよう。

　そのような意味で、この問題は、あたかも、「雇用契約」関係ではなく実質的な「使用関係」「使用従属関係」の存否が問われる労基法上の労働者該当性の判断基準と同様な判断枠組みでも処理可能とも解される。例えば、自己所有のトラックを持ち込み会社の指示に従って製品等の輸送に従事していた運転手（傭車運転手）が災害を被ったことにつき、労災保険法上の労働者該当性が問われた横浜南労働基準監督署長事件（最一小判平成11・28　労判714号14頁）でも、本判決とほぼ同様な判断枠組みにより労働者性が否定され、そこでも保険・課税関係が考慮要素には入っていたが、それらは、決して決定的な要素として考慮されることはなく、あくまで総合的判断の一要素に過ぎなかった。かかる意味で、基本的には、本判決も同様の枠組みでの判断を下したものと評しえよう。なお、Ｙは労働契約の存否を事実上の使用従属関係から判断した裁判例[32]に依拠し、労働契約関係の存在自体を主張したが、本判決は、この枠組による判断ではなく、前述のような本条項の解釈による手法を採用した。これにより本判決の射程範囲は以下のように実質的に拡大されることになったと解される。

　(b) 本判決の射程範囲
　㋐　自然人たる従事者と法人等が直接的契約関係にある場合

　本判決の直接の判断は、飽くまで、自然人たる従事者と法人等との間に直接的契約関係の存在には争いがないＸＹ間において、「法人等の指揮監督下において労務を提供するという実態」の存否にあった。その意味で、直接の契約関係に入る、前述の出向労働者、あるいは、自然人たるいわゆる業務受託者、請負業者、いわゆるフリーランサー等の関係についても、その射程に入ることには争いがないであろう。その意味で、前述の学説において、職務著作の適用対象を形式的な雇用関係に限定する立場[33]は否定されたものと解される。

---

(32)　安田病院事件・大阪高判平成10・2・18労判744号63頁と同判決を維持した同上告事件・最決平10・9・8労判745号7頁。
(33)　斉藤・前掲注(24)62頁等。

(イ) 自然人たる従事者と法人等が直接的契約関係にない場合——派遣労働，事業場内下請労働者等

これに対して，派遣労働者や，自然人でない法人たる受託企業や請負企業（以下，受託企業等という）の労働者（いわゆる事業場内下請労働者）が発注主・受託先等（以下，委託先等という）で就労する場合（以下，両者を，派遣労働者等という）等のように，自然人たる従事者と法人等が直接的契約関係にない場合についてまで本判決はその射程としているのだろうか。先ず，派遣労働者の場合には，確かに，派遣労働者と派遣先の法人等との間に，「指揮監督下において労務を提供するという実態」が存することは派遣法の構造上当然である（派遣法2条1号）。しかし，本判決は，「業務従事性」の具体的要素として，「指揮監督下の労務提供」に加えて，少なくとも措辞・言葉の運びの上では，並列的に，「法人等がその者に対して支払う金銭が労務提供の対価であると評価できるかどうかを，業務態様，指揮監督の有無，対価の額及び支払方法等」を総合的に考慮する旨を判示している。形式的にこれを見れば，少なくとも，派遣労働者に派遣先から直接に「労務提供の対価」が支払われることはない。従って，本判決の掲げる後半の諸要素を「指揮監督下の労務提供」に重点を置いた上での補強的・副次的要素と解さない限り[34]，本判決の内在的分析として，派遣労働者の創造した著作物に対して派遣先は職務著作を主張できない可能性は残っている[35]。これを乗り超える解釈論としては，やや立法趣旨からは外れる危険はあるが，派遣労働者を派遣元の機関・履行補助者と解し，派遣元をして，本条にいうところの，派遣先たる「法人等の業務に従事する者」と解する立場が考えられる。なぜなら，この場合は，前記本判決の指摘する「業務従事性」の具体的諸要素は概ね充足されると解されるからである。

---

(34) 前述の金井他・260頁等の派遣労働者の著作に職務著作を認める学説は，そのように解することになろう。

(35) 派遣労働において，本判決の掲げる職務著作の要件を全て充足する典型例は，朝日放送事件・最三小判平成7・2・28労判668号11頁のように，派遣元が実質的に労働条件を決定することをせずに，派遣先が派遣元の労働者の労働条件について「雇用主と同視できる程度に現実的かつ具体的に支配，決定することができる地位にある場合」として，派遣元の企業の実態が無いような場合に限られよう。

次に、派遣法における派遣労働と業務請負の区分基準（「労働者派遣事業と請負により行なわれる事業との区分に関する基準を定める告示」昭和61年労働省告示第37号）からは、本来、発生し得ないとは言え[36]、現実には、自然人でない法人たる受託企業等がその労働者（いわゆる事業場内下請労働者）を、委託先等で、委託先等の指揮命令下で就労させることがあり得る。この場合も、当該事業場内下請労働者の著作物に関して同様な問題を発生させ得る。これに関しても、基本的には、派遣法違反の処分・罰則の適用の問題は別として[37]、上記の派遣労働の場合と同様に処理されるべきものと解される。

問題は、古くから議論されてきた、本条項による擬制を越えて、法人たる派遣元や受託企業等が著作者となり得るかという著作権法の基本理念に関わる議論になるが[38]、本稿では、その問題を指摘するにとどめておく。

いずれにせよ、実務的には、当面、最高裁判例等での決着がつくまでは、リスクヘッジとして、業務委託等、派遣いずれの場合も同様に、業務請負契約、労働者派遣契約等及び派遣労働者等と派遣先等との契約等において、派遣労働者等の派遣先等での著作につき、派遣先等が著作権を取得し、派遣労働者等の著作者人格権に関する不行使条項等の契約法務処理による対応が必要と解される。

結びに代えて

中嶋先生には、私の東京大学大学院時代に、公私共にお世話になった他、

---

(36) 同基準によれば、事業請負が許容されるのは、①業務の遂行、労働時間等及び企業における秩序を維持、確保する等のための指示その他の管理を自ら行うことにより、自己の雇用する労働者の労働を自ら直接利用するもので、かつ、②資金を自ら調達し、民法・商法等の責任を自ら負い、自ら提供する機械・設備もしくは器材又は材料・資材により業務を処理し、又は専門的な技術・経験を必要とするもので、単に肉体的な労働力を提供するものでなく、当該契約の相手方から独立して処理するもの、以上の要件を満たさない限り、業務処理請負とは認められなくなり、派遣法の適用を受けることになる。

(37) ホクトエンジニアリング事件・東京地判平成9・11・26判時1646号106頁参照。

(38) 金井他編・前掲注(18)257頁以下。

厚生労働省の社内預金問題研究会でもご指導頂いた上に，先生が，郷里出身のJ1の下平選手を応援し，私がサポーターの一員となり，同選手が主将となっている柏レイソルの試合に柏まで駆けつけて頂くなどのご縁もある。

　そのような中嶋先生に，本稿の如き拙文しかお贈りできないことをお詫びし，先生の今後の益々のご活躍を祈念して結びに代えさせて頂くことにする。

発明対価を巡る主な判決

提訴時期	被告企業	職務発明当時における原告身分	対照技術	原告の貢献度	特許による利益	原告の算定による対価額	請求額	判決日	認容額
昭和54年	日本金属加工	取締役（原告Aは技術担当常務取締役，原告Bは取締役製造部長）	時計バンド材料等の技術	クラッド板：10％ 連続クラッド：7％	クラッド板：約6058万円 連続クラッド：約1991万円	約8518万円	約2530万円	昭和58年12月23日（東京地裁判決）出典：無体財産民・行政裁判例集15巻3号844頁 判タ536号312頁 判時1104号120頁	約330万円
昭和56年	東扇コンクリート工業	製造技術部門担当取締役	コンクリートパイル	3.5％	約2億	約1237万円	約1137万円	昭和58年9月28日（東京地裁判決）出典：無体財産民・行政裁判例集15巻3号620頁 判タ514号284頁 判時1088号132頁	約841万円
平成元年	カネシン	営業担当の専務取締役	建物用金具（意匠を含む）	65％	約1521万円	約3090万円	約3090万円	平成4年9月30日（東京地裁判決）出典：知的財産民・行政裁判例集24巻3号777頁 判時1433号129頁	1292万円
平成3年	象印マホービン	商品試験所長	ステンレス鋼製魔法瓶製造関連技術	20％（共同発明）	6400万円	1億5000万円	1億5000万円	平成6年4月28日（大阪地裁判決）出典：判時1542号115頁	640万円
平成3年（H15年控訴，H16年上告）	ゴーセン	部長待遇の研究開発室長	釣り糸	60％	約6億円	約1648万円（1審）約1635万円（2審）	約1648万円（1審）約1635万円（2審）	平成6年5月27日（2審：大阪高裁）出典：知的財産民・行政裁判例集26巻2号356頁 判時1532号118頁 平成7年1月20日（最高裁上告棄却により確定）	約157万円（1審）166万円（2審）
昭和7年（H11年控訴，昭和13年上告）	オリンパス光学工業	研究者	光ディスクの読み取り装置	5％	5000万円	約28億1500万円（2審）約9億2700万円（1審）	約5200万円（2審）2億1000万円（1審）	平成13年5月22日（2審東京高裁）出典：判タ1064号196頁 判時1753号23頁（2審）平成15年4月22日（最高裁上告棄却により確定 判タ1121号104頁 判時1822号39頁（最高裁）	約230万円
平成10年（14年控訴）	日立製作所	研究者	光ディスクの読み取り装置技術	20％の内70％＝14％（共同発明）	約12億円	約129億5000万円	約9億円	平成14年11月29日（東京地裁判決）出典：判タ1111号96頁 判時1807号33頁 平成16年1月29日（東京高裁判決）出典：最高裁判所HP	約1億2810万円（東京高裁）
平成11年	三徳	被告関連会社の取締役・工場長	希土類金属の回収方法	50％	400万円	3000万円	3000万円	平成14年5月23日（大阪地裁判決）出典：判時1825号116頁	200万円
平成13年	ニッカ電測	技術部に所属する従業員	缶チェッカー技術	40％	4464万6000円	400万円	400万円	平成14年9月10日（東京地裁判決）出典：最高裁判所HP	約53万円
平成13年	日亜科学工業	研究者	青色発光ダイオード	50％	1209億円	604億円	200億円	平成16年1月30日（東京地方裁判決）出典：最高裁判所HP	200億円
平成14年（H15年控訴）	日立金属	研究者	永久磁石の製造方法	10％	約1億2324万円	約639億9000万円	約8900万円	平成15年8月29日（東京地裁判決）出典：判時1835号114頁 最高裁判所HP	約1100万円
平成14年	味の素	人口甘味料の製造技術	人口甘味料の製造技術	2.5％	80億円	1億9000万円	20億円	平成16年2月24日（東京地方裁判所）出典：最高裁判所HP	約1億8900万円

職場のセクシュアル・ハラスメントと民事責任
――使用者の債務不履行責任を中心に――

奥 山 明 良

1 考察の対象と範囲

　今日，経済社会の成熟化をはじめとして，少子高齢化の急速な進行，高学歴化，就業意識の多様化等，わが国労働市場を取り巻く経済社会環境の変化を背景に働く女性の増加とその就業の継続が大きく進んできている。それにともなって，女性の就業をめぐるトラブルも増え，とりわけ職場のセクシュアル・ハラスメントをめぐるトラブルの増加が目立っている。たとえば，厚生労働省の資料によると，都道府県労働局の雇用均等室に寄せられたセクシュアル・ハラスメントに関する相談件数は，平成15年度で7,403件（うち，女性労働者等による相談がほぼ8割を占める）で，均等法関連の相談件数の40.5％を占めるという状況である。また，均等法25条に基づく是正指導にあって第21条関係（セクシュアル・ハラスメント防止対策関係）は平成15年度で5,190件となっている。加えて，現在では都道府県自治体や市町村自治体においても職場での各種トラブルに関する苦情相談窓口が設置されている。そうした窓口へのセクシュアル・ハラスメントの相談等も含めると，全体として職場のセクシュアル・ハラスメントをめぐる相談件数はさらに多くを数えるであろうことが容易に推察される。
　ところで，こうした行政機関への相談とともに，近時，裁判所においても職場のセクシュアル・ハラスメントをめぐる紛争が増加してきている。こうした紛争の多くでは，これまで被害者が当該セクシュアル・ハラスメントに

ついて民事責任を問う場合，直接の行為者，すなわち加害者に対しては不法行為責任（民法709条）を問うとともに，併せて使用者の民事責任，すなわち使用者責任（民法715条）をも問うことが一般的であった。ところが，近時，注目すべきはこうした使用者責任とは別に債務不履行責任（民法415条），すなわち使用者に対して労働契約上の職場環境配慮義務を認め，セクシュアル・ハラスメントが発生した場合には当該義務違反として債務不履行責任を問いうることを肯定する裁判例が相次いで出されてきていることである。

しかしながら，このような債務不履行責任法理に関しては，そもそも上述のような意味での労働契約上の義務を使用者に認めることが可能かどうか，また仮に可能であるとしてもかかる義務の性質やその具体的な内容（債務の特定）をどう考えるか，それとの関連でどのような事情や状況が認められると使用者に義務違反（債務不履行）があったとされるのか，さらにはこうした義務違反における使用者の責任の範囲はどこまでなのか，逆に使用者はどのような場合に免責されうるのか，等々，多くの理論的問題が存在する。そして，現状ではこうした問題がいまだ十分に整理され，検討されないまま残されているといってよい。

本稿は，職場のセクシュアル・ハラスメントと民事責任をめぐる問題にあって，特に使用者の債務不履行責任法理を中心に検討する。とはいえ，本稿はこの問題に関するこれまでの学説・裁判例における議論について新たな主張や何らかの理論を展開しようとするものではなく，あくまでもこうした債務不履行責任法理をめぐる学説・裁判例の動向をフォローしつつ，そこでの議論の内容を正確に把握し，その長短・功罪を考え，今後の解釈理論のさらなる発展に若干の道筋をつけることを主要な目的とするものである[1]。

（1） 筆者は，既に職場のセクシュアル・ハラスメントの法的責任に関して，不法行為責任を含めた責任法理全般についての考察を試みている（「セクシュアル・ハラスメントをめぐる法的枠組み――その法概念と法的責任を中心に」日本労働研究雑誌478号2頁以下）。本稿は，こうした考察を踏まえて，さらに最近の裁判例をも検討することにより，これを一歩進めようとするものである。職場のセクシュアル・ハラスメントをめぐる実際的，法的問題の全般に関する筆者の基本的な考え方については，拙著『職場のセクシュアル・ハラスメント』（有斐閣，1999年）を参照していただければ幸いである。

2 民事責任をめぐるわが国のこれまでの法的対応

(1) 均等法によるセクシュアル・ハラスメントの位置づけ

周知のとおり，わが国の均等法21条は職場のセクシュアル・ハラスメントについて，その防止のための配慮義務を事業主たる使用者に課している。しかし，同条は均等法の第2章「雇用の分野における男女の均等な機会及び待遇の確保」中に規定された募集・採用や配置・昇進・教育訓練，福利厚生さらには定年・退職・解雇についての女性差別を禁止する条文等とは異なって，同法第3章の「女性労働者の就業に関して配慮すべき事項」中に規定されている。このことは，別言すれば均等法自体は直接には職場のセクシュアル・ハラスメントを同法違反の女性差別として位置づけるものではなく，あくまでも女性労働者にとってその意欲・能力を十分に発揮できる職場の環境づくり，すなわち就業環境整備の一環として位置づけているにとどまることを示すものといえる。その結果，同条は，均等法にあって法違反に対する責任追及のための直接の裁判規範となりうる同法5条ないし8条とは違って，事業主に対する公法上の義務を設定し，義務違反につき行政機関による行政指導の根拠を提供しているというところに直接の法的意義を認めうるにとどまる。換言すると，職場でセクシュアル・ハラスメントの被害を受けた女性は均等法21条違反を理由に使用者等に対して直接当該ハラスメントそれ自体の法的責任を追及することはできないのである。

ところで，わが国にみるこのような法的位置づけとは違って，アメリカ合衆国では職場のセクシュアル・ハラスメントに対する法的責任追求に関しては，州法にみる公正雇用慣行法規や不法行為法等も利用されることはあるものの，基本的には連邦法規で人種・皮膚の色・宗教・性別・出身国を理由とする雇用差別を禁止する1964年公民権法第7編に基づいて使用者の責任が追及されている。すなわち，第7編は現在に至るまで職場のセクシュアル・ハラスメントを直接禁止する明文規定を有してはいないものの，1970年代以降長年の裁判例の積み重ねにより職場のセクシュアル・ハラスメントが第7編違反の性差別になりうるとの判例法理を確立している。換言すると，アメ

リカでは職場のセクシュアル・ハラスメントは雇用上の性差別問題の一つとして位置づけられ，その法的対応が行われているのである。第7編の適用下において違法な性差別としてのセクシュアル・ハラスメントの基本類型が，「対価型ハラスメント」（雇用上に昇進拒否や解雇等の具体的不利益を生じさせるハラスメント）と「環境型ハラスメント」（雇用上の具体的不利益は伴わないものの就業環境を悪化させるハラスメント）の二つに区分されていることも，まさにこうした雇用上の性差別としての法的対応を前提に理解することで，その実際的，法的実益を認めることができるのである[2]。

(2) わが国にみる民事責任法理の基本的枠組み
(a) 「対価型ハラスメント」と均等法

しかるに，上述のように均等法21条は職場のセクシュアル・ハラスメントについて，その加害者ならびに使用者に対する民事責任を直接根拠づけるものではないと理解されていることからすると，わが国の場合，職場のセクシュアル・ハラスメントにつき加害者や使用者に対して民事責任を追及する場合には，おのずから民法を中心とする一般法規によらざるを得ないこととなる。職場のセクシュアル・ハラスメントをめぐるこれまでの訴訟において被害者が基本的に民法の不法行為法理に基づき損害賠償請求等を求めてきたのはそうした理由によるものである。

もっとも，職場のセクシュアル・ハラスメントをめぐる被害者の法的救済

---

(2) アメリカ合衆国における1964年公民権法第7編の生成と同法の内容，さらには同法の下でのセクシュアル・ハラスメントをめぐる議論の生成と発展については，さしあたり次の文献を参照。拙稿「アメリカにおける雇用差別とその法的救済——公民権法第7編を中心に（一），（二），（三）」成城法学4，5，6号，同「アメリカに見る労働環境と性差別—性的いやがらせと公民権法第7編」判例タイムズ523号頁，同「セクシュアル・ハラスメントと違法性の判断基準——アメリカにおける最近の状況を中心に」ジュリスト956号52頁，中窪裕也「アメリカにおけるセクシュアル・ハラスメント法理の展開」ジュリスト1147号10頁，山川隆一「セクシュアル・ハラスメントと使用者の責任」花見忠古稀記念論文集『労働関係法の国際的潮流』（信山社，2000年）3頁，同「監督者による環境型ハラスメントと使用者の責任」労旬1457号49頁。

について，均等法がまったくの無力・無関係であるとまではいうことはできない。たとえば，職場でセクシュアル・ハラスメントが行われ，その結果被害者が解雇や不当な配置換え，あるいは昇進拒否等雇用上の具体的不利益を受けたような場合（いわゆる「対価型ハラスメント」が行われたような場合）には，被害者の女性は当該ハラスメントによって男性であれば受けない雇用上の不利益を受けたということで差別的な配置や昇進拒否あるいは解雇について均等法違反を申し立てることにより救済が認められる場合はありうる。しかし，それは均等法が女性労働者に対する差別的な配置換えや昇進拒否，解雇等を禁止していることの法的帰結であって，そのことから均等法が，いわば間接的に職場のセクシュアル・ハラスメントを規制しているとはいえても，直接にそれを禁止するものとまではいえないのである。

(b) 不法行為責任

「対価型ハラスメント」あるいは「環境型ハラスメント」のいずれを問わず，職場のセクシュアル・ハラスメントそれ自体に対する民事責任追求は，民法の不法行為規範を基軸にして行われざるを得ないこととなる。以下，本稿での直接の検討課題ではないが，不法行為法理を中心に職場のセクシュアル・ハラスメントに対する法的救済（損害賠償責任）に関して，これまでの学説・裁判例が基本的にその根拠としてきた法的構成を概括しておこう。

まず，セクシュアル・ハラスメントの行為者，すなわち加害者が使用者自身であれ，管理職従業員あるいは一般従業員さらには顧客や取引先の人間等の第三者であれ，いずれの場合であっても加害者自身に対しては民法709条の不法行為責任を求めうる。そして，そのうち，加害者が使用者の雇用従業員である場合には，被害者は使用者に対しても同法715条1項に基づく責任（使用者責任）を追求しうる。その際の重要な理論的・実際的な問題点は，当該加害行為が「事業ノ執行ニ付キ」なされたものであるかどうか（職務関連性）ということであるが，これまでの裁判例は，問題の性的言動が直接職務遂行行為そのものではなくても，当該言動の外形からみてあたかも当該従業員の職務範囲内の行為に該当するとみられる場合も含むとする「外形理論（外形基準説）」に依拠して使用者責任を判断してきている。具体的には，当該加害行為が行われた場所（職場か否か），時間（勤務時間中か否か，あるいはそれに準ず

るような時間中か），行為の内容（職務に関連しての発言とか行為であったか否か），加害者の職務上の地位や権限がどうであったか，等々の諸事情から当該加害行為と職務との関連性を総合的に判断し，これまで上記要件への該当性を積極的に肯定してきたといってよい[3]。

　しかしながら，加害者が顧客や取引先の人間等従業員以外の第三者である場合には，被害者はそれぞれ加害者個人に対して不法行為責任を追及することはできても，直ちには使用者責任を問うことが困難となる。もっとも，加害者が直接の雇用従業員ではなくとも，たとえば派遣社員が派遣先の職場で違法なセクシュアル・ハラスメントを行ったような場合には，その被害者は派遣先会社である自身の使用者に対して指揮監督権限があることを根拠に使用者責任を問うことが可能となる場合はある[4]。

　その他，職場のセクシュアル・ハラスメントによる不法行為の成否判断に関するリーディング・ケースである福岡セクシュアル・ハラスメント事件[5]で示されたように，不法行為による被侵害利益（保護法益）を「働きやすい職場環境の中で働く利益」と構成するような場合には，使用者は当該利益に対応する注意義務として「働きやすい職場環境を保つよう配慮する義務（職場環境配慮義務）」を負うことから，加害者が従業員以外の者や従業員であっても加害者が特定できないような場合でも使用者に対してかかる職場環境配慮義

---

(3)　もっとも，看護師と二人一組で病院の深夜勤務に従事していた男性上司が休憩室で仮眠中の女性看護師に対して体に触るなどのハラスメントを行った事案に関して，裁判所は，右行為は個人的な行為にとどまるとして職務関連性を否定している（三重セクシュアル・ハラスメント事件・津地判平成 9・11・5 労判 729 号 59 頁。また，職場や職務遂行中の従業員間の喧嘩・暴力行為や社用車の無断使用等の非違行為とは基本的に異なり，セクシュアル・ハラスメントや強制わいせつ等の性的言動を不法行為責任法理の下での「職務関連」行為と評価して使用者責任を問うこと自体に対する批判ないし疑問も提起されている（たとえば，石井妙子「企業のセクハラ防止と法的対応」季労 186 号 52 頁。特に，60 頁）。
(4)　ちなみに，平成 9 年の均等法改正を契機に，平成 11 年 12 月施行の改正労働者派遣法（47 条の 2）は，新たに派遣先事業主に対しても派遣労働者に対するセクシュアル・ハラスメント防止の配慮義務を設定した。
(5)　福岡地判平成 4・4・16 労判 607 号 6 頁。

務違反を理由に責任を問うことが可能となりうる。ただし，使用者のこうした責任は，いわゆる代位責任としての使用者責任ではなく，あくまでも使用者自身の自己責任であることに留意する必要がある(6)。

3 職場のセクシュアル・ハラスメントと使用者の債務不履行責任

以上のような不法行為法上の使用者責任法理以外にも，職場のセクシュアル・ハラスメントについて使用者に民事責任を問いうる方法があるとして主張されたのが，すなわち労働契約に基づく使用者の債務不履行責任法理（民法415条）であった。以下では，この債務不履行構成による責任法理を中心にこれまでの学説・裁判例を振り返りつつ，論点の整理をしておこう。

(1) 学説の動向
(a) 安全配慮義務論

職場のセクシュアル・ハラスメントに対して，学説上，不法行為責任法理以外にも使用者の債務不履行という契約責任法理による救済方法が可能であるという主張は早い時期よりみられたところである。当初の学説は，基本的には労働災害や労働安全衛生法等における「安全配慮義務」論をその理論的根拠としていたといってよい。たとえば，「セクシュアル・ハラスメントを一種の労働災害類似のものと考えて，セクシュアル・ハラスメントを使用者の「労務の提供に際し労働者の生命・身体に生ずる危険から労働者を保護すべき義務」である安全配慮義務という観点から構成することができるのではないだろうか」といった主張(7)とか，また労働安全衛生法3条1項にいう「快適な作業環境の実現と労働条件の改善を通じて職場における労働者の安全と健

---

(6) 以上の点については，前注(1)掲記の拙稿7頁以下，および拙著125頁以下を参照されたい。また，山川隆一「わが国におけるセクシュアル・ハラスメントの私法的救済」ジュリスト1097号69頁以下も参照。
(7) 福島瑞穂「セクシュアル・ハラスメントと法」労旬1228号16頁。特に，17頁以下。

康を確保するようにしなければならない」旨の努力義務や同法10条の「安全教育義務」規定を根拠にセクシュアル・ハラスメントという違法行為が行われるような職場環境を作ってはいけないということを使用者は教育する義務があり，その教育をしなかったためにこういう事態が発生したら，それは当然使用者の安全配慮義務違反を構成する[8]とか，さらには同じく労働安全衛生法23条が労働者の生命，健康とともに労働者の風紀の維持を定めていることから，使用者は上司あるいは同僚従業員による性的加害行為による「労災」が発生しない職場を保障する安全配慮義務を負っており，この義務を尽くさなければ債務不履行責任が発生する[9]といった主張がその代表であった。

(b) 安全配慮義務論の問題点

しかし，こうした労働災害における安全配慮義務を基礎とする契約責任論に対しては，「セクシュアル・ハラスメントは，労働者の人格的利益にかかわる点で，労働災害との対比では捉えきれないものであり，安全配慮義務とのアナロジーによる契約上の義務の根拠づけは困難を伴う」[10]とか，「(安全配慮)義務は労働者の業務遂行中における死亡や疾病，障害等生命や身体など健康安全上の支障に対する責任追及の法理として生成・発展してきたもの」で，直ちに「これを職場におけるセクシュアル・ハラスメントの問題に見られるような性的不快感や羞恥心等の精神的苦痛や，名誉，プライバシーの侵害等人格的利益に対する支障についての責任追及にまで拡張してその適用を認めるということになると，使用者が負うべき配慮義務の性質や内容が拡大されすぎる」のではないか[11]といった疑問が提起された。要するに，安全配慮義務は，元来，労務提供のために設置される設備や器具等を使用して労務を提供する過程においての労働者の生命・身体・健康等を危険から保護する注意

---

(8) 座談会「セクシュアル・ハラスメントの法律問題」ジュリスト956号12頁以下。特に，中島通子発言（30頁）。
(9) 林弘子「職場におけるセクシュアル・ハラスメントの法的対応」ジュリスト956号30頁。
(10) 山川隆一「わが国におけるセクシュアル・ハラスメントの私法的救済」ジュリスト1097号69頁。特に70頁参照。
(11) 拙稿・前掲注(1)論文10頁。

義務を内容として生成されたものであって，職場のセクシュアル・ハラスメントのように職場での人間関係に起因する労働者の精神的苦痛といった主観的問題（とりわけ「環境型ハラスメント」の場合に見られる問題）にまで無制約に射程を広げていくことに対する疑問ないし批判であった。

そのためか，その後は労働災害補償法理の下で構築された安全配慮義務概念自体から直ちにセクシュアル・ハラスメントを防止する使用者の契約上の義務を導き出す考え方は主張されなくなったといってよい。

(c) 安全配慮義務概念の拡充

その後，学説にあっても職場のセクシュアル・ハラスメントの防止に対する使用者の労働契約上の義務を従前の安全配慮義務概念からだけで根拠づけることの実際的・理論的困難さが認識されるなかで，安全配慮義務概念を拡充・発展させた新たな義務の存在が主張されるようになった。たとえば，使用者は労働契約上の信義則に基づく配慮義務の一環として「労働環境整備義務」を負っており，この義務は労務提供に際して労働者の生命・身体に生じる危険を防止する安全配慮義務と一体をなすものであるがこれとは区別されるもので，労働者の職務遂行を困難にするような精神的障害が生じないように職場環境を整備すべき義務であり，安全配慮義務よりも広い概念であるといった主張[12]がその代表といえる。そのうえで，かかる主張は，当該義務の具体的内容として「セクシュアル・ハラスメントの重大性と，それが発生した場合の防止措置につき，十分な従業員教育を施すこと，もし現実にセクシュアル・ハラスメントが生じた場合には，直ちにその行為を停止させ，両当事者の事情聴取を行い，さらに必要であれば，加害者（被害者ではなく）の配転措置をとる等の義務がこれに含まれる」とした。

さらに，セクシュアル・ハラスメントの人格権侵害性を重視する立場からは，その防止の根拠を「使用者は平素から被用者各人の言動に目を配るとともに，職場においてある被用者の人格権が侵害され，その結果当該被用者にとって職場環境が著しく悪化するようであれば，速やかに当該被用者の苦

---

[12] 山田省三「セクシュアル・ハラスメントの法理」労旬1291−1292号30頁。特に，39頁。

職場のセクシュアル・ハラスメントと民事責任

痛を除去し職場の雰囲気を整える義務を負う，という点に見出すことによって果たされうる」といった主張等[13]もみられたが，これも基本的に上述の見解と同一線上のものといってよいであろう[14]。

(2) 裁判例の動向

職場での男女関係をめぐる裁判紛争は古くから存在したが，わが国の裁判所が職場のセクシュアル・ハラスメント問題を実質的に正面から取り扱ったのは，周知の福岡セクシュアル・ハラスメント事件[15]が最初といってよい。これを嚆矢として，その後多くのセクシュアル・ハラスメント訴訟が裁判所に提起されるようになり，現在に至っている。そして，既に述べたように裁判所はこれまで基本的に不法行為規範に依拠して加害者や使用者等に対する損害賠償責任等の法的責任を判断してきた。しかるに，学説の影響等も受けてか，裁判所においても，近時，労働契約に基づく使用者の職場環境の整備や配慮の義務を肯定しつつ，セクシュアル・ハラスメントが行われることにより使用者の当該義務違反すなわち債務不履行責任を認める判決が相次いで出されている。以下，こうした裁判例を概観しておこう。

(a) 京都セクシュアル・ハラスメント（呉服販売会社）事件[16]

被告会社では，男性社員による女子更衣室でのビデオカメラによる隠し撮りが繰り返されていたところ，これに気づいた代表取締役はビデオカメラを回収したうえ当該男性社員を懲戒解雇した。こうした事態により会社の雰囲気が悪くなったと感じた原告の女性が，朝礼の場で代表取締役に対し会社を好きになれないと発言したところ，右取締役より会社を好きになれない人は辞めてもらってもよいと言われたり，また別の専務取締役からは原告と加害者の男性との間に男女関係があるかのよう言われ，さらには会社で勤務を続

(13) 上田純子「セクシュアル・ハラスメント——使用者責任を巡る法律論を中心として（下）」ジュリスト1048号90頁。特に91頁以下。
(14) 以上の学説状況を要領よくまとめたものとして，野間賢「セクシュアル・ハラスメントと使用者の職場環境配慮義務」日本労働法学会誌91号126頁以下がある。
(15) 福岡地判平成4・4・16労判607号6頁。
(16) 京都地判平成9・4・17労判716号49頁。

けるか否か1日考えてくること，今日は今すぐ帰ってもよい等退職を示唆するような発言を受けたりした。こうしたことから，原告は社内での人間関係がうまくいかなくなり，会社に居づらくなったために退職せざるを得なくなったとして，代表取締役および専務取締役の前記言動そして退職について，取締役らの不法行為と会社の使用者責任ないしは債務不履行責任を追求した。

裁判所は，結論的には代表取締役の不法行為責任は否定し，専務取締役の不法行為責任を肯定した。そして，会社の契約責任に関しては，裁判所は「雇用契約に付随して，原告のプライバシーが侵害されることがないように職場の環境を整える義務がある」ことを肯定したうえ，被告会社は，女性更衣室でビデオ撮影されていることに気づいたのであるから，何人がビデオ撮影をしたのかなどの真相を解明する努力をして，再び同じようなことがないようにする義務があったというべきであるところ，被告会社はビデオカメラの向きを逆さにしただけで，ビデオカメラが撤去されるとその後何の措置もとらなかったため再び女子更衣室でビデオ撮影される事態となったのであるから，被告会社は債務不履行により原告の損害を賠償する責任を負うとした。また，裁判所は，原告の退職に関しても，被告会社は雇用契約に付随して原告がその意に反して退職することがないように職場の環境を整える義務があるとしたうえ，被告会社が何の措置も取らなかったため原告は会社に居づらくなって退職しているとして，これによる逸失利益についても損害賠償責任を肯定した。

(b) 三重セクシュアル・ハラスメント（厚生農協連合会）事件[17]

本件では，被告病院に看護婦として勤務する原告女性2名が，被告の男性上司（副主任）から半年以上に亘って勤務中に臀部等に触れられたり，わいせつな言葉を発せられ，また深夜勤務の休憩時間中に休憩室で大腿部等に触れられる等のセクシュアル・ハラスメントを繰り返された。原告らは，こうした言動について職場の上司（主任・婦長等）に伝えたが迅速な対応がなされなかったことから，加害者に対し不法行為責任，使用者（連合会）に対しては使用者責任ないしは債務不履行責任を理由に損害賠償を求めた。裁判所は，本

---

(17) 津地判平成9・11・5労判729号54頁。

件言動につき加害者の不法行為責任を肯定しつつも，その言動は職務との密接な関連はなく個人的行為であることを理由に使用者責任を否定した。しかしながら，使用者の債務不履行責任に関しては，概ね次のように判示することにより，これを肯定した。

使用者は被用者に対し，労働契約上の付随義務として信義則上職場環境配慮義務，すなわち被用者にとって働きやすい職場環境を保つように配慮すべき義務を負っており，本件使用者（連合会）も原告ら被用者に対し同様の義務を負う。本件において，被告上司には従前から日常勤務中特にひわいな言動が認められたところ，使用者は同人に対し何も注意せず，また上司の主任も原告らから本件事実をはじめ，被告男性との深夜勤務をやりたくない旨聞きながら，その理由を尋ねず何ら対応策等を取らず，直ちに婦長等に伝えることをせず被告男性にも注意することもしなかった。使用者は，原告らが直接婦長に対し本件事実を訴えた以降は対策を取ったものの，それ以前には監督義務者らは何らの対応策をとらずにいた。使用者は，婦長・主任・副主任らの責任体制を確立し，毎月定期の院内勉強会，職員の研修会等を行うなど職員に対する指導監督を尽くした旨主張するが，右の次第で職場環境配慮義務を尽くしたとは認められない。したがって，使用者は原告等に対する職場環境配慮義務を怠ったものと認められ，その結果休憩室での行為を招いたといえるから，原告らに対し債務不履行責任を負う。

(c) 仙台セクシュアル・ハラスメント（自動車販売会社）事件[18]

被告会社の支店で原告の女性が，女性トイレ内の掃除道具置場に男性従業員が潜んでいたのを発見し，この事実を店長に対し報告した。常務に報告されたものの直ちには何らの対応も取られず，また店長も「社内のことなので外には漏らさないように」と話し，すぐに対処しなかった。その後，店長は当該男性従業員に事情聴取を行い，同人がのぞき目的で潜んでいたこと，人に頼まれて写真を撮ろうとカメラを持ち込んだことは確認したものの，それ以上の詳しい聴取は行わなかった。こうしたなか，原告は，自分がトイレでのぞき見をされたのではないかとの不安と事件後も店長等が適切な対応をし

---

[18] 仙台地判平成13・3・26 労判808号13頁．

3 職場のセクシュアル・ハラスメントと使用者の債務不履行責任

なかったことへの不満から心身ともに不調が続き，店長との間でコミュニケーションが悪化し営業面でも支障をきたすようになった。店長より原告の配転を求められた社長及び常務は人事部長に対応を指示したが，同人は「あなたは来月一杯で会社を辞めていただきたい。その理由は，店長に挨拶しない，お茶を出す態度が悪い，それと一人で勝手に騒いで会社のイメージを悪くした。男性なら転勤という方法もあるが，女性なので辞めていただくことにする」「辞めるかどうか連絡をよこしなさい」等と強い口調で話した。その後，原告は，女性トイレののぞき事件で店長の対応，被害にあった私への対応の不満，（仕事を）続けていきたい気持ちであったが，在籍していてもこの先良い事はないとまで言われたので無念であるが意向に添い退職を決めた旨の退職理由を示しつつ，支店を退職するにいたった。以上のような事実関係の下で原告は，会社に対して雇用契約上の地位の確認をはじめ，未払賃金の支払い，構造上欠陥のある女子トイレを放置するなどした職場環境整備義務違反，不適切な対応による職場環境配慮義務違反や不当解雇による損害賠償等を求めた。

　本件において，裁判所は結論的には雇用契約上の地位確認，未払賃金の支払，不当解雇の請求を否定した。また，裁判所は，職場環境整備義務違反の有無に関しては「事業主は，従業員に対し，雇用契約上の付随義務として，良好な職場環境の下で労務に従事できるよう施設を整備すべき義務を負っている」と判示したうえで，本件掃除道具置場から個室トイレ内を見通せる構造であることから，本件女子トイレの構造に欠陥があり，その設置保存に瑕疵が存在したことは肯定したものの，本件侵入事件が発覚して初めて女子トイレの構造上の問題点が明らかになったとして，被告会社による瑕疵の存在の認識ないし予見の可能性は否定し職場環境整備義務違反の成立を否定した。他方，職場環境配慮義務違反の有無については，裁判所は「事業主は，雇用契約上，従業員に対し，労務の提供に関して良好な職場環境の維持確保に配慮すべき義務を負い，職場においてセクシュアル・ハラスメントなど従業員の職場環境を侵害する事件が発生した場合，誠実かつ適切な事後措置をとり，その事案にかかる事実関係を迅速かつ正確に調査すること及び事案に誠実かつ適正に対処する義務を負っている」と判示したうえで，本件トイレ侵入事

件は「直接的なセクシュアル・ハラスメントの被害が顕在化した事案とまではいえない」としつつも，本件を職場環境侵害事案として，被告会社には誠実かつ適正に対処する義務があったところ，被告は本件侵入事件に関して被害回復や再発防止のために当事者から事情を聴取するなどの適切な対処をとらず初期の適正迅速な事実調査義務を怠った等から，被告会社の職場環境配慮義務違反を肯定した。

　(d)　岡山セクシュアル・ハラスメント（リサイクルショップ）事件[19]

　本件は，被告会社が経営するリサイクルショップの一つに店長として勤務していた原告女性が，被告である上司A（同店の総括責任者）及びBからセクシュアル・ハラスメント行為を受けていわゆるPTSDになり，さらに被告会社から不当に解雇されたことによって精神的苦痛を受けたとして，A及びBの両名に対しては不法行為に基づく損害賠償を，また会社に対しては使用者責任ないし債務不履行責任に基づいて損害賠償を請求したものである。本件で問題とされたセクシュアル・ハラスメントであるが，被告Aについては数ヶ月間に亘って原告に対して体に触れたり膝の上に座ったりする，いやらしい言葉を言う，ベルトを外しズボンのファスナーを下げて下着を見せる，原告の飲みかけのジュースを勝手に飲むといった言動が，また被告Bについては原告から話を聞くために居酒屋及びバーで飲食を共にした後，酔った原告を自宅マンションまで送り届けた際に部屋の中まで入って同人を押し倒して強制わいせつ行為に及んだ行為が問題にされた。

　本件において，裁判所は，被告Aの言動については不法行為の成立を認め，使用者責任も肯定した。しかし，被告Bの行為については個人としての不法行為は肯定したものの，当該行為は上司としての立場を利用した事情は伺えず個人的行為であるとして使用者責任は否定した。そのうえで，使用者の債務不履行責任については，概略，次のように判示した（なお，本判決ではセクハラとかセクハラ行為等とセクシュアル・ハラスメントを簡略化した表記がなされているため，ここではこれをそのまま表記する）。

　使用者は，被用者に対し，労働契約上の付随義務として信義則上被用者に

---

(19)　岡山地判平成14・11・6労判845号73頁。

とって働きやすい職場環境を保つように配慮すべき義務を負っており，セクハラ行為に関しては使用者はセクハラに関する方針を明確にして，それを従業員に対して周知・啓発したり，セクハラ行為を未然に防止するための相談体制を整備したり，セクハラ行為が発生した場合には迅速な事後対応をするなど，当該使用者の実情に応じて具体的な対応をすべき義務があると解すべきであって，被告会社も原告に対し同様の義務を負う。被告会社の参与は，原告から総括責任者の被告上司のセクハラ行為について相談を受けたことに対し，会社社長とともに原告から事情を聴取する場を設け，その後被告訴訟代理人に連絡してその指示を仰ごうとし，またセクシュアル・ハラスメント聞き取り調査委員会を設置して関係者の調査を行い，また行おうとしている。しかし，被告会社は，セクハラに関する方針を具体的に従業員に対して周知・啓発する方策をとったり，セクハラ等に関して従業員が苦情・相談できる体制を整備していたと認めることはできないところ，原告が勤務していた店は，被告会社本社から離れて独立したところにある小さな店舗であり，女性従業員ばかりのうえに，男性の被告Aが上司として配属された職場であることに鑑みれば，被告会社が上記職場環境配慮義務を尽くしたと認めることはできない。しかし，被告Bの行為については，同人の個人的行為であって，被告会社が上記職場環境配慮義務を尽くし，セクハラに関する方針を具体的に従業員に対して周知・啓発する方針をとったり，セクハラ等に関して従業員が苦情・相談できる体制を整備したりしていたとしても，被告Bの行為を防止できたとは認められず，被告会社の上記義務違反と被告Bの行為との間に相当因果関係は認められない。よって，被告会社は，被告Bの行為につき原告に対し債務不履行責任は負わない。

(3) 小　括——これまでの学説・裁判例を振り返って
(a) 債務不履行構成の認知
　職場のセクシュアル・ハラスメントに対する使用者の民事責任に関して，従前，債務不履行構成による使用者の責任については学説が主に論じてきた。他方，裁判所は基本的に不法行為構成を中心に使用者責任の問題に対応し，債務不履行構成については特段の関心を示してこなかったといってよい。し

かるに，上述の裁判例からもうかがい知れるように，近年，裁判所も職場のセクシュアル・ハラスメントに対する使用者の民事責任を債務不履行構成によっても肯定するところとなった。こうした流れからみると，現在，職場のセクシュアル・ハラスメントに対する使用者の民事責任の法的構成については，学説及び裁判例ともに不法行為構成と債務不履行構成とは排他的なものではなく相互に補完し合うものとして，債務不履行構成を認知したものといえよう。恐らく，今後は職場でのセクシュアル・ハラスメントの被害者からは不法行為構成のみならず，債務不履行構成によっても使用者の民事責任追求がなされ，かつ，これを積極的に肯定するケースがこれまで以上に増えていくことが予想される。

(b) 債務不履行構成をめぐる新たな検討課題

しかし，このように職場のセクシュアル・ハラスメントに対する使用者の民事責任について債務不履行構成を積極的に肯定するとしても，それだけで問題が実際上も理論上もすべて解消されたわけではない。思うに，こうした債務不履行構成は，職場でセクシュアル・ハラスメントに対する法的救済のための重要かつ有効な手立てを提供する一方で，さらに法理論上精査すべき新たな課題も提供することとなったといえる。以下，上述してきた学説・裁判例を振り返りつつ，そこから考察すべき新たな課題を抽出しておこう。

まず一つは，債務不履行構成にいう職場環境配慮義務と不法行為法上の「注意義務」との関係についてである。職場のセクシュアル・ハラスメントをめぐる訴訟にあって，「働きやすい職場環境を保つよう配慮する義務」，すなわち使用者に対する職場環境配慮義務を最初に肯定したのは福岡事件判決であったが，そこではかかる義務はあくまでも不法行為法上の「注意義務」として設定されたものであった。しかし，上述した京都セクシュアル・ハラスメント事件判決（以下便宜的に京都事件判決と記す。他の事件についても同様）をはじめとする一連の判決は，基本的に同じ表現を使いながらも，いずれも不法行為法上の注意義務とは異なる職場環境配慮義務を肯定し，その根拠を労働契約上の付随義務に基礎づけている。さらに付言するに，京都事件判決では「プライバシー保護」をも労働契約上の配慮義務の内容としているが，従前，かかる人格権それ自体の保護は不法行為法上の保護法益として構成されてき

たものであった。こうした観点から考えると，同じく職場環境配慮義務といっても一方は不法行為法上の注意義務，他方は労働契約上の債務という法的構成上の違いはあるものの，果たして裁判所はその意義や内容についても両者に実質的な違いをもたせているものかどうか。仮に，実質的な意義・内容上の違いは見られないとなれば，改めて法理論的な見地からは両責任法理の調和的・整合的な棲み分けを念頭に，それぞれの法理にいう職場環境配慮義務の意義・内容についての再検討が試みられてもよいのではなかろうか。

　第二は，一の検討課題とも関連するが，債務不履行構成を肯定する前掲裁判例にあって，かかる責任法理の位置づけないし機能についてである。すなわち，当初の京都事件判決及び三重事件判決においては結果として不法行為法上の使用者責任が否定されるなかで債務不履行責任が肯定されていたようにみえる（ちなみに，仙台事件では使用者責任は問われていない）。しかし，岡山事件判決では，使用者責任とともに債務不履行責任が同時に肯定されている。いまだ裁判例が少ない状況下で即断することはできないが，当初は債務不履行責任が使用者責任の代替的・補充的機能，すなわち裁判所は不法行為法上の使用者責任の有無を先決的に判断し，これを認めることが困難な場合に債務不履行責任の有無を判断し，これを肯定するといった状況がみられたように思われた。その意味では，使用者の責任法理に関しては債務不履行構成のほうが使用者責任を肯定しやすいと考えられていたのではないかとも解しうる。はたして，このような理解が可能・適切なのかどうか検討が必要であろう。

　第三は，債務不履行構成における「債務」すなわち職場環境配慮義務の意義・性質についてである。その前提として，かかる義務の根拠をどこに求めるかといった基本的な問題もあるが，それとの関連でかかる義務の意義・性質をどのように理解すべきかということが理論上重要な問題となりうる。具体的には，こうした使用者の義務を厳格に結果回避債務的に評価するか，あるいは手段債務的に評価するかということが問題となりうる。この点，たとえば岡山事件判決は，仙台事件判決と比較してかかる使用者の義務をより厳格（広く？）に解しているように思われる。とまれ，こうした点は，実際の訴訟にあっては義務違反（債務不履行）に関する当事者の立証責任の配分や，立

証の程度・範囲をめぐる問題等とも密接に関連してくる問題でもある。

　第四には，職場環境配慮義務の具体的内容，換言すれば使用者は義務の履行として具体的にどのような措置・対応を行うべきかといったことも重要な問題となる。この点，前述した4つの判決は，後述するとおりそうした義務の具体化・明確化を行っている。しかし，当然のこととはいえ，各事案の違いもあって，そこでは事前の措置・対応（予防的措置・対応）として施設の整備義務に力点が置かれたり，苦情相談対応等の人的対応が重視されたり，さらには事後の措置・対応として問題解決のための迅速な対応処理が強調されたり，さらには労働者の退職回避義務が強調されたり，さまざまな観点から使用者の取るべき具体的な措置・対応が論じられている。

　思うに，職場のセクシュアル・ハラスメント防止を目的として使用者に課せられた職場環境配慮の義務が一義的ではなく，個々の紛争事案における当事者，特に被害者の状況に応じて様々に変化しうるものであることからすれば，上述した裁判例の状況はやむを得ないものであり，むしろ個別事情に即しつつ義務内容の明確化・実質化を図っているという意味で積極的に評価しうるものである。しかし，他方でこうした対応は義務内容の必要以上の拡大にもつながりかねず，かえってその内容（債務の内容）が無限定になりすぎるのではないかといった懸念も生じてくる。こうした義務内容の明確化・実質化は実際には当事者の立証責任の配分や使用者の免責要件（行為の予見可能性や因果関係とも関連した債務不履行の成否判断）との関係でも重要な法律問題となる。その意味では，紛争の一般予防や裁判結果の事前の予測可能性，使用者の責任範囲の明確化といった観点から，今後の作業として使用者の義務内容の体系的な分類・整理が必要であろう。

　その他，使用者の債務不履行責任が肯定された場合に使用者にどこまでの範囲で責任を認めるかということも問題となる。具体的には，損害賠償において損害の範囲と算定をどうするのか，被害者の退職による逸失利益も損害として算定評価しうると解すべきか等も検討すべき重要な課題となりうる。以下では，こうした検討課題を中心に考察を進めていこう。

4 債務不履行構成をめぐる検討課題の考察

(1) 職場環境配慮義務の法的根拠をどこに求めるか
(a) 労働契約関係と安全配慮義務そして職場環境配慮義務

既述のところから明らかとなったように，現状では職場のセクシュアル・ハラスメントに対する使用者の民事責任については，学説および裁判例は使用者責任（民法715条）のほかにも債務不履行責任（民415条）が成立しうることについては，これを一般的に肯定しているといってよい。加えて，こうした契約責任を基礎づける法概念に関しては，従前，労働災害の民事責任問題をめぐる議論のなかで展開されてきた「安全配慮義務」概念ではなく，新たに「職場環境配慮義務」概念が構築されていることについては，現在，学説・裁判例に共通の理解が形成されているといってよい。ちなみに，従前，債務不履行構成に対して提起されていた疑問も，その中心は「安全配慮義務」概念をベースにした債務不履行責任の構成に対するとともに，「債務内容の抽象性・包括性」に対する疑問であって，債務不履行構成自体に対する否定的疑問では必ずしもなかったのである[20]。

思うに，既にこれまでの学説及び裁判例において指摘されているように，これら両義務はいずれも使用者の契約上の配慮義務でありながらも，各々，その意義と機能を異にするものとして考えることが適切であろう。すなわち，労務の履行過程にあって，そもそも「安全配慮義務」は労働者の生命・身体・健康等の安全を危険から保護すべき義務として位置づけ，他方，「職場環境配慮義務」は労働者の労務の円滑な遂行との関係で，その名誉やプライバシー，性的自由等の精神的・人格的利益を保護すべき義務，すなわち逆に言えば労働者がその名誉やプライバシー等人格的権利・利益等を不当に害されることなく労務の履行を可能にしうるような良好な職場の環境を確保すべき義務として位置づけることが適切であり，かつ，後者の義務の主要な内容として職場のセクシュアル・ハラスメントの防止義務が使用者に課せられるものと理

---

[20] 拙稿・前掲注(1)の論文11頁。

解すべきであろう。

(b) 職場環境配慮義務と信義則——労働契約関係の特質を踏まえて

とはいえ，使用者のこうした契約上の義務は，通常は当事者間で特に個別合意のうえで契約中に明示されたりするものではないことからすると，そもそもかかる義務が使用者に課せられる基本的・原理的な根拠をどこに求めうるのかということが問題となりうる。この点については，前掲した債務不履行構成を肯定する裁判例がともに指摘したように，労働契約に付随する信義則上の義務として理解するのが一般的である。思うに，この点は従前から安全配慮義務の法的根拠につき学説・裁判例が議論してきたところが職場環境配慮義務についても踏襲されているのであろう。そこにおいて，学説・裁判例が職場環境配慮義務を信義則上の不随義務に求める理由は，労務提供行為が労働者の生命・身体とともにその人格と不可分に結びついている（労使の人格的関係性），またかかる人格的関係が労使の継続的な信頼関係の下で重視されること，さらには労務提供が他の労働者との共働関係の下で集団的・組織的に行われることなどの労働契約関係にみられる基本的特質にあるといってよい[21]。これを敷衍すれば，労働契約に基づく労働者の労務提供義務は，その性質上は「為す債務」であって，その履行には使用者の協力がおのずから不可欠となるとともに，また集団性・組織性を有した職場における他の労働者との協調的人間関係も不可欠のものとなる。そのため使用者としては，労働者による労務の遂行を円滑に整えるべく，必要に応じて労務指揮権を適切に行使するなかで，当該労務提供に必要な物的管理や人的管理を適切に施すことが求められることになるのである。使用者によるこうした措置・対応が，すなわち信義則であり労働契約関係に当然に随伴する義務というべきものである。

ところで，職場環境配慮義務をこのように労働契約に付随する義務（付随的義務）と理解するのではなく，安全配慮義務論においてみられたのと同じよう

---

(21) 労働契約の意義や機能，法的性格等に関する文献は数多いが，さしあたり中窪裕也「労働契約の意義と構造」日本労働法学会偏・講座21世紀の労働法第4巻（労働契約）2頁以下および同論文中に引用された文献を参照されたい。

に，これを労働契約上の本来的義務，すなわち「労働者が労働提供するに際して，使用者が協力行為，即ち使用者の受領行為が不可欠であり，……このような使用者の受領行為は，雇用契約に本質的なものとして使用者の義務内容を構成している」との主張がみられる[22]。論者は，そのうえで従前の安全配慮義務に関する議論に則しつつ，かかる法的根拠の意義づけ対する理解の違いは義務内容の差を生み出すものではなく，むしろ法的根拠の説明の違いにとどまり，実務的には実益のない議論と考えるべき」と説明する[23]。しかし，必ずしもそのようにいえるかは疑問の余地があり，実際上も理論上も使用者の義務違反（債務不履行）の効果として労働者の給付請求の権利を認めうるか否か（使用者がセクシュアル・ハラスメント防止のための措置を講じないような場合労働者は具体的な措置・対応をとることを請求しうるか），使用者の義務履行がなされるまで労働者は労務給付を拒否できるか否か，さらには使用者の義務違反に対する労働者の立証責任の程度・範囲等についての法的評価の違いにもつながりうるのではないかと思われる。

(c) 職場環境配慮義務の意義・性質をどう理解すべきか

前述のような問題関心の観点からは，こうした職場環境配慮義務の法的な意義や性質をどのように理解すべきかということが実際上も法律上も重要な検討課題となる。第一に理解すべきは，当然のことであるがかかる義務がなによりも作為義務であるということである。換言すれば，それは，すなわち使用者にとって労働者による労務の円滑な遂行という労働契約の基本的目的を効果的に実現すべく，これを阻害するセクシュアル・ハラスメントの防止を含む良好な職場環境確保のために，職場の状況や労働者の事情に応じて一定の合理的な措置や対応をとるなどの作為を行うべき義務である。問題は，こうした作為義務の具体的履行としてどの程度・範囲での措置・対応が使用者に求められるかということである。この点についても安全配慮義務をめぐ

---

(22) たとえば，水谷英夫「セクシュアル・ハラスメントの実態と法理」414頁。ちなみに，安全配慮義務に関してこのように主張する学説は少なくない。
(23) 水谷・前掲注(22)書415～416頁。
(24) この点に関する安全配慮義務との関連での議論については，さしあたり和田肇「雇用と安全配慮義務」下森定編『安全配慮義務の生成と展開』148頁。

る議論におけると同様に考え方が分かれうる[24]。一つは，こうした作為義務を結果債務の観点から捉える考え方で，他は手段債務としての観点から捉える考え方である。両者の違いとしては，前者によると，労働者の名誉・プライバシー，性的自由等の人格的利益を労働者の生命・身体・健康安全等と同じレベルでの，いわば絶対的価値利益と位置づけ，使用者としてはそうした危険を防止するために最善の努力をしたというだけでは足りず，これを回避・除去する結果を実現すべき措置・対応を行う義務として理解されることになる。他方，後者によれば危険回避・防止のために相当な措置・対応をとれば足りるものと理解されることとなろう。

　思うに，職場における個人の名誉やプライバシー，性的自由等の精神的・人格的権利ないし利益は，その生命や身体，健康等と同じく，労働者にとって保護されるべき重大な権利・利益であることは疑う余地もない。しかし，敢えていえば生命・身体・健康は年齢や性別を問わずすべての労働者（個人）にとって同質かつ共通の価値基準に支えられた権利・利益であるのに対して，名誉や性的自由等の精神的・人格的な利益は労働者個々人の個性や感情，感受性，嗜好等相対的・個別的，そしてなにより主観的な価値基準に依拠し，各人，様々に異なりうるものであること，また仮に使用者が企業・職場において厳格に防止対策を講じたとしてもセクシュアル・ハラスメントの発生形態は千差万別であり，これを完全に除去することは難しいこと，さらに現状ではこれを明文をもって違法として禁止する法規定が存在しないことなどの諸事情を勘案すると，一定の作為を内容とする使用者の職場環境配慮義務はその性質上は手段債務的に捉えざるを得ないであろう。もっとも，実際に職場でセクシュアル・ハラスメントの被害が顕在化しているとかその危険性が蓋然化しているような場合には労働者はその被害の防止や危険の除去のための具体的措置・対応を使用者に対して請求しうると解する。その場合，たとえば使用者がこれに応じない場合に労働者が自己の労務提供を拒絶できるかといったことが，労働契約上の労使の権利・義務をめぐる問題として重要な理論的論点となりうる。

(2) 職場環境配慮義務の内容をどう考えるか
(a) 義務内容の不確定性・無限定性の問題点
　債務不履行構成を肯定した前掲の裁判例は，各々の事案の違いもあって，その表現やニューアンスは微妙に違うものの，いずれも基本的には労働者にとって「働きやすい職場環境を保つよう配慮すべき義務」，すなわち職場環境配慮義務が使用者にある旨主張する。しかし，このように言うだけでは一般的，包括的すぎて契約債務としての特定性に欠け，その義務違反（債務不履行）の有無を判断するにあたって適切・効果的な役割が期待できないであろう[25]。もちろん，こうした信義則に基礎づけられた配慮義務は，その本質上は労働契約における本来的義務である労務履行や賃金の支払といった労使当事者にとって具体的で特定可能な義務とは違い，その内容を予め具体的に摘示することは極めて困難なものといいうる。しかし，だからといってその内容をある程度明確にできなければ，使用者としては自身に課せられた義務の履行として，具体的にどのような措置・対応をとればよいのか判然としない。むしろ，債務不履行責任を回避したいと考えがちな使用者の立場からすると，普段から職場内外での労働者の個人的生活や私的な行動についてまで必要以上の干渉・監視を行わざるを得ないことにつながり，却ってそれは労働者個々人のプライバシーにまで立ち入りすぎてしまう（プライバシーの侵害）といった難しい問題を惹起しかねない。したがって，職場のセクシュアル・ハラスメントに関して使用者の債務不履行責任問題を適切に判断処理するためには，契約債務としての職場環境配慮義務の具体的な内容，逆に言えば職場のセクシュアル・ハラスメントについて債務不履行責任を免れるために使用者としてなすべき措置・対応を可能な限り具体的に明らかにすることが実際上も法律上も重要となろう。

(b) 不法行為法の注意義務との異同
　ところで，いわゆるセクシュアル・ハラスメント訴訟において使用者の職

---

[25] こうした観点から，小西康之・労働判例研究「環境型セクシュアル・ハラスメントにおける使用者責任と職場環境配慮義務——三重セクシュアル・ハラスメント（厚生農協連合会）事件」ジュリスト1150号126頁は，人格に大きく依存する職場環境への配慮まで契約上の義務として使用者に無限定に課することに疑問を呈している（127頁）。

場環境配慮義務に最初に言及したのは前述の福岡事件判決であった。しかし，そこでは当該義務は不法行為法上の注意義務として立論されていた。しかるに，前掲京都事件判決ほかの事件判決のようにこれを労働契約上の義務としての立論をも肯定するということになると，両義務の性質そして内容上の異同が改めて問題となりうる。この点，訴訟法理（特に証明責任の分担）の観点からみると不法行為構成では原告（被害者）側が加害者の故意・過失を主張・立証しなければならないのに対して，債務不履行構成の場合は被告（使用者）側において故意・過失その他の帰責事由の不存在を主張・立証する責任があるというのが通説的理解となっている。その限りでは，被害を受けた原告にとって債務不履行構成のほうが主張・立証責任の負担が軽減（その他損害賠償請求権の消滅時効についても違いがある）されるという意味で有利なようにみえる。しかし，他方で債務不履行構成の場合は原告たる被害者（債権者）がまず債務不履行の事実を証明する責任があるとされ，その前提として被告使用者（債務者）の負う債務（職場環境配慮義務）の具体的内容を明らかにする必要があるとされる。しかし，上述したようにかかる債務の内容は紛争事案ごとの個別事情に応じて多様であり，これを予め具体的に特定し，明らかにすることは極めて困難な立証作業を原告被害者側に強いることとなる。こうした状況に照らして考えると，注意義務違反にせよ契約義務違反にせよ，当該義務違反の主張・立証ということでは不法行為構成と債務不履行構成との間に実質的な違いはなさそうである[26]。

　こうした観点から，個々の裁判例をみると，実際，職場環境配慮義務に関して不法行為構成をとる福岡事件判決においても，他方，債務不履行構成をとる京都事件判決その他の事件判決においても，いずれも基本的には当該セクシュアル・ハラスメント（及びその他の性的言動）による職場環境の悪化に

---

(26)　こうした事実は，既に安全配慮義務をめぐる論議の中で多くの論者により指摘されていたところのものであるが，同じく労働契約上の配慮義務である職場環境配慮義務についても基本的にあてはまる。ちなみに，安全配慮義務に関する議論については，和田・前掲注(24)論文 148 頁。山口浩司「安全配慮義務の内容」林豊・山川隆一編『新・裁判実務体系 17・労働関係訴訟法 II』315 頁，特に 316 頁以下。また，水谷・前掲注(22)書 417 頁も参照されたい。

ついて，その防止や迅速な解決のための適切な措置・対応をなすべき義務があるのにこれをしなかった（たとえば福岡事件では会社の役員が加害者である編集長のいやがらせ行為の中止とトラブル解決のために適切な対応をとるべき義務があるのにこれをしなかった，京都事件では女子更衣室でのビデオ撮影行為について事実を調査し，再発防止をすべき義務があるのにこれをしなかった，三重事件では上司の身体接触等の性的言動により夜間勤務する看護婦の職場環境が悪化していたのにこれを放置し迅速に対応しなかった，仙台事件では男性社員の女子トイレ侵入事件をきっかけに職場環境が悪化していたことについて迅速な事実調査を行い，被害回復や再発防止のための適切な対応策を講じるべき義務があったのにこれを怠った，さらに岡山事件では女性ばかりの職場で上司が男性であることから職場環境悪化防止の措置・対応を十分に行う義務があるのにこれを怠り，また相談にも十分な対応をしなかった等）というところに義務違反の成立を根拠づけている。このような裁判所の個別判断をみると，不法行為法上の注意義務としての職場環境配慮義務と労働契約上の契約義務としての職場環境配慮義務は，その法的構成は違っても，いずれも使用者にとって基本的に行うべき措置・対応という観点からは実質的に同じ性質・内容のものと理解することが可能であろう[27]。

　こうした理解を前提に敢えて言えば，不法行為と債務不履行とで同一の職場環境配慮義務を設定することは救済法理として屋上屋を架することになってしまっているのではないか。だとすれば，職場環境配慮義務を不法行為法の注意義務から切り離し，改めて契約義務（債務）として契約法理に一元化させることの是非が検討されてよいのではないか。思うに，福岡事件判決において不法行為法上の注意義務として「良好な職場環境を整えるよう配慮する義務」が提示されたのは，それまでかかる義務を契約義務とする裁判例が見あたらない状況下でのことであり，なによりそうした法的構成の意義・メリットは，加害者が誰であるか特定できない場合や雇用従業員以外の第三者である場合でも，被害者は使用者の民事責任を問いうるというところにあったといってよい。しかし，かかる責任追及は，債務不履行構成が法認された現

---

(27) この点については，山川・前掲注(2)論文9～10頁も参照。

状では，より義務内容と射程の広い債務不履行構成によっても十分に可能で被害者の保護に欠けるところはないように思われる。また，敢えて誤解を恐れずにいうならば，不法行為責任法理は職場のセクシュアル・ハラスメントを通じての労働者の名誉やプライバシー等の人格権ないし人格的利益自体の侵害に対する帰責性（保護法益の侵害という結果発生に対する帰責性）が注意義務違反の内容であり，他方，債務不履行責任法理はセクシュアル・ハラスメントによる人格的権利・利益の侵害結果の発生それ自体に対する帰責性というよりも，むしろそうした侵害により悪化された職場環境を改善することなく放置したことに対する帰責性（逆にいえば，労働者の労務の円滑な遂行に支障を生じさせるような職場環境の悪化を防止する義務の不履行）が配慮義務違反の内容となるべきものと考える。前述のように，消滅時効の問題をはじめ，立証責任の配分や立証の程度・範囲，さらには損害賠償の算定時期や範囲等，不法行為構成と債務不履行構成との間には理論的に検討されるべき問題点は多く残されているとは思うが，上記の観点から両責任法理の統一的・整合的理論構成（不法行為責任規範と契約責任規範の射程の違い・棲み分け）が再検討されてよいのではないかと考える。要するに，職場環境配慮義務の法理は不法行為法理よりも，より契約法理，すなわち債務不履行法理に適合するのではなかろうか。但し，そのためには義務（債務）の具体的内容をより明確にする理論的作業が不可欠となる。

5 職場環境配慮義務の具体的内容――使用者がなすべき具体的措置・対応策について

前述したように，職場環境配慮義務の具体的な内容，別言すれば職場のセクシュアル・ハラスメントについて債務不履行責任を免れうるために使用者がなすべき具体的な措置・対応はどのようなものかということが実際上も法律上も重要な問題となる。この点に関しては，既に安全配慮義務の内容をめぐって議論されたところからも適切に理解しうるように[28]，個別の事案にお

---

(28) 川義事件・最三小判昭和 59・4・10 民集 38 巻 6 号 557 頁，判時 1116 号 33 頁。

いて労働者の職種や地位，労務の内容，労務提供の場所等の個別具体的な事情によって異なりうるものであるから，当該労働関係における諸事情を総合的に考慮したうえで判断せざるを得ないであろう。とはいえ，そうした制約はあるものの，これにつき基本的な類型化と明確化を行うことは可能であり，また適切なことでもあると考える。その場合，均等法（21条）・指針（事業主が職場における性的な言動に起因する問題に関して雇用管理上配慮すべき事項についての指針）等が重要な手がかりとなる。なぜなら，そこでは職場のセクシュアル・ハラスメントの内容を示すとともに事業主（使用者）がその防止対策として雇用管理上配慮すべき事項が具体的に示されているからである。もっとも，かかる均等法上の配慮義務は公法上の義務設定にとどまり，指針とあいまって行政指導上の根拠にはなり得ても，直ちにその内容が労働契約上の配慮義務と同一視されるものではない。しかしながら，それらが同じく職場のセクシュアル・ハラスメントの防止を目的としているということからすれば，基本的に同じ目的のために構築された労働契約上の配慮義務の基本的かつ具体的な内容を考えるうえでも十分に参考になるものといいうる。以下では，そうした観点から労働契約上の配慮義務の履行としてセクシュアル・ハラスメント防止のために使用者が基本的になすべき措置・対応をこれまでの学説及び裁判例を踏まえつつ抽出しておこう[29]。

(1) 事前の措置・対応義務と事後の措置・対応義務

使用者が労働契約上履行すべき職場環境配慮義務としての措置・対応としては，基本的にはセクシュアル・ハラスメント行為の発生を基準にして考えると，発生以前にその防止を目的に行われるべき事前の義務（予防的措置・対応）と発生後の迅速・適切な解決を目的に行われるべき事後の義務（迅速な調査と適切な解決・再発防止等の措置・対応）とに大別して考えることが可能であり，また適当でもあろう。

(a) 事前の措置・対応義務

---

[29] こうした目的関心からは，既に水谷・前掲注(22)書が詳しい分析を行っている（特に，411頁以下）。本稿での考察にも有益な示唆を受けている。

事前の予防的な措置・対応は，さらに具体的にみると手続上の措置・対応をはじめ物的管理上の措置・対応と人的管理上の措置・対応の義務に類型化することができる。

(ｱ)　手続上の措置・対応

まず，手続上の措置・対応という観点からは，なにより職場のセクシュアル・ハラスメント防止に関する会社（使用者）の基本方針を明確にし，これを積極的に会社内外に周知・啓発することが求められる。具体的には，就業規則等の会社規則にセクシュアル・ハラスメントの防止・解決等に関する事項（セクシュアル・ハラスメントの禁止をはじめ，苦情相談手続，相談者への不利益取扱いの禁止，解決処理の手続・方法，加害者への懲戒処分等）を定め，これを従業員ほか関係者に周知・啓発することである。周知・啓発の方法としては，たとえば社内報や会社パンフレット等の利用や後述の従業員への教育研修や講習等が考えられる。

手続上の措置・対応の第二として，セクシュアル・ハラスメントに関する各種の苦情や相談事に迅速・適切に対応するための相談窓口（苦情相談手続）を用意することが使用者に求められる。こうした窓口は，社内の適当な部局（人事部等）を利用したり，また新たに相談窓口を設置してもよいし，さらに社内の相談窓口では様々な理由から実際上相談がしにくいといった現実が多くみられることから社外の第三者機関・組織へ委託して相談窓口を用意することも考えられてよい[30]。

(ｲ)　物的管理上の措置・対応

職場のセクシュアル・ハラスメントについて使用者の債務不履行責任を肯定した前記裁判例にあって，京都事件や仙台事件では女子更衣室や女子トイレの隠し撮り行為が，また三重事件では病院の深夜勤務中の休憩室での言動がトラブルの原因をつくっていた。こうした事案を念頭に考えると使用者がセクシュアル・ハラスメント被害の防止のためになすべき基本的な職場環境

---

(30)　最近では，社内の相談窓口では様々な理由から従業員にとって敷居が高く相談しにくいといったこともあってか，社外の適切な組織・機関等に苦情相談への対応を委託する企業が増えてきているようである。

5　職場環境配慮義務の具体的内容－使用者がなすべき具体的措置・対応策

配慮義務の一つに職場内の物的施設の適切な整備と管理の義務があげられる。具体的には，労務提供の場である職場での労働者のプライバシー保護のための施設の整備・管理（たとえば，男女別の休憩室や仮眠所の設置等）や保安上必要な装備や手だての用意（たとえば，外部からの侵入防止やのぞき・盗撮行為の防止措置等）等が求められよう。ちなみに，三重事件判決では，上司の深夜勤務における休憩室での身体接触等の言動に対する迅速・適切な事後措置を怠ったことを職場環境配慮義務違反と認定しているようであるが，加えて事前防止・予防的見地からすると深夜勤務にあって密室性の高い休憩室を男女一緒に使用せざるを得ない状態に放置していたこと自体も職場環境配慮義務の内容たるセクシュアル・ハラスメントの防止義務における事前の措置・対応義務違反として認めることが可能といいうる事案であった[31]。その他，仙台事件判決でもこうした物的管理面での施設の整備・管理を含めた職場の環境整備義務が強調されている。そこでは，結論的には使用者側に予見可能性がなかったとして使用者の職場環境整備の義務違反を認めなかったが，一般論としては女子トイレ内の掃除道具置場から個室トイレ内を見通せることができる構造になっていたことから当該トイレの構造に欠陥が存在したことは否定できないとしてこれを問題としている。この事件では，従前にこうした構造的欠陥につき注意喚起をした者がいなかった事実が使用者の予見可能性の否定につながったが，このことは逆にいえば労働者等による注意喚起が事前にされていれば，それに迅速に対応しなかった使用者の義務違反（債務不履行）が肯定されるということにもなり，その意味で使用者にとって事前の措置・対応として物的施設の適切な整備と管理は労働契約上の具体的義務の重要な内容をなすものといってよい。

(ウ)　人的管理上の措置・対応

人的管理面においては，具体的には次のような措置・対応が求められよう。すなわち，第一には労働者からの苦情相談に対応する相談担当者の選任である。使用者としては，基本的には適切な相談担当者を選任したうえ相談者に対して迅速・適切な対処（たとえば，相談者に対する公正な対応や当事者のプラ

---

[31]　小西・前掲注(25)の判例研究は，この点を適切に指摘している（127頁）。

イバシーの保護への配慮等）ができるように，これを監督教育する義務を負っているといえる。さらに，人的管理上の措置・対応の二つめとして，職場のセクシュアル・ハラスメントの防止に関する社内規則の周知とともに苦情相談窓口の周知，さらにはセクシュアル・ハラスメント問題に関する労働者の意識啓発や問題への認識を深めるべく教育研修や講習等を実施することも使用者の職場環境配慮義務の基本的な内容として考えられる。

(b) 事後の措置・対応義務

職場において実際にセクシュアル・ハラスメントが発生した場合に使用者に求められるのは問題解決のための迅速で適切な事後措置・対応であろう。具体的には，使用者は，以下のような措置・対応を内容とする義務を基本的に負うものと考える。

(ア) 迅速・適切な調査

職場で実際にセクシュアル・ハラスメントが行われている事実を認知した場合（当該事実を使用者自身が認知したものか，被害者あるいはその他の者から伝えられたものかを問わず），使用者はそうした事実の有無をはじめ，加害者の特定そして被害者との関係，どのような態様の言動が行われたのか，どこで行われたのか，どのようにして行われたのか等，事実関係を速やかに，かつ，正確に調査する義務がある。

加えて，こうした調査は適切で，かつ公正・客観的に行われるものでなければならない。具体的には，被害者等からのセクシュアル・ハラスメントの苦情相談や被害の救済等の申立てに対して，これに対応する相談担当者その他関係当事者は予め定められた手続きやマニュアル等に従いつつ加害者及び被害者の双方に対して公正・客観的な立場から事実関係を適切に調査することが求められる。加えて，使用者はプライバシー保護の観点から担当者が調査に際して知り得た当事者の個人的秘密を厳守する義務があるというべきであろう。使用者が，セクシュアル・ハラスメントの発生後，当事者への事実確認等，迅速・適切な調査の義務を怠り，これを放置することにより問題の解決を遅らせ，状況のさらなる悪化をもたらしたような場合には重大な義務違反（債務不履行）を構成するものといえる。ちなみに，前述した京都事件判決をはじめ，三重事件判決および仙台事件判決でも，裁判所が女子更衣室や

女子トイレ内の隠し撮り行為や休憩室での身体接触行為の事実を認知した後も迅速な事実確認等の調査を怠ったことが被害の拡大につながったことを強調し，債務不履行判断の重要な根拠としているのは，いずれも以上の観点からの判断であり，適切なものといいうる。

(イ) 行為の中止・その他の適切な措置・対応

使用者は，被害者その他の者からの申立てにより，あるいは自らセクシュアル・ハラスメントの事実を認知した場合には，前述の迅速・適切な事実調査等に基づき問題の行為が継続している場合にはこれを直ちに中止させ，被害の回復を図るのに適切な措置・対応をとるべき義務を負う。この場合，使用者にとって何が具体的に適切な措置・対応であるかは一義的に決まるものではなく個別事案における具体的諸事情の違いによって異なりうるものといえる。たとえば，京都事件判決では，女子トイレ内でのビデオ撮影(隠し撮り)行為に関連して，これに気づいた後誰がビデオ撮影したのかなどの真相を解明する努力をして再発を防止する義務や，取締役には不用意な発言を差し控える義務があり，またかかる発言を行った場合にはこれを撤回し，謝罪するなどの措置を取るべき義務，さらにこうした発言等によって職場の人間関係が悪化し，原告（被害女性）にとって会社に居づらい環境になっていたのに何の措置も取らず同人の退職を余儀なくさせたこと(意に反する退職の回避義務)の存在等を説示したうえ，これらの義務違反を認めて債務不履行責任を肯定している。また，三重事件判決では使用者は，原告（被害女性）らから深夜勤をやりたくないと聞きながらその理由を尋ねず何らの対応策をとらずに，当初これを放置し，後日，同じ行為の再発を招いたことにつき義務違反としている。その際，裁判所は，事実認識後責任体制を確立し，毎月定期の院内勉強会，職員の研修会等職員に対する指導監督を尽くしたという使用者の主張に対して職場環境配慮義務の履行として不十分としている。思うに，これは事前の予防的措置・対応や事後の再発防止のための基本的措置・対応としては適当であるが，当該セクシュアル・ハラスメント行為自体の中止を含む現下の被害回復のためには，より直接的で積極的な措置・対応策を具体的に講じなければ債務不履行責任を免れることが困難であるということを示唆しているものといってよい。

職場のセクシュアル・ハラスメントと民事責任

　(ウ)　被害の拡大回避のための措置・対応

　使用者は，問題のセクシュアル・ハラスメントを中止させ，被害者の被害回復のための適切な措置・対応をとるべき義務があるほか，被害の拡大（事態の悪化）を回避し，再発を防止するなど被害者にとって良好な職場環境を回復させるのに有用な措置・対応をとるべき義務がある。こうした義務に基づく具体的な措置・対応は，加害者を対象とするものと被害者を対象とするものに区別することができる。前者については，たとえば加害者を然るべき懲戒処分に付する（ちなみに，かかる措置・対応はセクシュアル・ハラスメントの防止に対する使用者の毅然とした姿勢表明や再発防止にもつながるものである），セクシュアル・ハラスメント問題への認識と理解を深めさせるべく教育研修を一定期間受講させる，被害者から離して別の部署に配置換えするなどの措置・対応がありうる。また，後者については，同じように被害者を加害者から離して別の部署への配置換えすることが考えられる。しかし，被害者の配置換えについては単に雇用管理上・業務上の必要性という観点からだけでなく，原則的には被害者自身の希望ないし同意の下で行われるべきものであろう。こうした措置・対応が講じられないなかで同一人によるセクシュアル・ハラスメント行為が再び行われたような場合には，原則として使用者は債務不履行責任を負うことになろう。

　(2)　退職回避義務について

　ところで，前述したセクシュアル・ハラスメントの被害の拡大回避のために使用者が講じるべき措置・対応義務の一つとして，被害労働者がその意に反して退職しないように職場環境を整備する労働契約上の義務があるかどうかも問題となりうる。この点に関連して，前掲京都事件判決は，朝礼での役員の発言（ビデオ撮影した男性と被害女性が男女関係にあるかのごとき内容の発言）等に関連して，「被告会社は，雇用契約に付随して，原告がその意に反して退職することがないように職場の環境を整える義務がある」と説示して，かかる義務を肯定している。同様に，仙台事件判決でも一般的に使用者の解雇・退職回避義務の存在が肯定されている。さらに，セクシュアル・ハラスメントに関する事例ではないが，40歳以上で給与の高い労働者に対する退職

強要をめぐって争われた事案であるエフピコ事件（水戸地裁下妻支判平成11・6・15労判763号7頁）でも、裁判所は「労働契約関係において、使用者は、労働者に対し、労働者がその意に反して退職することがないように職場環境を整備する義務を負」と判示している。

しかし、既に論者により適切に指摘されているように、かかる立論が労働契約解釈の一般論として展開され、およそ労働者がその意に反して退職した場合には使用者に債務不履行責任が生じるという趣旨であるならば、それは債務の内容を拡大しすぎる解釈として問題であり、射程が広すぎるといわざるを得ない[32]。

思うに、現実の労働関係にあっては、労働者が職場を嫌になり、いたたまれなくなって、その意に反して退職せざるを得ない結果を惹起する事情には様々なものがあろう。しかし、どのような事情であれ当該退職の意思が本人の真意に基づく結果であって、これが錯誤や脅迫等当該意思表示の取消や無効の原因となりうる事情等が客観的・合理的に認められなければ、「意に反する」退職という事実（結果）のみをもって使用者の債務不履行を肯定することは実際上も理論上も適切ではない。そうした事実（結果）の使用者への帰責性は、たとえばセクシュアル・ハラスメント問題に即していえば、むしろ問題の迅速・適切な解決に向けての当事者、特に被害者への誠実な対応が為されたかどうか等個々のケースでの特定の状況を踏まえて個別に総合的に判断されるべきものというべきであろう[33]。

6　考察すべき検討課題

(1) 当事者の主張・立証責任について

以上では、職場のセクシュアル・ハラスメントの防止に対する使用者の職場環境配慮義務の基本的な内容を事前の措置・対応義務と事後の措置・対応

---

[32] 山川隆一「実務からみた最近の問題点」労経速報1662号22頁。
[33] 山田省三「判例解説・セクシュアル・ハラスメントと使用者の職場環境配慮義務」労判815号5頁。特に、1頁参照。

義務とに区分したうえ個別的かつ具体的に考察してきた。しかし，実際の紛争事案にあって法律上重要な問題となるのは，こうした個々の具体的義務についての当事者の主張・立証責任に関してである。思うに，この問題はセクシュアル・ハラスメント防止義務の基礎となる職場環境配慮義務の性質をどのようなものと考えるかということとも密接に関係している。そして，この点については既に述べたように，その基本的な性質は，職場での労働者の生命・身体・健康上の安全保護を内容とする「安全配慮義務」の場合とは異なり，セクシュアル・ハラスメントを発生させないといった結果を達成すべき義務（結果債務）と解するのは適当ではなく，むしろ手段債務としての性質のものと解すべきものといいうる。すなわち，使用者の側からは労働者の円滑な労務遂行に必要な良好な職場環境を整えるべく，その一環としてセクシュアル・ハラスメントの防止に誠実な努力を尽くしているかどうかが問題となるのであって，その完全防止といった絶対的な結果回避についてまで当然かつ直ちに責任を負うということではない。したがって，実際にセクシュアル・ハラスメントの防止を目的として，使用者が前述した事前の予防的措置・対応策を講じ，事後には被害の回復やその拡大等を回避すべく措置・対応策を合理的に取っていれば，原則として職場環境配慮義務を尽くしているということが可能であろう[34]。

　職場環境配慮義務を以上のような性質そして内容のものと捉えると，職場のセクシュアル・ハラスメントについて右義務違反を理由に損害賠償を求める場合には，原則として原告（被害者）側が前述した事前及び事後の措置・対応義務を踏まえつつ，その個別事案の諸事情に応じた具体的義務を特定して，その内容を明らかにし，その違反（債務不履行）の事実（義務履行が全く尽くされていない，あるいは十分に尽くされていない等）を主張・立証する責任を負うべきものであろう。これに対して，被告（使用者）側はこうした事前・事後の措置・対応策を整備し，これらを迅速・適切に講じたこと，あるいは原告（被

---

(34) この点については，若干，議論の視点は違うものの，石井・前掲注(3)論文 59 頁以下も参照されたい。同氏は，均等法 21 条に即した措置・対応策が講じられた場合に，なお使用者が免責されないとするのは疑問とされている。

害者)が合理的理由なく使用者が用意したセクシュアル・ハラスメント防止のための制度(苦情相談手続等)を利用しなかったがために使用者にとって当該セクシュアル・ハラスメント行為・被害の発生を認知できなかった(予見可能性がなかった),問題の性的言動が職場・職務とは無関係の個人的行為で使用者の職場環境配慮の履行と結果発生との間に相当な因果関係が認められない等の事実を挙げて当該セクシュアル・ハラスメントにつき使用者側に帰責事由のないことを主張・立証することになろう。

(2) 職場環境配慮義務の範囲について

ところで,上記の義務違反の主張・立証をめぐる問題と密接に関連しうる問題として,使用者が履行すべき職場環境配慮義務の範囲をどう理解すべきかということがある。具体的にいえば,使用者は,たとえば管理監督権限を有する者(いわゆる管理監督者)によるセクシュアル・ハラスメントにつき職場環境配慮義務違反の責任,すなわち債務不履行責任を負うのであろうか。また,同僚等一般の従業員による場合はどうか,さらに雇用された従業員以外の第三者(顧客や取引先の人間等)が行った場合はどうか,そうした場合にも使用者は職場環境配慮の義務違反として債務不履行責任を負担すべきなのであろうか。また,こうした問題とは異なり,セクシュアル・ハラスメントが職場外で行われたり,勤務時間外に行われたりした場合でも,使用者は職場環境配慮義務違反の責任を問われるのであろうか。以上のような問題は,使用者が負うべき職場環境配慮義務について,その人的範囲および場所的さらには時間的範囲をめぐる問題として立論することができる。以下,こうした問題につき若干の整理と考察を試みておこう。

(a) 職場環境配慮義務の人的範囲

はじめに,セクシュアル・ハラスメントが管理監督者によって行われた場合,同人を「履行補助者」と位置づけることにより使用者の義務違反を肯定する考え方がある。周知のとおり,民法上の通説的立場として履行補助者とは「債務者が債務の履行のために使用する者」,すなわち債務者の手足として債務の履行に協力する者として一般に理解されている。これを,本稿の検討課題に即して考えてみると,管理監督者は履行補助者として使用者の手足と

なって，あるいは使用者に代わって一般従業員による労務の円滑な遂行につき適切な指揮命令を通じてこれを可能ならしめるべく職場の物的・人的管理を整える義務，すなわち職場環境配慮義務を負っている。この場合，右履行補助者に故意・過失又は信義則上これと同視すべき事由によって債務の履行を怠り（職場環境配慮義務に違反して）従業員がセクシュアル・ハラスメントの被害（損害）を被ったような場合には，使用者自らの帰責事由によるものとして義務違反の責任（債務不履行責任）を負うことになるとされる(35)。

ところで，履行補助者たる管理監督者の注意義務違反により使用者の職場環境配慮義務違反の責任が問題になる状況としては，管理監督者自らがセクシュアル・ハラスメントを行うことにより労働者の良好な職場環境を侵害するような場合が典型的に想定される。その他，たとえば一般従業員の間でセクシュアル・ハラスメントが行われた場合で，その被害者が上司である管理監督者に対して被害の事実を伝え，その迅速・適切な解決を求めたにもかかわらず，同人が故意・過失等によって適切な措置・対応策を講じなかったような場合にも使用者の職場環境配慮義務違反が問題になるというべきである。しかし，そこでは，あくまでも履行補助者たる管理監督者自身の故意・過失等の注意義務違反が問題にされ，その結果として使用者の職場環境配慮義務違反の責任が論じられるものであることに留意しなければならない。

以上に対して，セクシュアル・ハラスメントが一般従業員や顧客・取引先の人間等第三者により行われたような場合はどうであろうか。この点に関し

---

(35) こうした議論についても，安全配慮義務との関係で履行補助者の行為による使用者の債務不履行責任をめぐる議論が大いに寄与している。安全配慮義務と履行補助者をめぐる議論についても文献は枚挙にいとまがないが，さしあたり次のものが有益である。和田肇・前掲注(26)論文139頁，特に152頁以下，後藤勇「安全配慮義務と履行補助者」下森定編『安全配慮義務法理の形成と展開』161頁以下，矢崎博一「安全配慮義務と履行補助者」林豊・山川隆一編『新・裁判実務大系17・労働関係訴訟法Ⅱ』335頁以下。そして，職場のセクシュアル・ハラスメント問題との関係で履行補助者の概念を利用して使用者の職場環境配慮義務違反を肯定するものに，水谷・前掲注(22)書425頁以下がある。

(36) 水谷・前掲書429頁以下。

ては，これらの者が履行補助者としての立場にないとして，使用者は職場環境配慮義務違反の債務不履行責任を負うことはないのであろうか。こうした考えを支持し，かかる場合にはセクシュアル・ハラスメントを行った当該個人が不法行為責任を問われるほか，使用者としては不法行為法上の使用者責任が問題となりうるにすぎない旨の主張がみられる[36]。しかし，こうした理解には疑問がある。結論からいえば，労働者が職場で前述の管理監督者のような履行補助者以外の一般従業員やその他第三者のセクシュアル・ハラスメント行為によって被害を受けた場合でも，使用者は状況により職場環境配慮義務違反の責任を問われうると解する。けだし，既に述べたように，職場環境配慮義務とは使用者が労働契約の一方当事者たる労働者によるその労務の円滑な遂行を妨げることのない良好な職場環境を確保すべく職場内の物的管理，人的管理を適切に行う義務をいい，こうした義務の一内容として職場のセクシュアル・ハラスメントの防止義務があるといいうるからである。これを別言すれば，職場で労働者にセクシュアル・ハラスメントが行われたような場合，その行為者が従業員であるか，あるいは顧客や取引先の人間であるかを問わず，使用者がその責に帰すべき事由（故意・過失又はそれと信義則上同視しうる事由）によって当該ハラスメントによる職場環境の悪化を放置する場合には職場環境配慮義務違反の責任，すなわち債務不履行責任を負うべきものというべきであろう。したがって，加害者が管理監督者であるか，あるいは一般従業員さらには従業員以外の第三者であるかといった問題は不法行為法上の使用者責任の有無をめぐっては重要な判断要件となりうるが債務不履行の成否判断においては不可欠の要件ではないということになる[37]。ちなみに，ここでの債務不履行としての職場環境配慮義務違反の責任判断は，前述した履行補助者たる管理監督者の故意・過失の有無ではなく，あくまでも使用者自身の故意・過失の有無を基に行われるものである。

(b) 職場環境配慮義務の場所的・時間的範囲

使用者は，自己の雇用する労働者がセクシュアル・ハラスメントの被害を被ったからといって，その事実だけから当然かつ直ちに職場環境配慮義務違

---

(37) 山川・前掲注(32)の解説36～37頁参照。

反の責任を負うものではない。繰り返しになるが，職場環境配慮義務が労働者の労務の円滑な遂行のための良好な職場環境の整備・確保を内容とするものである以上，使用者は原則として労働契約関係が展開される場所（職場）・時間（勤務時間）帯の範囲内でかかる配慮義務を負うことになる。したがって，セクシュアル・ハラスメントがこうした職場や勤務時間帯をまったく離れて個人生活の領域・時間帯で行われたような場合においてまで職場環境配慮義務違反の責任を負うものではないと考える。逆にいえば，使用者は，業務遂行とは無関係の私的な行動として行われたセクシュアル・ハラスメントについて，その再発が客観的・合理的に予測され，これを放置しておくと職場環境が悪化されるというような特段の事情が認められない限り，職場環境配慮義務違反の責任を負わされるべきではなかろう。ちなみに，三重事件判決では，問題の上司の休憩室での言動を個人的行為であるとして使用者責任を否定したうえ職場環境配慮義務違反として債務不履行責任を肯定したが，その趣旨は右上司の言動が繰り返され，これにより悪化した職場環境を放置しておいたというところに債務不履行責任の帰責性を根拠づけたものといってよい。

　なお，ここにいう「職場」とは，通常，労働者が使用者の指揮命令にしたがって業務を遂行する場所をいう。通常就業している場所以外の場所，たとえば取引先の事務所や商談のための飲食店，出張先のホテル，顧客の自宅等であっても，業務を遂行している場所であれば，ここにいう「職場」に該当するといいうる[38]。また，勤務時間帯というのは，通常，労働者が「使用者の指揮監督下におかれている時間」であるのが一般である。しかし，わが国企業社会にあっては，勤務時間外に，いわば勤務の実質的延長として「酒席」や「宴会」が設けられる場合が少なくない。こうした場所・時間帯が「職場」，「勤務時間」中といえるかどうかは，職務との関連性，参加者，参加が強制か否か等の事情を考慮しての個別の判断になろう[39]。かくして，使用者は，原

---

(38)　こうした「職場」の概念については，均等法21条及び指針も参照。
(39)　労働省女性局女性政策課均等業務指導課「職場におけるセクシュアル・ハラスメント防止のための事業主の配慮義務」ジュリスト1147号5頁以下。特に，7頁参照。

則的には以上のような職場で就業を予定している労働者に対するセクシュアル・ハラスメントにつき，その事前防止や事後の措置・対応につき責に帰すべき事由に基づく不履行がある場合に職場環境配慮義務違反の責任を負うことになるのである。

(3) 使用者の免責事由について
(a) 使用者による事前及び事後の迅速・適切な対応

一般に，不法行為法上の使用者責任の場合には，理論上，使用者が被用者の選任監督について過失がない場合には免責される（民法715条1項但書）。しかし，この免責要件は実際には極めて厳格に解され，ほとんど無過失責任に近いものとして理解されている。これに対して，職場環境配慮義務違反の場合には，使用者がかかる配慮義務の内容（債務）を誠実に履行している状況が客観的・合理的に認められれば債務不履行責任を負うことはない。そして，この点に関していえば，既に述べたように使用者がセクシュアル・ハラスメントの防止そして被害の回復等良好な職場環境の確保のための事前・事後の措置・対応（すなわち職場環境配慮義務の基本的な内容の履行）を迅速・適切に行っている場合には原則として免責されると解してよい。なぜなら，繰り返し述べてきたように職場環境配慮義務は結果債務ではなく手段債務たる性質のもの，すなわち換言すれば使用者が労働者の円滑な職務遂行にとって良好な職場の環境を整えるべく誠実に努力を尽くしているかどうかが問題となるべきものであって，セクシュアル・ハラスメントそれ自体の阻止といった絶対的な結果回避についてまでも責任を負わされるものではないと解しうるからである。

問題は，使用者は均等法21条及び指針に示された配慮義務の内容たる措置を講じていれば債務不履行責任を免れるかである。この点についても既述したように均等法等に定める配慮義務（及びその具体的内容としての措置・対応）は，基本的には公法上の義務を設定したにとどまり，直ちにその内容が労働契約上の義務の内容となるものではない。しかし，やはり両者は全くの無関係のものと言い切ってしまうことも現実的ではなく，債務不履行の成否判断に実際上も法律上も重要な影響を及ぼしうるものといえるであろう。とはい

え、均等法・指針で提示された措置・対応はあくまでも基本的・例示的なものにとどまる。したがって、労働契約上の職場環境配慮義務との関係で言えば、使用者がそうした措置・対応を講じているというだけでは、結果として債務不履行責任を免責されるものではない。なぜなら、既に繰り返し述べてきたように実際の個別紛争事案における使用者の職場環境配慮義務の具体的内容は相当に広いものとなりうるからである。したがって、個々の事案に即した事情を踏まえつつ、その都度使用者が講じるべき措置・対応が個別的・具体的に特定されて、その内容が明確にされ、そうした措置・対応を使用者がどのような方法と程度で、しかも迅速かつ適切に行っていたかという観点から債務不履行の成否すなわち免責の可否が判断されるべきものといいうる[40]。

(b) 因果関係の不存在

職場のセクシュアル・ハラスメントに関連して、使用者に民法415条の債務不履行責任を問うためには、債務者(使用者)の責に帰すべき事由(故意・過失又はこれと同視しうる信義則上の事由)による債務の不履行と結果発生(セクシュアル・ハラスメントによる被害・職場環境の悪化)との間に相当な因果関係が認められなければならない。この点に関連して、たとえば岡山事件判決では、飲食後帰宅途中の被害者(原告女性)のマンションの部屋に立ち入っての強制わいせつ行為について、被告Cの「個人的な行動であって、原告の意思に反して原告の性的自由を侵害する不法行為であると認められる。よって、被告会社が上記職場環境配慮義務を尽くし、セクハラに関する方針を具体的に従業員に対して周知・啓発する方針をとったり、セクハラ等に関して従業員が苦情・相談できる体制を整備したりしていたとしても、被告Cの行為を防止できたとは認められず、被告会社の上記義務違反と被告Cの行為との間に相当因果関係は認められ」ず、よって被告会社は、被告Cの行為につき、原告に対し債務不履行責任は負わないと判示している。このように、職務とは関係がなく職場外でしかも勤務時間外の私的な生活時間帯にセクシュア

---

(40) 前掲注(1)の拙著129~130頁。ちなみに、この点については石井・前掲注(3)論文59頁も参照。

ル・ハラスメントが行われ，一切，会社が関知していないような場合には，たとえ当該ハラスメントの行為が上司によって行われたものであるとしても，当該上司に対する個別の不法行為責任はともかく，使用者に対して職場環境配慮義務違反として債務不履行責任を肯定することは因果関係の観点から困難なものとなるであろう。

(c) 使用者に予見可能性が期待できない場合

同様に，職場でセクシュアル・ハラスメントが行われた場合であっても，使用者が当該ハラスメントの発生につき予見できなかった（知ることができず，また知ることが期待できなかった）ことにつき客観的・合理的事情が認められるような場合にも，使用者に対して職場環境配慮義務違反の債務不履行責任を肯定することは困難といえるであろう。たとえば，使用者が均等法21条及び指針に示された雇用管理上の配慮すべき事項を中心にセクシュアル・ハラスメントの防止や被害の是正回復等を目的に事前の措置・対応や事後の迅速な措置・対応に関する手続きや具体的対応策等を定めるとともに，現にこれらを誠実に実行していたような場合に，セクシュアル・ハラスメントの被害者がこうした手続きを何ら利用することなく使用者に対して職場環境配慮義務違反を理由に債務不履行責任を追求したような場合が考えられる。また，職場において突然抱きつかれたり，性的冗談を単発的に言われたりしたにとどまるような場合も基本的に同様であると考える。こうした場合にも使用者に債務不履行責任を肯定するということになれば，使用者にほとんど無過失の責任を負わせることにもなりかねず，かえって民法415条の解釈要件上（同条は責任要件として故意・過失又は信義則上それと同視しうるような事由の存在を必要としている）も適切とはいえないであろう。実際，使用者としては，通常，被害者本人その他からの苦情相談等がなされなければ当該労働者が性的不快感をもって就業しているのかどうかを認識することは極めて困難であり，こうした場合にも債務不履行責任を肯定するということは，結果的に過度の負担を使用者に強いることにもなり適切ではないと考える。

しかしながら，他方でセクシュアル・ハラスメントに関しては防止こそが最善の解決策としてなにより重要であるといった予防的見地からすると，使用者においてセクシュアル・ハラスメントの発生が予見されうるなかで，そ

の発生を事前に防止する措置・対応を十分に取り得たこと，あるいはかかる措置・対応を取ることを使用者に期待することに合理的な事情が存在するような場合には，使用者がこうした措置・対応を何ら講じることをせずに当該セクシュアル・ハラスメントが発生したような場合には職場環境配慮義務違反として債務不履行責任を負うべきことが適当とされる場合もあろう。たとえば，三重事件判決では，被害者からの苦情相談に対して十分な措置・対応を講じなかったことにつき職場配慮義務違反を認めているようである。しかし，深夜勤務があるなかで密室性の高い休憩室を男女一緒に使用せざるを得ないところからセクシュアル・ハラスメントが発生する可能性を認識し得たのに，こうした状況をそのまま放置しておいたこと自体について使用者の職場環境配慮義務違反の責任を認めることも可能であったと思われる。また，岡山事件判決では，セクシュアル・ハラスメントが行われた支店が被告本社から離れて独立したところにある小さな店舗であり，女性従業員ばかりのうえに，男性の被告Bが上司として配置された職場であることに鑑みれば，被告会社が職場環境配慮義務を尽くしたと認めることはできないと判示しているが，これは，別言すればこうした職場環境（職場の現状）からすると使用者としてはセクシュアル・ハラスメントが発生する可能性のあることを予見し得たにもかかわらず，これを防止する方策を何らとらなかったことが職場環境配慮義務の不履行となることを意味しているものといえるであろう。

　かくして，上記(1)，(2)および(3)のいずれの場合においても，個々人の行為について個別には不法行為の成否が問題とはなりうるものと思われるが，職場環境配慮義務違反として使用者の債務不履行責任は一般的には問題になるものではないように思われる。もっとも，上記いずれの免責事由についても，原則的には使用者の側に主張・立証責任が負わされるべきものといえる。

(4) 使用者の責任の範囲

　職場のセクシュアル・ハラスメントをめぐる紛争事件において，裁判所より職場環境配慮義務違反としての債務不履行責任が使用者に肯定された場合，不法行為責任における場合と基本的に同様に使用者はセクシュアル・ハラスメントの行為等問題とされた言動との間に相当因果関係の存在が認められる

損害について賠償の責を負うことになる。具体的には，精神的損害に対する慰謝料やその他弁護士費用が代表的なものである。また，セクシュアル・ハラスメント等により被害者に心身症や鬱病，その他PTSD等の障害が発生して通院治療を行ったような場合にはそれにかかった費用も損害と評価しうるであろう。但し，当該損害につき必ずしも使用者が全額の賠償責任を負うということではなく，加害行為者の寄与度も考慮の上で賠償額が配分されることになろう。さらに，被害者がセクシュアル・ハラスメントをめぐる紛争を契機に減給処分や解雇等雇用上の不利益処分を受けたような場合には，これにより失った経済的損害の回復すなわち逸失利益の賠償も可能となろう。すなわち，減給処分がなければ得ていたであろう賃金と現に支給された賃金との差額分，また解雇がなければ実際に就労し，得ていたであろう賃金の未払い分の請求が認められることになろう。

　ちなみに，この点に関連しては被害者が解雇されるのではなく，自ら退職したような場合にも逸失利益の存在が認められるかということが問題となりうる。具体的には，被害者がセクシュアル・ハラスメント行為等不快な性的言動と退職との間に相当因果関係があるとして退職前に得ていた賃金を「得べかりし利益」として，その賠償を求める場合である。裁判例ではこれを消極に解する立場[41]と積極に解する立場[42]がみられる。消極・積極いずれの立場に立つ裁判例も，それぞれの立場をいわば結論的に述べるにとどまり，その理由を必ずしも詳細に論じているわけではない。理論的にはセクシュアル・ハラスメント行為等と退職という結果との間には被害者の意思（任意）が介在していることから因果関係の中断があるといいうるかどうかが問題となりうる。思うに，こうした請求が認められるかどうかは，被害者の退職意思がどの程度強制の度合いが強いか，換言すれば本当は辞めたくないのにどうしても辞めざるを得ない事情（退職するか否かの自由な選択・判断を実質的に制約す

---

(41)　奈良セクシュアル・ハラスメント事件・奈良地判平成7・9・6労判691号101頁（判決要旨のみ掲載）。但し，本判決は不法行為責任との関係で逸失利益が問題にされた事案である。
(42)　前掲注(16)の京都セクシュアル・ハラスメント事件判決。

る事情）の存在を客観的・合理的に認めることができるかどうかの判断にかかってくるであろう。筆者としては，やや厳格ではあるが解雇の場合とは違って退職については，単に問題の性的言動がなければ辞めなかったであろうといった程度の因果関係（あれなかりせばこれなし）の証明では必ずしも十分ではないと考えている（理論上は「相当因果関係」の存否判断にあって「相当」の意義・程度をどのように考えるかという問題でもある）。けだし，労働者にとって退職はやはり自らの意思に基づく自由な選択・判断の結果として行われるものであり，そこには結果に対する責任（負担）もそれなりに付いてこざるを得ないものと考えるからである[43]。

7　結　語

　本稿では，職場のセクシュアル・ハラスメントと使用者の民事責任をめぐる問題について，これを主として債務不履行責任との関連で検討すべき課題の抽出と若干の具体的考察を試みてきた。周知のとおり，これまでは職場のセクシュアル・ハラスメントに対する使用者の民事責任に関しては，不法行為法上の使用者責任を中心に論じられ，実際，この責任を肯定した裁判例も数多い。しかし，職務遂行中の喧嘩・口論やその他の暴力行為について職務関連性（「事業執行性」）を基準に使用者責任を判断し，これを肯定するような場合とは異なり，セクシュアル・ハラスメントをはじめ強制わいせつや強姦等の性的言動についてまで職務関連性を根拠に使用者責任を肯定することにはそもそも実際上も法理理論上も無理があるのではないかといった疑問ないし批判も従前から見受けられるところである。こうした見解も視野に入れて併せ考えると，今後は実務においても職場のセクシュアル・ハラスメントに対する使用者の民事責任については，裁判実務上，使用者責任から債務不履

---

(43)　ちなみに，主として解雇問題との関係においてではあるが，こうした逸失利益を肯定すべきか否か，そして逸失利益の算定に関して興味ある議論を展開するものとして，小宮文人「解雇の法的規制と救済」西村健一朗・小嶌典明他編『下井隆先生古稀記念・新時代の労働契約法理論』363頁，特に383頁以下がある。

行責任へとその比重が移っていくことも予想されないことではない。しかし，そのためには本稿で考察の対象とした職場環境配慮義務をめぐる個別の検討課題についての議論の一層の深まりが不可欠のものとなろう。本稿がそうした議論の深まりとさらなる発展のための一助となれば幸いである。

労働契約と就業規則
―― 不利益変更論を素材として ――

野 川　忍

1　問題の所在 ―― 労働契約法理から見た就業規則論の課題

　労働契約の基本的特徴は，契約当事者の本質的非対称性にある。一般的な契約類型のうち，一方当事者が常に自然人でしかあり得ないという契約は他に類を見ない。従来労働契約の特徴として指摘されてきた従属性理論は，実態ないし実質としての労働者の使用者に対する従属性に着目するものであった[1]が，それは労働契約が多くの労務供給契約の中で対価を要件としない委任契約と区別されるための便法としての色彩が強かったドイツの影響が強かったことが指摘されている[2]。また，労働契約の基本的特徴をあらわす基準としても，従属性の諸相が多様に過ぎ，類型としての労働契約を他の契約類型から画する基準としては必ずしも有効ではないと言えよう[3]。

　他方で，契約の一方当事者が自然人でしかあり得ないという特質は，労働契約に対して他の契約類型とは異なる法的対応を行うことをオーソライズす

（1）　いわゆる従属労働論について本格的に論じた新しい文献はほとんどない。従来の従属労働論の概要とその検討については，さしあたり本多淳亮「労働契約・就業規則論」6頁以下，西谷敏「労働法における個人と集団」55頁以下，土田道夫「労務指揮権の現代的展開」314頁以下等参照。
（2）　この点についての詳細は下井隆史「労働契約法の理論」3頁以下，39頁以下，48頁以下参照。
（3）　ただし，従属労働論は，労働契約の非対称性をさまざまな角度からあぶりだし，労働者保護の法制度や労働協約自治の基盤となってきたことは間違いない。西谷・前掲注(1)58頁以下，土田前掲注(1)315頁以下等。

る決定的な契機と言ってよい。法人の場合には，代理や委任などの法ツールを使用することなく，自らの機関を用いて契約の締結と契約内容の実現とをできるだけ有利に運ぶことが可能となる[4]が，自然人がこれと比較して本質的に不利な立場にあることは明らかであろう。確かに，労働市場において需要過多の状況が生じれば相対的に労働力の価格は高くなり，労働契約における賃金等の労働条件が比較的労働者側に有利に傾きやすいことも事実である。しかしそれとても，景況という外的な要因が結果として労働力の価格を高めるだけであって，個別契約交渉において労働者の交渉力が強まるわけではない。

こうして，労働契約は本質的に締結の一方当事者にとって有利な内容になりやすいという性格を持つと言える。しかも，労働契約は，契約当事者の一方が他方の指揮命令に従って労務を提供するという内容であり，労務提供の具体的内容にかかる合意のあり方によっては人権やプライバシーなど多くの個人的権利・利益に抵触する可能性を含むものであって，このような契約が，類型的には指揮命令を加える側に有利な内容になりやすいという本質的性格を有するとすれば，法的規制を加える必要性は容易に推認されよう。

さらに，労働契約の本質的非対称性が以上のような意味であるとすれば，法的規制の手法が，直接に労働者側を保護すること（結果の不利益性を是正する―労働者保護法制）と，契約の相手方が組織・法人であることに対応すべく労働者側も一定の組織的・集団的形態をもって契約に対処しうるシステムを構築する（契約における交渉力の回復をはかる―労使関係法制）という二本立てになることも容易に首肯しうる。

ところが，労働条件の集団的形成をになってきた労働組合の力量が低下し，企業経営の中における人事や労働者の処遇のメカニズムが高度化した現在，労働契約の構造も当初労働法制が構想された頃とは大きな違いが生じている。最も大きな現代的特質の一つは，企業との密着度が強い中核的労働者の労働

（4） 法的主体としては法人形式を中心とする組織体は，同時に多数と交渉することが可能であり，情報の取得もノウハウの蓄積も理論的には無限であって，自然人との間に締結される契約においてはじめから優位に立ちやすいことは容易に理解されよう。

契約（期間の定めがなく，企業の中心的業務を高度の責任をもって担当することを内容とするのが通常である）は就業規則により周到にシステム化されて個別交渉により決定される余地が極度に狭まり，他方でパートタイマーや契約社員など非正規従業員のうち，とりわけ柔軟な雇用形態を目的とした労働契約については個別契約の意義が大きいという点であろう。

そこで特に日本においては，中核的労働者の労働契約において対象となっている労働条件がどのように規制されるべきかを中心的な検討対象として，就業規則規定の拘束力とその不利益変更の拘束力に多大な精力を傾注してきた[5]。しかし，そこでの豊富な成果は，後述のように最高裁による処理基準の精緻化をどのように理解し，これを生かせるのか，あるいはこれに対抗しうる論理はいかにして可能かという観点から導き出されたものが多く，労働契約の規制のあり方や規制すべき中心的対象である労働条件（労働契約における労務提供の具体的内容）がどのように形成されるべきかという観点からの検討は意外なほど進んでいない。すなわち，一般に，いわゆる正規従業員の労働契約の中核である労働条件がほとんど就業規則によって形成されるという現実にも関わらず，就業規則による労働条件の形成や変更という課題を労働契約論の枠組みで論じ切ろうとする傾向は主流とはなっていない。このことは，上記の労働契約の特質を前提とした法規制の根拠が十分に意識されておらず，むしろ形成された労働条件それ自体を固有の規制対象とすることが暗黙の内に共通の了解となっていることをうかがわせる。

しかし，労働条件が労働契約のいわば本体部分を構成しており，そのほとんどが就業規則によって形成されているとすれば，就業規則規定の拘束力やその不利益変更の拘束力の問題も，労働契約論の枠内で検討されるのが自然であろう。

本稿は，基本的にはこのような観点を土台として，いったん形成された労働条件の不利益変更がどのような法的効果を生じるかという枠組みで検討さ

---

(5) 就業規則の法的性格と不利益変更論に関する判例・学説の流れについては，野田進「就業規則」（季労 166 号 149 頁以下），中村和夫「就業規則論」（戦後労働法学説史 755 頁以下）参照。

れてきた課題を，労働契約の形成過程（成立，変更，終了の総体）がどのように統一的な契約法理のもとに置かれるべきか，という問題意識のもとに論じようとするものである。その主要な内容は3つに分かれる。一つは，就業規則法理を労働条件の形成過程という観点から見直すことであり，二つには，就業規則による労働条件の不利益変更問題を，労働条件形成法理の観点から再構成することであり，そして三つ目に，労働契約に対する基本的規制方法とその枠組みとを立法論的観点から検討することである。

筆者は，就業規則規定の拘束力とその変更の効力について，制度説と称すべき見解を披瀝して以来，労働条件が形成される過程を規範的に構成する手法を模索してきた。本稿もその一端となることを願っている[6]。

2　就業規則法理の現状と課題

(1)　到達点と展望
(a)　労働契約論と不利益変更法理

就業規則を作成もしくは改定してそれまでの労働条件を労働者にとって不利益な方向に変更する措置は，経済変動のダイナミズムが加速される現代において，解雇が厳しく規制される日本では経営の柔軟性を確保する主要な企業行動として位置付けられるが，[7]その法的効果については膨大な判例・学説の検討が積み重ねられてきたにも関わらず，大勢の一致を見る段階には至

---

(6)　就業規則と労働契約の関係，就業規則の不利益変更に関する拙稿として，野川「就業規則と労働条件」（東京学芸大学紀要第3部門社会科学第44集1頁以下），同「就業規則と労使協定」（ジュリスト1051号69頁以下，同1052号146頁以下）。なお，これらの拙稿では，就業規則規定が拘束力を有する根拠としての合理性と，要件としての合理性との区別が十分でなかったり，労働契約と就業規則との関係が必ずしも明確に位置付けられていなかったきらいがあることは否めない。
(7)　労働条件の変更手段として，集団的手法としては労働協約が，また個別的手法としては変更解約告知がクローズアップされていることは言うまでもない。しかし，労働組合の組織率が20％を切り，労働協約の労働条件コントロール機能が低下していることや，変更解約告知という概念がいまだ実務上の定着を見ていない現状では，労働条件変更の最重要手段が就業規則の改訂によることは間違いない。

っていない。現在の状況は以下の3点に集約できる。

第一に，就業規則の法的性格をどうみるかという問題と，就業規則規定の不利益変更の法的効果をどう考えるかという問題とは必ずしも同一の観点からは論じられないという認識が共有されつつあることである[8]。

第二に，とりわけ不利益変更の問題については，最高裁の判例が高度の判断基準を確立しており，これに対抗しうる有力な見解がてづまりの状態であるために判例と学説の機能の有機的関係（互いに論理展開を支え合う）が崩れつつあることである。

第三に，判例の確立した不利益変更判断基準が高度の説得力を有するにも関わらず，現場ではなお就業規則による労働条件不利益変更の訴訟事案が後を断たず，少なくとも上記判断基準が実務上有効な予見可能性を提示しているとは言えないことである[9]。

このような解釈論の現状は，21世紀初頭の日本の雇用社会を念頭に置くと決して望ましいものではない[10]。しかしながら，日本における労働条件の決定と変更の手段が就業規則によっていることが圧倒的に多く，しかも就業規則の作成と変更とがほとんどの場合使用者の一方的措置によっており，労使の合意が制度的にも実務的にも保証されていないという現状にかんがみると，定型的・集団的規制である就業規則を何とか労働契約上の規範として位置付けようという困難な試みが展開される一方で，変更された就業規則内容の妥

---

(8) 菅野和夫『労働法』（第六版）120頁以下，荒木尚志「雇用システムと労働条件変更法理」246頁以下。

(9) 就業規則の改訂による労働条件の不利益変更の問題につき，最高裁判決の示したさまざまな判断要素は，裁判による事後的な審査のためには有効であるが，これを実務の基準として依拠することは無理であろう。この点は，就業規則の不利益変更に関する法的判断基準が，裁判上の規範としてよりは，むしろ実務のよりどころとして重要であることにかんがみて，克服されるべき課題であろう。

(10) 紛争の増加と多様化，変化への迅速な対応の必要性は，労使関係の現場においても予測可能性の高い労働条件変更システムを要求していると言ってよい。また，2002年の個別労働紛争解決促進法の成立と施行，そして制定が予定されている労働審判制は，いずれも多様化する労働紛争への対応に迫られての産物であり，労働条件変更の可否もまた，これらの紛争解決システムの主要な対象の一つとなるであろう。

当性を法的に確保するための手段を労働契約論を超えて模索する傾向が強まり，結果として裁判所の後見的な司法審査が重要度を増していったことには理由があると言えよう。

それでは，就業規則の法的性格（特に労働契約との関係）と，その不利益変更についての理論的到達点はどのように表現することが可能であろうか[11]。

まず，就業規則規定が拘束力を有する根拠としては，就業規則それ自体が法規範として拘束力を有するのではなく，労働契約の内容となってはじめて拘束力を生じるという理解が定着している[12]。そして当該就業規則規定が労働契約の内容となる根拠は，就業規則が約款類似の定型契約であると認められることから，労働者側からの明確な異義が示されていないことによる。ただ，就業規則が全く労働者に開示もされていないような場合にも労働契約内容となるか否かは明確ではない。また，契約内容となるか否かの段階か，あるいは契約内容となったのちの適用の場面においてかの相違はあるが，いずれにせよ合理性判断の審査にさらされる。以上が就業規則規定の拘束力の判断基準の枠組みである。

つぎに，就業規則規定の不利益変更については，何よりも最高裁の立場の解釈が多岐に分かれており，一致を見ていないが，多数の認めるところでは，最高裁は，不利益性については限定的対応を避けて具体的不利益の生じる可能性が認められればこれを不利益性判断の俎上にのせ，変更の必要性と変更内容の相当性とを吟味することを中心的な判断手法としているようであり，その際には労働者のこうむる不利益の程度や使用者側の変更の必要性の内容・程度，変更後の規定の相当性，代償措置の存否と内容，関連する労働条件の改善状況，労働組合等との交渉の経緯，他の労働組合や他の従業員の対

---

(11) この点については，荒木・前掲注(8)，及び土田・前掲注(1) 353 頁以下参照。
(12) 帯広電報電話局事件・最一小判昭 61・3・13 労判 460 号 6 頁，日立製作所事件・最一小判平 3・11・28 民集 45 巻 8 号 1270 頁，菅野・前掲注(8) 116 頁以下等。
(13) これらの判断要素とその機能は，大曲市農協事件（最三小判 63・2・16 民集 42 巻 2 号 60 頁），タケダシステム事件（最二小判昭 58・11・25 労判 418 号 21 頁），第一小型ハイヤー事件（最二小判平 4・7・22 労判 630 号 6 頁）などを経て，第四銀行事件最高裁判決（最二小判平 9・2・28 民集 51 巻 2 号 705 頁）で確立された。

応，同種事項に関する社会の一般的状況などを具体的要素として検討するというものである(13)。そして，その具体的要素として大きな意味を有するのが，当該事業所において圧倒的多数を組織する労働組合など，労働者集団全体の意向を反映しうる組織・団体の同意の有無であるとみなされている(14)。これは，周知の第四銀行事件最高裁判決によって提示され，みちのく銀行事件判決によって補強された立場であって，現場の実務においても利用可能な方法として歓迎された。

(b) 合理性判断の課題

他方，最高裁判決の積み重ねによる判断基準の精緻化は，新たな疑問を生じさせる結果ももたらした。すなわち，前述のように，大法廷判決においては「合理的」という概念で共通性を見せていた，就業規則規定の拘束力の判断枠組みと不利益変更後の規定の拘束力に関する判断枠組みとが，その後の判決においては，同じく合理的という概念を用いていてもその内実は必ずしも一貫していないという疑念を抱かせている(15)。また，労働者集団全体の意向がどのような理論的メカニズムを通して不利益変更後の就業規則規定の拘束力をオーソライズするのかもいまだ十分に解明されてはいない(16)。さらに根本的な問題として，就業規則と労働契約との関係については，精力的な検討がすすめられているものの，なお一致した認識や見解が存在するわけではない(17)。

---

(14) 菅野和夫「就業規則変更と労使交渉——判例法規の発展のために」労判718号6頁，荒木・前掲注(8)265頁。

(15) 荒木前掲注(8)260頁以下。

(16) たとえば，みちのく銀行事件（最一小判平12・9・7民集54巻7号2075頁）では従業員の73％を組織する組合の同意は当該就業規則規定の変更の合理性を推定させないとされたし，逆に函館信用金庫事件（最三小判平12・9・22労判788号12頁）では，多数組合の同意がなくても合理性が推定されている。

(17) この点で土田（前掲注(1)），明示と同意によって契約内容となり，ただその拘束力（契約の権利行使や義務履行）については合理性判断のスクリーニングがかかるという。また合理性判断の内容は，私的自治と労働条件対等決定原則であるとする（土田・前掲注(1)353頁以下）。

労働契約と就業規則

　このような状況の中で，就業規則論の急務はやはり労働契約との関係をどう整合的にとらえるかであろう。なぜならば，第一に，これまでの就業規則論の複雑多様な展開は，就業規則規定こそが事業所内の労働者を統括する主要な規範であり，手段であるという現実を前にして，その法的規制のありかたを探究することが主たる目的となっており，契約論との整合性を必ずしも重視してこなかった[18]。この点が上記の新たな疑問点や課題の要因をなしていることは明らかである。第二に，今後労働関係は個別契約が重視される他

　　しかし，明示されず，かつ同意されない就業規則の内容は事実たる慣習によって契約内容となることはないのであろうか。ほとんどの就業規則は，労働基準法106条の（周知）要件を満すだけで明示されることはない。膨大な付属規定はなおさらであるし，すべて別規定でよいとされる（平成10年改正）現在はいっそう現実性が薄くなる。また，明示と同意が確認された就業規則規定の拘束力に合理性判断の枠組みをかぶせる根拠として，私的自治の原則と労働条件対等決定原則とはいかにも不十分である。前者は一般的に契約原理をサポートする抽象的原則に過ぎないし，後者は，確かに実質的対等性を保証した重要な原則であってこれが労働契約内容について一定のコントロール機能を営むことには異論がないであろうが，しかし実質的対等性がどのようなレベルで，またいかなる具体的内容をもって機能するのかは明確ではない。少なくとも，就業規則の規定が「明示と同意」という事実を経て契約内容となりつつ，なお合理性審査にさらされるというのであれば，その根拠であるべき「実質的対等性」の理念は，そこまで立ち入った司法審査を可能とするほど強力な効力を有することになるが，そのようなものと解するだけの根拠が示されているとは言いがたい。かえって同原則は，当初権利として明記されていた草案が途中で原則の宣言に後退したように，一般的な原則としての意義が中心であり，また念頭におかれていたのは団体交渉など集団的対応による労働契約の均衡の回復であり，契約の解釈にあたって裁判所がどの程度後見的なコントロールをほどこすのかを実質的対等性の原則によって根拠付けるのは困難であろう。

　　事実たる慣習論は，このような困難を当初から見越した判断基準として理解することが可能である。すなわち，事実たる慣習の概念からすれば，就業規則についてその内容にしたがった処遇が継続して行われ，従業員がこれによって処遇されていることに異議をとなえず就労していれば，労働契約内容を補充する契機は十分に認められるはずである。また，そのように明示と合意を不可欠の根拠としないからこそ，合理性という客観的判断基準が必要であることも是認しうるのである。

(18)　もちろん学説もこの点を無視してきたわけではなく，前掲土田・注(5)，大内伸哉「労働条件変更法理の再構成」248頁以下などの精力的な研究は見のがすことができない。

300

用な形態に展開していくことが共通の認識になっている。この場合，就業規則による規範が労働契約とどのような関係を有するのかが解明されなければ，二つの法的規範のはざまに置かれる現場の実務に深刻な支障をきたすことになるのみならず，紛争の法的解決にも混乱を生じることになろう。

それでは労働契約と就業規則との関係については，何が根本的な問題であり，どのような解決の道がありうるのであろうか。

(2) 論点の再考
(a) 就業規則規定と労働契約の関係

就業規則規定が労働契約とどのような関係を有するのかは，これまで就業規則の法的性格という観点から論じられてきた。すなわち，就業規則自体が法規として位置付けられるのか，契約のモデルや約款なのかといった議論の中で，法的効力を付与された就業規則が労働契約の内容に化体するとか[19]，労働者の同意や定型契約としての開示などによって労働契約となるといった見解が提示されてきたのである[20]。

しかし，就業規則が労働契約といかなる関係を有するかは，むしろ労働契約論の中で検討されるべき筋合いのものであろう。そもそも労働関係そのものが，基本的に労働契約によって基礎付けられ，その権利義務の内容も労働契約によって形成されるのが原則であることはいうまでもない。もちろん，労働契約といえども，法令の規制には服し，労働協約にも劣後するのみならず，就業規則についても，労基法93条によりその定める労働条件を下回る労働条件を定めた労働契約はその部分については無効となるという意味で労働契約をコントロールする機能を与えられている[21]。しかし，このような外部的規律はそれぞれ法令による定めから生じる明確な規制であり，具体的な法規制がない場合でもある規範が労働契約に関与するか否かが検討されるとす

---

[19] 西谷敏「就業規則」『新労働基準法論』445頁以下参照。
[20] 前掲土田注(1)315頁以下等。学説の流れは野田・前掲注(5)，王能君「就業規則の法的性質」『注釈労働基準法』(下) 961頁以下等参照。
[21] 『注解労働基準法』93頁解説（荒木尚之）1019頁以下。

労働契約と就業規則

れば、それは労働契約論の側からの検討が中心的要素となるべきであろう。

では、労働契約の基本構造と就業規則とはいかなる関係に立つものと理解すべきであろうか。第一に、就業規則それ自体は労基法 93 条の意味での効力を労働契約に対して有するに過ぎず、就業規則規定が労働契約を外部的に規律するのは、法令上は 93 条の適用がある場合のみであるという事実を踏まえねばならない。第二に、就業規則が社会規範として意味を有するのは、集団的規範としてであり、個別就業規則規定は個々の労働者を対象としているのではなく、当該事業所に雇用される労働者集団を対象とする制度として規範の機能を果たしているとみなすべきである。したがって、労働契約に対して何らかの機能を果たす場合でも、個々の労働関係ごとに契約内容となると言うよりは、事業所の労働者全体に適用される制度が当該労働者に適用されることの合意という趣旨で機能すると考えるのが自然であろう。第三に、労働契約が継続性を本質的な要素の一つとする契約であり、いわゆる関係契約の類型に属することも注目すべきであろう。このことは、労働契約の構造が時間的・空間的柔軟性を有することと深く関わる。そしてそうだとすれば、制度規範としての就業規則規定が労働契約の内容になるという場合、その流動的性格にともなって労働契約の内容自体も変化することがあり得るのは当然と言えよう[22]。

このような就業規則と労働契約との関係を前提とすれば、就業規則改訂による労働条件不利益変更の判断基準についての検討は、これまでとは若干異なる様相を呈するはずである。

(b) 契約の変更と就業規則規定の変更

それでは、労働契約それ自体の変更と就業規則規定の変更とはどのように異なり、どのように連動しうるのであろうか。

第一に、労働契約の変更はあくまでも個別合意の変更であり、原則としては明確な合意なくして変更はあり得ない。もちろん、継続的契約である労働契約は流動性の要素をおのずから含んでおり、契約内容も変更を余儀無くさ

---

(22) 関係契約の考え方については、内田貴『契約の時代』、特に 69 頁以下参照。

れる場面は少なくない。しかしながら，契約内容の初発の形成過程とは異なり，いったん契約内容となった労働条件を変更するためには，当事者の合意が不可欠の要素となる[23]。そうして，合意が認められれば変更内容通りの労働契約があらためて形成されることとなり，当該契約に拘束力が生じるのは当然である。

これに対して就業規則規定の変更は，93条の意味での事業所規範の変更であるとともに，労働契約内容となっている制度の変更を意味する。すなわち，就業規則規定の変更は，直接的には，新たな制度が設定されたことのみを意味し，その制度が労働者に対してどのような法的効果をもたらすかは別個の問題となる。もちろん，労基法の要件を満たした変更（過半数組合・代表の意見を聴取し，労働基準監督署に届け出られた場合）については，労基法所定の効果（93条の強行的・直律的効力）が生じることは言うまでもない。しかし，たとえば賃金規程を変更して能力主義賃金制度を導入した場合，その時点においてこれに同意しない労働者に法的な意味での拘束力を生じるか否かは，変更された就業規則規程そのものによって結論が導かれるわけではないはずである[24]。この点，最高裁大法廷判決が「新たな就業規則の作成又は変更によつて，既得の権利を奪い，労働者に不利益な労働条件を一方的に課することは，原則として，許されないと解すべきであるが，労働条件の集合的処理，特にその統一的かつ画一的な決定を建前とする就業規則の性質からいつて，当該規則条項が合理的なものであるかぎり，個々の労働者において，これに同意しないことを理由として，その適用を拒否することは許されない」と述べたのは，拘束力を生じる要件を述べたのであって根拠を述べているのではないことに注目する必要があろう。仮に変更された就業規則規程が労働契約の相手方である労働者に対して法的拘束力を生じるとしたら，法令に根拠がない以上は，あらためて労働契約の内容になっていることに根拠を求めるの

---

(23) 近年，「変更解約告知」の手法がクローズアップされている最大の理由はこの点にある。

(24) 就業規則の変更が適法になされたことと拘束力の問題とは別であり，それはいわゆる法的効力付与説に対する疑問とも関連する。労働条件を向上させる方向への規定変更なら，なぜただちに拘束力を生じるのかの解答は，直ちには導き得ない。

が当然である。そして，新たな制度によることが労働契約の内容になるか否かは，就業規則の変更そのものから結論は導けない。

こうして，変更された就業規則の当該規程がこれに拘束力を有するか否かは，当該制度変更がなお労働契約の内容となりうるか否かという観点から理解すべきであり，少なくともこれをただちに裁判所の法創造的機能に解消すべきではない[25]。

このような立場は，就業規則規程が労働者を拘束しうるそもそもの根拠は何かという問題と，不利益に変更された就業規則規程がこれに同意しない労働者をも拘束するのはなぜかという問題とを統一的に理解しようとするものであり，以下では大法廷判決とそれ以降の判例の流れを見直しつつ，就業規則の改訂による労働条件の不利益変更が労働契約にどのような効果をもたらすかを労働契約の構造を踏まえて検討してみたい。

3 就業規則改訂による労働条件不利益変更の判断基準

(1) 大法廷判決の基本ルールとその展開

(a) 事実たる慣習論の見直し

就業規則規定の拘束力の根拠と，従業員に不利益に変更された就業規則規定の拘束力の根拠の双方につき，合理性という判断基準を提示した前記秋北バス事件大法廷判決は，その後の判例・学説の方向を決定づけたが，その流れの中でほとんど看過されてきたのが，大法廷判決においては明示されていた事実たる慣習論である。すなわち大法廷判決は，「多数の労働者を使用する近代企業においては，労働条件は，経営上の要請に基づき，統一的かつ画一的に決定され，労働者は，経営主体が定める契約内容の定型に従つて，附従的に契約を締結せざるを得ない立場に立たされるのが実情であり，この労働条件を定型的に定めた就業規則は，一種の社会的規範としての性質を有するだけでなく，それが合理的な労働条件を定めているものであるかぎり，経営主体と労働者との間の労働条件は，その就業規則によるという事実たる慣習

---

[25] この点については，荒木・前掲注(8)260頁以下参照。

が成立しているものとして,その法的規範性が認められるに至つている（民法92条参照）ものということができる。」と明確に述べていたが,この点はその後の最高裁判決においても,また学説においてもほとんど顧みられないままである[26]。

　民法92条そのものは,契約の補充的解釈の基本ツールの一つであり,通常は,当事者間に存在する慣習によらないことを明示していない限り,任意規定を超えてその慣習が契約内容を律するという趣旨に解されている[27]。裁判所が正面から民法92条の適用を認めて契約解釈の基準とした例は少ないが,その中で,大法廷判決は就業規則が法的規範性を有する根拠として明確に民法92条を援用しており,それは単に法規範説の矛盾として軽視されるべきではあるまい[28]。特に,今日の学説の大勢が就業規則を定型契約と見ていることからすれば,むしろ今こそ見直されるべき点であると言えよう。

　この事実たる慣習論が見直されるべき具体的ポイントは以下の点であろうと思われる。

　第一に,約款説ないし定型契約説は,就業規則の内容に対する交渉や明示の合意を要件とせずに当該就業規則規定が労働契約の内容となることを認めているだけでなく,この見解が大法廷判決以降の主要な最高裁判決に影響を与えた可能性も示唆されている[29]。仮に最高裁判決が就業規則を定型契約のようなものと見ているとすれば,就業規則の内容も,またその存在さえ知らない労働者も拘束される（「法的規範性が認められる」）という大法廷判決と整合性を確保するためには,事実たる慣習の法理を使用することは自然であろう。

　第二に,民法92条による事実たる慣習の法理は,契約の補充的解釈のツー

---

(26)　野川・前掲注(6)「就業規則と労使協定（上）」ジュリスト1051号69頁以下参照。
(27)　内田貴『民法Ⅰ』265頁,山本敬三『民法講義Ⅰ規則』124頁等。
(28)　大法廷判決が就業規則それ自体を「法規範である」とみなしているならば,確かに契約解釈の補充機能をゆだねられている民法92条の採用は矛盾であるが,大法廷判決は就業規則を「法的規範」と表現しているのであって,契約内容となる契機として同条を引用することに特に矛盾はない（この点については下井隆史『労働基準法（第3版）』290頁参照）。
(29)　荒木・前掲注(21)266頁。

ルであり，実態として慣習が契約両当事者の規範となっていることを前提とするから，当該事業所における労働契約と就業規則との関係のあり方によっては，就業規則規定が労働契約の内容となりえない可能性も否定できない。たとえば，20年前に作成された就業規則が存在するものの，労働者の処遇は全くそれと異なるルールによっており，使用者側も労働者側もその就業規則の存在さえ知らないという場合，労働条件は当該就業規則によるという事実たる慣習の存在を認めることはできないであろう。したがって労働契約の内容にもなりえないことになる。このことは，就業規則規定と労働契約との関係は相対的なものであることを示している。今後労働契約の個別化が進み，多様な雇用形態に対応することになるとすれば，就業規則のような集団的規範が個別労働契約を律する契機が相対的なものであることは望ましいはずである。

　第三に，事実たる慣習の法理によって労働契約の内容になった就業規則規定は，それが実際に契約上の権利として使用者により行使される場合には，法律行為一般に科される規制に加えて（ないしアレンジして）新たな規制原理を創出することが望ましい。この点において，大法廷判決が用いて以来判例に定着した「合理性」の判断基準は，労働契約の内容となった就業規則規定に対してのみ適用される規制概念であるが，事実たる慣習の法理は，同じ労働契約内容となっても，なぜ就業規則規定については他の労働契約内容と異なる規制概念が用いられなければならないのかの説明を，一応提供しうるものである。すなわち，就業規則規定も明示と合意によって労働契約内容になるのであれば，特に就業規則についてのみ合理性の判断基準が適用されることの説明がつかない[30]。しかし，事実たる慣習によって労働契約の内容となったのであれば，これについて一般の法律行為に対するのとは異なる規制が加えられることは是認できよう[31]。

---

(30)　この点，土田・前掲注(1)357頁以下は，合理性判断は就業規則が労働契約の内容となることの要件ではなく，拘束力を有することの要件としてとらえている。しかし，契約内容が拘束力を有することにつき，なぜ就業規則の場合のみ「合理性」の基準を用いるのかは明確ではない。

(b) 合理性判断の意義——規定の拘束力

　それでは，大法廷判決以来の「合理性」の判断基準はいかなる意義を有する概念であろうか。最高裁は，大法廷判決以降，当初の規定の拘束力と変更後の規定の拘束力の双方の要件として合理性という概念を用いている。そこでまず，前者の意味での合理性の意味を検討する。

　就業規則規定は，事実たる慣習を媒介として労働契約の内容になるが，その具体的な意味は，前述のように（2(2)(a)）就業規則規定が制度の規定であることを前提として，労働者はその制度の適用を受ける労働者集団の一員となることを同意していると理解すべきであるとすれば，そのような労働契約内容については個々の労働者と使用者との間に個別に成立する労働契約内容とは異なる規制原理が必要である(32)。

　そこで考えるに，就業規則規定が労働契約内容として合理性を保持しているか否かは，制度としての合理性の如何という観点から判断するのが妥当である。そして，制度が特定の個人ではなく適用される一定の集団をカバーするものであるとすれば，集団全体にとって公平性と平等性が確保されることが合理性の基本的な内容となるであろう。すなわち，労働契約内容としての就業規則規定は，それが適用される集団の全構成メンバーに対し，一方では特定の個人や集団にのみ不利益な内容であってはならず，他方では特定の個人や集団の利害にのみ左右されることはないことが了解されていると解すべきである。要するに，当該就業規則が適用される集団全体に対する制度としての合理性が確保されていれば，原則として特定労働者との間でも，当該就業規則規定の内容通りの労働契約上の権利義務関係が生じていると解すべきであろう。

　このような理解によれば，就業規則規定の拘束力における最高裁の判決の流れも一応整合的に解することができる。すなわちまず大法廷判決は，定年制新設規定の合理性につき，当時の社会状況からみて55歳定年制が不合理な制度と言えないことや，具体的には定年を理由とする解雇であっても労基法

---

(31)　この点は，約款に対する規制が通常の契約に対する規制と異なることに類似する。
(32)　野川・前掲注(6)の2論文参照。

20条の規制がかぶること，定年後再雇用制度もあって実際に当該労働者にその打診がされていることなどをあげてこれを肯定しているが，これらはいずれも制度としての合理性を示したものと言える。

　また，日立製作所武蔵工場事件（最一小判平成3・11・28）においては，就業規則上の時間外労働の根拠規定につき，時間外労働を命じる事由が限定されていること，また右事由中には「いささか概括的，網羅的である」ものも見られるが，「企業が需給関係に即応した生産計画を適正かつ円滑に実施する必要性は（労働基準）法三六条の予定するところと解される上，原審の認定した被上告人（武蔵工場）の事業の内容，上告人ら労働者の担当する業務，具体的な作業の手順ないし経過等にかんがみると，（これらの概括的な）事由が相当性を欠くということはできない」として，明らかに労働者集団全体を見通した判断をしめしている。

　さらに帯広電報電話局事件（最一小判昭和61・3・13）では，健康管理従事者の指示に従う旨の就業規則規定につき，労働契約上の業務命令権の一環として合理性が認められているが，これも個別労働契約ごとの内容に着目した判断ではなく，健康管理という従業員集団全体を対象とした制度の合理性にのっとった判断と見るのが妥当であろう。

　なお，制度としての合理性が，平等性や公平性を意味し，具体的には従業員集団全体の意向の如何，ひいては従業員全体を代表しうる組織・集団の同意の如何により推定されるという趣旨は，労働契約の解釈原理としての意味を有するから，使用者には従業員集団全体に対して合理的に機能する就業規則規定を設定し，これに基づく措置の実施についても上記の意味での合理性にそう信義則上の義務がある，と言い換えることが可能である。この義務は，労働者集団全体を対象とした内容であることに特徴を有するが，労働契約上の個々の労働者に対する義務である。

(c) 合理性の意義——変更後の規定の拘束力

　就業規則の改訂による労働条件の不利益変更について，最高裁が確立した合理性の判断基準は，きわめて周到な内容であり，それが労働契約とどのように関わるのかの基本問題を別にして，実務上の判断基準としては磐石の定

着を見せているといってよい(33)。しかし，このような状況は，不利益変更された規定が，それに同意しない労働者をも拘束する根拠について明確な理解を妨げる効果をももたらしてきた。最高裁判決の流れの中で試みられた学説の多彩な検討も，最高裁の判断要素を整理しながら結果の妥当性を確保することに力を注いでおり，労働契約と不利益変更法理との関係について立ち入った検討がなされているとは言いがたい状況である(34)。

　学説のこのような状況を代表するある見解は，就業規則の不利益変更がもたらす紛争が権利紛争ではなく利益紛争であることを踏まえつつ，最高裁の衡量的判断手法を評価し，これをさらに合理化する方向を示している(35)。このような整理は，いわゆる機能的解釈の立場からは非常に説得力があるが，不利益に変更された規定と労働契約との関係について説得力ある指針を示しているとは言えない。要するに，変更後の規定が「拘束力を有する」ということの意味は不明のままである。労働者集団の意向が的確に反映されうるような圧倒的多数を組織する労働組合が，入念かつ公正な交渉を経て当該変更に同意を示したとき，なぜこれに反対する労働者を拘束するのであろうか。

　これにつき，制度説の立場は，就業規則規定が労働契約の内容となるメカニズムを前提として，労働契約上，従業員集団全体の利益と使用者側の業務上の必要性とを理解した上で，制度としての合理性を逸脱したものでない限り不利益変更を甘受するという合意が労働契約内容となっていると考えるので，これに合致する不利益変更後の就業規則規定はやはり労働契約内容となるという結論を導く。ただし，これについてはいくつかのポイントが指摘されるべきである。

　第一に，労働者が労働契約上一定の就業規則規定の不利益変更をあらかじ

---

(33) 第四銀行事件最高裁判決（前掲注(13)）後の下級審判例も，最高裁の判断基準をおうむ返しするだけで大法廷判決後の混乱が嘘のようである。

(34) 合理性判断を用いた裁判例を検討する青野覚「判例における合理性判断法理の到達点と課題」（学会誌労働法92号125頁以下）は，具体的紛争の解決をもたらす基準としての合理性判断の枠組みがその不明確性や予測不可能性などの難点を露呈している点を批判する。

(35) 諏訪康雄「就業規則法理の構造と機能」学会誌労働法71号5頁以下。

め同意している，ということの意味は，制度としての合理性が制度の適用を受ける従業員集団が全体として適正に当該不利益変更を受容することが前提となって言えることである。その具体的形態の典型例が，圧倒的多数を占める労働組合の使用者との合意や，適正に選出された過半数代表の同意である。

　第二に，たとえ圧倒的多数を占める労働組合が不利益変更に同意しても，それは当該変更による新規定の合理性を推定させるだけであり，新規定がなお労働契約の内容になると言えるためには，当該労働組合等が公正代表義務を果たしている必要がある。すなわち，当該労働組合等は，事業所の労働者全体を公正に代表していなければならず，たとえば一部の労働者の利益のみを代表して他の労働者に不利益を甘受させることを意図した行動をとるようなことがあれば，公正代表義務は果たされていない。

　第三に，公正代表義務が果たされていないことが立証されれば，そのことによって不利益を受ける労働者と使用者との間では，当該不利益変更後の就業規則規定は労働契約の内容とはなりえず，当該労働者には従前の就業規則規定が適用されることになる。

　この点で指摘すべきは，これまで不利益変更された就業規則規定の拘束力は相対的なものであり，労働者によって当該規定が適用されない者とされる者とが生じることは是認されるべきであると認識されてきたことである[36]。確かに，たとえば一定年令以上の労働者の賃金を切り下げるような変更のように，特定の労働者層にのみ不利益を課する就業規則規定の変更は，個別労働者との関係においては一律の効果を生じる必要はない。問題はその法的根拠であり，従来は，なぜ労働者ごとに異なる法的効果が生じるのかについて明確な説明はなされていなかった。

　しかし，就業規則規定が労働契約の内容となるという意味を，事実たる慣習を前提として，労働者が制度の適用を受ける一員となることの合意であると考えれば，不利益変更の場合にはまさに新たな制度の適用を受けることに

---

(36) この点を明確に示したのが朝日火災海上事件（最三小判平 8・3・26 民集 50 巻 4 号 1008 頁）とみちのく銀行事件（最一小判平 12・9・7 民集 54 巻 7 号 2075 頁）の最高裁判決である。

ついて労働契約上の合意があり得るかが問題となる。あらかじめ一定の合理的な変更であれば不利益であってもその適用を受けることが労働契約上合意されていると見ることができても，当該労働者に対して，制度の適用という観点から公正を欠くような点があったり，当該労働者についてのみ著しい不利益が代償措置なく課されているようなことがあれば，少なくとも当該労働者と使用者との間では，変更された就業規則規定は労働契約の内容とならないと言えるのである。

(2) 労働契約法理としての就業規則法理の可能性

これまで検討してきた内容を整理し，労働契約法理としての就業規則法理の可能性について補足したい。

まず，就業規則規定は，制度として事業所の労働者全体を適用対象とする社会規範であり，それが労働契約内容となるのは，当該制度による処遇にしたがっていることが事実たる慣習の観点から契約上の規範となりうるからである。当然ながら，就業規則規定が明示され，これに同意を与えていることが明らかであるならば，労働契約内容となる契機はそれによる。

第二に，就業規則規定は，事実たる慣習によるにせよ，明示と合意によるにせよ，契約内容となり得ない場合もある（全く就業規則による取り扱いが制度化されていない場合や，明示に異議を唱えていた場合）し，契約内容となる場合もさまざまな留保がありうる。要するに，就業規則規定と個々の労働契約との関係は原理的には相対的なものである[37]。

第三に，就業規則規定が労働契約の内容となるとの意味は，固定的に当該規定内容が合意されているのではなく，制度としての流動性や柔軟性による一定の変化が契約内容そのものに内包されていること，さらには就業規則が労働者集団全体を対象とした制度の表現であることから，集団的な観点から規律されうることが個別労働契約により合意されていると見うるという趣旨を含んでいる。要するに，労働契約の内容となる前提として，制度としての

---

[37] もちろん，実態としてはほとんどの場合全従業員に事実たる慣習が成立することが認められることになろう。

合理性が，従業員集団全体が納得しているという意味において確保されていることが条件となるのである。

なお，この点については，民法学の領域で最近精力的に検討されている関係契約の発想が有益であると思われる。

関係契約の考え方を主導される内田教授は，信義則が本来の機能を大幅に拡大して，契約の解釈基準や権利義務の設定までをもカバーするようになった日本の実態と，同様の傾向がヨーロッパのみならずアメリカにおいても見られることに着目して，古典的な合意がすべてを決定するという契約像ではなく，関係による規範の構造下にある契約像を呈示してきた。そしてそのような「関係」による規範は，共同体の「納得」を得ることを内容としており，このための契約規範の構造を明らかにすることが，信義則で処理されてきた契約争訟の処理基準をより明確化するのに役立つと主張される。内田教授はこうした関係的契約の最も典型的実例として労働契約を想定し，とりわけ就業規則の改訂による労働条件の不利益変更に関する議論に対して関係契約の考え方が有効であることを指摘されている[38]。このような考え方を本稿で提唱する制度説の枠組みに援用するならば，単に就業規則が制定されているだけでなく，実際に就業規則による人事や処遇が行われている事業所では，明確な異議が唱えられていない限り，従業員集団の一員たる個別労働者との間において，事実たる慣習により就業規則の規定が労働契約の内容となっていると考えることができるであろう。

4 結　語──労働契約法と就業規則法理

遠くない将来に制定されるべき労働契約法ないし雇用契約法においては，労働契約に対する就業規則の法的位置付けはよりクリアーな形で定められることが望ましい。これまで縷々のべてきたように，就業規則規定が労働者を拘束する根拠は，当該規定が定める制度の適用を受けることを労働者が同意しているとみなされる点にあり，それは，現在のように事実たる慣習の法理

---

(38) 内田・前掲注(22)『契約の時代』参照。

4 結語

を媒介とするよりは、約款類似の定型契約としての開示がなされればより明確となる。また、個別労働者への適用については、当該就業規則規定が制度である以上、制度としての合理性を具体的適用の可否について要件とすべきであるが、これも契約の合理的意思解釈のレベルで導き出される内容を、法的ルールとして実定法に明記することが望ましい。さらに、この合理性の趣旨は、制度の適用を受ける労働者集団が全体としてこれに服することを認めている場合には当該労働者についても原則として拘束力を認めることであり、例外的に右労働者集団（具体的には圧倒的多数を組織する労働組合など）が事業所の労働者全体を公正に代表していない場合はこの限りではないという点も、法のルールとして明記されるならば、各事業所において実際に労働条件の不利益変更が俎上にのぼった場合には、適法な方法と結果に対する予見可能性が飛躍的に高まるであろう。

そしてこのような法規制は、一方では労働契約の契約類型としての意義を維持しつつ、他方でそれが個別合意のみに重点を置くことなく集団的意向に依拠する局面を認めることにより、就業規則という集団的規範との有機的関係を実現することに寄与するものと思われるのである。

労働契約における変更解約告知
―― 要件事実論からみた覚書 ――

山 川 隆 一

はじめに

　近年の労働法学においては，いわゆる変更解約告知をめぐる議論が活発になっている。変更解約告知（Änderungskündigung）とは，大まかにいえば，使用者が労働者に対して，労働契約の内容の変更ないし新契約の締結を求め，これに応じない場合には解雇する旨の意思表示をすることであり，解雇と労働条件の変更とを結びつけたものである。

　欧州においては，変更解約告知が従前から議論の対象となっており，ドイツのように明文の規律を置いている国もあるが[1]，わが国の裁判例においては，いわゆるスカンジナビア航空事件の東京地裁決定（東京地決平成7・4・13判時1526号35頁）が初めて明示的にこれを取り上げるに至った。そして，最近の学説においては，変更解約告知の要件に留まらず，変更解約告知を受けた労働者が労働条件変更の承諾と解雇の二者択一を迫られるという問題点を意識して，労働条件変更につきいわゆる留保付き承諾による対処が可能であるかについても議論されている[2]。

---

(1) ドイツにおける制度の詳細については，荒木尚志『雇用システムと労働条件変更法理』137頁以下（有斐閣，2001年），根本到「ドイツにおける変更解約告知の構造(1)・(2)」季労185号128頁，187号81頁（1998年）など参照。
(2) 学説の状況については，東京大学労働法研究会編『注釈労働基準法（下）』990頁以下［荒木尚志］（有斐閣，2003年）参照。

こうした変更解約告知に関しては，後述するように，その法的性質につき，労働条件の変更申込みを承諾することを解除条件とする解雇であるなどとの把握がなされており，また，いわゆる留保付き承諾についても，労働条件の変更が合理的でないことを解除条件とする承諾であるなどとの理解が示されている。さらに，留保付き承諾による対応を認めるか否かについては，契約の成立に関し，申込みに変更を加えてなした承諾は，申込みの拒絶とともに新たな申込みをしたものとみなすと定める民法528条の適用いかんが議論されている。

　このような議論状況から示されるように，変更解約告知を検討する場合には，通常の解雇に比べて，法律行為の条件や契約の成立にかかわる民法の規定および理論を参照する必要性が強まるのであり，留保付き承諾をめぐる最近の学説も，民法にかかわる精緻な議論を行うに至っている。しかしながら，こうした議論を裁判実務において生かすためには，変更解約告知について要件事実論[3]の観点から検討する必要があるが，そうした検討はこれまでほとんどなされていないように思われる。

　以上のような観点から，本稿においては，変更解約告知をめぐる議論の状況を概観したうえで，変更解約告知をめぐる基本的な訴訟形態を念頭に置いて，その要件事実がいかなるものとなるかについての検討を試みることとしたい。なお，本稿の主な問題関心は要件事実の整理にあるため，変更解約告知をめぐる実体法上のルールそのものを直接解明しようとするものではない。

---

(3)　要件事実論一般については，司法研修所編『民事訴訟における要件事実（増補第1巻・第2巻）』（法曹会，1992年，1991年），大江忠『要件事実民法（上・中・下）（第2版）』（第一法規，2002年），伊藤滋夫『要件事実の基礎』（有斐閣，2000年）参照。また，労働法分野に関しては，大江忠『要件事実労働法』（第一法規，2003年），山川隆一「労働法における要件事実」筑波大学大学院企業法学専攻10周年記念論集『現代企業法学の研究』613頁（信山社，2001年），「労働事件審理ノート」判例タイムズ1144号（2004年）以降連載（東京地裁労働部での勤務経験のある裁判官執筆）参照。

1 変更解約告知をめぐる議論

(1) 変更解約告知の意義

はじめに述べたように，変更解約告知の大まかな定義は，使用者が労働契約の内容の変更ないし新契約の締結を求め，これに応じない労働者は解雇する旨の意思表示をすることである（本稿では労働者による変更解約告知は検討の対象としない）。使用者がこうした変更解約告知を行う目的は，解雇そのものというよりは労働条件の変更にあり，その意味では，労働条件変更の手法のひとつとしての機能をもつものとも位置づけられる。

しかしながら，労働契約を解消する旨の意思表示が含まれている以上，変更解約告知が解雇としての法的性格をもつことはいうまでもない。ただし，労働条件の変更を求めるという機能が，解雇という法律行為にいかなる特色を加えているかは留意が必要であり，そのような観点から変更解約告知の形態を考えると，一般には，(1)労働条件の変更や新たな労働契約締結の申込みとともに，それを労働者が承諾することを解除条件とする解雇の意思表示を行うこと，(2)労働条件の変更や新たな労働契約締結の申込みとともに，それを労働者が拒否することを停止条件とする解雇の意思表示を行うこと，および，(3)労働条件の変更や新たな条件での労働契約の申込みと同時に，または，それらの申込みを労働者が拒否した後に，特段の条件を付さずに解雇の意思表示を行うこと，という三つの類型が想定できる。

以上のうち，(1)と(2)は，労働者の承諾により，解除条件が成就した場合，または停止条件が成就しなかった場合は，それぞれ，解雇の効力が失なわれ，またはそもそも発生しないこととなる。労働条件変更の申込みが承諾された場合には従前の労働契約は存続するが，新契約締結の申込みが承諾された場合は，従前の労働契約は，解雇ではなく，合意解約ないし更改により終了する。それゆえ，この場合は，使用者が新たな労働契約の締結を申し込む際に，従来の契約の合意解約等の申込みも合わせて行っているものといえよう（以下では，必要に応じて，こうした意味での新契約の締結の申込みを含め，単に労働条件変更の申込みと表記することがある）。

これに対し，(3)においては，解雇には条件が付されていないので，労働者の対応によって直ちに解雇の効力が左右されることはない（解雇権濫用の成否は別問題となる）。以上の(1)ないし(3)のすべてを「変更解約告知」と呼ぶかどうかという問題も生じうるが，いずれについてもその取扱いを検討する必要があるので，ここでは対象を広くとらえることにする。また，使用者の「変更解約告知」の意思表示が以上のいずれに当たるかは事実認定の問題である[4]。

なお，わが国においては，労働契約の変更について，配転命令などの形で，使用者に一方的な命令権が認められる場合がある。そのような命令を拒否した労働者は解雇されることがあるが，その場合の解雇は単に命令違反を理由とするものであり（したがって懲戒解雇がなされることもある），変更解約告知における解雇とは異質なものである。

(2) 変更解約告知の「可否」と要件

さて，こうした変更解約告知が特に検討される理由は，その意思表示を受けた労働者が，労働条件変更または新契約締結の申込みを承諾するか，または解雇されるかという二者択一を迫られることにある。申込みを承諾するか否かは自由であるが，拒否して解雇されたその場合に解雇が有効であるか否かは予測しにくく，また，解雇が無効であるとしてもそれを訴訟で争うことは時間的経済的コストがかかるという問題が残るのである。

このような問題点にかんがみ，そもそも変更解約告知というものを認めるべきか否かという問題設定がなされることがあるが，そこで問題とされるのは，変更解約告知について，解雇権濫用法理（2003年の労基法改正により同法18条の2として成文化された）など，解雇に関する従来の枠組みによりその効力を判断すべきか，あるいはそれとは異なる独自の枠組みによりその効力を

---

[4] これらのいずれかを違法なものとして禁止するには特別な法律上の根拠が必要であろう。もっとも，(1)及び(2)の条件つき解雇としての変更解約告知については，単独行為に条件を付することは相手方の地位を著しく不安定にするため原則として許されないとして，(3)のタイプの変更解約告知のみが許容されるとの見解もある。米津孝司「外国会社におけるリストラクチャリングと変更解約告知」法時68巻1号85頁（1996年）。

判断すべきかという点である。変更解約告知も解雇の一種である以上，それ自体が直ちに違法となるとは考えにくく（強迫に当たる態様のものは別論である）[5]，特別の規定がない限り，結局は，変更解約告知という解雇の効力をどう判断すべきかを検討することになるからである[6]。

この点に関し，スカンジナビア航空事件の東京地裁決定は，外資系航空会社が，職種の特定された従業員に対して，職種変更や有期雇用への変更等を拒否したために行った解雇につき，これを変更解約告知ととらえたうえで，①労働条件変更の必要性が存すること，②変更の必要性が労働者の不利益を上回り，労働条件の変更に同意しない労働者を解雇することがやむをえないこと，③解雇回避努力が尽くされていることという要件を設定して，当該事案における変更解約告知を有効と判断した（その後高裁で和解が成立した）。

これに対して，パートタイム契約への変更を拒否した労働者に対する解雇が争われた大阪労働衛生センター第一病院事件（大阪地判平成10・8・31労判751号38頁）では，変更解約告知なるものを認めると，労働者は新しい労働条件に応じない限り解雇を余儀なくされ，しかも，再雇用の申し出が伴うことで解雇の要件が緩やかに判断されるということになれば，労働者は非常に不利な立場に置かれるので，ドイツ法と異なり明文の規定がないわが国では，労働条件の変更ないし解雇に変更解約告知という独立の類型を設けることは相当ではないとして，整理解雇と同様の厳格な要件のもとで判断を行うべきであるとされた（控訴審判決である大阪高判平成11・9・1労判862号94頁もこれを支持した）。

学説においても様々な見解が主張されているが，大まかにいえば，(1)変更

---

(5) 村中孝史「労働条件の変更と紛争処理」西村健一郎他編・下井隆史先生古稀記念『新時代の労働契約法理論』343頁（信山社，2003年）。
(6) 野田進「変更解約告知と整理解雇法理」法政研究66巻2号444頁（1999年）。
(7) 菅野和夫『労働法（第6版）』472頁（弘文堂，2003年）など。
(8) 村中・前掲注(5)論文345頁など。大内伸哉「変更解約告知」日本労働法学会編・講座21世紀の労働法第3巻『労働条件の決定と変更』68頁（有斐閣，2000年），山川隆一『雇用関係法（第3版）』258頁（新世社，2003年）などは変更解約告知の類型に応じた処理を提唱する。

解約告知を解雇として取り扱い、その効力について特別の判断枠組みを提示するもの（その中にも、スカンジナビア航空事件東京地裁決定に近い枠組みを提示する見解[7]や、基本的に整理解雇として扱えば足りるとする見解[8]などがある）、(2)労働条件変更手段としての側面に焦点を当て、労働条件変更の必要性と新たな労働条件の相当性を中心に判断すべしとするもの[9]などに分けることができる[10]。もっとも、以上のうち(2)の見解は、労働者が在職しつつ変更解約告知の効力を争う途（いわゆる留保付き承諾）を用意すべきであるとの見解と結びつけられて主張されることが多いため、次にこの点についての議論を紹介することとする。

(3) 留保つき承諾の可否
(a) 問題の所在

いわゆる留保付き承諾とは、変更解約告知を受けた労働者が、使用者による労働条件変更の申込みまたは新契約締結の申込みが合理的内容のものであるならば当該申込みを承諾する旨の対応をすることをいう。換言すれば、変更後もしくは新契約における労働条件が合理的であることを停止条件とする、または当該労働条件が合理的でないことを解除条件とする承諾の意思表示ということができる。

この留保付き承諾の効果をそのまま認める場合、変更解約告知たる解雇の

---

(9) 荒木・前掲注1書306頁、毛塚勝利「労働条件変更法理としての『変更解約告知』をどう構成するか」労働判例680号6頁（1995年）、土田道夫「変更解約告知と労働者の自己決定（下）」法律時報68巻3号58頁（1996年）など。
(10) 以上の他、野川忍「ドイツ変更解約告知の構造」労働法学会誌88号178頁（1996年）は過半数代表による集団的コントロールによって対処すべき旨を主張する。
(11) ここでの停止条件の内容を、合理性があると裁判所により判断されることと把握すれば、条件成就の有無は将来の事実であるが、成就の効果は解雇当時に遡及すると解すべきことになろう。他方、合理性の存否自体を条件の内容と捉えた場合は、それ自体は将来の事実ではないが、条件と同様に扱う可能性もあるといえよう。いずれにせよ以下では、裁判所により合理性があると判断された場合についても、単に合理性がある場合と表現することがある。また、ここでの合理性には、変更後の労働条件の内容の合理性の他に、変更の必要性等も含まれうるであろう。

効力を争う訴訟等において，新たな労働条件が合理的であると判断されたときには，停止条件の成就により，労働条件変更の申込みに対する労働者の承諾が（遡及的に）効力を発生することとなる[11]。解除条件が付されたものとして構成する場合には，新たな労働条件が合理性を持たないと判断された場合に，承諾の効果が（遡及的に）消滅することとなる[12]（ただし，以上のいずれの場合も，以下にみるように，民法528条によって，単なる条件付きの承諾ではなく，申込みを拒絶したものとみなされるかどうかが問題となる）。

こうした留保付き承諾は，配転命令を受けた労働者がこれに承服できない場合に，異議を留めて配転先で就労することにより対応することと一見似ているが，配転命令に対する異議を留めた「就労」は，配転命令が有効とされた場合に就労拒否として処分されるのを避ける一方，命令が無効とされた場合にはこれに同意したと評価されることを避けるためのものであり，「承諾」という要素は含まれていないので，両者は質的に異なるものである[13]。

ドイツにおいては，変更解約告知に対する留保付き承諾の制度が解雇制限法において定められている。すなわち，労働者は，留保付き承諾をすることにより変更された労働条件の下で就労を継続することができ，また，一定期間内に，変更された労働条件が社会的に正当でないことの確認請求訴訟を提起することができる。裁判所によって変更が社会的に正当でないと判断されれば，労働条件変更は当初より無効であったものとされ，逆に変更の正当性が認められれば，変更が有効なものと確定され，労働者は，退職しない限りその条件のもとで働き続けることとなる。

以上の結果，ドイツでは，変更解約告知に対して労働者が留保付き承諾を行ったうえ訴訟を提起した場合，訴訟では解雇の効力ではなく労働条件変更

---

(12) この場合も，裁判所により労働条件変更に合理性がないと判断されることは将来の事実であるが，このような判断がなされた場合には解除条件の成就の効果は遡及すると考えられる。

(13) 配転の申入れを伴う変更解約告知がなされた場合も，(配転命令を一方的には発し得ない事案である限り)命令違反を理由とする懲戒処分等は行いえないので，本文と同様のことがいいうる。

(14) 以上については，根本・前掲注(1)論文(1)131-132頁参照。

の相当性が争われることとなり，変更解約告知の構成要素たる解雇については，それ自体の効力を判断する必要はないことになる(14)。すなわち，その訴訟においては，使用者は解雇が有効であるという主張をなしえなくなるといえよう（労働者が単純に使用者の申込みを拒否した場合には，解雇の効力を争う訴訟を提起することとなる）。しかし，わが国ではこのような制定法上の規定が存在しないので，立法論としてこうした制度を設けることが主張される他，解釈論としても同様の対応を認めるべきではないかが問題となる。

　この点については，(1)契約の成立一般に関し，申込みに対して条件を付し，その他変更を加えた承諾を行った場合には，申込みを拒絶するとともに新たな申込みをしたものとみなすと定める民法528条が存在することから，そのような留保付き承諾による対応は困難であるとする立場(15)と，(2)労働契約内容の変更の場面においては民法528条の適用は排除されるとし，あるいは，使用者は留保付き承諾を応諾する義務を課されるとして，留保付き承諾による対応を現行法上も認めうるとする立場(16)がある。

(b)　裁判例の状況

　この問題について明示的に判断を下した裁判例はまだみられないが，日本ヒルトンホテル事件における東京地裁判決および東京高裁判決が参考になる。この事件においては，期間の定めのある労働契約を反復して更新してきた原告労働者らに対して，使用者が賃金等の引下げを提案し，これに応じなかった原告らを雇止めとしたが，原告らは，従来の賃金等との差額を請求する権利を留保しつつ労働条件の変更を承諾する旨を通知した。使用者が原告らの就労を拒否したため，原告らは雇止めの無効等を主張して訴えを提起した。

　こうした事実関係のもとで，東京地裁は，契約の反復更新の状況等に照らして本件雇止めには合理的理由が必要であるとしたうえ，原告らが労働条件変更の効力を争う権利を留保したことを理由に雇止めをしたことは許されないとする一方，引き下げ後の賃金額の限度で賃金請求を認容した（東京地判平

---

(15)　大内・前掲注(8)論文68頁，根本・前掲注(1)論文(2)96頁など。
(16)　荒木・前掲注(1)書309頁，毛塚・前掲注(9)論文14頁，土田・前掲注(9)論文（下）62頁など。

成14・3・11労判825号13頁)。これに対して東京高裁は，原告らの留保付き承諾は，使用者の労働条件変更申入れを拒絶したものといわざるを得ず，それにより契約更新の効果を認めることは，相手方の地位を不安定にするものであり，借地借家法32条のような立法上の手当がなされていない現状のもとでは許されないとしたうえ，本件雇止めには合理的理由があると判断し，原告らの請求をいずれも棄却した（東京高判平成14・11・26労判843号20頁)[17]。

本件は有期契約の雇止めの効力が争われたものであるが，雇止めにつき解雇に関する法理が類推されていることから，実質的には変更解約告知およびそれに対する留保付き承諾が問題となった事案としての性格を有している。そして，上記の東京地裁判決は，民法528条の適用については触れていないが，労働条件変更に対する留保付き承諾を認めたのと同様の処理を行ったものと位置づけることができる（ただし，労働条件変更自体には合理性を認め，変更後の労働条件に基づく請求のみを認容している)。これに対し，東京高裁判決は，立法上の手当の不存在を理由にかかる留保付き承諾による対応を否定している。同判決においても，民法528条には言及されていないが，留保付き承諾をなした原告らは使用者の申込みを拒絶したものといわざるを得ないとしている点で，同条を適用したのと同様の効果を認めたものと位置づけられる。

これらの裁判例からは，変更解約告知に対する留保付き承諾に関して，(1)民法528条の適用を排除すべきか否か，(2)同条の適用を排除し得たとしても，留保付き承諾による対応を可能とするには，借地借家法32条のような規定まで必要となるのか，(3)民法528条の適用を排除すること以外に留保付き承諾を可能とする解釈は可能か，(4)変更後の労働条件に基づく請求のみを認容することがいかなる法的構成のもとで可能となるのか[18]，などの論点を検討すべきことが示されている。

以上の論点のうち，(1)は実体法の解釈問題であり，本稿はこの問題それ自

---

(17) 本件仮処分決定・東京地決平成11・11・24労旬1482号31頁も結論同旨。
(18) 変更解約告知の効力を争う制度が立法化される前のドイツにおいても，同様の議論がなされていた。根本・前掲注(1)論文(1)156頁参照。

体の検討を直接の目的とはしていないので，この点については，同条の趣旨と労働契約の変更への適用の妥当性，および，適用排除を認めた場合に相手方たる使用者の地位が具体的にどのような意味で不安定となるか（あるいはそうした不安定さを解消する手段はあるか）などを考慮して決すべきことを指摘するにとどめたい[19]。他方，(2)ないし(4)の論点については，やはり実体法上の問題を含んではいるが，変更解約告知をめぐる訴訟の構造全体の中で留保付き承諾をいかに位置づけるかという観点から考えることが有益ではないかと思われるので，次の2において，変更解約告知をめぐる要件事実の内容を考察する中で検討を加えることとする。

2 変更解約告知の要件事実論的検討

(1) 訴訟物

まず，①訴訟において変更解約告知が問題となる場合の請求ないし訴訟物を考えると，特別の訴訟形態を用意していないわが国においては，変更解約告知たる解雇により労働契約が有効に終了したか否かが紛争の中心になるので，この場合の訴訟上の請求の形態は，労働契約関係の存在確認請求となる。また，この請求をなす場合には，あわせて，変更解約告知がなされる前の労働条件にかかる権利の実現をも請求することが通常だと思われる。この場合の具体的な訴訟形態は，たとえば未払賃金の支払請求が典型的なものであろうが，ここでは訴訟物を一般化して，②従前の労働契約上の権利についての給付請求について考えることとする。

他方，特に留保付き承諾がなされたにもかかわらず使用者において従前の労働契約が終了したものとして扱っている事案では，労働者側は，仮に変更

---

[19] 民法528条の適用を排除した場合，条件の成就に関する判断が確定するまでは，承諾により契約が有効に成立したか否かは確定しないことになる。ただし，使用者が変更申込みを撤回し得るかという問題は残る（この点については，2(2)(d)(エ)参照）。

[20] 以上に対して，従前の契約内容の変更が変更されたに留まり，訴訟物の同一性が失われたとはいえない場合には，変更後の条件により請求が一部認容されるにとどまることになろう（下記(3)(b)参照）。

は有効であるとしても契約は終了していないなどとして，使用者が申し入れた水準による賃金の支払などを請求することが考えられる（ただし，労働者が労働条件変更につき争っている限り，この請求はいわば二次的なものとして位置づけられることになろう）。この場合は，労働者の留保付き承諾により新たな契約が成立したとの主張がなされているのであれば，③労働条件変更後の新たな労働契約上の権利についての給付請求という予備的請求を考えることができる[20]。そこで以下では，適宜ブロック・ダイアグラムを示しつつ，①ないし③の3つの請求について要件事実の内容を検討することとする。

(2) 労働契約関係存在確認請求（図1）
(a) 請 求 原 因
労働契約関係存在確認請求における請求原因は，解雇や雇止めの効力が争われる他の類型の訴訟と同様であり[21]，①従前の労働契約の成立，②当事者間における争いの存在（使用者が労働契約の終了を主張していること）である。
(b) 抗 弁
以上に対し，使用者が変更解約告知による労働契約の終了を主張する場合，上述したように，変更解約告知といってもその法的性質は解雇である以上，抗弁としては解雇の主張で足りることになる。その場合の抗弁の内容は，①解雇の意思表示とその到達，および②予告期間の経過となる[22]。この他に，新たな労働契約の申込みを伴う変更解約告知の場合には，使用者による合意解約の申込みに対する労働者の承諾という抗弁も考えられる。
(c) 再 抗 弁
これに対する労働者側の再抗弁としては，まず，通常の解雇訴訟の場合と同様に，(R1) 解雇権の濫用（の評価根拠事実）があげられ（筆者としては，その内容は，労働者の平素の勤務状況に特に問題がなかったという程度で足りると考

---
[21] 解雇や雇止めの効力が争われる訴訟における要件事実一般については，山川・前掲注(3)論文51頁等参照。
[22] 民法627条1項では予告期間は2週間であるが，労基法が適用される場合（請求原因でその基礎となる事実が示されることが多いであろう）には，同法20条により(30日となる。

労働契約における変更解約告知

図1　変更解約告知をめぐる労働契約関係存在確認請求の要件事実

請求原因	抗弁	再抗弁：R1	再々抗弁：D1	
1.労働契約の締結 2.争いの存在	1.解雇の意思表示 2.予告期間の経過	解雇権濫用の評価根拠事実	解雇権濫用の評価障害事実（解雇の合理的理由）	
		R2 就業規則による解雇事由の制限	D2（予備的抗弁） 所定の解雇事由の存在	
		R3 1.労働条件変更の申込み 2.変更申込みへの承諾が解雇の解除条件 3.承諾（解除条件の成就）	D3-3 承諾の効力発生前の変更申込みの撤回	
			D3-1 労働条件変更に合理性があることが承諾の停止条件	再々々抗弁：T3-1 労働条件変更に合理性あり ＊民法528条を適用する場合は条件付承諾が拒絶とみなされるため失当となる（ただし使用者が条件の付与に同意した場合を除く）
	1.合意解約の申込み 2.承諾	（以下略）	D3-2 1.労働条件変更に合理性がないことが承諾の解除条件 2.変更に合理性なし（解除条件の成就） ＊民法528条が適用されれば上記2は不要となる（ただし使用者が条件付与に同意した場合を除く）	

えている[23]），また，(R2) 就業規則による解雇事由の制限も考えられる[24]。しかし，変更解約告知の場合は，これに加えて，(R3) ①使用者が労働条件変更の申込みを行ったこと，②この申込みに対する労働者の承諾が解雇の解除条件となっていたこと，および③労働者の承諾により解除条件が成就したこと，という再抗弁を考えることができる（1(1)掲記の変更解約告知の類型のうち(1)に該当する場合である）[25]。

---

(23) 山川隆一「解雇訴訟における主張立証責任」季労196号44頁（2001年）。
(24) 就業規則における解雇事由の列挙の意義については，山川・同論文51頁参照。

なお，変更解約告知の態様によっては，(R3') 労働条件変更申込みの拒否が解雇の停止条件となっていたことという再抗弁も考えられるが（上記類型のうち(2)に該当する場合），この場合は，労働者の拒否により停止条件が成就したことが使用者の再々抗弁となる他は，再抗弁（R3）と内容は実質的に同じであり，また，労働条件の変更についての合意または新契約の締結という観点からは，拒否という単なる事実行為よりも，申込みに対応する承諾という意思表示に着目した方が簡明であるので，以下では（R3）を中心に取り上げることとする。

以上に対して，使用者がまず労働条件変更の申込みのみを行い，労働者がそれを拒絶した後に使用者が同人を解雇した場合には，解雇に解除条件ないし停止条件が付されているとはいえず，再抗弁（R3）及び（R3'）に該当する事実が認められないことがあろう。また，新たな内容の契約の締結の申込みとともに解雇を行い，申込みへの承諾が解雇の意思表示の条件であるとは認められない場合には，再抗弁（R3）及び（R3'）は成立しえないことになる（ここでは逆に，解雇が無効であることが新たな労働契約の申込みについての解除条件になっているものといえよう）。これらの場合は，解雇の効力は解雇権濫用該当性または解雇事由の存否の問題を中心に決せられることになろう。

(d) 再々抗弁以下
(ア) 解雇制限

以上の再抗弁のうち，解雇権濫用にかかわる再抗弁（R1）については，再々抗弁（D1）として，解雇権濫用の評価障害事実（解雇の具体的理由等）が挙げられる。スカンジナビア航空事件の東京地裁決定の挙げる変更解約告知の有効要件は，こうした具体的解雇理由を変更解約告知に即して再構成したものと位置づけられよう。その他，変更解約告知を解雇として位置づける立場に

---

(25) 図1では省略したが，上記の抗弁のうち，合意解約の申込みに対する承諾の主張に対しては，再抗弁として，当該申込みは，新たな労働契約の締結の申込みとともになされたこと，および，当該承諾には，新契約における労働条件に合理性があることという停止条件が付され，または合理性がないことという解除条件が付されていたことおよびその条件の成就という主張が考えられる（それらについては留保付き承諾をめぐる下記の議論が基本的に妥当することになろう）。

おけるその有効要件も，同様に位置づけることができると思われる。また，解雇事由の制限にかかわる再抗弁（R2）に対しては，使用者側の予備的抗弁として[26]，所定の解雇事由が存在するという主張が考えられる（予備的抗弁(D2)）。労働条件変更の申込みを拒否したことなどを解雇事由として定める就業規則は少ないであろうから，この場合に該当性が問題になるのは，「その他前各号に準ずる事由」などの一般条項であろう（その内容は再々抗弁（D1）と実際上同様のものになると考えられる）。

(イ)　承諾への留保（停止条件・解除条件）

次に，使用者が申し入れた労働条件の変更を労働者が（留保付きで）承諾したことを内容とする再抗弁（R3）に対しては，民法528条が適用されると考えた場合，留保付き承諾が，労働条件変更に合理性があることを停止条件とする承諾であるとすると，使用者側は，こうした条件付きの承諾の存在を主張立証し，同条により，労働者は申込みを拒絶したものとみなされるので，条件成就の有無にかかわらず承諾の効果は発生しなくなるとの再々抗弁（D3-1）を提出しうる（新たに成立した契約に基づく予備的請求については抗弁となろう）。

また，この場合には，条件付きの承諾としての取扱いがなされない以上，労働者側としては，労働条件変更に合理性があるため承諾の停止条件が成就したとの再々々抗弁（下記のT3-1）は提出しえないこととなる（ただし，使用者が承諾に条件を付けることに同意したという事実が付加されれば，条件付き承諾につき本来の効果を認めて差し支えないであろうから，この再々々抗弁は失当にはならないと考えられる）。

他方，留保付き承諾を，変更に合理性がないことを解除条件とした承諾であると把握すると，使用者は，このような解除条件が付されていることのみ主張立証すれば，民法528条が適用される結果，解除条件の成就を主張立証するまでもなく，承諾の効果が発生しない旨の再々抗弁（D3-2）を提出しうる

---

(26)　大江・前掲注(3)書『労働法の要件事実』131頁参照。予備的抗弁のダイアグラム上の位置づけは，厳密にはR2とは別系列になるはずであるが，ここでは簡略化のため図のような記載としている。

ことになろう(ただし,ここでも上記と同様に,使用者が承諾に条件を付けることに同意したという事実が主張立証されれば,解除条件の成就についての主張立証も必要となるであろう[27])。

これに対して,変更解約告知における留保付き承諾には民法528条が適用されないと解した場合には,承諾に条件が付されていることから直ちに労働者が使用者の申込みを拒絶したものとみなされることはないが,その場合でも,意思表示に条件を付した場合に固有の効果までは排除されないというので,それを反映させた再々抗弁の余地は残る。すなわち,留保付き承諾が,労働条件変更に合理性があることを停止条件とする承諾であるとすると,停止条件は,それが成就するまで意思表示の効力発生を停止するものであるから,上記の再々抗弁(D3-1)は,停止条件が付されていることによる承諾の効果の不発生を主張するものとして把握できる。この場合は,変更が合理的であるとの事実は,停止条件を(遡及的に)成就させるものとなり,労働者側が再々々抗弁(T3-1)として主張立証することになる。

また,留保付き承諾を,変更に合理性がないことを解除条件とした承諾であると把握すると,これに民法528条を適用しない場合には,使用者側の再々抗弁(D3-2)においては,承諾に解除条件が付されていることのみでは足りず,解除条件が成就したこと(すなわち変更に合理性がないこと)を主張立証することによって,承諾の効果が(遡及的に)失われたことを主張することになろ

---

[27] この場合,使用者が承諾に条件を付けることに同意したという事実が労働者側の再々々抗弁(T3-2)となり,解除条件の成就は使用者側の予備的再々々抗弁(D3-2')となろうか(図1では省略した)。

[28] 留保付き承諾については,民法528条を適用しないことに加え,解雇の解除条件たる承諾に当たると解する必要があるとの見解があるが(東京大学労働研究会編・前掲注(2)書999頁[荒木]),単純な承諾であると解した場合には,それにより労働条件変更の効果が発生してしまい,他方,(遡及的)解除条件付きの承諾であると解した場合には,変更の合理性が認められない場合には承諾の効果が発生しなくなる結果,解雇の効力が発生することになる。もっとも,変更の合理性が認められない場合には解雇権濫用が成立しうると解しうるので,民法528条の適用が排除されると解するのであれば,留保付き承諾については条件付き承諾としての効果をそのまま認めて差し支えないであろう。

う(28)(29)。

　このように，留保付き承諾につき民法528条を適用しないものと解するとすれば，留保付き承諾が停止条件付き意思表示である場合には，労働条件変更に合理性があると判断されたときには，再々々抗弁（T3-1）が成立することにより，承諾の効果が発生する。また，留保付き承諾が解除条件付き意思表示である場合には，労働条件変更に合理性があると判断されたときには，解除条件が成就しえず，再々抗弁（D3-2）の成立が認められないことにより，承諾の効果が発生する。以上のいずれの場合でも，再抗弁（R3）が成り立つために，解雇の効力発生は妨げられることになる（ただし，このような取扱いは，新契約の締結申込みとともに単純な解雇の意思表示がなされた事案や，労働条件変更の申込みのみをまず行い，これを労働者が拒否した後に単純な解雇の意思表示がなされた事案においては必ずしも妥当しない）。

　㈦　立法措置の要否

　ところで，変更解約告知における解雇の有効要件に関しては見解の相違があるものの，解雇の合理的理由（再抗弁（D1））を認めるには，いずれの立場においても労働条件変更に合理性があることが前提となるであろう（就業規則所定の解雇事由該当性にかかわる予備的抗弁（D2）についても同様のことがいえよう）。そうすると，労働条件変更の合理性が認められる場合には，他の事情とあいまって解雇に合理的理由が認められる可能性があるが，留保付き承諾につき民法528条を適用しないものとすると，そのような場合でも，労働条件変更に合理性がある以上，上述したとおり，再抗弁（R3）が認められることによって，解雇の効力は発生しないこととなるのが通常だと思われる（再抗弁事実が複数主張されている場合は，いずれか一つが成立すれば十分である）。

　そうすると，留保付き承諾につき民法528条を適用しないという前提のも

---

(29)　上記の再々々抗弁（T3-1）および再々抗弁（D3-2）においては，それぞれ，労働者側が労働条件変更に合理性があること（の評価根拠事実）を主張立証し，使用者側が労働条件変更に合理性がないこと（の評価根拠事実）を主張立証することになるので，やや奇異な感じはあるが，いずれも承諾についての仮定的な主張を前提としているから，必ずしも不合理な取扱いではないと考えられる。

(30)　村中・前掲注(5)論文360頁注(31)参照。

とでは，労働条件変更に合理性がない場合には，解雇はその合理的理由がないものとして無効となり，他方で，労働条件変更に合理性がある場合には，（承諾に付された停止条件の成就または解除条件の不成就によって）承諾の効果が発生する結果，解雇はそれに付された解除条件の成就により効力を失うことになると考えられる[30]。すなわち，いずれの場合でも，解雇の効力は発生しない結果となると考えられるのである。

これに対し，同事件の東京高裁判決は，借地借家法32条のような規定がない限り，留保付き承諾による対応は認められないとするもののようであるが，同条2項及び3項の趣旨は，賃料増減請求について当事者間で協議が整わない場合，賃借人は仮の賃料として相当と認める額の賃料を支払えば足りるとし，増減額に関する裁判が確定した後で不足額や超過額を精算すれば足りると定め，裁判において確定された賃料額は増減請求権の行使によりあらかじめ客観的に定まっていたものであるとの理解を前提に[31]，賃借人が事後的に賃料不履行の責任を追求されるのを防止するところにある。

しかしながら，変更解約告知における留保付き承諾をめぐる議論は，承諾をした労働者の責任を追及できるか否かとはかかわりがなく，労働条件変更の申込みに対する承諾について条件を付したことにより，当該申込みに対する承諾を解除条件とする解雇の効力の発生が阻害されるか否かを問題としているのであり，そうした法的効果は，上記のとおり，留保付き承諾につき民法528条の適用を排除すれば承認できるように思われるので，借地借家法32条のような規定の存在は不可欠の前提ではないと考えられる（ただし，こうした法的取扱いを承認できると解した場合でも，それを明確にするために立法上の措置を行った方が適切ではないかという問題が生じることはもちろんである[32]）。また，ドイツでは留保付き承諾を行った労働者に関し，労働条件変更の相当性を争う訴訟を提起すべき期間につき3週間という制限を置いている[33]こととの対比で，留保付き承諾による対応はいつまで可能なのかという問題も生じうる[34]）。

---

(31) 最一小判昭和33・9・18民集12巻13号2040頁。
(32) 荒木・前掲注(1)書311頁。
(33) 根本・前掲注(1)論文(1)132頁参照。

(エ)　労働条件変更申入れの撤回

　もっとも，以上のように解するとしても，使用者は労働条件変更申入れの意思表示を撤回しうるかという問題は残る。契約申込みの撤回については，一般に，申込みにおいて承諾すべき期間を定めた場合にはその期間内は撤回をなしえず，また，隔地者への申込みにおいて承諾の期間を定めなかった場合も相当期間内は撤回をなしえないとされているが（民法524条），これに反しない限り，労働者の（留保付き）承諾の効果が発生するまでは，労働条件変更の申込みを撤回することは不可能ではないように思われる（民法528条が適用されると解する場合には，留保付き承諾はそもそも承諾としての効果を生じないことになるが，使用者が承諾に条件が付されていたことに代えてこの主張をすることはさしつかえないであろう）。

　その場合，留保付き承諾につき，労働条件変更に合理性がないことが停止条件とされている場合には，合理性がないとの判断がなされるまでは承諾の効果は発生しないので，相当期間内であれば原則として撤回が可能であろうから，使用者側は再々抗弁（D3-3）として，このような撤回の事実を主張する余地があろう（条件成就により遡及的に承諾の効果が発生するとしても，その前になされた撤回の効果を阻害することは難しいと思われる）。他方，留保付き承諾につき，労働条件変更に合理性があることが解除条件とされている場合には，合理性があると判断されて解除条件が成就するまでは承諾の効力は発生しているので，単純な撤回は困難であるが，解除条件成就の効果が遡及的に発生するとすれば，撤回の効果も遡って生ずると解する余地もありえよう。

(オ)　解雇の効力との関係

　前述のように，東京ヒルトンホテル事件の東京地裁判決は，実質上，留保付き承諾による対応を認めたのと同様の結論を導いたものの，民法528条の適用を排除する旨を述べているわけではない。そこで，同判決はいかなる論理によりこうした結論を導き得たのか，換言すれば，民法528条の適用を排

---

(34)　毛塚・前掲注(9)論文12頁は，留保付き承諾は変更解約告知期間内に行うべきものとする。また，次に述べる使用者による労働条件変更申入れの撤回は，この点に対する一つの対応策となろう。

除すること以外に，留保付き承諾を行った労働者について契約関係の存続を認めうるのかを検討する必要がある。

そこで，同判決の判断をもう一度振り返ってみると，東京地裁は，本件雇止めが許されるか否かを判断するにあたって，被告会社が雇止めを行った理由は，経営状態の悪化ではなく（それは労働条件変更の理由であり，判決もその意味では合理性があることを認めている），原告らが労働条件の変更に同意をしなかったこと，ないしは，労働条件の変更を争う権利を留保したことにあるとしたうえで，そのような理由は，社会通念上，本件雇止めを正当化する合理的な理由とは認めがたいと述べている。すなわち，本件における労働契約関係の存続は，雇止め（解雇）についての労働者側の承諾という解除条件が成就したことによってではなく，雇止めを違法とすることによって実現されているのである。

以上の点を変更解約告知について一般化してみると，解雇についての解除条件の成就という再抗弁（R3）が認められない場合でも，解雇権濫用という再抗弁（R1）が成立すれば，解雇の効力発生を妨げるには十分である[35]（前述したように，再抗弁はいずれか一つが成り立てば十分だからである）。他方，労働条件の変更の可否については，次に検討するように，新たな労働条件に基づく予備的請求などにおいて判定を求めることができる[36]。このように考えると，留保付き承諾につき民法528条が民法の文言どおり適用されることにより，再抗弁（R3）に対する再々抗弁（D3-1またはD3-2）が成り立つとしても，解雇権濫用という再抗弁（R1）を認めることができるのであれば，労働契約を存続させつつ労働条件の変更の効力を争う余地はなお残されるといえそうである（この場合に借地借家法32条のような規定が必要でないことはいうまでもない）。

ただし，以上のような取扱いについては，労働者が留保付き承諾を行った

---

(35) 荒木・前掲注(1)書311頁は既に，留保付き承諾を行ったことを理由とする解雇は解雇権を濫用したものと推定されるとして，本判決と同様の処理方法を示していた（そこでは，そうした処理を民法528条の適用排除に加えるものとして位置づけている）。
(36) 山川隆一「新たな条件での日々雇用契約の更新について異議を留めた承諾をした労働者に対する雇止めの効力」平成14年度重要判例解説213頁（2003年）参照。

ことに対して解雇により対応することが解雇権濫用と評価されるのか否かを検討する必要がある（解雇権濫用をめぐる評価根拠事実と評価障害事実の内容等にかかわる問題である）。まず，当該解雇が，その必要性ないし合理的理由の有無と関係なく，留保付き承諾という労働者の態度のみを理由としているのであれば，解雇権濫用という評価を受けてもやむを得ないともいいうるが，変更解約告知が問題となる場合の解雇の理由は，むしろ，（労働条件変更に労働者が同意しないため）従来の労働条件を継続するのであれば労働契約は維持しがたいことであることが多いと思われる。

そこで次に問題となるのは，こうした意味で労働契約を維持しがたいことを理由とする解雇が解雇権濫用となるか否かである。この点は前述した実体法上の問題であり，詳細な検討はできないが，変更解約告知が人員整理の手段としてなされたものである場合には整理解雇に準じた取扱いを行い，人員整理と無関係に労働条件変更の手段として用いられる場合には，労働条件変更の必要性のほかに，労働者が契約内容の変更や新契約の申込みに応じない場合に解雇をなすことの相当性，および解雇回避努力が要件となると解すべきだと思われる[37]。

そして，労働者が留保付き承諾を行っている場合には，使用者の本来の目的である労働条件変更により対応する可能性が存在し，使用者には交渉により合意形成の努力を続ける余地があったといいうるから，使用者がそれにもかかわらず解雇を行ったことは，解雇回避努力等の判断においてマイナス評価となりうる。他方で，すでに労使の交渉が相当程度行われており，新たな労働条件に高度の合理性があるという事実が認められるような場合には，さらに交渉を行うことは必ずしも要求されないといいうるので，そうした事実は，以上のマイナス評価を減殺するひとつの要素になりうると思われる。

なお，使用者としては，解雇した労働者の就労を拒否する場合が多いであろうから，以上のように解雇が事後的に無効とされれば労働契約が存続していたものと扱われるとしても，当該労働者が現実に就労することは難しいか

---

[37] 山川・前掲注(8)書259頁。ここでは，配転や就業規則の変更など他の労働条件変更手段によって対応できないか否かや，手続の相当性も考慮されよう。

もしれない（その意味で，「労働契約を存続させつつ」労働条件の変更の効力を争うことは，結果的ないし事後的に可能となるに留まる場合が多くなろう）。これに対し，民法 528 条の適用を排除した場合には，前記のように労働条件の変更に合理性があるときでもないときでも，解雇は結局無効となるため，使用者がそのことを認識していれば，労働者を就労させる可能性は高まる。もっとも，この場合でも使用者が労働者の就労を事実上拒否することはありえようし（特別の規定を設けてこれを禁止するのであれば別論である），上記のように，労働者の就労を避けることを希望する使用者は，労働条件変更の申込みへの承諾を解除条件とせずに解雇の意思表示をすることにより対応することが増える可能性もある[38]。

(3) 従前の労働条件の実現にかかる請求（図 2）
(a) 請 求 原 因
次に，変更解約告知がなされる以前の労働契約上の権利に関する給付請求を行う場合を考えると，その請求原因は，一般に，①労働契約の締結，②従前の労働契約上の権利の内容，③当該具体的請求権の発生要件該当事実（賃金請求権であれば，使用者が労働者を解雇したと主張して労務の受領を拒否している場合には，賃金規定の内容等に加え，そのような労務の受領拒否により労働義務の履行が不能となっていること，および，そのことにつき使用者に帰責事由があること[39]）となる。

(b) 抗 弁
これに対する使用者の抗弁としては，まず第 1 次的には，(E1) 解雇により労働契約は有効に終了しており，したがって労働契約に基づく権利は発生していないとの主張が考えられる。この抗弁は，上記の労働契約存在確認請求におけると同じ内容のものであり，それに対する再抗弁以下の主張も基本的に同様となろう（ただし，次の抗弁 (E2) の主張がなされている場合は，労働者側

---

[38] その場合，解除条件を付すことが容易であったのにそれをしなかったことは，解雇回避努力の判断にあたり考慮されることになろう。
[39] 使用者は解雇により労働者の労務の受領を拒否しているため，帰責事由の評価根拠事実は使用者が主張立証すべきものと解される。山川・前掲注(3)論文 627 頁参照。

図2　従前の労働契約所定の労働条件による給付請求の要件事実

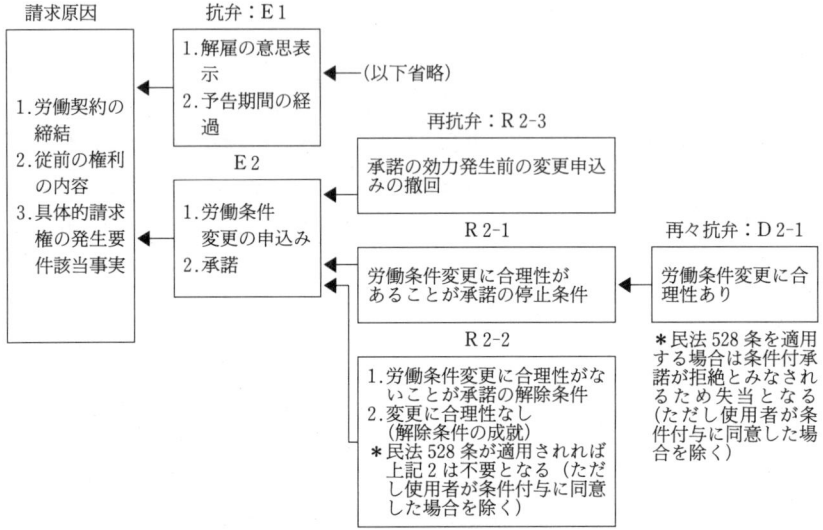

請求原因
1. 労働契約の締結
2. 従前の権利の内容
3. 具体的請求権の発生要件該当事実

抗弁：E1
1. 解雇の意思表示
2. 予告期間の経過

←（以下省略）

E2
1. 労働条件変更の申込み
2. 承諾

再抗弁：R2-3
承諾の効力発生前の変更申込みの撤回

R2-1
労働条件変更に合理性があることが承諾の停止条件

R2-2
1. 労働条件変更に合理性がないことが承諾の解除条件
2. 変更に合理性なし（解除条件の成就）
＊民法528条が適用されれば上記2は不要となる（ただし使用者が条件付与に同意した場合を除く）

再々抗弁：D2-1
労働条件変更に合理性あり

＊民法528条を適用する場合は条件付承諾が拒絶とみなされるため失当となる（ただし使用者が条件付与に同意した場合を除く）

による図1のR3に相当する主張は，承諾が解雇の解除条件とされている事実のみで足りる）。他方，使用者側としては，(E2) 解雇の効力が発生しないとしても，労働条件変更の申込みに対して労働者が承諾しているため，労働条件は変更されているとの仮定（一部）抗弁を提出することも考えられる。労働条件変更の申込みに対する労働者の承諾は，解雇の効力を争う請求については，承諾が解雇の解除条件とされている事実とあいまって，抗弁としての解雇の主張に対する再抗弁として位置づけられたが（図1のR3），ここでは，承諾が解雇の解除条件とされている事実を除いたうえで，使用者側の抗弁として位置づけられる。

　後者の抗弁 (E2) の成立が認められる場合には，変更後の労働条件の限度で請求が（一部）認容されることとなるため，次の(4)で取り上げる予備的請求との関係が問題となる。この点については，使用者の申入れにかかる労働条件のもとでの労働契約が，従前の労働契約との同一性を失う場合には，使用者はむしろ，従来の労働契約の合意解約とともに新たな契約の締結を求めたものと解釈できるので，使用者の抗弁は労働契約終了の抗弁としてのみ位置づけられよう（その場合，新たな条件に基づく請求は，次の(4)で検討する予備的請求

と把握される)。ここで取り上げる抗弁 (E1) は，そのように労働契約の同一性が失われるとまではいえない場合である。

(c) 再抗弁以下

以上のうち抗弁 (E2) に対しては，承諾に条件が付されていることが，労働者側の再抗弁となりうる。その内容は，労働契約関係存在確認請求における再々抗弁について述べたのと同様に，留保付き承諾につき民法528条を適用するか否かにより差異が生じる。すなわち，留保付き承諾につき民法528条を適用する場合には，労働者側は，再抗弁 (R2-1) として，承諾には変更後の条件が合理的であることという停止条件が付されており，同条によりそのような承諾は申込みの拒絶とみなされる (それゆえ承諾の効力は発生せず，労働契約の内容は変更されない) との主張をなしうる。承諾につき変更後の条件が合理的でないことという解除条件が付されている場合も，条件が付されているために承諾の効力は発生しない旨の主張 (R2-2) をすることが考えられる。

これに対して留保付き承諾に民法528条を適用しない場合は，上記の再抗弁 (R2-1) については，申込みの拒絶という効果までは認められないので，使用者側は再々抗弁 (D2-1) として，労働条件変更に合理性が認められ，承諾の停止条件が成就したことを主張しうることになる。また，再抗弁 (R2-2) については，労働者側は，解除条件が付されているという事実のみでは足りず，当該解除条件が成就したこと，すなわち，変更に合理性が認められないことを主張立証する必要がある (ただし，抗弁 (E1) に対して，労働条件変更の申込みに対する承諾により解雇に付されていた解除条件が成就したという再抗弁 (R1) が主張されている場合には，再抗弁 (R2-1) および同 (R2-2) は，主張共通の原則により，再抗弁 (R1) に対する再々抗弁としても働くことになるなど，注意を要する点がある)。

以上の他に，労働者側の留保付き承諾は承諾としての効果を発生させる余地があるため，やはり前述したように，承諾の効果が発生するまでに変更申込みを撤回したという再抗弁 (R2-3) も考えられる。

(4) 変更後の労働条件の実現にかかる請求 (図3)
(a) 請求原因

労働契約における変更解約告知

　最後に，労働者側が，使用者の申し入れた変更後の労働条件に従った権利の実現を請求する場合を考える。この請求は，労働者側が当初から使用者の申込みを承諾した場合を除けば，労働者側が使用者側の変更解約告知に対して留保付き承諾を行った事案において，変更が合理的であるとされ，従前の契約内容に基づく主位的請求が棄却される場合の予備的請求として位置づけられる。

　また，上記のように，使用者の申し入れた労働条件の変更が従来の労働契約の同一性を失わせるとはいえない場合には，新たな請求を観念する必要はないので（新たな条件に基づく請求が認容される場合は，主位的請求についての一部認容として位置づけられる），ここでの請求は，そのような場合とは異なり，労働者の留保付き承諾により新たな労働契約が成立したことを前提とするものと位置づけられる。そうすると，この請求についての請求原因は，①従前の労働契約の成立とその終了，②使用者による新たな労働契約締結の申入れとその承諾，③当該具体的請求権の発生要件該当事実となると思われる（請求それ自体としては②および③で十分ともいいうるが，予備的請求ゆえ①が前提となろう）。

図3　新たな労働契約所定の労働条件による給付請求の要件事実

請求原因	抗弁：E1	再抗弁：R1
1. 従前の労働契約の締結と終了 2. 使用者による新契約締結の申込みと承諾 3. 具体的請求権の発生要件該当事実	労働条件変更に合理性があることが承諾の停止条件 E2 1. 労働条件に合理性がないことが承諾の解除条件 2. 変更に合理性なし（解除条件の成就） ＊民法528条が適用されれば上記2は不要となる（ただし使用者が条件付与に同意した場合を除く） E3 承諾の効力発生前の変更申入れの撤回 ＊民法528条を適用する場合は失当となる	労働条件変更に合理性あり ＊民法528条を適用する場合は条件付承諾が拒絶とみなされるため失当となる（ただし使用者が条件付き承諾に同意した場合を除く）

3 おわりに

　東京ヒルトンホテル事件の東京地裁判決は，解雇を無効とする一方で，労働条件の変更自体は合理的であるとして，変更後の賃金額等の限度で請求を認容したが，同事件は，有期契約の雇止めに関して，新たな条件での新契約の締結を使用者が求めた事案であるので，変更後の賃金請求権の発生根拠は従前の契約とは別物の，新たな条件の下に更新された契約であるから，判決はこのような予備的請求を認容したものとして位置づけられよう（ただし，同事件においてこのような予備請求が定立されていたかどうかという問題は残る）(40)。

　(b) 抗弁以下

　以上の請求原因に対しては，従前の労働契約の終了という事実は，新たな労働契約の成立等の効果の発生を妨げたりする効果をもたず，むしろその前提をなすものであるので，抗弁として位置づけられるものではない。他方，留保付き承諾については，労働条件変更への承諾は既に請求原因において現れているため，条件が付されていることによる承諾の効果発生の阻害のみを考えれば足りる。

　そして，ここでも留保付き承諾について民法528条を適用すべきかが問題となるが，適用を認める場合には，使用者側の抗弁として，(E1) 労働者の承諾には，労働条件変更が合理的であることという停止条件が付されている（条件が付されていることにより労働条件変更の申込みは拒絶したものとみなされる）という主張が考えられる。また，労働条件変更が合理的でないことという解除条件が付されているとみられる場合にも同様のことがいいうる (E2)。これに対して，留保付き承諾について民法528条を適用しない場合には，上記の抗弁 (E1) は，停止条件が付されていることによる新契約についての承諾の効果の不発生を趣旨とすることとなり，これに対する労働者側の再抗弁 (R1) として，労働条件変更に合理性があるため停止条件が成就した（それゆえ承諾の効果が発生し，労働条件が変更された）という主張がなされうる。また，労働条件変更が合理的でないことという解除条件が付されているとみられる

---

(40) 根本到「労働条件の変更申込みを伴う雇止めの効力と留保付き承諾の可否」日本労働法学会誌101号109頁（2003年）。

場合には，使用者側の抗弁（E2）において，解除条件の存在の他に，変更後の労働条件に合理性がないため解除条件が成就していることも主張立証する必要が生ずる。その他，承諾の効果が発生するまでの間に使用者が労働条件変更の申込みを撤回したとの抗弁（E3）も考えられることは前述したとおりである。

3 おわりに

本稿においては，いわゆる変更解約告知について，学説や裁判例の状況を概観したうえで，要件事実論の観点から，変更解約告知をめぐる法的論点がいかに位置づけられるかについての検討を試みた。

本稿の検討は，変更解約告知についての実体法上の問題に直接解答を与えようとしたものではないが，検討の結果，いわゆる留保付き承諾の問題に関しては，民法528条の適用を排除した場合には，借地借家法32条のような明文の規定がなくとも，解雇の効力が否定される場合が多くなると予想されること，他方で，そのような扱いは，変更解約告知が条件付き解雇としての意思表示という形でなされた場合（かつ留保付き承諾がなされた場合）に可能となるものであること，さらに，民法528条の適用が排除されない場合でも，解雇権濫用法理の適用のあり方を工夫するとともに，労働条件の変更が合理的であるか否かについては，新たな労働条件に基づく予備的請求などとして構成することにより，雇用関係を維持しつつ労働条件変更の合理性を争う余地がありうることなどを示した。

変更解約告知についての学説上の議論はかなり積み重ねられてきているが，裁判例はいまだ少ないうえ，しかも，そこでは解雇（雇止め）の効力が争いの中心である場合が多く，変更解約告知をめぐって生ずる法的論点の全貌はまだ必ずしも明らかではない。その意味で，本稿の検討はいわば思考実験的な覚書きに留まっており，今後は，具体的な論点を念頭に置いた上で，要件事実論の観点からさらに検討を行う必要があると考えている。

「解雇の自由」雑感——アメリカ法からの眺め

中 窪 裕 也

1 パブリック・ポリシー法理をめぐる2つの判決

(1) ジョアンナの場合

　ジョアンナは，離婚したシングルマザーである。マサチューセッツ州のケープコッドに住み，幼い息子を一人で養育していた。1991年4月，彼女は同州カントンにあるJ社に雇用された。採用時の説明では，勤務時間は午前8時15分から午後5時30分まで，残業は月に1～2回程度という話であり，それに合わせてチャイルド・ケアの手配をした。ところが，実際に勤めてみると，仕事が終わって会社を出るのは，いつも6時30分から7時になる。しかも，仕事は忙しくなるばかりだ。7月の下旬，ジョアンナは会社から，少なくとも数か月間は毎晩9時か10時まで仕事をし，さらに土曜日もすべて出勤してもらわなければならない，と言われた。子供に対する責任があるので無理ですと答えると，2週間後，ジョアンナは解雇された。

　この解雇は不当であると主張して，ジョアンナは州の裁判所に訴訟を提起した。しかし，地裁では，事実審理を行わないまま，訴えが棄却された。そこで，州最高裁に直接上告の申立を行い受理されたが，結局は原判決が維持された。随意的雇用（employment at will）の原則によって，ジョアンナは，いつ，いかなる理由によっても，あるいは全く理由がなくても，使用者により解雇されうる。その解雇が明確に確立されたパブリック・ポリシーに違反する場合には例外が認められるが，本件はそれに該当しない，という判断であった。

　判決によれば，第1に，長時間の労働それ自体は，パブリック・ポリシー

違反をいう根拠とはならない。成人労働者について長時間労働をさせるべきではないとのパブリック・ポリシーは確立されていないし、ジョアンナが長時間労働を拒否することによって何か直接にパブリック・ポリシーが推進されるわけではない。第2に、それが子供に及ぼす影響についても、広い意味での子供の保護とケアが重要なパブリック・ポリシーであることは言うまでもないが、使用者の求める時間数を働くことのできない労働者に対する解雇を違法とするところまで確立されているとは認めがたい。原告は、家庭責任のために働くことができない場合にも失業保険の給付がなされうることを指摘するが、だからといって、そのような労働者を解雇した使用者は損害賠償の責任を負うべきだということにはならない。ジョアンナのような状況にある労働者の解雇にパブリック・ポリシー法理の適用を認めることは、随意的雇用の原則そのものを、解雇には正当事由が必要というルールに変更することにつながる——。

さらに、労働時間が当初の説明とは違っていたので、この解雇はエストッペルにあたる、という主張も、本件ではエストッペルの根拠となる明確な約束があったとはいえないとして退けられた。判決は、最後の部分で、親としての責任と仕事との間で困難に直面するジョアンナに対して同情の念を示したものの、だからといって、随意的雇用の下にある労働者にコモン・ローの救済を与えるのは不適当である、と結論づけた[1]。

(2) カレンの場合

カレンは、ウィスコンシン州のメノモニーでD社のスーパーマーケットに勤務する、勤続26年のアシスタント・マネジャーである。彼女の夫は地元の警察の巡査部長であるが、1997年の6月上旬、飲酒運転の取り締まりの際に、ある女性ドライバーの呼気検査を行った。検査の結果、基準を超えるアルコールが検出され、女性は逮捕された。その女性は、D社のオーナーの妻であった。8月末、カレンは解雇された。

この解雇は不当な報復行為であると主張して、カレンは州の裁判所に訴訟

---

(1) Upton v. JWP Businessland, 682 N.E. 2d 1357 (Mass. 1997).

を提起した。しかし，地裁では事実審理を行わないままに訴えが棄却され，控訴裁判所でもその判断が支持された。そこでカレンは州最高裁に上告したが，やはり結論は同じであった。カレンも，随意的雇用の原則によって，正当な理由があってもなくても，あるいは道徳的に間違った理由による場合であっても，解雇されうる。明確に確立されたパブリック・ポリシーに違反する場合には例外が認められるが，本件解雇がカレンの夫の行為に対する報復であったとしても，それには該当しない，という判断であった。

判決によれば，原告側がパブリック・ポリシーの根拠として主張する「飲酒運転の禁止」および「夫婦関係の保全」は，いずれも重要な法政策ではあるが，カレンの解雇を違法とするには足りない。なぜなら，飲酒運転の禁止のために行動したのは，カレン自身ではなく，カレンの夫である。雇用関係外の第三者の行為に対する報復として行われた解雇について，パブリック・ポリシー違反の成立を認めた先例はない。夫婦関係の保全はたしかに強い要請であるが，これに依拠して法理を拡張し，そこを乗り越えようとしても無駄である。随意的雇用の原則に対するパブリック・ポリシー違反の例外は，非常に狭いものである。本件でそれを認めれば，警察官以外の場合にも適用されるのか，夫婦でなく親ならどうか，子供は，兄弟は，というふうに止めどもなく広がってしまう危険がある——。

判決は，最後の部分で，本件で主張される事実関係がもし本当なら，法がこれに救済を与えるべきだという義憤を感じるのはごく自然である，と認めている。しかし，現在の法はそうなっていないと述べて，カレンの訴えを退けた[2]。

(3) パブリック・ポリシー法理の限界

周知のように，アメリカ合衆国では，長年にわたり，コモン・ローの随意的雇用の原則にもとづく強固な解雇自由ルールが支配してきた。期間の定めのない雇用において，使用者は，いつ，いかなる理由によっても労働者を解雇することが可能であり，予告期間をおくことさえも要求されない。しかし，

---

(2) Bammert v. Don's SuperValu, Inc., 632 N.W. 2d 124 (Wis. 2002).

1970年代後半から1980年代にかけて，これに対するいくつかの例外法理が発展し，注目を集めた[3]。その筆頭にあげられるのが，パブリック・ポリシーの法理である。

たとえば，使用者から違法な行為を命じられた労働者がこれを拒否したために解雇された場合や，労働者が法律上の権利を行使したために解雇された場合のように，法律で明示的に禁止されているわけではないけれども，法秩序の観点からみて許容しがたいような解雇，日本流にいえば「公序」に反するような解雇を不法行為と認め，懲罰的賠償を含む損害賠償の救済を与えるものである。この法理は大多数の州の裁判所で採用されており，しばしば巨額の賠償が命じられることもあって，大きなインパクトをもたらした。

しかし，この法理を適用するためには，憲法や法律などにはっきりとした根拠を有する「明確に確立された」パブリック・ポリシーの存在が認められなければならない，とされるのが通常である。何がそれにあたるかの判断は，当然ながら，州や裁判所によって一様ではないが[4]，近年の傾向としては，かなり厳格な態度をとるものが目につく。先に見た2つの判決は，その代表例と言ってよい。後者のカレンのケースでは，3名の裁判官による反対意見が付されており，本件解雇は，警察官の適法な職務遂行に不当な影響を与えてはならないというパブリック・ポリシーへの違反にあたる，と主張している。その意味で，限界的な事例であったことは間違いない。しかし，反対意見でも労働者自身の雇用上の権利という視点は全く見られないうえに，多数意見がこれを採用しなかったという事実こそが，まさにアメリカの解雇法理を象

---

(3) アメリカの解雇法理については，中窪裕也「アメリカにおける解雇法理の展開」千葉大学法学論集6巻2号81頁（1991），荒木尚志『雇用システムと労働条件変更法理』（有斐閣，2001）20-32頁，日本労働研究機構『諸外国における解雇のルールと紛争解決の実態』（資料シリーズ129号，2003）152頁以下（池添弘邦）を参照。

(4) Christopher L. Pennington, *The Public Policy Exception to the Employment-At-Will Doctrine: Its Inconsistencies in Application*, 68 TUL. L. REV. 1583 (1994).

(5) 随意的雇用原則の根強さとその基礎にあるアメリカ法の特質を鋭く分析したものとして，Clyde W. Summers, *Employment At Will in the United States: The Divine Right of Employers*, 3 U. PA. J. LAB. & EMP. L. 65 (2000)。

徴しているように思われる⁽⁵⁾。

　常識的に見ていかに不当かつ不合理な解雇であっても，常にパブリック・ポリシー違反にあたるとは限らない。そのこと自体は，おそらくやむを得ないところであろう。ただ，注目すべきは，先の2つの判決のいずれにおいても，パブリック・ポリシー違反の成否の判断にあたって，原則としての随意的雇用が強調されている点である。解雇の自由が制約を受け，実質的に正当事由が必要とのルールになってしまうことに対する警戒が，パブリック・ポリシーの拡張に対する大きな抵抗力となっているのである。

2　他の例外法理と解雇自由原則

(1)　ハンドブックの法理

　このような，原則としての解雇自由ルールの根強さは，他の例外法理の中にも現れている。随意的雇用原則に対する例外法理としては，前述したパブリック・ポリシーの法理と並んで，当事者間の契約の中に明示または黙示の解雇制限を読み込む「契約法理」が，採用する州の多さからいって双璧をなすが，契約法理の中でもとりわけ注目されたのは，いわゆるハンドブックの法理である。

　この法理は，使用者が従業員に配布したハンドブックやマニュアル等の文書（以下ハンドブックで一括）の中に，やむをえない理由のない限り雇用を保障する，解雇にあたり一定の手続をとる，等々の記載がある場合に，当事者間の契約としての効力を認め，これに反する解雇を契約違反とするものである⁽⁶⁾。使用者が一方的に作成・配布した文書の内容を契約と認める点で，伝統的な契約法理を踏み越える性格を有していた。

　けれども，今日では，ハンドブックの中に，その内容が契約の一部をなすものと解釈されてならないとの文言——いわゆる否認条項（disclaimer）——を明記しておくべきことは，使用者にとって常識である。あるいは，より積

---

(6)　代表例として，Toussaint v. Blue Cross & Blue Shield of Michigan, 292 N.W. 2d 880 (Mich. 1980); Woolley v. Hoffman-La Roche, Inc., 491 A. 2d 1257 (N.J. 1985).

極的に，労働者は随意的雇用の下にあり，いかなる理由によっても直ちに解雇されうる，という規定でもよい（雇い入れにあたり，労働者にその旨の念書にサインさせることも珍しくない）。否認条項がハンドブック中のあまりに見にくい場所にある場合には，州によってはその効力が否定されることもある。しかし，そのような明示性の問題がない限り，契約法理の性質上，当事者による明確な否認を乗り越えてハンドブックにもとづく契約上の解雇制限を認めることは困難である。そして，解雇自由が本来の原則である以上，否認条項そのものを不当ということもできない。ハンドブック法理によって不当な解雇からの保護を享受する労働者は，今や幸運な例外者となりつつある。

　ちなみに，サウス・カロライナ州の2002年の最高裁判決は，否認条項の明示性の要件を一歩進める形で，ハンドブックの中に解雇に関する使用者の義務を定めた条項と否認条項とが併存する場合には，解雇が契約違反となる可能性は排除されないとの判断を示した[7]。これは必ずしも否認条項の効力を否定するものではないが，その判断を陪審に委ねることになる（事実審理を経ない棄却判決は不可能となる）ため使用者側の大きな反発を呼び，本年3月に州議会で新たな法律が制定された。この法律は，否認条項の要件として，ハンドブック中の規定であれば，最初のページに下線付きの大文字で書き，かつ労働者にサインをさせることを，それ以外の文書であれば，最初のページに下線付きの大文字で書くことを，それぞれ要求したうえで，このような否認条項がある場合には，ハンドブックの内容が明示・黙示の契約となることはない，と定めている[8]。同法が"At-will Act"と通称されるのは，言うまでもなく，上記判決によって脅かされた使用者の「解雇の自由」を守る，という趣旨である。

(2) 黙示的契約の法理

　ハンドブックやマニュアルとは別に，採用時の状況やその後のやりとり，本人の長期にわたる勤務，使用者の一般的な人事方針などから，当事者間に，

---

[7] Connor v. City of Forest Acres, 560 S. E. 2d 606 (S. C. 2002).
[8] S. C. Act No.185 (2004), S. C. Code of Laws, §41-1-110.

正当事由がない限り解雇はしないという黙示的な合意があったと判断されることもある。何の変哲もない契約の意思解釈のように見えるが，かつては多くの裁判例が，明示的な解雇制限合意がある場合にさえ，約因や相互性の欠如を理由にその効力を否定して随意的雇用の原則を適用していたことを思えば，それ自体，大きな進歩であり，例外法理としての契約法理の1つに数えられる。

しかし，カリフォルニア州の最高裁が1998年に出したCotran事件判決[9]は，黙示的な解雇制限の意義を少なからず減殺した。この事件は，労働者がセクシュアル・ハラスメントを行ったとの理由で解雇されたものであるが，裁判所は，解雇に正当事由が必要という黙示的な合意があったと認めたものの，同人が本当にセクシュアル・ハラスメントを行ったことまで立証される必要はなく，使用者が客観的な証拠にもとづき誠実にそのように信じていたのであれば，解雇の要件はみたされる，と判断した。

この判決は，解雇事由が本当に存在する場合にしか解雇できない，というところまで使用者が自らの権利を制約することも可能であることを認めている。しかし，当事者間の黙示的な合意にそこまで読み込むのは，使用者の経営上の自由を制約しすぎるとして，かかる解釈を退けた。声高に随意的雇用が語られているわけではないが，それが本来の原則であることを，裏面から主張した判決といえよう。他州でも同様の判断がいくつか出されてはいたが，黙示的契約の法理を積極的に適用してきたカリフォルニア州の判決だけに，その影響力は大きなものがある[10]。

(3) 誠実・公正義務の法理

随意的雇用の原則に対する第3の例外法理として，契約法の一般原則である「黙示的な誠実・公正義務条項」(implied covenant of good faith and fair

---

(9) Cotran v. Rollins Hudig Hall Int'l, Inc., 948 P. 2d 412 (Cal. 1998).
(10) Cotran事件判決の解釈を明示的な契約条項による解雇制限に適用した他州の裁判例として，Thompson v. Associated Potato Growers, 610 N.W. 2d 53 (N. D. 2000). また，前掲注(7)のConnor事件も，Cotran事件を引用してはいないものの，ハンドブック条項の解釈にあたり，同様の立場をとっている。

dealing) が援用される場合もある。これは，契約の当事者は契約目的や相手方の正当な期待を破壊するような行為をしてはならないというものであり，いわば契約上の信義則にあたる。不誠実・不公正な解雇についてパブリック・ポリシーよりも広く柔軟に対処することができ，しかもそれが法によって契約の中に読み込まれるので，純粋の契約法理のように当事者の意思を厳密に探求する必要もない。1980年代にはいくつかの州の裁判所がこの法理を特に積極的に適用し，不当な解雇から労働者を守るための究極の法理となりうるのではないかとの期待が高まった。

しかし，何が「誠実・公正」かを考えるにあたっては，やはり随意的雇用の原則が立ちはだかる。契約で定められた報酬等の支払い義務を回避するための解雇のように，契約目的に照らして特段の背信性があるケースであれば，本法理の適用にふさわしい[11]。しかし，そのような要素のない一般的な意味での不合理な解雇については，もともとの契約が，各当事者の意のままに，いつ，いかなる理由によっても解約できるとされている以上，その権利を行使したこと自体を不誠実・不公正とすることは困難である。実際，誠実・公正義務によっても，本来の解雇自由ルールが，解雇に正当事由が必要とのルールに変更されてしまうわけではないことが，裁判所によってしばしば指摘されている[12]。

のみならず，アメリカの多くの州では，そもそもこの例外法理を採用していない。採用しているのは多く見ても14州，そのうち実効的に適用しているのは5州にすぎないといわれる[13]。しかも，これを採用しない理由として，解雇に黙示的な誠実・公正義務条項を適用することは，随意的雇用の原則と相容れない，と明確に述べる裁判例も多い。

「裁判所の創造する誠実・公正義務によって，各当事者はいかなる理由によっても，あるいは何の理由がなくても解約できるという随意的雇用の関係は，

---

(11) 代表例として，Fortune v. National Cash Register Co., 364 N.E. 2d 1251 (1977).

(12) たとえば，Magnan v. Anaconda Indus., Inc., 479 A. 2d 781 (Conn. 1984); Wagenseller v. Scottsdale Memorial Hospital, 710 P. 2d 1025 (Ariz. 1985).

(13) Summers, *supra* note (5) at 76.

完全に性格が変更されてしまうことになる。われわれは，テキサス州における随意的雇用の性格を変更することを拒否する。」と述べた2000年のテキサス州最高裁判決[14]は，ほんの一例にすぎない。誠実・公正義務を通じて判例による一般的な解雇規制法理が形成され，アメリカにおける解雇自由ルールが克服されるのではないかとの期待は，実現にはほど遠いと言うほかない。

3　いくつかの留保

　アメリカの解雇法理に関する以上のような図式は，やや悲観的にすぎるかもしれない。バランスをとる意味で，いくつかの指摘をしておこう。

　第1に，特定の理由にもとづく解雇を禁じる制定法の数は増えており，その限りで「解雇自由」の範囲は確実に狭められている。特に，1964年公民権法第7編（タイトル・セブン）をはじめ，雇用における年齢差別禁止法，障害を持つアメリカ人法など，雇用差別禁止立法の発展が，実際上，使用者にとってかなりの制約として機能している。人種，性別，年齢，障害など，これらの法律で違法とされた差別事由による解雇が許されないのは当然であるが，さらに，使用者が合理的な説明のつかない解雇を行った場合，差別の訴えに対して反駁が難しくなるという形での，間接的な影響もある。随意的雇用の原則からいえば，使用者が「差別ではなく純然たる恣意による解雇である」と主張することも可能である。しかし，明らかに説得力に欠け，差別の口実にすぎないと判断される危険が大きいので，労働者の態度や能力の問題，あるいは経営上の必要性など，それなりに合理的な理由を示すことができるようにしておくほうが安全である。

　第2に，上に見たような限界はあるものの，随意的雇用に対する例外法理の存在そのものは定着したと言ってよい。特に，パブリック・ポリシー法理と契約法理は大部分の州で採用されており，前記のサウス・カロライナ州の判決のように，思いがけず踏み込んだ判断が示される場合もあるので，使用者としては十分な注意が必要となる。昔日のように，公序に反するような解

---

(14)　City of Midland v. O'Bryant, 18 S.W. 3d 209 (Tex. 2000).

雇であっても違法とならず，かつ，当事者間の解雇制限の合意も認めないという州は，皆無ではないが，ごく少数にとどまる。また，解雇の態様やそこに至るまでの事情によっては，名誉毀損，プライバシー侵害，故意による精神的苦痛の惹起等の不法行為の成立が認められる可能性もある。

第3に，モンタナ州では，1987年に不当解雇法 (Wrongful Discharge From Employment Act) が制定され，その中で，パブリック・ポリシーに反する解雇，ハンドブック等の従業員取扱い方針に反する解雇と並んで，「正当事由のない解雇」が違法と明記された(15)。同州では，裁判所が解雇規制に非常に積極的な態度をとり，誠実・公正義務の法理を用いて懲罰的損害賠償まで認めていたため，不当解雇法は，そのような救済を制限することを目的として，使用者側の主導により作られた。正当事由の規定はいわばその見返りとしての譲歩であり，違反に対する救済も4年分以内の賃金および給付に限られる。とはいえ，アメリカにおいて解雇に正当事由を要求する立法を有する州が現れたという事実は，やはり大きな一歩と言うべきであろう(16)。

もっとも，モンタナ州に続いて同様の立法を行った州はなく，現状を見る限り，その可能性も低いようである。1991年には統一州法委員会全国会議が，解雇に正当事由を要求する州法のモデル法案 (Model Employment Termination Act) を採択したが，すでに例外法理の高まりが一段落した時期であったこともあり，いずれの州においても，ほとんど真剣に検討されないままに終わっている。

---

(15) この法律の翻訳および運用実態をめぐる調査の記録として，注(3)掲記の『諸外国における解雇のルールと紛争解決の実態』143頁以下および175頁以下（池添弘邦）を参照。同法の影響を分析した興味深い論文，Marc Jarsulic, *Protecting Workers From Wrongful Discharge: Montana's Experience With Tort and Statutory Remedies*, 3 EMPL. RTS. & EMPLOY. POL'Y J. 105 (1999) の概要も紹介されている。

(16) 「不当解雇を包括的に取り扱った法律を制定した州は一つもない」というグールド教授の文章（ウィリアム・B・グールド『新・アメリカ労働法入門』（松田保彦訳，日本労働研究機構，1999）267頁）は，不正確と言わざるをえない。これは原著の問題であるが，野川教授がこの文章を繰り返し引用されているので（野川忍「解雇の自由とその制限」講座21世紀の労働法4巻『労働契約』（有斐閣，2000）166頁，同「解雇ルールの過去・現在・未来」季刊労働法203号38頁（2003）），あえて指摘しておきたい。

4 労働協約による解雇制限

(1) ジェームズの場合

ジェームズは，ウェスト・バージニア州にあるE社の炭鉱で働く，重車輌の運転手である。1996年3月，薬物検査の際にマリファナが検出され，ジェームズは解雇された。しかし，組合の要求にもとづいて協約上の仲裁が行われ，仲裁人は，この解雇は労働協約の定める正当事由（just cause）の要件をみたしていないとして，条件付でジェームズを復職させるよう命じた。条件とは，ジェームズが，①30日間の無給停職に処せられ，②薬物濫用者のためのプログラムに参加し，かつ，③今後5年間，E社の裁量によりランダムに実施される薬物検査を受ける，というものであった。

その後，ジェームズは4度の薬物検査をクリアーしたが，1997年7月の検査で再びマリファナが検出されたため，E社は解雇を通告した。しかし，今回も組合が仲裁を要求し，仲裁人は，宥恕すべき事情（17年にわたる良好な勤務，家庭の問題）の存在を認めて解雇を否定し，条件付きでジェームズを復職させるよう命じた。今回の条件は，ジェームズが，①3か月あまりの無給停職に処せられ，②2度の仲裁手続にかかった費用をE社と組合に償還し，③薬物濫用者のためのプログラムへの参加を継続し，④ランダムに実施される薬物検査を従来どおり受け，かつ，⑤日付のない辞表をE社に提出しておき，5年以内にまた薬物が検出された場合には効力を発生させる，というものであった。

これに対してE社が訴訟を提起し，違法な薬物使用者に危険な機械を運転させてはならないというパブリック・ポリシーに違反すると主張して，仲裁人の裁定の破棄を求めた。しかし，連邦地裁は訴えを棄却し，連邦控訴裁判所もこれを支持した。そこでE社は連邦最高裁に上告したが，結論は同じであった[17]。

---

(17) Eastern Associated Coal Corp. v. United Mine Workers District 17, 541 U.S. 57 (2000).

判決によれば，労働協約の解釈適用については仲裁人の判断に従うべきであり，裁判所としてはその当否を審査しない，というのが確立された原則である。裁定がパブリック・ポリシーに違反する場合にはごく狭い例外が認められるものの，そこでいうパブリック・ポリシーは，明示的で，はっきりと確定され，かつ支配的なものでなければならない。本件の場合，たしかに，運輸労働者の薬物検査に関する法令の中に，違法な薬物使用者に運転をさせてはならないとの強いポリシーが認められるが，そこには同時に，薬物を濫用した者のリハビリテーションも，重要な要素として含まれている。仲裁人の裁定は，決してジェームズの行為を許容するものではなく，停職や費用償還によりこれを厳しく罰しながら，他方で本人のリハビリテーションの途にも配慮したものであり，総体としてパブリック・ポリシーに違反するとはいえない――。

　判決は最後の部分で，ジェームズを復職させるべきか解雇すべきかについて，合理的な人々の間でも意見が分かれうることを認めている。しかし，労使がこの点の判断を仲裁人にゆだねることに合意した以上，明示的で，はっきりと確定され，かつ支配的なパブリック・ポリシーの違反があったとはいえない本件において，裁定の効力を否定することはできない，と結論づけた。

(2)　正当事由条項と仲裁

　上に見たのは，労働者が団体交渉を通じて獲得した「解雇不自由」の世界である。アメリカでは，組合が交渉代表に選出され，使用者と交渉を行って労働協約の締結にまで至った場合には，ほとんど例外なしに，いわゆる正当事由条項が設けられる。多くの場合，使用者は正当事由のない限り労働者を解雇できない，というだけのシンプルな条項であるが[18]，これによって解雇のルールは，自由から制限へと一変する。

　しかも，使用者の行った解雇が「正当」といえるか否かは，労働協約の解

---

(18)　もっとも，正当事由条項に加えて，具体的な解雇事由を定める協約もかなりある。また，事前のヒアリング，組合への通知など，解雇の手続について規定する労働協約も少なくない。

釈適用の問題となるので，これまたアメリカの労働協約に必ずと言ってよいほど規定されている，苦情・仲裁手続によって処理される。したがって，労使間で自主的に紛争が解決されない限り，解雇の当否の判断は，最終的に，仲裁人にゆだねられることになる。仲裁人は，解雇事由の存否，その重大さの程度，先例や慣行，情状，解雇の手続，その他あらゆる事情を総合的に考慮しながら，解雇が十分な正当事由を備えているかどうかを審査する。その姿は，解雇権濫用法理の下におけるわが国の裁判所を彷彿させるものがあるが[19]，仲裁人の場合には，オール・オア・ナッシングではなく，事情に応じて柔軟に救済内容を調整することができる権限まで与えられているのが普通である。ジェームズの解雇を否定する一方で停職等の制裁や条件を科した，上記事件の仲裁人の裁定も，その一例である。

いずれにしても，解雇の正当性に関する仲裁人の判断は，終局的なものとして労使の当事者を拘束する。裁定に不満な使用者がこれを争って訴訟を提起しても，連邦最高裁の判例によって，協約の解釈適用については仲裁人の判断が尊重されるべきであり，裁判所はその当否を審査しない，との法理が確立されている[20]。仲裁裁定の内容がパブリック・ポリシーに違反する場合には例外が認められる余地があるが，これはごく狭いものであり，十分に確立された明示的なパブリック・ポリシーの存在が示されなければならない[21]。上記のジェームズの事件でも，連邦最高裁はその点を確認し，仲裁人の判断の尊重が大原則であることを改めて強調したのである。

(3) 協約範囲の縮小

このような労働協約による保護は，アクセスのしやすさ，迅速さ，実効的な救済，組合によるサポートなど，労働者にとって多くのメリットを備えており[22]，アメリカにおける解雇規制の1つの理想モデルと言ってよい。しか

---

[19] 松田保彦「法的に見た日米の労使関係の一断面」エコノミア100号97頁 (1989)。
[20] Steelworkers v. Enterprise Wheel & Car Corp., 363 U.S. 593 (1960). この判決を含む，1960年のいわゆるスチールワーカーズ3部作判決の意義については，中窪裕也『アメリカ労働法』(弘文堂，1995) 130頁以下を参照。
[21] Paperworkers v. Misco, Inc., 484 U.S. 29 (1987).

し，残念ながら，労働組合の組織率の低下によって，その適用範囲は縮小するばかりである。

もはや言い古されたことなので，ここでは，最新の統計による数字だけを示してこう。連邦労働省の調査によれば[23]，2003年の全米の組合組織率は12.9％であり，前年の13.3％よりも0.4％低下した。組合員数は1578万人で，前年より36.9万人の減である。組織率は，現在の計算方法になった1983年の20.1％から，コンスタントに低下している。しかも，この数字は，37.2％の組織率を有する公共部門を含んだものであり，民間部門に限れば，2003年は8.2％にすぎない。

もっとも，組合組織率は州によるばらつきが大きく，ニューヨーク州（24.6％），ハワイ州（23.8％），アラスカ州（22.3％），ミシガン州（21.4％）と，4つの州では20％を超えている。他方，ノース・カロライナ州（3.1％），サウス・カロライナ州（4.2％），アーカンソー州（4.8％），ミシシッピー州（5.0％）と，特に南部で低い州が目立っている。

組合に加入してはいないが協約の適用を受けている者を含めれば，全米平均で14.3％と，組合加入者の率よりも少し高くなる。労働協約による保護を考えるうえでは，こちらの数字を用いるほうが適切かもしれない。しかし，ここでも，公共部門の41.5％に対して，民間部門は9.0％であり，11人のうち10人は労働協約の外に（つまりは随意的雇用の下に）おかれているのである。

5　「解雇の自由」の現在——アメリカと日本

(1) アメリカ法の現状

以上に縷々述べてきたのは，要するに，若干の留保はあるものの，アメリカでは今でも解雇自由原則が健在だということである。1980年代には例外法

---

(22) ただし，組合はすべての解雇紛争を仲裁にかけるわけではないので，労働者個人の利益が常に実現されるとは限らない。この点については，前掲注(20)の『アメリカ労働法』135-136頁を参照。

(23) U.S. Department of Labor, Bureau of Labor Statistics, *Union Members in 2003*, News Release 691-5902 (1/21/2004).

理の発展によって「例外が原則をのみ込むのではないか」と騒がれたが，現在では「例外は例外」という形に整序され，原則としての随意的雇用が再確認されているとの印象を受ける。

モンタナ州を唯一の例外として，他の49州では「解雇に正当事由は要求されない」というルールが生きている。しかも，最初に述べたように，予告期間をおくことも要求されておらず，今日限りで解雇，あるいは，今この場で解雇ということでも許される。また，経済的理由による解雇については，上記の例外法理が適用された例はなく，労働協約においても若干の手続的要件や先任権条項がある程度である。人選に関する差別の問題を除けば，その当否が争われることはほとんどない。

このようなアメリカの法状況は，言うまでもないが，今日の先進諸国の中できわめて特異な存在である。ドイツやフランスはもちろん，イギリスにおいても不公正解雇制度が設けられ，不合理な解雇に対する救済が与えられている[24]。国によりその審査の程度に濃淡があるにしても，最初から解雇の正当性の判断を拒否するアメリカとは，質的に異なると言うべきであろう。

(2) わが国における「解雇の自由」

ひるがえってわが国の解雇法制を見れば，アメリカのような解雇自由原則がとられていないことは，あまりにも明白である。戦後の早い時期から裁判例の積み重ねによって解雇権濫用法理が形成され，実質的に正当事由のない解雇は無効とされてきた。遅くとも，最高裁が「使用者の解雇権の行使も，それが客観的に合理的な理由を欠き社会通念上相当として是認することができない場合には，権利の濫用として無効となる」と判示した時点で[25]，本来的な意味での「解雇の自由」は消滅したといえる。そして，昨年の労基法改正で18条の2が追加されたことにより，そのことが成文法の上でも明示され

---

[24] 独仏英米4カ国の解雇制度の詳細については，前掲注(3)の『諸外国における解雇のルールと紛争解決の実態』を参照（執筆者は，野川忍，奥田香子，小宮文人，池添弘邦の各氏）。

[25] 日本食塩製造事件・最二小判昭和50.4.25民集29巻4号456頁。

るに至った。

　たしかに，そこでは「権利濫用」という構成がとられており，使用者が基本的な解雇権を有することが前提とされている。この点はわが国の法制の特色であり，そのような微妙なバランスの上に立ったからこそ，判例による解雇法理が定着しえたという側面は否定できないであろう。しかし，その解雇権はもはや自由に行使しうるものではなく，客観的に合理的な理由を欠く場合には，解雇の効力は否定される。法理全体を虚心に見れば，「解雇は自由を本則として例外的に制限されるのではなく，むしろ解雇権そのものが始めから制約を受けており，一定の理由があるときにのみ行使できる性質の権利として理解すべきである」との指摘[26]のほうが，真実に近いと思われる。この点は「解雇権」をどう定義するかにもかかってくるが，少なくとも，使用者の「解雇の自由」が一般的に制限されているという事実については，疑問の余地がない。

　近年の裁判例の中には，「解雇は本来自由に行いうるものであることからすれば」とか「現行法制上の建前としては，普通解雇については解雇自由の原則が妥当し」と述べて，ことさらに「解雇の自由」を強調するものも見られる[27]。そこから，解雇の主張立証責任や就業規則の解雇事由列挙の意味について，一定の解釈が引き出されているのであるが，上記のような法理の実質に鑑みれば，首をかしげざるをえない。立証ルールや就業規則の解釈については，さまざまな要素を考えたうえで公正かつ合理的な判断がなされるべきであり，結果的にこれらの裁判例のような立場をとる場合にも，形式的な「解雇の自由」とは別の論拠を示すべきであろう。

(3) 労基法18条の2の意義

　筆者は以前，「使用者が労働者を解雇する場合には正当理由がなければなら

---

[26] 東京大学労働法研究会編『注釈労働基準法・上巻』（有斐閣，2003）325頁（野田進）。
[27] 角川文化振興財団事件・東京地決平成11.11.29労判780号67頁，ナショナル・ウエストミンスター銀行事件・東京地決平成12.1.21労判782号23頁。
[28] 中窪裕也「採用，退職・解雇のワークルール」連合総合生活開発研究所『新労働法制に関する調査研究報告書』80頁（2002）。

ない」という原則を明記した法律を作ることを提案したことがある[28]。判例で定着しているルールを条文化するにとどめ、正当理由の内容や違反の場合の効果についてはあえて規定を設けずに、従前の判例法理に従うことによって、1日でも早く解雇の基本原則を明文化することが望ましいと考えたのであるが[29]、権利濫用という構成まで忠実に踏襲することは、正直なところ想定していなかった。解雇に正当理由が必要という実質において、すでに社会的コンセンサスが存在していると思ったからである[30]。

しかし、労基法18条の2が「解雇は、客観的に合理的な理由を欠き、社会通念上相当であると認められない場合は、その権利を濫用したものとして、無効とする」と規定したことについては、特に否定するつもりはなく、1つの合理的な選択として、積極的に評価すべきものと考えている。既存の判例

---

[29] 大内教授は解雇ルールの成文化に反対し、その根拠の1つとして、判例法理と成文法とで一般人への周知性にそれほど違いがないと指摘しておられるが(大内伸哉「解雇法制の"pro veritate"」大竹・大内・山川編『解雇法制を考える』(勁草書房、2003) 250頁)、筆者は逆に、労使当事者や一般市民への教育効果をはじめ、法律の条文の中に入っていることの実際的な意義は大きいと考える。大内教授が重視される法の「行為規範」としての機能からいっても (251頁)、むしろ成文化することが望ましいというべきであろう。

[30] 近年、そのこと自体について経済学者から議論が提起されたことを受けて、解雇に合理的理由が必要という命題の当否を多角的に検討する論考も発表されている。土田道夫「解雇権濫用法理の正当性——「解雇には合理的理由が必要」に合理的理由はあるか？」日本労働研究雑誌491号4頁(2001、加筆のうえ、前掲注[29]『解雇法制を考える』91頁に所収)。その緻密な分析には敬意を表するが、筆者は、「被告が解雇の自由を主張し、解雇権濫用法理を批判する部分は独自の見解であって、採るに足りない。解雇は、雇用契約の解約であり、労働者の権利義務に重大な影響を及ぼすものであるから、社会通念に反する解雇が権利の濫用として許されないのはいうまでもないところである」と一蹴した判決(シンガポール・デベロップメント銀行事件・大阪地判平成12.6.23労判786号16頁)を引用したい衝動にかられる。いずれにしても、解雇を制限すべき根拠については、野田教授がこれまでの議論を整理して、①不法な意図、②雇用保障の理念、③労働という契約目的の性質、④長期的継続契約にかかる信義則、⑤企業の組織的合理性、という要素を抽出されており、これに付け加えることはない。前掲注[26]『注釈労働基準法・上巻』323頁以下 (野田進)。

法理を条文化するという意味では，これほど忠実な規定はないであろう（わが国の解雇規制法理発展の足跡を記すモニュメント的な意義も認められる）。この点，当初の政府提出案に含まれていた「使用者は，この法律又は他の法律の規定によりその使用する労働者の解雇に関する権利が制限されている場合を除き，労働者を解雇することができる」との文言は，労働立法として使用者の自由な解雇権を承認することによって，判例法理を変質させてしまう危険がたしかにあり，国会で現在の形に修正されたことは適切であったと考える。

そのうえで，筆者の主張はただひとつ。この規定によって，わが国で「解雇の自由」が最終的に克服されたことを確認すべきだということである。上に述べたように，解雇権濫用法理の実質は，解雇には正当事由が必要というルールであり，労基法18条の2は，それをストレートに体現したものである。言うまでもないが，その下で具体的にどのような場合に解雇が認められるべきかは大問題である。個々の事案の処理の当否や，整理解雇の判断基準の適切さをめぐって，議論が戦わされることを否定する意図は全くない。ただ，その場合に，原則としての「解雇の自由」を主張するのは無意味であり，どのような解雇であれば「客観的に合理的な理由」があり「社会通念上相当である」と認められるかを端的に問題とすべきである。

アメリカ法の立場からいえば，冒頭に掲げた2つの判決が示すように，「解雇の自由」とは決して生やさしいものではない。相応の覚悟なしに援用すべきではないと思われる。

　（本稿は，平成14～17年度文部科学省科学研究費・基盤研究(A)(2)「経済構造変化にともなう雇用変化と雇用関係法に関する実証的・比較法的研究」の成果の一部である。）

社会保障法と民法
―― 社会保障法学の課題についての覚書 ――

岩 村 正 彦

1 はじめに

　わが国の社会保障法の構築は，第 2 次世界大戦後に始まる。その出発点をどこに置くかについては，見方が別れるであろう。仮に 1950 年の社会保障制度審議会の「社会保障制度に関する勧告」がそれに該当するとしても，すでに 50 年以上が経過したことになる。この「社会保障法」を研究対象とする「社会保障法学」がいつ独立の学問分野としてわが国で確立したかは，社会保障法の成立時期以上に時期を明確に特定することは困難である。先の社会保障制度審議会の 1950 年勧告と同時期だとしても 50 年以上ということになる。「社会保障法」という表題を付した最初の本格的体系書と思われる吾妻光俊『社会保障法』(有斐閣，1957 年) を起点と考えたとしても，50 年近くを経過している。「社会保障法学会」についてみれば，その前身である「社会保障法研究会」(1977 年 10 月発足) から数えても，27 年になる。社会保障法学会が毎年刊行している学会誌『社会保障法』は第 1 号が 1986 年に発行されており，同学会が学会の事業として編集した『社会保障法講座』(全 6 巻。2001 年，法律文化社) は学会創立 20 周年を記念して刊行されたものである。こうした学会の動向を念頭に置いて，もし社会保障法学の草創を学会 (もしくは前記研究会) 設立の時期とみるとすれば，それからおおよそ 20 年余りを経過したということになる。

　この間，わが国の社会保障法は大きな発展を遂げた。そして，1990 年代以降は，わが国の経済状態の大きな変化，自由貿易体制の確立による国際競争の激化，わが国社会の高齢化のさらなる進展などによって，社会保障法は，

医療，年金，福祉・介護の各分野において，大きな変革の時期に入った。こうした社会保障法の各分野にわたる展開は，社会保障制度を構成する各制度の下で展開する法律関係を様変わりさせつつある。これに応じて，社会保障法学も従来とは違った様相を見せる当事者間の法律関係ないし権利義務関係の分析・解明や法的問題の検討を迫られている。本稿は，社会保障法の変貌によって社会保障法学が取り組むことが求められている課題について，とくに民法との関係に焦点を当てながら考察を加えることによって，社会保障法学の今後の方向を模索することを試みようとするものである。

まず，1990年代以降の変革期に入る前の社会保障法学のあり方を，社会保障制度の展開に目を配りながら，ごくおおざっぱに概観し，それを通してその頃までの社会保障法学の特徴を探ることにしよう（2）。ついで，1990年代以降，社会保障の領域でどのような動きがあったかを簡単に振り返って，従来とは異なる社会保障の法律関係・権利義務関係の展開を確認し，それをもとに，これからの社会保障法学に求められる課題を，特に民法との関係に焦点を当てて，分析することにしたい（3）。

2 発展期の社会保障と社会保障法学

わが国の社会保障制度の発展は，戦後に始まるといっても，その本格的な展開は高度成長期に入ってからである。これと大体歩調を合わせる形で，とくに朝日訴訟などの著名社会保障裁判をめぐる議論を軸としながら，わが国の社会保障法学は発展してきたといってよいであろう。したがって，この時期の社会保障法学の特質を素描するには，その前に戦後の社会保障制度の歩みを見ておくことが適当である（(a)）。その上で，社会保障法が変貌期に入る前の社会保障法学の状況を振り返ってみることにしよう（(b)）。

(1) 社会保障制度の展開
(a) 社会保障制度の発足

欧州諸国の社会保障制度――たとえば，わが国でもよく参照され，またモデルとされたこともあるドイツ，フランス，イギリス等の社会保障制度――

は，第2次世界大戦前に既に存在していた諸々の法体系（公的医療保険法，公的年金保険法，労災補償法・労災保険法，公的扶助法など）を基礎としながら発展したものである。わが国の場合も，（程度は異なるにしても）似たような状況にあり，戦後の社会保障制度は，大正時代から戦争期にかけて制定・展開してきたいくつかの制度を基盤に構築されている。主な制度の根拠となった法律をとってみても，健康保険法は1922年制定・1927年施行（保険給付および費用の負担について），（旧）国民健康保険法は1938年制定，厚生年金保険法の前身である労働者年金保険法は1941年制定・1942施行，労基法の災害補償制度の前身である工場法の職工扶助制度は1911年制定・1916年施行（健康保険法施行後は業務災害についても同法にもとづく給付が行われる），現在の社会福祉法の出発点である社会事業法は1938年制定・施行である。

　もっとも，前記の欧州諸国でも「社会保障」という考え方──その具体的内容は国によって同じではないものの──にもとづいて法制度が構築されていくのは戦後であったように，わが国の社会保障制度の体系的な整備も第2次世界大戦が終了し，混乱期が一段落して復興が本格化してからである。新たに制定された日本国憲法で生存権が人権として認知され，社会保障制度の憲法的基盤が築かれたことが憲法レベルでは重要ではあるが，具体的な制度構築の面では，1950年の社会保障制度審議会による「社会保障制度に関する勧告」が新たに構築すべき社会保障制度のグランドデザインを描いたことが大きな意味を有している。しかも，この「社会保障制度に関する勧告」は法的にも重要な役割を果たすことになった。というのは，わが国の戦後の社会保障制度は，おおよそこの「社会保障制度に関する勧告」が提示した姿を基軸に作り上げられていったことから，「社会保障法」が法的基盤を提供し規律を行う諸制度として想定されていたのは，だいたい「社会保障制度に関する勧告」が取り上げた範囲の諸制度であったからである。実際，わが国は今日に至るまで「社会保障法」という名称を有した特定の法律を持っていないのであり，現在においても，前記勧告で描き出された社会保障制度を構成する下部制度（公的医療保険制度，公的年金制度，労災保険制度，雇用保険制度，公的扶助制度，社会福祉サービス制度等）の根拠となり，それらの制度を規律する法令の総体がいわゆる「社会保障法」として考えられている（もちろん，1950年

の前記勧告当時想定されなかったわが国社会・経済の変化に応じた構想の練り直しによる新制度の創設等はあるから，それは考慮に入れる必要がある。例えば老人医療制度など）。

　上で述べたように，社会保障制度を築いていく出発点は「社会保障制度に関する勧告」にあったものの，実際に制度が発展し，充実度を増していくのには今少し時間を要した。社会保障制度は巨視的にみれば，税を財源にするにせよ，社会保険料を財源にするにせよ，社会の構成員のある一定の層から別の一定の層への所得の再分配であり（もちろん税を財源とするか，社会保険料を財源とするかで再分配の意義は異なりうる。また，税を財源とする場合でも，所得税等の直接税に比重があるか，消費税等の間接税に比重があるかで意味が違うし，社会保険料が財源のときも，社会保険料の賦課ベースや賦課対象者のあり方によって再分配は異なる意味を持つ），したがって，充実した社会保障制度を持つためには，十分な再分配を行うことを可能にするだけの規模の国民経済（つまり豊かさ）が必要とされるからである。そして，戦争によって経済活動が崩壊した戦後しばらくの間は，社会保障制度を充実させていくだけの経済的余力はなかった。重要な役割を果たしていたのは（旧）生活保護制度（1946年制定）や，それから分離した児童福祉法（1947年制定・1948年施行）・身体障害者福祉法（1949年制定・1950年施行），および（現）生活保護法（1950年制定・施行）による公的扶助や失業保険法（1947年制定）による失業給付などである。これに対して，前述の戦前から存在していた各制度は機能不全に陥っていた。健康保険制度は戦争による事業運営の荒廃，インフレに伴う診療報酬点数単価の引き上げや急速な保険診療の増加による財政難を抱え[1]，(旧)国民健康保険制度は経済の混乱による保険料徴収困難や保険診療への不信・利用率の低下等のために活動を休止する保険者（当時は国民健康保険組合）が続出するという危機的状況にあった[2]。厚生年金保険制度も戦後の猛烈なインフレーションの直撃を受け，その目的を達成することが困難な状況に陥っていたので

（1）　厚生省保険局編『健康保険30年史上巻』（全国社会保険協会連合会，1958年）317頁以下。
（2）　厚生省保険局保険課・国民健康保険中央会編『国民健康保険40年史』（ぎょうせい，1979年）15頁以下。

ある[3]。

　このような状況から脱却して，前記「社会保障制度に関する勧告」の描いた構想に沿って，社会保険制度が社会保障制度の中核といいうるようになるのは，やはり高度成長期に入ってからである。そして，社会保障制度の拡充という点で大きな転機をなすのは，国民皆保険の実現および国民皆年金の成就である。国民皆保険は，（新）国民健康保険法の制定（1958年）と施行（1959年）により，それまでの国民健康保険制度を市町村を保険者とする強制加入の制度に改革する形で実施された。これによって，国民は，公的医療保険については，健康保険等の被用者保険か，国民健康保険という形で運営される地域保険のいずれかに必ず加入し，医療の給付を受けることになった。他方，国民皆年金は，厚生年金保険等の被用者年金保険の適用を受けていなかった農林水産業・商工業自営業者を強制加入の被保険者とする国民年金制度の新設によって，成し遂げられる（1959年）。このように，制度の人的適用という面では飛躍的な充実があったとはいえ，当時の経済力の下では，給付水準等の面で制度を充実させるところまでには至らなかった。給付水準等が向上していくのはわが国経済の高度成長が一層進展してからである。たとえば健康保険の被扶養者の家族療養費の給付率は当初5割であったが，高度成長期が終わる頃である1973年に7割に，入院については1980年に8割になっている。国民健康保険でも，療養の給付の給付率は5割であったのが，1968年に全被保険者について7割に引き上げられている。さらに，高度成長期の終盤に，老人福祉制度の枠内で老人医療制度が創設され，いわゆる老人医療の無料化が実施される（1973年。これは，後に老人保健法（1982年制定，1983年施行）による老人医療制度に模様替えされ，定額負担が導入される）。厚生年金保険につ

（3）　厚生省年金局・社会保険庁運営部編『厚生年金保険50年史』（厚生年金事業振興団，1993年）25-30頁。
（4）　基礎年金制度の創設（1986年）によって，65歳以上の受給者に支給される老齢厚生年金については定額部分は廃止された。現在では，老齢厚生年金の支給開始年齢から65歳に達するまでの者に支給される特別支給年金についてのみ定額部分が支給される（厚年附則8）。男性被保険者についていえば，支給開始年齢が65歳となる2013年には定額部分は全面的に廃止となる。

いてみれば，1973年改正によって行われた定額部分(4)の2倍近くの引き上げと報酬比例部分年金の計算の基礎となる過去の標準報酬月額の再評価制の導入とによって，年金の水準の充実度は大きく増した(5)。

社会福祉サービスの領域においても，社会福祉サービスの基本的な組織基盤等を定める社会福祉事業法（現・社会福祉法（2000年改正による））が1951年に制定・施行され，高度成長期に入ると，生活保護の枠から，対象者別の社会福祉サービスが単行法として分離していく。すなわち，精神薄弱者福祉法（1960年制定・施行。現・知的障害者福祉法（1998年改正による）），老人福祉法（1963年制定・施行），母子及び寡婦福祉法（1964年）である。このほか，国民年金の母子福祉年金(6)の対象とならなかった生別母子家庭を対象とする手当を支給する児童扶養手当法も制定されているし（1961年。1962年施行）(7)，児童を養育する者に対する手当を定める児童手当法の制定も高度成長期の終盤である（1971年制定，1972年施行）。

このように，社会保障制度構築の着手と制度充実に向けての歩みは，戦後，わが国経済の高度成長の波に乗りながら進んできたのである。健康保険制度等は，戦前から存在していたとはいえ，国民皆保険・国民皆年金が成立し，法制面でも充実度を増していくのは，やはり高度成長期である。その意味で，社会保障制度の法的基盤を提供し，社会保障制度の中で展開する法律関係・権利義務関係を規律する「社会保障法」，および，それを研究対象とする社会保障法学が明確に登場してくるのも戦後，とりわけ高度成長期になってからである。そこで，社会保障制度が充実度を増していく高度成長期までの社会保障法学の状況を概観してみることにしよう。それによって，この時期の社

（5） 厚生省年金局・社会保険庁運営部編・前掲注（3）書187～9頁。
（6） 1985年改正によって遺族基礎年金となった。
（7） もっとも，児童扶養手当制度は，1985年の改正によって，国民年金の母子福祉年金制度の補完的性格から脱却し，「母子世帯の生活の安定を自立促進を通じて児童の健全育成を図ることを目的とする」独自の福祉制度となった。これについては，福田素生「児童扶養手当の現状と課題」『所得保障法』（講座社会保障法第2巻）（法律文化社，2001年）314-20頁参照。

会保障法学の持つ特徴を浮かび上がらせることができよう。そのことが，高度成長終焉後の社会保障制度の変容に直面して，今後，社会保障法学が取り組むべき方向を探ることにも役立つと思われる。

(2) 形成期の社会保障法学の特徴
(a) 萌芽期

前述のように，既に戦前に現行諸立法の多くが成立していたとはいえ，社会保障制度を規律する立法が，明確に「社会保障」という考え方の下で整備されるのは，戦後になってからであり，本格的な整備・展開は高度成長期に入ってからである。

こうした社会保障制度の創設の経緯のゆえに，社会保障法学の萌芽が見られるのも戦後である。実際，戦前には，法学の立場からの本格的な学問的業績は乏しい。社会保険法についてみれば，早くに法律が成立・施行された健康保険法に関して，立法に関与した官僚の手になる立案作業の経緯，法律の趣旨・目的等を叙述し，各条文の解説・注釈を行う著作がいくつか存在するのが目を引く程度であり[8]，法学者によるものはわずかである[9]。厚生年金保険法については，その前身である労働者年金保険法に関するものを考慮に入れても，戦争期に入ってしまったこともあり，法学者の手になるものをも含めて，少数の著作しか見あたらない[10]。国民健康保険法もほぼ同様である[11]。例外をなすのは，労災補償法関係であり，戦前において優れた比較法的研究が存在した[12]。労働立法として工場法が早くに成立し，職工扶助制度

---

(8) 清水玄『健康保険法釋義』（帝國地方行政學會，1923年），熊谷憲一『健康保険法詳解』（巖松堂，1926年）など。
(9) 立法に関与した森荘三郎による『健康保険法解説』（有斐閣書房，1923年）等のほかは，後藤清『健康保険法』（日本評論社，1936年）が見られる程度のようである。
(10) 学者によるものとしては，後藤清・近藤文二『労働者年金保険法論』（東洋書館，1942年），実務家の著作としては，花沢武夫『厚生年金保険法大要』（教学館，1944年）が散見される。
(11) 清水玄『國民健康保険法』（羽田書店，1938年），川村秀文他『國民健康保険法詳解』（巖松堂書店，1939年）など。

が社会保険に先立って施行されたということが影響しているのであろう。社会福祉・公的扶助の領域では，相当数の著作が既に存在するが，官公庁の手によるものが目立つし，他方で法学者によるものはほとんど見あたらない。

この時期には，当時の欧州諸国の社会保険立法や社会福祉立法の紹介もかなり行われているが，学者によるものではなく，主として（当時の）厚生省社会局等の立法作業に関与した官僚の手になるものである。法学者の学問的営為としての外国法研究・比較法研究は，乏しい状況であった。

第2次世界大戦後，日本国憲法の下で，とりわけ1950年の前記「社会保障制度に関する勧告」以後，社会保障制度が構築され，展開を始める時期の状況も，戦前までとそれほど大きく変わることはなかった。社会保障立法に関しては，厚生省（当時）の実務家の著作が見られる程度である[13]。法学の立場からの学問的研究は依然として非常に手薄な状態から脱するには至らなかった。同じく戦後になって発展を遂げた労働法については，急速に研究が充実していったのと対照的である。

(b) 形成・展開期

高度成長期に入って，前述のように((1)(b))社会保障制度が充実していく段階に進むと，それに呼応して，社会保障法学も，それまでの実務家による著作を中心とする萌芽期から，研究者による著作が充実していく形成・展開期へと移行する。

(ア) 社会保障法学の形成・展開を示す一つの指標は，「社会保障法」に関す

---

(12) 浅見隆平「英国に於ける労働者の企業災害に対する企業主の責任(一)(二)」法学論叢6巻2号（1921年）78頁・6巻4号（1921年）92頁，野村平爾「英国に於ける労働者災害補償制度の歴史的考察」早稲田法学11巻（1931年）14頁，水島密之亮『英国に於ける労働災厄賠償制度の研究』（三省堂，1935年）などが見られる。
(13) 小山進次郎『生活保護法の解釈と運用』（改訂増補）（中央社会福祉協議会，1951年），小山進次郎編『社會保障關係法』（日本評論新社，1953年）など。
(14) 法学のある学問領域の層の厚さや力量を示す指標としては，もちろん学会の規模や論文の量等も存在する。しかし，その学問分野の成熟度ということを見ようとするときには，高水準の概説書・体系書がどれだけその分野の研究者によって書かれているかということを観察するのが適切であろう。

る概説書や体系書の登場である⁽¹⁴⁾。先駆的な体系書は1957年刊行の吾妻光俊『社会保障法』(有斐閣)(1969年に新版)である⁽¹⁵⁾。その後,少し時間をおいて,1970年代に入ると,概説書・体系書が相次いで出版される。1970年に荒木誠之『社会保障法』(ミネルヴァ書房)が,1972年に籾井常喜『社会保障法』(労働法実務体系18)(総合労働研究所,1972年),1978年に角田豊『社会保障法』(青林書院新社)が刊行されている⁽¹⁶⁾。西原道雄編『社会保障法』(初版)(有斐閣,1972年)のような手頃でコンパクトな教科書も出現しているが,やはり1970年代の特徴は,前記の各概説書・体系書の登場にあるとみるのが適切であろう。

　これらの1957年以降1970年代までに現れた概説書・体系書の内容にはある程度共通する要素が存在する。それは社会保障法の概念・体系・沿革や憲法25条の生存権と社会保障法との関係等を考察する「総論」の重視である。先駆的体系書である吾妻『社会保障法』の場合,初版・新版のいずれでも,全体の約3分の1弱が,社会保障法の概念や社会保障法の史的発展を述べる「序論」と社会保障法の体系と基本概念を検討する「総論」とに割かれている。1970年代の概説書の代表である荒木『社会保障法』でも,全体の3分の1強を総論が占め,そこで社会保障制度形成の要因や国際化,社会保障法の体系と地位,わが国社会保障立法の発展の分析・検討が行われている。総論に重きが置かれていることは籾井『社会保障法』でもほぼ同様であり,社会保障法の基本的性格,日本社会保障法の形成過程および現行社会保障法制の仕組みと体系を取り上げる総論にほぼ3分の1の分量が割り当てられている。籾井『社会保障法』の総論には,給付請求権や措置請求権という概念を定立しその解明も試みているという特徴があるが,それでも生存権の規範的意味といった論点により重きが置かれている。角田『社会保障法』では,「総論」の

---

(15)　同書に先立つ法学者の手になる概説書として,清水金二郎『社会保障制度』(有斐閣,1953年)などがある。

(16)　これらに先行して,林迪廣・古賀昭典『現代社会保障法論』(法律文化社,1968年)があるが,同書でも総論が315頁中の100頁近くを占めており,やはり総論重視の趣が強く現れている。このほか,この時期には,佐藤進『社会保障の法体系(上)』(勁草書房,1969年)も刊行されている。

ウェートは下がるが，それでも全体の約5分の1になる。

　(イ)　こうした「総論」の重視とともに，形成・展開期の社会保障法学には，もう一つ，かなり際だった傾向があった。それは，小川政亮『権利としての社会保障』(勁草書房，1964年)に代表される権利論が大きな位置を占めていたことである。この点は上掲の体系書・概説書ではそれほど明確には現れていないし(もっとも，籾井『社会保障法』は前述のように給付請求権・措置請求権という構成を追求していたから，権利論への傾斜はかなり見られるといってよい)，権利論への指向に対する批判的立場も存在したが[17]，高度成長期がそろそろ終焉を迎える1970年代の社会保障法に関する論考でも，運動論的色彩を持つ社会保障の権利論に立脚するものが少なからず見られる。

　このように，運動論とかなり密着した形で展開される権利論を主軸としながら形成・展開していったということが——労働法にも，いわゆるプロ・レイバーを中心とする運動論の系譜が主流を占めていたことと非常に類似している——，この時期の社会保障法学の基調を成しているといってよい。

　(ウ)　早くから学問体系として成熟していた民法などに関する体系書・概説書と比較すると，(ア)で述べた，体系書・概説書における「総論」の重視は，この時期の社会保障法学の大きな特徴を成しているということができよう[18]。そして，民法等の体系書・概説書において叙述の中心を占める個別の制度の解説や，判例・学説の分析と条文の解釈論(そして場合によって立法論)の展開——いわゆる各論——は上記の著作では手薄である。すなわち社会保障

---

(17)　「特集・社会保障法学の軌跡と展望 《座談会》」民商法雑誌127巻4・5号(2003年)485頁における荒木誠之教授の回想を参照。

(18)　もっとも「総論」に重きが置かれている実定法分野もある。たとえば，刑法(「刑法総論」と「刑法各論」とに分けるのが一般的である)や行政法(行政法総論と行政法各論に分けることがあり，一般に「行政法」というときには行政法総論を指すことが多い)がそうである。しかし，これらの「総論」は，各論で横断的に共通して存在する問題を括りだして法解釈論としての検討・分析を行うものである(刑法総論でいえば，違法性，責任などであり，行政法でいえば行政行為，行政指導などである)。1970年代の社会保障法の体系書・概説書でも上記の意味のような総論を取り上げていないわけではないが(たとえば吾妻・前掲書)，そこで主として論じられていた社会保障法の「総論」は上記の意味での「総論」とは異なる性格のものである。

制度を構成する各種の制度――公的医療保険制度，公的年金制度，社会福祉制度等――についての叙述は，これらの概説書・体系書では淡々とした制度の概観・紹介の域をそれほど超えてないのである（この点で籾井『社会保障法』は「医療に関する社会保険」についてかなり踏み込んだ考察をしている点で目を引く）。

　また，運動論的色彩の強い権利論が社会保障法学の主流をほぼ形成していたということも，民法学などには必ずしも見られない社会保障法学の特徴と捉えることができよう[19]。そして，この特徴もまた，民法学等の主要な実定法分野で練り上げられた精緻な解釈論とは異なる基調の議論が，この時期に社会保障法学では目立つという事情につながるものである。同様に，他の実定法分野で多くの蓄積がある比較法研究・外国法研究についても，社会保障法学ではあまり興味が持たれず，形成・展開期にあったにもかかわらず，研究の蓄積が進まなかったのも，権利論優位という特徴に一つの要因があると評価してよいであろう。

　(エ)　もっとも，高度成長期が終焉にさしかかる 1970 年代末から 1980 年代に入ると変化の兆しが現れる。一つは，園部逸夫・田中舘照橘・石本忠義『社会保障行政法』（有斐閣，1980 年）の上梓である。同書は，行政法的観点からの社会保障法総論を展開するとともに，医療保障，年金，福祉等の各論についても，それぞれの制度の検討と解釈論・立法論をかなり詳細に検討している。「総論」に相当数の頁が割り当てられているとはいっても，1970 年代の体系書・概説書の総論とは異なる意義を持つ総論を提示している点，各論が充実しているという点で，これらの体系書等とは一線を画している。また，教科書ではあるが，荒木誠之『社会保障法読本』（有斐閣，初版は 1983 年）も，「総論」に相当する箇所を敢えて末尾に配置し，各論に関して制度の紹介・概観だけでなく，重要な論点について法的・政策的観点から検討を加えるとい

---

(19)　ただ，民法学でも運動論的な要素が皆無であったわけではない。たとえば，高度成長期に大きな社会問題となった公害問題については，特に不法行為法を中心として運動論的な法学の営みがあり，それが大きな成果を生んだ。これについては，たとえば，平井宜雄『現代不法行為理論の一展望』（一粒社，1980 年）参照。

うスタイルで執筆されており，それまでの概説書等とは違う方向を目指している。

もう一つは，社会保障法に関する判例を素材とする書物が登場したことである。1977年に社会保障判例百選（有斐閣）の初版が編纂されている。もっとも，取り上げるべき判例・裁判例が豊富ではなく，社会保険審査会の裁決例まで解説対象としている点に，編集作業の苦心が垣間見える。また，基本権，労災，失業，医療保険，年金保険，生活保護，福祉各法に関する判例30件を取り上げて研究を行った荒木誠之・林迪廣『判例研究社会保障法』（法律文化社，1979年）も刊行されている。それまで社会保障法関係の判例研究については，研究会活動それ自体は存在していても，その成果たる判例評釈・判例研究の公表は断片的にとどまっていたから，これらの著作の刊行の持つ意義は大きい。とくに，実定法学としての社会保障法学にとって判例評釈や判例研究の重要性が高いことは，民法等の他の実定法学を見れば明らかである。判例評釈・判例研究に本格的に光が当たり始めたことは，「総論」や権利論中心のそれまでの社会保障法学からの脱却の兆候と捉えることもできる。

(オ)　このように1980年代に入ると，体系や基本概念等を論じる「総論」に対する関心は低下する[20]。しかしながら，1980年代までは，社会保障法学は権利論にかなりの力点を置くという特徴を依然として有していたと評価するのが適切であろう。実際，社会保障法学会の活動においても，第8回大会（1985年秋）から第10回大会（1986年秋）にかけて，3回にわたり「社会保障制度の再構成―権利論をめぐって―」というシンポジウムが開催されている[21]。これらのシンポジウムの内容そのものは，主として1980年代の社会保障制度の諸改革を取り上げる各論的なものであるが，全体を貫く副題として「権利論をめぐって」という表題がつけられていることは，象徴的である。

もちろん，このような権利論――とりわけ生存権論――の重視には背景が

---

(20)　とくに菊池馨実「社会保障法理論の系譜と展開可能性――とりわけ個人規定的理論の見地から――」民商法雑誌127巻4・5号（2003年）588頁がこうした傾向を指摘する。

(21)　日本社会保障法学会誌「社会保障法」1号（1986年）および2号（1987年）参照。

2 発展期の社会保障と社会保障法学

ある。既に見たように（(1)(b)），高度成長期末期までは，わが国の社会保障制度の形成期であって，社会保障法学も社会保障制度の構築を後押しする理論を憲法 25 条を基盤に築いていく必要があった。また，この時期の社会保障法関連の著名な判例・裁判例も，社会保障制度の形成期という時代を背景として，やはり憲法 25 条（および憲法 14 条）との整合性を論じるものが多く，社会保障法学もこうした訴訟で提起されている法的問題について検討を加えることを課題として捉える志向が強かった。そのため，各論に属する具体的な法的論点（解釈論および法政策論）を議論するあたっても，抽象的な権利論から出発する，あるいは抽象的な権利論に回帰してしまう傾向があった[22]。さらには，憲法 25 条あるいは 14 条への適合性を取り上げる判例・裁判例を除くと，社会保障立法の個別の条文等について解釈論として論ずべき課題は顕在化しておらず，民法等のような精緻な法解釈学を作り上げていくための素材にも乏しかったのである（前述のように，社会保障判例百選の初版が取り上げる裁判例等の選定に苦労した形跡が見えることがその一つの証左である）[23]。

ところが，1980 年代に入ると，社会保障制度そのものの成熟と社会保障制度を取り巻く環境の変化を敏感に捉えて指摘された，生存権論に立脚する権利論的議論の限界[24]がはっきりとしてくる。しかしながら，社会保障法学の

---

[22] 福武直「社会保障と社会保障論」社会保障研究所編『社会保障の基本問題』(1983 年，東京大学出版会) がこうした背景を指摘する。

[23] 間接的な影響を持つにとどまると考えるべき要素であるが，この時期には，法学部や法学系大学院で社会保障法の講義や演習を開講している大学は非常に少なく，そのため民法等の分野と比べると研究者の養成もごく一部の大学院に限られていたということも影響しているように思われる。1970 年代の大学院での社会保障法の演習のエピソードとしては，前掲注(17)「特集・社会保障法学の軌跡と展望 《座談会》」が興味深い。

[24] 福武・前掲注(22)論文がその代表例である。法学の立場からは，高藤昭『社会保障法の基本原理と構造』(1994 年，法政大学出版会) が，この福武論文の指摘を社会保障法学に対する批判と理解し，ひとまず謙虚に受け止めなければならないとした上で (5 頁)，権利論的議論（高藤教授によれば「生存権万能主義」）を批判する立場から，社会保障法学の基礎理論の構築を試みている (11 頁以下。なお，この部分（同書第 1 章）の初出は 1989 年)。そこで展開されているのが，「社会連帯原理」の理論である。

側で，こうした批判を受け止めて新しい理論構築を試みているとは必ずしもいえない状況にある。確かに，基礎理論としては，「社会連帯論」があるが[25]，その具体的内容は——最近議論の展開が進みつつあるとはいえ——必ずしも明確ではなく，法解釈論や法政策論への有用性は明確ではない[26]。そして，社会保障法学が対応にとまどっている間に，社会保障制度それ自体が大きく変容し，それに伴って，社会保障法学が取り扱う法律関係，権利・義務関係そのものが1970年代終わりまでに展開・形成された社会保障制度におけるそれとは異なった様相を見せるに至る。そこで，章を改めて，とくに1990年代以降の社会保障制度の変容を概観し，本稿の主題に即して社会保障法学が直面している問題を探ることにしたい。

3 社会保障制度の変容と社会保障法学

わが国の高度成長期が終焉を迎え，経済の安定成長期に移行した1980年代に始まった社会保障制度の変容は，1990年代になると明確なものとなる。右肩上がりの経済成長を前提とした制度設計や政策はもはや困難となり，1970年代末までに成立した社会保障制度をどのようにして新しい社会・経済状況に適合させていくかが課題となる。そうした観点から，とくに1990年代以降，社会保障制度の手直しが矢継ぎ早に行われていく。本章では，まず，こうして生じた社会保障制度の変容を，本稿の検討に必要な範囲で簡単に観察し((1))，それを踏まえて，民法との関係を念頭に置きながら，今後，社会保障法学が考えていくべき課題を考察しよう((2))。

(1) 社会保障制度の急速な変容
(a) 社会保障制度をめぐる諸条件の変化
わが国経済の高度成長とともに1970年代までに生成・展開してきた社会保障制度は，高度成長から安定成長への転換に伴い，1980年代には手直しの時

---

(25) 高藤・前掲注(24)書を代表的論考として挙げることができる。
(26) 同旨，菊池・前掲注(20)論文 589頁。

期に入る。そして，1990年代に入ると，いわゆるバブル経済の崩壊の影響もあり，社会保障制度を取り巻く状況は急速に，かつ著しく変化する。それに歩調を合わせるかのように，1990年代から2000年代にかけて，社会保障制度の改革が早い速度で展開していく。

こうした社会保障制度の変容の背景には，既に多くの論者が指摘するように，いくつかの社会・経済的要因が存在する[27]。これらの社会・経済的要因について考察を加えることは本稿の主題ではないので，ここでは，その主なものに触れておくにとどめよう。

(ア) まず，既に繰り返して言及した要因であるが，わが国経済の高度成長が止まり，経済の成長が安定的なものに（あるいは，むしろ低成長に）なったということが挙げられる。なにより，1990年代以降のバブル経済の崩壊によって生じた経済の停滞が社会保障制度のあり方にも多大の影響を及ぼしている。

社会保障制度は，もともと，社会保険料または税（直接税，間接税）を通して，国民の間で資源・所得の再分配を行う仕組みである。高度成長期には，経済成長によって経済規模が大きくなり（したがって，国・地方公共団体の財政規模も大きくなり），その結果として社会保障制度を通した再分配への割当も大きくなる（つまり，社会保障制度の充実が図られる）という循環メカニズムが働いた。しかし，経済が安定的な成長にとどまる，あるいはバブル崩壊後のように経済規模が縮小するようになると，このメカニズムは機能しなくなる。けれども，高齢化をはじめとした社会保障制度の充実を要請する要因は増加・拡大する一方である。そのため，社会保障制度を媒介とする資源・所得の再配分のために確保できる原資が限られる中で，どのようにして社会保障制度に対する需要を満たすかが重要な政策的課題となった。

(イ) つぎに，これも周知のことであるが，わが国社会の少子高齢化の急速な進行が挙げられる。とくに高齢化の進行は，社会保障制度を構成する各制度に著しい影響を及ぼす。

たとえば，要介護状態となりやすい後期高齢者の増加をもたらし，高齢者

---

[27] 要をえた考察として，たとえば植村尚史『社会保障を問い直す』（中央法規，2003年），とくに124頁以下がある。

の介護サービスの拡充の必要性を生み出す。また，生活習慣病に代表される慢性疾患に罹患していることの多い高齢者の増加は，高齢者医療制度のあり方に深刻な影を投げかける。さらに，賦課制度を基本として運営されているため，人口構造の変化が財政状況に直ちに反映される公的年金制度（基礎年金制度および被用者年金制度（厚生年金保険制度および公務員共済組合制度））の将来のあり方も，大きな問題となる。

他方で，少子化は，将来のわが国の社会・経済に及ぼす影響が大であり，その進行を食い止めるための施策，たとえば保育所サービス等の育児支援策や児童手当等の子供のいる世帯の所得支援策の充実が求められる。

(ウ) 国の規制改革政策，経済財政政策が社会保障政策に強い介入をするようになったことも1990年代以降の社会保障制度の改革に深い関わりを有している。これは，(ア)および(イ)で述べた要因から派生したものであり，またそれらと相互影響を持つものではあるが，この要因が大きな意味を持つに至った経緯としては，社会主義国家の崩壊によって，資本主義モデル，なかでも市場経済モデルに代替するモデルが消失し，市場経済重視の経済学が国全体の政策形成に強い影響力を有するに至ったことが決定的である。

市場経済重視を基調とする政策の中で検討されている国家の役割の見直しは，必然的に，国・地方公共団体が主体となって運営する社会保障制度の見直しにつながるものである。そして，国・地方公共団体によるサービス提供事業の独立行政法人等による運営への移行や民営化，事前規制から事後規制への規制の組替え，財・サービスの提供に関する参入規制の撤廃と市場化の推進による競争の助長といった施策も直接・間接に社会保障制度の諸改革に反映されることになった。

(エ) 産業構造，雇用・就労形態，家族などについて，従来措定してきた「モデル」が大きく変貌したことも重要な要因である。このことは，こうした要素の「モデル」を基礎に構築されてきた社会保障の各制度が，新しい社会・経済条件に適合しなくなっていくということを意味する。

産業構造についてみれば，かつて多くの労働力人口を抱えていた第1次産業が大きく衰退して，第2次産業へと労働力人口が移動し，さらに現在では第3次産業が飛躍的に伸びている。これに伴って，わが国の地域別の人口分

布も大きく変わった（農林漁業地域の過疎化と商工業地域の都市化）。このことは，国民健康保険制度や（旧）国民年金制度に劇的な影響を及ぼした。

また，大企業を中心として存在した，終身雇用制の下で働く正規従業員を「モデル」とする雇用・就労形態も，技術革新，第3次産業化，高齢化，規制緩和，女性の雇用市場への進出といった変化の波を受けて，変貌を遂げつつある。いわゆる非典型の雇用・就労形態の出現によるものであり，パートタイマー・派遣労働やフリーターを含むアルバイト等の増加，外注化による業務処理請負等の業務形態の発展，非労働者型の就労形態（いわゆる「契約社員」等。「フリーター」もここに含まれることもある）の伸張などがその具体例である。このような非典型雇用・就労の発展は，正規従業員「モデル」を基礎に制度設計がなされてきた被用者のための各種社会保険に負の影響を与え始めている[28]。

さらに，働く女性の増加は，被用者のための社会保険制度が前提としてきた家族「モデル」（核家族であって，夫がサラリーマンとして働いて家計を支え，妻が専業主婦として子供の養育と家事を担う）[29]の凋落をもたらし，被用者を対象とする社会保険制度の制度設計そのものの基盤を揺るがすに至っている。

---

(28) この問題については，倉田聡「短期・断続的雇用者の労働保険・社会保険」日本労働法学会編『労働市場の機構とルール』（講座21世紀の労働法第2巻）（有斐閣，2000年）261頁が詳しい。また，被用者年金制度に対する影響については，雇用と年金研究会報告書『多様な働き方に対応できる中立的な年金制度を目指して』（厚生労働省，2003年）を参照。

(29) もともと，この家族「モデル」は，富裕層やエリートの理想であって，特権階級の女性のみがこのモデルのような家庭生活を営んでいたのであり，所得が低いために妻も労働に従事せざるをえなかった農業世帯や労働者世帯は，この家族「モデル」とは遠いところにいた。そのため，この家族「モデル」が労働者世帯等へと拡大することは，この「モデル」の「大衆化」と捉えられた（THERY (I.), *«Coupe, filiation et parenté aujourd'hui», Rapport à la ministre de l'Emploi et de la Solidarité et au garde des Sceaux, ministre de la justice*, Éditions Odile Jacob, 1998, pp. 28-30)。わが国の場合も，戦後の高度成長期の労働組合運動が要求し，獲得した年功賃金と生活給の賃金制度も，この家族「モデル」を実現するためのものといえよう。そして，現に，高度成長期にこの家族「モデル」は大衆化したのである。

また，この家族「モデル」の下で想定されてきた，高齢者の介護を家族，とくに家庭にいる女性（本人の妻，息子の妻または娘）が行うという「モデル」も通用力を失い，高齢者の介護を各種の公的サービスによって行う必要性を高めることになった。

　(オ) もう一つの要因として，経済活動の国際化を忘れるべきではない。国際自由貿易体制の確立により，財・資本の国際移動が大幅に自由化され，それがバブル経済崩壊後のわが国経済の立て直しの要請と結びついて，わが国の企業の行動を相当程度変えるという作用を及ぼした。たとえば，海外投資家の国内証券・債券市場への参入，わが国企業の海外証券・債券市場での直接金融による資金調達，より安い労働力を求めての生産拠点の海外移転といった現象が起きた。

　これらは，一見すると社会保障政策に関わりがないようであるが，そうではない。メインバンク制に依拠する間接金融から市場での資金調達を行う直接金融へのシフトは，国際的大企業に国際標準の会計基準による会計処理を迫り，そのことがこれらの企業の厚生年金基金に対する従来の政策を大転換させることになったし，生産拠点の海外移転は，わが国労働市場の空洞化を生み，被用者を対象とする社会保険制度の財政に対して負の効果を持つ。

(b)　社会保障制度の再編成

　上述のようなわが国の社会・経済条件の大きな変化に伴い，1980年代に入って始まった社会保障制度の手直しは，1990年代以降本格化し，2000年代に入るとより一層進行することになった。社会保障制度を構成する医療保険，年金，社会福祉サービス（介護を含む）の各分野にわたるこうした制度改革を一つずつ振り返って描写し検討することは本稿の主題ではない。ここでは，次節での検討を想定して，社会保障の事業運営主体であった行政の役割の組み替えや縮減と，社会保障に関する権利義務関係の多様化・複雑化という二つの角度を設定して，社会保障制度の再編成の動きを概観することにしたい。

　(ア) 1980年代以降の社会保障制度の諸改革を特徴づける様々な要素のうち，重要なものの一つは，各種の社会保障を運営してきた行政の役割の見直しや縮減である[30]。それは，具体的には，提供する保障の水準ないし範囲の

3 社会保障制度の変容と社会保障法学

縮減あるいは重点化や，行政の機能の切り替えという形で現れている。これは，急角度な右肩上がりの経済成長の停止や不況による公財政の状況の悪化，高齢化，市場重視政策といった要因を背景としている。

まず，医療保険の分野について見てみると，まず，1982年制定の老人保健法によって，翌83年から新しい老人医療制度が施行されたことが指摘できる。これにより，それまでのいわゆる「老人医療の無料化」が改められ，定額制とはいえ，老人医療受給者の受診時一部負担金制度が導入された[31]。これ以降，2002年改正までのおよそ20年をかけて，一部負担金の定率制（2002年改正により，原則1割負担，一定所得以上の者は2割負担）への移行が行われていく。受給者の範囲も，2002年改正によって，それまでの70歳以上から75歳以上に縮減されている。健康保険でも，従来低額の定額負担にとどまっていた被保険者本人の一部負担金について，1984年改正によって定率制が導入された。この健康保険被保険者本人の一部負担率は長らく1割であったが（昭和59法77附則4条による），1997年改正によって，同年9月から2割に，さらに2002年改正によって，2003年4月から3割に引き上げられている（なお，同年の改正によって，同年10月から70歳以上の被保険者は原則1割負担，一定所得以上の者は2割負担となっている）[32][33]。入院よりも費用がかからない在宅

---

(30) 社会保障に関する国家の役割の変化という視角から，堀勝洋「社会保障制度の変革」ジュリスト1133号（1998年）150頁が詳しく論じている。

(31) 老人保健法の制定による新しい老人医療制度の発足は，受給者一部負担の導入だけではなく，慢性疾患や入院が多いという高齢者の特性に合わせた診療報酬体系を設定したことと，各公的医療保険の保険者から徴収する医療費拠出金の仕組みを設けて公的医療保険全体で高齢者医療の財政を支える仕組みを作ったことにも意義がある。この点については，たとえば，荒木誠之「老人保健制度の意義と課題」ジュリスト766号（1982年）42頁を参照。

(32) 他方で，2003年4月から，従来，一律に一部負担率が3割であった被扶養者については，3歳に達する日の属する月以前である場合の診療の一部負担率は2割，70歳に達する日の属する月の翌月の診療の一部負担率は1割（ただし，一定所得以上の被保険者の被扶養者については2割）に引き下げる改正が行われている。国民健康保険の被保険者の一部負担率（従来一律3割）に関しても，同様の改正が行われている。医療保険制度全体として見たときの一部負担率の引き上げに対する配慮ということができよう。

医療を促進するための診療報酬体系の手直しや訪問看護療養費の新設，入院時食事療養費の創設，特定療養費の対象となる選定医療の範囲の拡大（具体的には，療養病棟等に患者側の事情で180日を超えて入院している場合の入院基本料等の特定療養費化（2002年4月から））などもこの方向の施策である。さらに，かねてから議論されている混合診療の解禁も，（明示的には論じられていないが）公的医療保険がカバーする医療の範囲の縮減を指向するものとみることができよう[34][35]。

つぎに，年金について見てみよう。現役の就労年齢世代から高齢の年金受給世代への所得再分配の仕組みである賦課方式によって制度運営を行う公的年金制度は，人口構造の高齢化による財政への影響に直面している。わが国の場合も，基礎年金はほぼ純粋の賦課方式で制度運営が行われているおり，厚生年金も積立金は持っているものの賦課方式による制度運営の比重が非常に大きい。そのため，わが国の急速かつ著しい高齢化は，基礎年金・厚生年金制度の運営に深刻な影を投げかけている。もともと年金制度の成熟が進んで年金給付額が上がってきたことに加えて，高齢化は，受給者増による年金

---

(33) こうした一部負担率の引き上げは，診療報酬のうち公的医療保険が負担する率（給付率）を下げるという意味では，保険給付水準の引き下げであって，公的医療保険がカバーする範囲の縮小ということができる。ただし，一部負担率の引き上げ自体は，公的医療保険が提供する診療や医薬品の範囲を縮減するものではなく，この観点からは，公的医療保険が保障する範囲が狭められているわけではない。なお，一部負担率の引き下げは，高額療養費制度があるとはいえ，とくに入院時には被保険者等の患者の負担を大きくするという効果がある。このことは，入院時に入院費用の補塡をする保険商品を販売する民間保険会社が一層重要な役割を果たすようになるということを意味する。このように，一部負担率の引き下げは，公的医療保険と民間保険会社の販売する医療保険（実際には，主たる保険事故は上述のように入院に限られている）との境界線を変化させ，民間の医療保険が活動する領域を拡大するという作用を持つ。

(34) 拙稿「社会保障法入門　59」自治実務セミナー43巻6号（2004年）8頁参照。

(35) 現在までのところ，診療報酬体系や薬価基準に収載される医療行為や医薬品には絶えず見直しが行われ，それまでは公的医療保険では認められていなかった新しい医療行為や高度な医療行為を診療報酬体系に取り込んだり，新薬を薬価基準に収載したりして，全体としてみたとき，公的医療保険が提供する医療の水準は向上してきており，引き下げや縮減の方向にはないといってよいことに留意すべきである。

給付総額の増加というさらなる負荷を年金財政に与えるからである。年金給付総額を抑制しなければ，高齢化の進行に従って保険料率（基礎年金の場合は保険料額）を引き上げていかなければならないが，それは現役の就労年齢世代の実質所得を引き下げることになるし，また，被用者年金制度については，事業主の保険料負担を膨張させることになる。したがって，保険料率や保険料額の引き上げだけで高齢化の影響に対処するには限度がある。賦課方式の下での世代間所得再分配を維持していくためには，保険料率や保険料額を引き上げるにしても，それを一定限度内におさめる一方で，年金給付総額を抑制し，さらには縮減するという方向で世代間所得再分配のあり方を見直す必要が生じるのである。1980年代以降の相次ぐ年金改革は，基本的にはこの基本線に沿って行われている[36]。実際，保険料率・保険料額の引き上げや保険料賦課対象賃金の範囲の拡大[37]等とあわせて，老齢厚生年金の支給開始年齢の引き上げ，年金給付のスライド制の見直し，老齢厚生年金の給付水準（いわゆる所得代替率）の引き下げなどが実施されている。2004年改正では，より急速な高齢化を背景に，保険料率の上限を設定する一方で，今後20年間の毎年の年金の給付水準の改訂にあたって，名目手取り賃金の変動率を高齢化の進展に相当する率と平均余命の伸び率との合計分（調整率）で割り引いた率（既裁定年金については物価変動率を調整率で割り引いた率）を用いることにして（いわゆる「マクロ経済スライド方式」），老齢厚生年金の所得代替率を2023年に50.2％に引き下げることとした。65歳以上の高齢者世帯においては，世帯所

---

(36) もっとも，わが国の場合は，社会保険方式（拠出制）の公的年金制度という枠組みを維持しながらも，基礎年金には，国庫負担として税財源を投入してきた。そこで，高齢化への対処として，主として，第1号被保険者の未納問題（いわゆる基礎年金の空洞化）への対応と厚生年金保険料率上昇の抑制という見地から，基礎年金への税財源の投入量を増やす（国庫負担率の引き上げ）ことが議論されてきた。そして，2004年改正によって，国庫負担の負担率を従来の3分の1から2分の1へと引き上げる道筋がつけられた（改正後の国民年金法85条1項，2004年改正法附則13条・14条）。しかし，国庫負担の引き上げ分の財源が単純に現行税制の下での増税によって賄われるのであれば，現在の所得捕捉率の状況からいって，被用者の負担増につながる蓋然性が高く，問題の根本的解決にはならない。その意味で，2004年改正法附則14条がいう「所要の税制上の措置」として何を講じるのかが重要な課題である。

得のうち，公的年金（恩給を含む）の占める比率が現在は大きいが（2003年国民生活基礎調査によれば，平均で67％を占める。高齢者世帯の場合，総所得に占める公的年金・恩給の占める比率が100％の世帯は，61％に達する），2004年改正法施行後に新規に裁定を受ける老齢年金受給者については，世帯所得に占める公的年金（恩給も含む）の比率は，高齢化の進展とともに低下する。つまり，高齢者の所得保障制度としての公的年金の役割は今後20年間にわたって縮減していくのである。

　高齢者の介護や社会福祉サービスの領域でも，制度の再編成が行われた。この領域では，行政等の公的な主体の果たす役割の見直しが大きな変更点である。高齢者の介護については，従来は，老人医療制度による介護サービスの提供が行われる一方で，老人福祉制度にもとづき，行政が主体となる措置制度の下で，行政の直営または社会福祉法人への委託によって介護サービス事業が行われてきた。1989年のゴールドプラン以降，高齢者介護サービスの量的充実策が積極的に進められるが，財源確保の問題と措置制度の硬直さの問題等が浮上したことを背景に，介護保険法が制定（1997年），施行（2000年4月）されるに至る。これにより，措置制度が基本的に撤廃され，とくに在宅介護サービス分野については，参入規制が大幅に緩和されて市場原理が機能しうる枠組みとなった。この介護保険制度の施行によって，市町村が高齢者

---

(37)　2000年改正によって，2003年4月から，賞与も，標準賞与の範囲内で厚生年金保険料の賦課対象となった。あわせて，年金給付の算定の基礎にも標準賞与が算入されることになり，それに伴い，給付算定に用いる乗率も改訂された。また，2004年改正の準備段階では，厚生年金の被保険者の範囲をパートタイマーへも拡大すること（したがって，厚生年金保険料の負担者（被保険者・事業主）を増やすこと）も検討されたが（厚生労働省『多様な働き方に対応できる中立的な年金制度を目指して』（雇用と年金に関する研究会報告）（2003年3月）），パートタイマーを多く使用する業界の反対のために，2004年改正では見送られた。しかし，雇用の多様化が進み，とくにパートタイマーについては，その数の劇的な増加によって，もはや非典型の雇用形態とはいいがたい状況になっていることに鑑みると，厚生年金保険のパートタイマーへの適用を見送ったことには疑問が大きい。2004年改正法附則3条3項で定めるところに従って検討を進め，次期財政再計算の際の改正にあたっては，パートタイマーへの適用拡大に踏み切るべきである。

介護サービスに関して果たす役割は大きく変容する。それまで措置制度の下で高齢者の介護サービスの提供主体（措置委託の場合を含む）であったのが，介護保険の事業運営主体へと衣替えしたのである。そして，介護サービスは，介護保険制度による事実上の現物給付として，指定在宅介護事業者等から提供されることになった。また，サービスを受けた場合の受給者の費用負担は，措置制度の下での税制転用方式による費用徴収制度から，公的医療保険制度と同様の定率制（1割負担）の一部負担金制度へと切り替えられた。これは，税制転用方式の下では低額の負担をするにとどまっていた所得階層の受給者にとっては，給付水準の引き下げということになる[38]。障害者のための社会福祉サービスについても，2000年の各種社会福祉サービス立法の改正によって，2003年4月から，それまでの措置制度に代わって，支援費制度が導入されている。ここでも，高齢者の介護サービスと同様に，市町村の役割の変化（サービスの提供主体から支援費支給者へ），在宅サービスの領域での参入規制の緩和と競争原理の導入が図られている。このように，高齢者の介護サービスや障害者に対する福祉サービスに関して，市町村の機能がサービスの提供主体から保険事業者や支援費支給者へと変わった点に着目すると，ここでもやはり公の役割の縮減が見られるといえよう。

　(イ)　1980年代以降進められた社会保障制度の手直しがもたらしたもう一つの動きは，社会保障をめぐる法律関係，権利義務関係の多様化・複雑化である。これは，(ア)で指摘した行政の役割の組み替えや限定の帰結等でもある。医療，年金，介護・福祉サービスの各領域で，各種制度が提供する給付・サービスの水準・内容の縮減が行われ，また行政の役割の見直しが行われたことにより，社会保障をめぐる法律関係において，行政主体以外の法主体の役割が拡大したり，従来関与してこなかった法主体が登場するようになった[39]。これに伴い，従来以上に役割を拡大した法主体と受給者等との間の法律関係

---

(38)　さらに，介護保険の保険料の徴収も行われることとなって，被保険者の手取り所得減をもたらしている。

(39)　加藤智章他『社会保障法（第2版）』（有斐閣，2004年）54-6頁。社会保障の法主体に関する新しい動向を幅広く検討するものに，「社会保障制度における法主体——保険者・実施主体・供給主体をめぐる法的諸問題」社会保障法14号（1999年）がある。

が重要性を増し，また新たに登場した法主体と行政主体・受給者との間の法律関係も展開を見せることになる。

　このような社会保障をめぐる法律関係，権利義務関係の新たな展開の中でとりわけ注意を向ける必要があるのは，契約関係，すなわち契約にもとづく権利義務関係の重要度が大きく増した点である。もちろん，これまでも，社会保障の領域で契約にもとづく法律関係が登場する場面は存在した。たとえば，公的医療保険で現物給付として支給される療養の給付（健康保険・国民健康保険）や医療の提供（老人医療），そして特定療養費や家族療養費等の対象である診療等（事実上の現物給付）は，保険医療機関等と被保険者・受給者との民法上の診療契約にもとづいて提供される。けれども，1980年代以降の社会保障制度の変容が始まるまでは，行政処分によって給付・サービスの提供が決定されるという仕組みが，公的医療保険の現物給付以外では主流であったといってよい。たとえば，高齢者の介護サービスをはじめとする様々な社会福祉サービスは，措置制度の下では，措置権者の行う措置（行政処分）にもとづいて当該サービスの受け手（高齢者や障害者など）との間の法律関係が形成されるという法的構成をとる。また，公的年金制度の保険給付，労災保険・雇用保険の保険給付等の金銭給付は，行政主体たる保険者（国，健康保険組合等の公共組合，地方公共団体）が被保険者等からの請求・申請を受けて行う処分（行政処分）によって，給付をめぐる法律関係が設定される。このように，給付やサービスをめぐる権利義務関係を契約によって形成するという局面は，社会保障法では従来は限られていたのである。

　しかし，近年の社会保障制度の相次ぐ改革によって，給付・サービスの受給に契約が重要な役割を果たすようになった。とくに，それまで「契約」というものとほとんど無縁と考えられてきた介護・福祉サービスの領域で[40]，介護保険と支援費制度が被保険者等（利用者）との間の契約にもとづいて各種

---

(40) 措置権者と社会福祉サービスを受ける高齢者等との間は契約関係とは捉えられていなかった。これに対して，措置委託の場合の，受託者（施設等を設置する社会福祉法人等）と社会福祉サービスを受ける高齢者等との間で直接的な権利義務関係が存在するかについては議論があり，学説上は，第三者のためにする契約などの構成を採用することで，これを肯定する方向にある（加藤他・前掲注(39)書228-9頁）。

サービス事業者が提供した介護等のサービスについて保険給付や支援費を支給する構成を採用したことが決定的である。同時に、これは、介護等のサービスの領域に、「市場」や「競争」という考え方が持ち込まれたことも意味し、また多様な法主体の登場を促し、法律関係の複雑化ももたらした。これに伴い、介護保険法制や障害者の社会福祉サービス法制の中に、契約、市場、競争といった視角を取り入れた規制の整備が行われている。たとえば、社会福祉法には、社会福祉事業の経営者に対して、事業に関する情報の提供の努力義務（75条）、社会福祉サービス利用契約の申込み時の契約内容等についての説明の努力義務（76条）、社会福祉サービス利用契約成立時の書面の交付義務（77条）、良質かつ適切なサービス提供の努力義務（78条1項）、誇大広告の禁止（79条）などの規定が設けられている。介護保険でも、各種事業の運営基準で、事業者に対して、介護サービス利用契約の申込み時におけるサービスの選択に資する重要事項文書の交付・説明義務および同意を得る義務、正当な理由のない契約締結拒否の禁止、交通費等の利用料に関する内容・費用の説明と同意を得る義務、誇大広告の禁止などを課し、また介護保険法自身も、利用料の支払いを受けたときの領収証交付義務を定めている（41条8項等）。契約を基礎に介護・福祉のサービスを提供する制度の下では、契約当事者たる高齢者や知的障害者等の判断能力や意思能力の減退・喪失が問題となるが、これに関しては、民法上、成年後見制度の整備を行うとともに、社会福祉法が福祉サービス利用援助事業を用意して、サービスの提供を受けるための手続（契約締結を含む）および費用の支払いに関する便宜供与を行うこととしている（2条3項12号、80条、81条）。さらには、契約締結時および履行時で生じうる契約上の権利義務に関わらない日常的なトラブルの簡易・迅速な解決のために、苦情処理の機関・手続も設けている（介護保険以外の社会福祉サービスに関する都道府県適正化委員会による苦情処理（社会福祉法83〜87条）と介護保険のサービスに関する都道府県国民健康保険連合会による苦情処理（介護保険法176条1項2号））。

　公的医療保険においても、訪問看護療養費の導入によって、新たに指定訪問看護事業者という法主体が登場したし、入院時食事療養費の創設や特定療養費の対象の拡大などによって、保険給付の対象とならない療養等に関する

被保険者等と保険医療機関等との間の契約の持つ意義が大きくなりつつある。後者について，現行法は，療養の給付等とは別個の保険給付を設けて，公的医療保険の法制度に取り込み，その枠の中で保険医療機関等に義務を課すという形で，契約の締結過程や内容に行政的規制を加えている。たとえば，特定療養費について見れば，まず，高度先端医療および選定療養の両者について種類・内容・提供できる保険医療機関等に関し規制が存する。契約締結過程についても，保険医療機関等に対し，療養等の内容と費用に関する事前説明と被保険者等の同意を得る義務を課している。さらに，費用の支払いに関しても，不明瞭な請求を防止するため，保険外負担の額を明確にした領収書の交付を義務づけている(41)。現在，混合診療の解禁の可否が議論されているが，かりに混合診療が認められることになれば，公的医療保険による診療のための契約と一体となった自由診療契約が一般化することになる。そのときには，公的医療保険の場面でも，今以上に契約の役割が大きくなろう(42)。

公的年金の場合は，2004年改正により，今後の新規裁定年金の所得代替率は低下していくから，高齢者の所得保障については，老齢基礎年金・老齢厚生年金といった公的年金制度には属しないが，それらを補完する機能を持つ年金制度，具体的には積立方式による企業年金(確定給付型の厚生年金基金や確定給付企業年金，確定拠出年金)および個人年金(国民年金基金，確定拠出年金)(43)が，これからその重要度を増すことになる。実際，これらの企業年金等

---

(41) 特定療養費にかかる契約に対する規制については，拙稿「社会保障法入門 57」自治実務セミナー43巻2号(2004年)16頁，および「社会保障法入門 58」自治実務セミナー43巻3号(2004年) 4頁参照。

(42) もし，混合診療の容認が，公的医療保険が提供する医療の範囲の縮小と自由診療の対象となる医療の範囲の拡大(たとえば，基盤的な医療のみを公的医療保険が提供し，それを超える医療は自由診療に委ねる)とを伴うならば，契約の役割はより一層大きくなる。

(43) 企業年金と社会保障法との関係については，厚生年金基金を題材に論じる小島晴洋「企業年金の法理論——厚生年金基金の社会保障性について——」季刊社会保障研究32巻2号(1996年)199頁がある。ただ，同論文が，厚生年金基金の社会保障性を強調することから，たとえば給付の生活保障性への純化を論じる点などについては議論の余地があろう。

の制度設計でも，高齢者の所得保障における補完的役割を一つの重要な考慮要素として税制上の優遇措置が設けられているし，公的年金制度との連携も強く意識され（確定給付企業年金・企業型確定拠出年金は厚生年金適用事業所でないと設立できないし（確定給付企業年金法3条，確定拠出年金法2条2項・3条），個人型確定拠出年金に加入できるのは国民年金第1号被保険者と厚生年金被保険者（企業年金加入者を除く）である（確定拠出年金法62条。また確定拠出年金68条2項も参照）），高齢者の所得保障の機能を確保するための法令の規制や行政の監督制度も ── 支払保証制度の整備等の課題はあるが ── 整備されている。

これを，給付の受給をめぐる権利義務関係の法的根拠という見地から分析すると，つぎのように捉えることができる。公的年金の給付の受給に関する権利義務関係の設定は，被保険者等の請求にもとづく保険者の裁定という行政処分にもとづくものであり，そこに契約という観念は入ってこない。厚生年金基金が支給する給付の場合も，老齢厚生年金の代行部分を含むため，基金は行政主体と位置づけられ，厚生年金給付の場合と同様に，行政処分たる基金の裁定にもとづいて給付の受給に関する権利義務関係が設定される（厚生年金保険法134条。また厚生年金保険法169条も参照）。また，国民年金基金の場合も，老齢基礎年金との連結があることから（国民年金129条），給付の受給に関する権利義務関係の設定は，やはり行政処分（基金の裁定）による（国民年金法133条。また国民年金法138条も参照）。これに対して，代行部分を持たず，公的年金給付との連結もない確定給付企業年金と確定拠出年金の場合は，給

---

(44) 公的年金給付にかかる裁定も，行政処分と構成されているものの，現実には，法令によって定められている受給要件充足の有無の確認・確定と，やはり法令の定めるところによって算定される給付額の確認・確定という意義を持つにとどまる。裁定によって保険者が一方的に給付に関する権利義務関係を創設するわけではない。そのため，講学上は，準法律行為的行政行為の一つの確認，あるいは確定行為と位置づけられている（拙著『社会保障法Ⅰ』（弘文堂，2001年）61頁，堀勝洋『社会保障法総論（第2版）』（東京大学出版会，2004年）226-7頁，西村健一郎『社会保障法』（有斐閣，2003年）52-4頁，加藤他・前掲注(39)書78-9頁）。判例も，同様の見解を示している（最三小判平成7・11・7民集49巻9号2829頁）。確定給付企業年金等における裁定は，比喩的に表現すれば，公的年金給付にかかる裁定から行政処分性を取り除いたものといってもよいだろう。

付受給の権利義務関係は，事業主等の裁定によって決定されるが，この裁定は行政処分ではない。給付の受給に関する権利義務関係は，規約の定めに従って発生するのであって，裁定があって初めて設定されるというものではない(44)。規約は，附合契約（約款）と性格づけられるから，規約の内容には法令の規制があり，またその作成・変更には一定の手続と行政庁の承認・認可が介在する（確定給付企業年金法3～6条，11条，12条，16条など）とはいっても，給付受給の権利義務関係そのものは契約法に依拠して形成・展開する。つまり，公的年金の比重の低下によって，それを補完する企業年金等の役割が重要になるということは，契約による高齢者の所得保障システムがより一層大きな機能を果たすようになることを意味する。しかも企業年金等においては，基金，事業主，加入者の他に，たとえば労働組合（確定給付企業年金法3条，確定拠出年金法3条）や，確定拠出年金制度で重要な役割を果たす資産運用機関・記録関連運営管理機関等も登場し，法律関係も非常に複雑になっている。

　以上のように，1980年代以降，とりわけ1990年代以降の社会保障制度の見直しに伴い，公的医療保険，公的年金（より広く高齢者の所得保障制度）および介護・社会福祉サービスに関する法律関係・権利義務関係のあり方にかなり大きな展開が見られる。そこで，節を改めて，社会保障法の領域で起きている新しい進展によって社会保障法学が取り組まなければならない課題について若干の考察を試みることにしたい。

(2) 新課題に直面する社会保障法学
　ここでは，まず，1990年代以降の社会保障法学の動きを簡単に振り返った上で((a))，本稿の検討課題である民法との関係に着目して，社会保障法学のこれからの課題を探ることにしよう((b))。
(a) 社会保障法学の新たな進展
　1990年代，そして2000年代に入ると，社会保障法学も，前述した1980年代までの展開期（2(2)(a)参照）の状況から，さらに一段と進展を遂げる。
　(ｱ)　一方では，やはり社会保障法と憲法との関わりに対する関心は根強い。

そして，対国家との関係で，憲法にもとづく（未だ達成されいないと評価される）国民の社会保障の権利の実現や（侵害された）権利の回復を求める学説も従前と同じように健在である。

ただ，これまでと様相がかなり変化してきているといえるのは，右肩上がりの経済成長を前提として議論をしてきた社会保障制度の展開期とは異なり，社会保障制度の再編成を意識した論説が登場するようになったことである。たとえば，憲法25条1項，2項の関係については，憲法学においても社会保障法学においても一元説が通説であり，1項2項分離説は少数説にとどまっていた[45]といってよい。しかし，3(1)(a)で概観したような諸要因によって社会保険料率（額）の引き上げ，介護保険料等新しい社会保障負担の導入，保険給付水準・内容の見直しと，それに伴って，公的社会保障制度が提供する保障の範囲の縮減とが進んでいる状況においては，一元説で法的問題を処理するのには限界がある。こうしたことから，社会保障法学においては，1項2項分離説が次第に有力となりつつある[46]。その上で，社会保障制度の再編成の憲法問題が具体的事例（たとえば公的年金の給付水準の引き下げ）を題材に論じられるようになっている[47]。これは，先に見た形成期の社会保障法学の憲法に関する議論との対比で，目立つ点である。憲法学の最新の理論を裏付けとしながら，新たな視角から憲法25条の問題を考察する研究も登場してきているのも注目すべき動きである[48]。

---

(45) 1980年代の概説書では，籾井常喜『社会保障法』（労働法実務体系18）（総合労働研究所，1972年）83頁以下が二分説的立場を採用し，注目を集めた。もっとも，籾井教授の二分説的立場は，憲法25条のプログラム規定説などに対して，同条1項の具体的権利規定性を根拠づけるために主張されたものと理解することができ，1990年代以降の二分説とは意味合いを異にするといえよう。

(46) 堀・前掲注(44)書139頁以下，拙著・前掲注(44)書34-6頁，西村・前掲注(44)書37-40頁など。

(47) たとえば，菊池馨実「既裁定年金の引下げをめぐる一考察」年金と経済21巻4号76頁，菊池馨実『社会保障の法理念』（有斐閣，2000年）179頁以下（介護保障について）。

(48) 尾形健「『健康で文化的な最低限度の生活』水準のあり方をめぐって」社会保障法18号（2003年）7頁，遠藤美奈「『健康で文化的な最低限度の生活』再考」社会保障法18号（2003年）137頁等。

また，社会保障法の理念に個人的自由という観点を取り入れ，社会保障制度に関する憲法上の根拠として，25条だけではなく，憲法13条を含めることを主張する見解も登場している[49]。さらには，社会保険料をはじめとする社会保障の負担の問題が法的にも重要性を増したことを反映して，財産権保障（憲法29条），租税法律主義（憲法84条），地方自治体の財政自主権（94条）も社会保障法との関連で詳細な検討が行われるようになっている[50]。

　(イ)　他方で，1990年代以降の社会保障法学の進展として着目すべき点は，法解釈論の構築が着実に進んできたことであろう。また，社会保障法制の急速な改革を背景として，単なる運動論や権利論にとどまらない，法政策論――もっとも，未だその方法論は十分に練り上げられているとはいえないが――への取り組みも活発になりつつある[51]。さらには，比較法の領域でも注目すべき業績が蓄積し始め[52]，伝統的な実定法学の分野との距離は――目を見張るほどとはいえないにしても――着実に縮み始めている。

---

(49)　菊池・前掲注(47)書139-49頁。

(50)　このほか，強制加入による社会保険料の強制徴収については，思想・良心の自由（憲法19条）も問題となる。判例は，憲法19条は強制加入とは何ら関わりがないとし（最大判昭和33・2・12民集12巻2号190頁），学説もこれを支持する（西村・前掲注(44)書45頁等）。

(51)　社会保障に関する様々な政策は，そのかなりのものが法律およびその委任を受けた政省令によって具体化される。したがって，法的な見地からの政策課題の発見と分析，各方面から提示される政策課題の法的な視角からの検証，ある政策をいかなる形で法令によって具体化していくかの検討等も社会保障法学にとって重要な課題である。これに関して留意しなければならないのは，政策そのものは自由に発案できるとしても，それを法令を通して具体化する際には，大前提として，憲法が許容する範囲に収まっていることが必要であるということである。その意味で，社会保障の領域で憲法が立法府および行政府にどのような制約を課しているかの考察をより一層深める必要がある。また，法的な見地からは，当然，他にも考慮要素は存在する。たとえば，「社会保険」という枠組みである法制度を構築しようとするとき，その制度が「社会保険」たるにはどのような要素が取り込まれていなければならないかといったことである（たとえば，介護保険法の制定過程では，被保険者の範囲と保険料徴収対象者の範囲をめぐってこのことが議論された）。この局面でも，社会保障法学が考察を深めなければならない論点が数多く残されている。

このように，社会保障法学が法解釈論の精緻化に向けて歩み始めたことは，実定法学としての社会保障法学の成熟が進んできたことの証左である。その背景には，一つには，社会保障法に関する裁判例の増加があり，伝統的な実定法学と同様に，判例評釈や判例研究を通じて解釈論を豊富にしていくことができるようになったということがあげられよう。実際，長年，「季刊社会保障研究」に掲載してきた判例研究をまとめた堀勝洋『社会保障法判例　近年の動向と解説』(中央法規出版，1990) が公刊されているし，現在では，「季刊社会保障研究」，「民商法雑誌」，「賃金と社会保障」などの雑誌に，各地の社会保障法に関する判例研究会による判例評釈・判例研究が掲載され，社会保障法学の発展に大きく寄与している。考えうるもう一つの要因は，社会保障の各制度が高度成長期を経て成熟し――その後再編成期に入ったこともあって――，学界の関心が，総論から公的医療保険，公的年金，介護・社会福祉サービス等の各論に移行したということがあろう。さらには，とくに1990年代以降，次第に多くの法学部や法学系大学院で社会保障法の授業が行われるようになり，社会保障法を専攻する研究者の養成が本格化して，研究者の層が厚くなったことも関係していると考えられる。

こうした社会保障法学の動向をよく示すのは，1990年代以降に公刊された概説書である[53]。2(2)(a)で概観した形成・発展期の概説書と比べると，1990年代以降の概説書は，基礎理論へも目配りをしながら，(憲法の解釈論も含め

---

(52) 網羅的に摘示することはしないが，たとえば，加藤智章『医療保険と年金保険――フランス社会保障制度における自律と平等』(北海道大学図書刊行会，1995)，本沢巳代子『公的介護保険――ドイツの先例に学ぶ』(日本評論社，1996)，倉田聡『医療保険の基本構造――ドイツ疾病保険制度史研究』(北海道大学図書刊行会，1997)，菊池馨実『年金保険の基本構造――アメリカ社会保障制度の展開と自由の理念』(北海道大学図書刊行会，1998年)，稲森公嘉「フランスにおける開業医の医業遂行への諸規律――自由な医療と疾病保険制度の相剋と調整――(1)～(6)」法学論叢151巻1～6号 (2001～2002年)，中野妙子『疾病時所得保障制度の理念と構造』(有斐閣，2004年)，嵩さやか「年金制度と国家の役割(1)～(6)」法学協会雑誌119巻12号，120巻6～8号，121巻7号～8号 (2002～2004年) などがある。

(53) 社会保障法学界の最近の状況を反映しているのは，冒頭に言及した社会保障法学会編『講座社会保障法』第1巻～第6巻 (法律文化社，2001年) である。

て）法解釈論に重点を置くという指向が顕著になっている。なにより，医療保障，公的年金，介護・社会福祉サービス等の各論の領域で，単なる制度の概説にとどまらず，各種制度・給付の趣旨・目的等に関する基本的な考察に依拠しながら，解釈論を論じるようになったことが目立った変化である。画期的であったのは，堀勝洋『社会保障法総論』（東京大学出版会，1994年）（第2版は2004年）である。同書は，『総論』と銘打ってはいるが，形成・発展期の概説書に見られる「総論」とは異なり，社会保障法を横断的に鳥瞰し，各分野の個別法に見られる共通の問題を括りだして論点として整序し，各論点について裁判例・学説を分析しながら，詳細に法解釈論を展開するものである。刑法総論や行政法総論と同様の発想に立つ構想にもとづいているといえよう。そして，『総論』とはいいながら，結果的には各論に属する論点にも数多く検討を加えている。また，共著ではあるが，清正寛・良永彌太郎編著『論点社会保障法』（中央経済社，1996年）は，主として給付の法律関係に着目しつつ，変化の激しい社会保障法においては，制度的解説や技術的事項への説明にとどまるのは適切ではないとの立場に立ち，法的問題に関する論点設定を行って検討を加えている。論点としては，解釈論さらには法政策論の検討の出発点となる基礎的な理論に関するものも取り上げるという配慮がされている。また，やはり共著で，コンパクトな概説書ではあるが，加藤智章他『社会保障法』（有斐閣，2001年）（第2版は2004年）も，随所に解釈論や法政策論に関わる基本的論点を取り上げて検討を加えつつ，制度説明を超えた解釈論の提示に挑んでいる。最新の業績である西村健一郎『社会保障法』（有斐閣，2004年）は，「総論」と「各論」という2編構成を採用した上で，「総論」では，憲法解釈論までも含めた解釈論的見地からの「総論」（堀・前掲書の「総論」と同様の着想である）に力を入れ，「各論」では社会保障制度を構成する各領域にわたり，制度概要の紹介・説明にとどまらない緻密な解釈論を展開し，さらに，必要に応じて法政策論の考察を行っている。本書をもって，他の実定法学の領域と比肩しうる本格的概説書が登場したといってよいであろう。

　(b)　社会保障法と民法

　前述のように，社会保障法学は着実に発展を遂げつつあり，実定法学の一翼を担うに足る容貌を備えるに至ったといえよう。それでも，より高度な水

準の実定法学として発展していくためには，なお取り組むべき課題は多い[54]。思いつくものだけを挙げても，比較法研究のさらなる充実[55]，憲法・行政法学をはじめとする他の様々な実定法学への目配りを効かせた分析・考察——応用的な分野であることに由来する[56]——，社会保障財政に関する研究の取り組み[57]，経済学等の他の諸社会科学との交流等々である（経済学との関係でいえば，経済学の議論に対して理路整然と立法政策を展開するための社会保障法学の研究の蓄積は十分とはいいがたい）。そのなかでも，とくに力を注ぐべき課題は，社会保障法の領域での緻密な法解釈論の構築である。社会保障法学も実定法学である以上，その拠って立つべき基盤はやはり法解釈論であり，実定法解釈学としての社会保障法学の確立が最重要課題である。そして，社会保障法に関する実定法解釈学は，同じように社会保障を研究対象とする他の社会科学領域の研究者にはなしえないものであり，社会保障法学者こそが取り

---

[54] 菊池・前掲注(47)書243頁以下も，社会保障法学の課題をまとめており，参照されるべきである。

[55] 重要な社会保障制度改革にあたっては，欧米諸国の法制度が引き合いに出されることが多いだけに（たとえば，介護保険については主にドイツ，2004年年金改正についてはスウェーデンが参照されたように），優れた比較法研究は学問的にも，また法政策論の展開にとっても重要である。

[56] 行政法学から社会保障法へアプローチする研究も増えている。最近の注目すべき業績としては，太田匡彦「権利・決定・対価——社会保障給付の諸相と行政法ドグマティーク，基礎的考察（1）～（3）」法学協会雑誌116巻2号，3号，5号（1999年。ただし残念ながら未完である），同「生活保護法27条に関する一考察」小早川光郎・宇賀克也編『行政法の発展と変革（下）　塩野宏先生古稀記念』（有斐閣，2001年）595頁などがある。

[57] 社会保障財政は，社会保障法学界の関心をそれほどひいてこなかった。財政の重要性を指摘する清正寛・良永彌太郎編著『論点社会保障法』（中央経済社，1996年）も，社会保険料等の財政の問題には残念ながらほとんど触れていない。ただ，1980年代終わりに，社会保障法学会は第12回大会で「社会保障法と財政」というシンポジウムを持っている（「社会保障法」3号（1988年）に掲載）。社会保障財政の法的検討に本格的に取り組んだ最近の業績としては，堀・前掲注(44)書(第2版) 177-188頁，倉田聡「社会保障財政の法理論——医療保険法を素材にした一考察——」北海学園大学法学研究35巻1号（2000年）17頁などがある。

組むべきものである。実は，法学者が法政策の領域で議論をするにあたっても，その基礎は法解釈論にある。伝統的な実定法学がそうであるように，どれだけ精緻な法解釈論（その基礎となる理論ももちろん含む）を築いているかが，法政策論にも説得力を持たせるのである。

　このように課題は山積しているが，3(1)(b)で検討した社会保障制度の再編成に伴う法制度の展開に鑑みたとき，社会保障法と民法との関係により一層の注意を払って，解釈法学としての社会保障法学の構築に挑むことが重要な課題の一つであることは間違いないといえよう。先に述べた社会保障制度の各領域にわたる手直しの結果，社会保障に関する権利義務関係の様相は――領域によって差はあるものの――著しい変化を見せている。その帰結として，社会保障をめぐる権利義務関係を，給付・サービスの受給者（あるいは利用者）と社会保障制度の事業運営をこれまでもっぱら担ってきた行政主体とが対峙するという視点で捉えること――社会保障の権利義務関係の「単線的」な捉え方とでもいえようか[58]――は適切とはいえなくなっている。形成・発展期の社会保障法学が力を注いできた権利論・運動論的立場から，社会保障の権利義務関係を国民対「国」という「単線的」な把握をするのでは，多様化・複雑化する社会保障の権利義務関係の全体を整合的に検討することはできなくなっているのである。今や，社会保障に関わる多数の当事者間の権利義務関係を視野に入れて把握し，考察することなくしては解釈法学としての社会保障法学をより高度な水準に引き上げていくことは困難である。

　そして，この多様化・複雑化した社会保障に関する権利義務関係において，大きな比重を占めるようになっているのが，既に見たとおり（前述3(1)(b)），民法，なかでも契約にもとづく権利義務関係である[59]。ところが，従来の社会保障法学では，民法との交錯はそれほど強く意識されてはこなかった[60]。社会保障との関係で検討対象となっていたのは，公的扶助（生活保護），社会

---

(58) 加藤他・前掲注(39)書54頁がいう「社会保障はどちらかといえば国から国民に対する一方的（国民の側からすれば受動的）な給付関係として捉えられがちであった」ということに対応するといえよう。

(59) 菊池教授のいう「社会保障の私法化」である（菊池馨実「社会保障法の私法化？」法学教室252号（2001年）119頁）。

福祉サービスの費用負担および児童扶養手当の場面での離婚した夫の義務等との関係で問題となる家族法の扶養義務[61]や，年金給付と損害賠償との調整[62]などに限定されていたのである。しかし，契約による権利義務関係の設定が社会保障の各分野に拡がってきている現在では，契約法も含めた民法全体を視野に入れて（当然，成年後見にも目を向けなければならない），社会保障に関する権利義務関係の法的問題を考察することが求められる。

　介護保険制度および支援費制度の施行によって，社会保障に関する権利義務関係が，前述した「単線的」なものから複雑なものへと変容したことが強い関心を引いた介護・社会福祉サービスの領域では，いわゆる「福祉契約」あるいは「福祉サービス契約」への興味が急速に高まり，社会保障法学界に

---

(60) 最近の概説書でも，堀・前掲注(44)書（第2版）は，受給者とサービス提供事業者との間の法律関係については，その研究の必要性は肯定しつつも，同書の検討対象からは除外しているし（198頁），西村・前掲注(44)書も，福祉契約について検討を行っているが，それほどの分量を割いてはいない。

(61) たとえば，堀勝洋「社会保障と扶養」ジュリスト1059号177頁（1995年）。

(62) 拙稿「社会保障法と民法の交錯」ジュリスト828号191頁（1985年）。この問題については，労災補償・労災保険に関して論じた業績が多い。西村健一郎『労災補償と損害賠償』（一粒社，1988年），良永彌太郎「労災補償と損害賠償の新たな展開」日本労働法学会編『健康・安全と家庭生活』（講座21世紀の労働法第7巻）（有斐閣，2000年）42頁など。損害賠償との関係では，年金給付の逸失利益性も問題となる。この問題については，拙著・前掲注(44)書80-2頁，西村・前掲注(44)書97-104頁を参照。

(63) 拙稿「社会福祉サービスの締結過程をめぐる法的論点」季刊社会保障研究35巻3号（1999年）251頁，品田充儀「介護保険契約の特徴と法的問題——モデル契約書を参考として」ジュリスト1174号（2000年）70頁，同「福祉サービスの利用方式」社会保障法学会編『社会福祉サービス法』（講座社会保障法第3巻）（法律文化社，2001年）54頁，大曽根寛『成年後見と社会福祉法制——高齢者・障害者の権利擁護と社会的後見』（法律文化社，2000年），秋元美世「福祉契約の特質と課題をめぐって」週刊社会保障2214号（2002年）20頁など。社会保障法学会も「社会福祉と契約」というテーマでシンポジウムを組んでいる（2003年10月44回大会。「社会保障法」19号（2004年）にその論文が掲載されている）。また，行政法学も福祉契約には関心を寄せている。たとえば，原田大樹「福祉契約の行政法学的分析」九大法政研究69巻4号（2003年）765頁，又坂常人「契約による福祉と行政の責任」小早川光郎・宇賀克也編『行政法の発展と変革（下）　塩野宏先生古稀記念』（有斐閣，2001年）839頁。

おける業績も積み上げられつつある(63)。そして，福祉契約については，民法・消費者法に全面的に委ねることのできない社会福祉特有の問題があることを指摘して，社会保障法学の立場から検討を深める必要性が指摘されているところである(64)。しかしながら，こうした学界の関心も従来型の介護・福祉サービスを対象とするものにやや傾斜しており，たとえば特定施設入所者生活介護という形で介護保険の中に（少なくとも部分的に）取り込まれた有料老人ホームの契約についてはあまり注意が向けられていない(65)。

　介護・福祉サービス以外の領域，具体的には公的医療保険制度や企業年金も含めた高齢者の所得保障制度の領域になると，社会保障法学の見地からの契約による権利義務関係の検討はほとんど手つかずであるといってよい。診療契約は民法・医事法がもっぱら取り上げてきたが，公的医療保険と一体の関係にあるにもかかわらず，社会保障法学の関心は薄い。けれども，特定療養費制度の対象範囲の拡大や混合診療の解禁をめぐる議論に直面している状況では，社会保障法学も，民法・医事法さらには消費者法の研究蓄積を参照しながら，診療契約の問題を積極的に取り上げ，社会保障法学の立場からの診療契約論の構築を考えなければならない時期に来ているといえよう。年金制度についても同様であって，公的年金制度が縮減し，積立方式による企業年金等が高齢者の所得保障において比重を高めていくことが想定される以上，契約（規約等の約款）によって設定される企業年金等に関する権利義務関係を

---

(64) 菊池・前掲注(59)論文 122-3 頁，品田・前掲注(63)論文 70-1 頁。

(65) むしろ，民法学の方が強い関心を寄せてきたといえる。たとえば，下森定編『有料老人ホーム契約』（有斐閣，1995 年）などの業績がある。有料老人ホームの入居に関する契約と特定施設入所者生活介護に関する契約との関係など未だに必ずしも法的研究の対象となっていない課題がある。また，全国有料老人ホーム協会による入会基準を通した有料老人ホームに対するコントロールや，協会が作成する標準入居契約・標準管理規程による自主的な約款規制，消費者契約法遵守義務等も，行政によらないコントロール手法として興味深い題材である。

(66) 社会保障法学でも企業年金等の問題は取り上げられ始めている。國武輝久「企業年金制度」社会保障法学会編『所得保障法』（講座社会保障法第 2 巻）（法律文化社，2001 年）105 頁など。また，社会保障法の概説書でも触れられている。たとえば，西村・前掲注(44)書 266-81 頁。

社会保障法学の視野の外に置いてしまうのは適切ではあるまい[66]。高齢者の所得保障制度の一環であるという位置づけから，どのような制度設計が適切なのか，規約等に対する作成過程での規制や内容規制はいかなるものであれば高齢者の所得保障という目的を達成できるか，といった点について，約款規制に関する民法・消費者法の理論動向，就業規則等に関する労働法の理論動向にも目配りをして，社会保障法学ならではの理論を考えていく必要があろう。

上に述べたことは，民法学に比肩しうる精緻な解釈論を練り上げていかなければならないという厳しい課題を社会保障法学側に課すものでもある。そして，この課題に応えることが「社会保障法が実定法学の一分野として確固たる地位を築く」[67]ことにつながっていくのである。

4 おわりに

本稿では，わが国の社会保障制度の展開の過程と社会保障法学の形成・発展の歩みを振り返りつつ，従来の社会保障法学の特徴を描き出した上で，その限界を明らかにすることを試み，さらには特に1990年代以降の社会保障制度をめぐる新しい状況の下での社会保障法学の課題を，民法，なかでも契約法に焦点を当てて探ってきた。実定法学としての社会保障法学が着実に進展を遂げていくためには，他の実定法学と共通のツール・言語等を用いて——しかし，社会保障法の独自性を生かしつつ——法解釈論の積み上げを図っていかなければならない。もともと社会保障法学は，憲法学・行政法学・労働法学等と密接な関わりを持つ分野であるが，社会保障法の各領域で「契約」がますます重要な役割を担うようになっている以上，民法——とりわけ契約法およびそれに連接する消費者法——との関連を十分に視野に入れて，各領域にわたって「契約」を念頭に置きながら法的考察を深める必要がある。それによって，社会保障法学の内容はより豊かになり，応用的な法学の分野としての実質をより一層高めることになろう。

---

(67) 加藤他・前掲注(39)書60頁。

社会保障法と民法——社会保障法学の課題についての覚書——

（本稿は，日本学術振興会科学研究費基盤C(2)「医療費コントロールの法的構造」（2002〜2003年度，研究代表者・岩村正彦），厚生労働科学研究費補助金（政策科学推進研究事業）「社会福祉サービス利用契約の法的研究」（2002〜2004年度，主任研究者・岩村正彦），2003年度21世紀COE（拠点プログラム名「国家と市場の相互関係におけるソフトロー」東京大学大学院法学政治学研究科）の研究成果の一部である。）

〈編集〉

中嶋士元也先生還暦記念編集刊行委員会

〈編集代表〉

土田道夫
　　同志社大学法学部・法科大学院教授

荒木尚志
　　東京大学大学院法学政治学研究科教授

小畑史子
　　京都大学大学院地球環境学堂助教授

労働関係法の現代的展開 ── 中嶋士元也先生還暦記念論集

2004（平成16）年11月15日　初版第1刷発行

編　者	中嶋士元也先生還暦記念編集刊行委員会
発行者	今　井　　　貴 渡　辺　左　近
発行所	信山社出版株式会社 （〒113-0033）東京都文京区本郷 6-2-9-102 TEL 03（3818）1019 FAX 03（3818）0344

Printed in Japan

印刷・製本／東洋印刷・大三製本

Ⓒ中嶋士元也先生還暦記念編集刊行委員会，2004.

ISBN4-7972-2224-7　C3332